Paul Matussek

Kreativität als Chance

Der schöpferische Mensch
in psychodynamischer Sicht

R. Piper & Co. Verlag
München Zürich

ISBN 3-492-02091-7
© R. Piper & Co. Verlag, München 1974
Gesamtherstellung Clausen & Bosse, Leck
Printed in Germany

Inhalt

Vorwort

Das Zeitalter der Genies ist vorbei, in der Wissenschaft genauso wie in Kunst und Politik. Die Leistungsdichte ist in allen Bereichen gestiegen. Überragende Werke können kaum noch als einmalig und überwältigend groß empfunden werden. Auch der gelegentliche Gebrauch des Wortes »genial« kann darüber nicht hinwegtäuschen. Dafür macht ein neuer Begriff von sich reden. Er heißt Kreativität. Oft, aber nicht immer eindeutig gebraucht, signalisiert er einen unmerklichen Wandel im Selbstverständnis des Menschen. Schöpferisch-Sein ist danach nicht ein Merkmal ganz weniger großer Geister, sondern ein Kennzeichen vieler, ja letztlich eines jeden Menschen. Nur Grad und Bereich der Kreativität sind verschieden. Richtungweisendes Neues kann eine Mutter ebenso wie ein Maler oder Politiker schaffen. Die meisten könnten schöpferischer sein, als sie sind. Denn Kreativität hängt nicht allein von der Erbmasse noch primär von Umwelt und Erziehung ab. Sie ist in erster Linie das Produkt des eigenen Ich. Im Grunde braucht man nur sich selbst zu kennen, um festzustellen, daß man noch nicht sein Bestes gibt.

Das will das vorliegende Buch zeigen. Es basiert auf der psychotherapeutischen Erfahrung an Einzelfällen. An Menschen verschiedener Herkunft und Berufe soll verdeutlicht werden, wodurch die Kreativität des einzelnen gefördert oder blockiert wird. Gibt es Merkmale, die allen schöpferischen Menschen gemeinsam sind? Welche Faktoren spielen bei der Bewertung eines schöpferischen Produkts eine Rolle? Worin liegen die Gründe für die Unsicherheit in der Selbsteinschätzung kreativer Fähigkeiten? Welche Abhängigkeiten verhindern den Zugang zum eigenen Ich als dem Ursprung des Schöpferischen? Wie hängen Sexualität und Kreativität zusammen? Warum verbauen sich so viele den Weg zum Schöpfertum durch Ideologie und Mode? Welche Kräfte wirken in ideologischen Persönlichkeiten? Lassen sich Wissenschaftler für ideologische Zwecke mißbrauchen? Können Aggressionen durch schöpferische Tätigkeit verwandelt werden? Ist Gemeinschaftsfähigkeit ein hemmender oder fördernder Faktor? Sind Mächtige zur Kreativität fähig? Zerstört Macht das schöpferische Potential? Wie kann eine Gruppe ihre Kreativität finden und verbessern? Muß Schöpferkraft des einzelnen in der Gemeinschaft verkümmern? Sind für kreative Menschen Energie, Fleiß und Ausdauer wichtiger als Geduld und Gelassenheit?

Das sind einige Fragen, zu deren Beantwortung das Buch aus psychodynamischer Sicht beitragen will. Es hat eine vertiefte Innenansicht des Menschen zum Ziel. Kreativität ist ein – meist unbekanntes und daher ungenutztes – Potential, das in jedem vorhanden ist und nur darauf wartet, entdeckt, erweckt und entfaltet zu werden. Je intensiver ein Mensch seinen Alltag, seinen Beruf, sein individuelles Leben zu erneuern und aus öder Sterilität in eine schöpferische »Neugeburt« umzugestalten vermag, desto reicher und erfüllter wird er sein Leben erfahren können.

Die angebotenen Ergebnisse stützen sich auf Befunde aus der Beratung und psychoanalytischen Behandlung von Menschen mit den verschiedensten Störungen und Charakterstrukturen. Sie weisen jedoch über sie hinaus. Sie betreffen auch die Allgemeinheit. Die Gesellschaft ist in einer Situation, in der die Hoffnung auf wenige Auserwählte und Führer immer geringer wird. Jeder muß sich den großen Umwälzungen der Gegenwart stellen. Nur wenige sind darauf vorbereitet. Viele rufen ängstlich nach anderen, denen sie die Verantwortung zuschieben können. Man vergißt dabei leicht, daß die viel zitierte Lebensqualität sich nicht von selbst oder von außen einstellt. Sie hängt zum großen Teil von der Fähigkeit des einzelnen ab, die eigene Schöpferkraft zu entwickeln. Dadurch wird auch die Gesellschaft verändert, und zwar nachhaltiger und wirksamer als durch alles von außen Erzwungene.

Zu danken habe ich den zahlreichen Patienten, die ich in den letzten 25 Jahren behandelte. Sie vermittelten mir Befunde und Erkenntnisse. Keiner von ihnen wird sich in dem Buch wiederfinden, denn die Verpackung der Fälle ist »geheimnisdicht«. Dank auch den Kollegen von verschiedenen Universitäten und Max-Planck-Instituten, die mir ihre Erfahrungen und Sorgen ungeschminkt mitteilten. Auch danke ich den Beamten, Angestellten und Handwerkern, die mir zum besseren Verständnis ihrer Berufssituation verhalfen. Schließlich gilt mein besonderer Dank den Mitarbeitern und Freunden, die bei der Korrektur des Manuskripts eifrig mitgeholfen haben.

München, Februar 1974

I. Von der Genialität zur Kreativität

1. Kreativitätsforschung der Gegenwart

In den letzten Jahren ist ein Wort Mode geworden, das vor einigen Jahrzehnten nur wenige Spezialisten kannten. Es heißt Kreativität. Industriemanager, Werbefachleute, Parteiführer, Direktoren wissenschaftlicher Institute fragen nach kreativen Persönlichkeiten. Man braucht sie überall. Ohne sie befürchtet man Stagnation, ja Untergang und Verfall. Auch die Jugend kennt das Wort, nicht selten im Zusammenhang mit Drogen. Man will sein Bewußtsein erweitern. Was aber ist Kreativität?

Das Wort leitet sich ab vom lateinischen »creare« = erschaffen, gebären. Es bürgerte sich über das in Amerika entstandene Wort »creativity« im deutschen Sprachraum ein. Die Zahl der Definitionen von Kreativität ist groß. Auf einem Symposion über Kreativität haben Wissenschaftler fast 400 verschiedene Bedeutungen des Begriffs Kreativität assoziiert. Jeder nannte im Durchschnitt 17 Begriffe. Die am meisten genannten waren: Originalität, Erfindungsreichtum, Flexibilität, Entdeckung, Außergewöhnliches, Intelligenz.

Es gibt also noch keine einheitliche Definition von Kreativität. Das heißt aber nicht, daß überhaupt kein gemeinsamer Nenner der verschiedenen Kreativitätsbegriffe existiert. Er dürfte in der Betonung des Neuen liegen, was immer dieses Neue sein mag: ein Gedicht, eine politische Entscheidung, ein Gemälde, eine sportliche Leistung oder auch ein Neugeborenes. Schon diese Aufzählung zeigt, daß nicht alles Neue im gleichen Sinn kreativ zu nennen ist. Die Geburt eines Kindes ist nicht kreativ im Sinne des üblichen Kreativitätsbegriffs. Das wäre schon eher der Fall, wenn die Mutter mehr für das Kind täte als Schwangerschaft, Geburt, Pflege und allgemeine Erziehung.

Bei genauerer Betrachtung der verschiedenen Arten des Kreierens wird man feststellen, daß eine chemische Entdeckung mit einem Roman oder eine Komposition mit einer fruchtbaren Berufsentwicklung mehr Gemeinsamkeiten haben, als man zunächst anzunehmen geneigt ist. Sie bestehen – wie es Landau unter Hinweis auf Arbeiten von Smith, Parnes und Guilford formuliert – in der »Fähigkeit, Beziehungen zwischen vorher unbezogenen Erfahrungen zu finden, die sich in der Form neuer Denkschemata als neue Erfahrungen, Ideen oder Produkte ergeben«. Diese Fähigkeit liegt allen schöpferischen Prozessen zugrunde, ob es sich dabei um »eine symphonische Komposition, eine lyrische Dichtung, die Erfindung und Entwicklung eines neuen Flugzeugs, einer Verkaufstechnik, eines neuen Medikaments oder der eines neuen Rezepts für eine Suppe handelt«. Dieses kreative Potential ist in jedem vorhanden und kann in jeder Lebenssituation aktiviert werden.

Lange Zeit hat man das nicht gesehen. Man sah im Schöpferischen eine Eigenschaft besonders Begabter, vor allen Dingen mit Intelligenz Begabter. Das galt vorrangig für wissenschaftliche Kreativität. Will man den modernen Kreativitätsbegriff verstehen, muß man sich die Beziehung zwischen Intelligenz und Kreativität in der Forschung des letzten Jahrhunderts vor Augen halten.

Seit Galton eine Reihe von Tests zur Feststellung der Begabung vorschlug, sind die Untersuchungen der Intelligenz und der verschiedenen Arten der Begabung immer differenzierter und genauer geworden. Die Intelligenz wurde zu der am gründlichsten untersuchten Eigenschaft der menschlichen Persönlichkeit. Man erkannte schließlich, daß die mit den üblichen Intelligenztests gemessene Fähigkeit nicht die ist, welche schöpferische Leistungen garantiert. Zwar ist der Intelligenzquotient bei kreativen Wissenschaftlern überdurchschnittlich hoch, aber nicht unbedingt gekoppelt mit origineller Produktivität. Es gibt viele intelligente Wissenschaftler, die unkreativ sind. Die enge Beziehung zwischen Intelligenz und Kreativität ist nur bis zu einem Intelligenzquotienten von ungefähr 120 nachweisbar. Darüber hinaus lassen sich zwischen Intelligenz und Kreativität keine gesicherten Korrelationen feststellen. Damit ist es hier ähnlich wie bei der Beziehung zwischen anderen Begabungen und schöpferischen Hochleistungen, zum Beispiel denen im Sport. Für einen Rekord im 1500-Meter-Lauf sind bestimmte physiologische (Herz-Kreislauf-

Kapazität, Muskulatur, Schrittlänge u. a.) wie auch psychologische Merkmale (Motivation, Ausdauer, Trainingswille, Lernbereitschaft, Konzentrationsfähigkeit u. a. m.) Voraussetzung, aber noch keine ausreichende Bedingung. Man kann etwa an die Schriftstellerei denken. Auch hier ist eine bestimmte Kombination von Intelligenz und Phantasie für die schöpferische Leistung notwendig. Auf diesen Punkt weist Tolstoi hin: »Manchmal kommt es vor, daß man sich ausgeruht und frisch, mit klarem Kopf erhebt. Man beginnt zu schreiben. Alles geht wie am Schnürchen. Am nächsten Tag liest man das durch, was man geschrieben hat, und man muß alles ausstreichen, weil das Wesentliche fehlt. Keine Phantasie! Kein Talent! Es fehlt jenes Etwas, ohne das unsere Intelligenz zu nichts nütze ist. Es kommt auch vor, daß man sich erhebt und wie zerschlagen fühlt; man glaubt trotzdem, gut schreiben zu können. Man schreibt anständig. Die Sprache ist bilderreich, man hat Erfindungsgabe im Überfluß. Man liest es später durch; es ist dumm, nichtssagend; die Intelligenz ist einem nicht zu Hilfe gekommen. Es geht nur, wenn sich Phantasie und Intelligenz die Waage halten. Wenn die eine von beiden die Oberhand gewinnt, ist alles verloren. Man muß alles vernichten und von vorn anfangen.«

Es verwundert daher nicht, daß sich das Interesse der Psychologen immer mehr von der Intelligenz zur Kreativität hin verlagerte. In den ›Psychological Abstracts‹ – einer Art Übersicht über alle während eines Jahres in der Psychologie erschienenen Publikationen – nahmen die Begriffe »Intelligenz« und »Begabung« in den fünfziger und sechziger Jahren ständig ab, während der der Kreativität sprunghaft anstieg. Der Wechsel der Interessenrichtung basierte nicht nur auf dem Ungenügen des bis dahin üblichen Intelligenzbegriffs und seiner Messung. Er war auch praktisch motiviert. Der Wettkampf zwischen den USA und der UdSSR spielte dabei eine nicht zu geringe Rolle. Golovin (1966) – seinerzeit ein führender wissenschaftlicher Berater im amerikanischen Verteidigungsministerium – wies seine Landsleute auf die weitaus günstigere Ausgangslage der Sowjetunion im wissenschaftlichen Wettbewerb hin. Diese habe durch die Ausbildung einer wesentlich größeren Anzahl von Wissenschaftlern eine breitere Basis für die Selektion schöpferischer Forscher. Um dieses Ungleichgewicht zugunsten Amerikas zu kompensieren, sollte Kreativität untersucht, verstanden und entschieden gefördert werden. Das war zu der Zeit, als die amerikanische Öffentlichkeit durch den russischen Sputnik in ihrer Selbstsicherheit schwer getroffen war. Der Wettlauf in der Kreativitätsforschung war die Folge eines Traumas.

Darüber hinaus sind es ökonomische Gründe, die das Anwachsen der Kreativitätsforschung bewirken. Die Gesellschaft kann auf die Dauer die ständig steigenden Kosten für die Wissenschaft nicht mehr tragen. Kostspielige Instrumente, große Forschungsanlagen, besonders aber die wachsende Anzahl von Wissenschaftlern verschlingen immer mehr Geld. Die Aufwendungen für die Forschung nähern sich einem kritischen Punkt. Gelegentlich wird das auch der Öffentlichkeit bewußt, wenn große Unternehmungen, wie etwa die NASA, bestimmte Projekte abbrechen müssen. Die Zeitungen berichten von Wissenschaftlern, die stempeln gehen oder als Kellner, Taxichauffeur oder Briefträger ihren Lebensunterhalt bestreiten.

Wer aber ist von solchen Entlassungen betroffen? »Natürlich jene, die an dem Projekt arbeiten.« Diese geläufige Antwort ist unvollständig. Man muß dabei berücksichtigen, daß weder alle Wissenschaftler beim Abbruch eines Projekts entlassen werden, noch die Entlassenen ausschließlich unakademische Tätigkeiten ergreifen müssen. Die Chance, in einem anderen Betrieb unterzukommen, ist um so größer, je kreativer der entsprechende Forscher ist. Manch einem erscheint die Unterscheidung von »kreativen« und »unkreativen« Wissenschaftlern relativ neu, zumindest ungewohnt. So reagierte etwa ein Lehrstuhlinhaber auf die Frage nach kreativen und unkreativen Kollegen seines Faches erstaunt mit der Gegenfrage, ob es denn auch unkreative Ordinarien gäbe. Er hielt eine solche Unterstellung für eine schlichte Verleumdung.

Mag die Schärfe dieser Reaktion auch noch mit anderen Problemen zu tun haben als dem der Kreativität, so ist die Verwunderung insofern glaubwürdig, als für viele jeder Wissenschaftler zugleich auch schöpferisch ist. Bei dieser Annahme übersieht man, daß das Verhältnis von kreativen zu unkreativen Forschern immer ungünstiger wird, falls man mit de Solla Price (1963) die Anzahl der Publikationen zum Maßstab der Kreativität macht: Der größere Teil aller Veröffentlichungen stammt von ganz wenigen. Sicher ist die Anzahl der Publikationen kein zwingender Maßstab für Kreativität, worauf später noch näher einzugehen sein wird. Es gibt auch unter den Wissenschaftlern Vielschreiber, die in 10 Publikationen keine einzige neue Idee mitzuteilen haben. Andererseits ist zu berücksichtigen, daß jemand, der als Wissenschaftler keine Publikation zustandebringt, kaum als kreativ zu bezeichnen ist. Die Veröffentlichung der Erkenntnisse gehört zum schöpferischen Prozeß.

Aus historischer Sicht dürfte das steigende Interesse an der Kreativitätsforschung nicht nur als Folge eines unzulänglichen Intelligenzbegriffs und der Kostenexplosion moderner Wissenschaft zu interpretieren sein, allein schon deswegen nicht, weil der Kreativitätsbegriff der Gegenwart keineswegs nur die Schöpferkraft in der Wissenschaft meint. Er umfaßt vielmehr innovierende Leistungen in allen Lebensbereichen. Dadurch unterscheidet er sich vom Geniebegriff vergangener Zeiten. Zwar war dieser auch nicht zumeist und vorrangig auf die Wissenschaft bezogen. Er umfaßte auch außergewöhnliche Taten in Dichtung, Musik, Malerei oder Politik. Das Genie des Alltags gab es nicht. Die Frau etwa, die Besseres von der Liebe zu Mann und Kind verstand, als ihre Zeit es lehrte, tauchte unter. Ihr Schöpfertum war privater und daher unbedeutender Natur im Verhältnis zu den Großen mit öffentlich reflektierter Ausstrahlung. Es ist daher lehrreich, wenn man sich wenigstens in kurzen Zügen einige Stadien des Begriffs vergegenwärtigt, der dem Kreativitätsbegriff voranging.

2. Der Geniebegriff im Wandel der Zeiten

Der Begriff des individuellen Genius entwickelte sich in Italien vom Ende des 16. Jahrhunderts an. Er entstand in den Kreisen der Künstler und Ingenieure an den Höfen der Prinzen Federico in Urbino und Ludovico Sforza in Mailand. Ein Genie nannte man den, der nicht auf Bücher und Autoritäten angewiesen war. Er stützte sich auf eigene Einsichten und Erfahrung. Im 17. Jahrhundert hatte der Geniebegriff seinen festen Platz im italienischen Sprachgebrauch, wenn auch veränderte soziale Bedingungen dazu führten, daß wissenschaftliche Forschung in Italien fast völlig zum Erliegen kam. Die Zentren wissenschaftlicher Aktivitäten verlagerten sich nach Frankreich und England. Außergewöhnliche Wissenschaftler wurden dort Genies genannt, allerdings erst im 18. Jahrhundert, in welchem der Begriff Genie für die Benennung »besonderer« Menschen, als eine Art »Offenbarung der Gottheit« (Shaftesbury 1711) reserviert war.

In Deutschland fand der Geniebegriff erst später Eingang. Durch August Schlegels Übersetzung von Batteux ›Les beaux arts réduits à un même principe‹ (1746) wurden zunächst an den Künsten Interessierte mit ihm bekannt gemacht. Der Sturm und Drang wurde zur »Geniezeit« deklariert. Das Irrationale im Menschen, sein Herz, Gefühl, seine Triebe und Ahnungen hatten den Vorrang vor allem Verstand. Was das Leben eines Genies der Menschheit geben konnte, vermochten weder Beweis noch Vernunft zu ersetzen. Naturwissenschaft und Technik, gegenüber diesem Anliegen als »äußerlich« empfunden, entwickelten sich erst langsam. In der zweiten Hälfte des 19. Jahrhunderts wurde dann der Begriff Genie auch immer häufiger auf Naturwissenschaftler angewandt.

Parallel dazu verlief die wachsende Abwertung des inneren Menschen. Sein Ringen und Streben nach Vervollkommnung, »das harmonische Verhältnis der psychischen Kräfte zueinander« (Baumgarten 1750) wurden immer weniger prämiiert, erst recht nicht als genial bezeichnet. Der »besondere« Mensch des 18. Jahrhunderts wich dem machtvollen Beherrscher der Natur. Der Lohn hierfür konnte nicht im Innern liegen, er mußte im Äußern gesucht werden. War der verinnerlichte Mensch des Neuhumanismus trotz seiner Genialität dem Mitmenschen irgendwie nahe, schien nun die Distanz zu den anderen ein immer bedeutenderes Kriterium zu werden. Mit einer von Schiller entlehnten Formel Kretschmers war das Genie hinsichtlich seines Werkes der »königliche Baumeister, der sich weit über die fleißigen Kärrner der übrigen Wissenschaftler erhob, die von seinen Ideen lebten«. In seinem Menschsein unterschied es sich auch beträchtlich von den übrigen, allerdings in negativer Weise. Am deutlichsten kommt diese Vorstellung in der Annahme von der Zusammengehörigkeit von Genie und Wahnsinn zum Ausdruck. Wegen seines Werkes wurde das Genie von allen bestaunt, seines Lebens wegen aber von den meisten gemieden. Von dieser Trennung zwischen Werk und Leben spricht auch Tolstoi, der in seinem Tagebuch schreibt: »Der Dichter nimmt dem Leben das Beste und gibt es seinem Werk. Darum ist sein Werk so schön und sein Leben so schlecht.«

Diese Interpretation, nach der das Leben so schlecht ist, weil das Genie das Beste seinem Werk gibt, war damals selten. Meistens wurde das schlechte Leben nicht – wie bei Tolstoi – moralisch verstanden. Vorwiegend hatte es den Akzent einer unverschuldeten, wie auch immer gearteten geistigen Störung bzw. einer Degeneration des Nervensystems. ›Genie und Irrsinn‹ war für viele mehr als der Titel eines Werkes von Lombroso. Es war eine eng verbundene Dualität. Auch bei Kretschmer heißt es noch: »Die hochgezüchteten Talentfamilien sind eine der häufigsten Vorbedingungen für die Entstehung von Genies.« Oder: »Genie entsteht im Erbgang besonders gern an den Punkten, wo eine hochbegabte Familie zu entarten beginnt.« Daher findet man unter den Genies eine »auffallende Labilität und Empfindlichkeit des Seelenlebens und eine recht beträchtliche Anfälligkeit für Psychosen, Neurosen und Psychopathien«.

Die Annahme von der Zusammengehörigkeit von Genialität und Wahnsinn konnte sich nur auf gelegentliche, schwache Hinweise, aber keine ausreichenden Beweise stützen. Sie mußte aus anderen als aus empirischen Quellen kommen. Vermutlich wird nicht zuletzt das Rätselhafte und Geheimnisvolle, dadurch stark Überhöhte, aber auch radikal Abgewiesene einer der Gründe sein. Geisteskrankheit wie Genialität waren gleich unheimlich. Nur die Erbmasse konnte solche Abnormitäten hervorbringen, nicht aber Umwelt, Lehre und Erfahrung.

Allmählich verschwand der Geniebegriff aus der Diskussion. Man glaubte immer weniger an die Erbmasse als ausreichenden Grund für schöpferische Leistung als vielmehr an bestimmte psychologische Konstellationen. Demzufolge wandte man sich zunächst der Funktion des menschlichen Geistes zu, die man in erster Linie für große Leistungen verantwortlich machte. Das war das Denken.

3. Schöpferisches Denken

Wie Denken aussieht, falls es schöpferisch ist, zeigte Karl Duncker in seinem 1935 erschienenen Buch›Zur Psychologie des produktiven Denkens‹. Nach ihm kam Max Wertheimer (1945). In die Breite ging die Kreativitätsforschung erst ab 1950, als der amerikanische Psychologe Guilford seine Untersuchung über die verschiedenen Teilfaktoren der Intelligenz veröffentlichte. Andere Autoren folgten. So unterschiedlich auch deren Ansätze sind, so implizieren sie doch alle eine Grundthese: Kreatives Denken ist nicht allein die Anwendung logischer Gesetze oder die Durchführung von Experimenten. Logik, Erfahrung und Versuch sind zwar wesentlicher Bestandteil schöpferischen Denkens. Kreativität aber ist mehr. An dem Werk Freuds soll das – schematisiert und daher vereinfacht – erläutert werden.

Freud mußte zunächst, um zu seiner Entdeckung zu gelangen, die übliche Logik hinter sich lassen. Er mußte sich von dem Grundsatz der Eindeutigkeit einer Definition trennen. Erst so konnte er von einer männlichen Hysterie sprechen. Denn nach damaligen Vorstellungen konnte nur eine Frau hysterisch sein, was schon das Wort zum Ausdruck brachte. Es leitet sich ab vom griechischen »hysteron« = Gebärmutter. Da der Mann eine solche nicht besitzt, war es ein Verstoß gegen eine elementare Regel der Logik – nämlich der Eindeutigkeit einer Definition –, wenn man plötzlich von einer männlichen Hysterie sprach.

Konnte man sich aus diesem Dilemma mittels der Empirie retten? Das hing davon ab, was man unter Empirie verstand. Meinte man »unvoreingenommenes« Beobachten und Erfahren, trat man weiterhin auf der Stelle, weil man übersah, daß dieses nicht existiert. Jede Beobachtung ist schon »theoretisch« durchsetzt, das heißt durch frühere Erfahrungen, Meinungen und Überzeugungen geprägt. So konnte die naive Empirie dem Begründer der Psychoanalyse entgegenhalten, daß auch bei Außerachtlassung der anatomischen Differenzen und einer weiten Interpretation des Begriffs hysterisch die von Freud behaupteten sexuellen Traumata in der Kindheit nicht zu beobachten waren. Die Mehrzahl aller Menschen hätte bei einer Umfrage mit gutem Gewissen angeben müssen, daß ihre Kindheitsbeziehungen zu den Eltern nicht sexuell getönt waren. Selbst wenn man statt einer Befragung eine direkte Beobachtung durchgeführt hätte, wäre das Ergebnis gleich negativ geblieben.

Eine dritte Möglichkeit zur Erforschung infantiler Sexualität bot die Assoziationstheorie an. Danach hätte man die Untersuchung kindlicher Geschlechtlichkeit nicht nach den Regeln eines üblichen Interviews durchführen, sondern möglichst viele Einfälle über die eigene Kindheit und eventuelle sexuelle Beziehungen zu den Eltern provozieren müssen. Sicherlich wäre dabei schon wesentlich mehr herausgekommen als bei einer logisch vorgehenden Befragung. Der Inhalt des so Erfragten wäre allerdings viel chaotischer, ungeordneter und widerspruchsvoller gewesen. Ein- und dieselbe Person – zum Beispiel ein Mann – hätte gesagt, daß er mit seiner Mutter keine sexuellen Vorstellungen verbinden könne. Sie sei ihm immer – insbesondere während der Kindheit – als eine Art Heilige erschienen. Zwischendurch wäre aber auch – wahrscheinlich als ganz flüchtige Idee – der Busen seiner Mutter aufgetaucht. Dieser sei jedoch bestimmt nicht der mütterliche gewesen, obwohl er mit diesem eine gewisse Ähnlichkeit gehabt hätte.

Aber auch in dem Fall, in dem jemand eindeutig und unmißverständlich eine sexuelle Beziehung zu einem der beiden Elternteile phantasiert hätte, wäre keiner der damaligen Kollegen Freuds auf den Gedanken gekommen, hierin mehr als einen Unsinn, bizarren Zufall oder eine banale Ermüdungserscheinung des Gehirns zu sehen. Selbst Breuer, der schon vor Freud sexuelle Impulse als Ursache hysterischer Symptome vermutete, hatte keine Verbindung zwischen Sexualität, Kind und Eltern herstellen können. Weder hatte das Kind sexuelle Begierden, noch – und das ist entscheidender – richteten sich diese auf beide oder einen der Elternteile. Diese Verbindung stellte erst Freud her, der sich dafür aber belächeln, auslachen, beschimpfen, ja bekämpfen lassen mußte.

Es könnten also noch so viele Vorstellungen, Assoziationen und Phantasien freigelegt und ausgesprochen werden – erst die neue, originelle, alles Bisherige sprengende Verbindung verschiedenartiger Assoziationen ist das Schöpferische. Phantasien haben viele, nur wenige aber verknüpfen sie zu einer richtigen Idee. Dazu bedarf es eben mehr als der Beherrschung bestimmter Gedankenoperationen. Nur eine entsprechende Persönlichkeit kann das vollziehen. Wie aber sehen Individuen aus, die aus ihren Phantasien Schöpferisches entstehen lassen? Mit dieser Frage verlagert sich das Schwergewicht der Kreativitätsforschung vom Denken zur Persönlichkeit.

Vorher aber gilt es zu klären, welche Kombinationen von Einfällen die »richtigen« sind. Denn der Grad der Neuheit als solcher ist noch keine Garantie für die Produktivität einer Idee. Das bestätigt die Geschichte auf allen Gebieten, in den Künsten wie in den Wissenschaften, im Großen wie im Kleinen. Nicht alles, was im Moment als einfallsreich, außergewöhnlich und zukunftsträchtig bewertet wird, behält sein Gütezeichen bei. Je kreativer allerdings jemand ist, desto eher ist er in der Lage, Bedeutung und Stellenwert neuer Ideen einzuschätzen. Man denke nur an manche Verleger, die völlig unbekannte Autoren entdeckten und ihnen zum Durchbruch verhalfen, im Gegensatz zu jenen, die sich auf den Geschmack der Masse verlassen. Letzteren fehlt das Gespür für das Schöpferische. Das trifft auch in Wissenschaft, Kunst und Politik zu.

Ein drastisches Beispiel aus jüngster Vergangenheit ist Hitler. Wir werden auf ihn im Lauf des Buches an entsprechenden Stellen immer wieder hinweisen. Er eignet sich zur Demonstration bestimmter Gesichtspunkte besonders gut. Seine Biographie ist nicht nur die am genauesten untersuchte. Gemessen an der Auflagenhöhe von Werken über ihn, ist sie auch die bekannteste und am meisten diskutierte Lebensgeschichte eines Politikers der Vergangenheit oder Gegenwart. Was die Einschätzung der Politik betrifft, so hielt Hitler selbst die von ihm praktizierte für die richtige, ja die beste, die es je gab. Viele urteilten ähnlich. Nicht nur während seines Aufstiegs kamen gelegentlich Politiker und Diplomaten – auch ausländische – zu der Überzeugung, daß man »den Führer« wegen der Größe seiner Ideen nicht aufhalten dürfe. Nur er könne eine segensreiche Zukunft gestalten. Auf dem Höhepunkt seiner Macht überraschte er ständig mit Lösungen, die, am unmittelbaren Erfolg gemessen, »richtiger« waren als die der professionellen Militärs und Politiker. Wo lagen etwa im Jahre 1938, als England und Frankreich die Abtretung des Sudetenlandes für eine geschichtliche Notwendigkeit hielten, die eindeutigen Kriterien des Verfalls der Hitler-Politik?

Vorwiegend in seiner Persönlichkeit. In ihr waren all jene Merkmale zu finden, welche auch seinen größten Erfolgen den Stempel des Antikreativen, der Selbst- und Fremdzerstörung aufdrückten. Aber wie wenige waren in der Lage, das zu erkennen, auch wenn sie seine wahren Ziele aufgrund der Lektüre von ›Mein Kampf‹ oder seiner Reden intellektuell begriffen hatten? Trotzdem hatten sie die Folgen dieses bisher größten Fehlurteils unseres Jahrhunderts zu tragen. Das aber heißt: Wo Irrtümer nicht rechtzeitig erkannt, sondern als schöpferische Großleistungen gepriesen und dementsprechend gefördert werden, haben alle die Zeche zu zahlen.

Sicher sind in der Politik die richtigen Entscheidungen genauso wie im individuellen Leben äußerst schwer zu bestimmen. Eine währungspolitische Maßnahme ist in ihren Auswirkungen oft ebenso wenig abschätzbar wie die Wahl eines bestimmten Berufs oder Ehepartners. Die Zukunft urteilt hier verläßlicher. Aber auch sie kann Alternativen unter gleichen Bedingungen nicht durchspielen.

Je komplizierter daher der Daseinsbereich ist, in dem eine Lösung hinsichtlich ihres schöpferischen, zukunftsträchtigen Elements beurteilt werden soll, desto notwendiger sind kreative Menschen. Denn zu ihren hervorstechenden Merkmalen gehört es, Bedeutung und Gewicht einer Entscheidung oder Entdeckung abzuwägen, wie verschieden auch das Gebiet ist, das sie mit ihrem Urteil zu bewerten haben. Aus der Wissenschaft ist bekannt, daß die schöpferischen Forscher den anderen schon immer voraus waren. Sie ahnten, was kommt, bevor es da war. In der Kunst ist es ähnlich. Maler, Dichter und Theaterleute können nicht Beliebiges als Epochales deklarieren. Wenn sie schöpferisch sein wollen, müssen sie spüren, was Zukunft hat. Strindberg beschrieb das in seinem autobiographischen Roman ›Kloster‹ sehr schön für den Berliner Kreis von Malern und Dichtern um die Jahrhundertwende: »Jeder war auf der Lauer, um als erster die neue Formel für die Kunst- und Literaturwerke der kommenden Periode zu entdecken.«

Aber in dieser Fähigkeit, Bedeutendes lange vor den anderen geahnt und erkannt zu haben, erschöpft sich keineswegs die Gemeinsamkeit solcher Geister, die auf ganz verschiedenen Gebieten Neues und Einmaliges leisten. Es gibt eine Reihe weiterer Merkmale, die für einen Verwaltungsfachmann die gleiche Gültigkeit haben wie für einen Politiker, Künstler oder Wissenschaftler. Zu diesen gemeinsamen Grundelementen zählt ein Teil jener Eigenschaften, die seit Guilford bei der Konstruktion von fast allen Kreativitätstests verwandt worden sind. Ein Teil von ihnen wird auch unter dem Begriff des divergenten Denkens subsumiert. Folgende sind besonders wichtig:

Flüssigkeit der Ideen. Beim Kreativen fließen die Gedanken im Gegensatz zum Unschöpferischen, der stockend denkt. Dieser beharrt bei dem gerade Gedachten und ist froh, nicht weiterdenken zu müssen. Der Psychoanalytiker beobachtet täglich und detailliert, wie sich manche Menschen nur mit Mühe von einer Vorstellung zur anderen bewegen. Diese antworten oft: »Was ich denke, habe ich schon gesagt; mehr gibt es nicht.« Auch dort, wo es sich nicht um eine Abwehr und damit den Schutz vor verdrängtem Material handelt, spürt der Arzt förmlich die Anstrengung des Weiterdenkens. Beim kreativen Denker dagegen geht es flüssig weiter. Ein Gedanke reiht sich an den anderen, so wie es Nietzsche in seinem Buch ›Menschliches, Allzumenschliches‹ aphoristisch ausgedrückt hat: »Einem, der viel gedacht hat, erscheint jeder neue Gedanke, den er hört oder liest, sofort in Gestalt einer Kette.« Kein Wunder, daß allein schon durch diese Eigenschaft die Kreativen über einen großen Reichtum an Ideen verfügen. Auch wenn, wie Lichtenberg in seinen ›Gedankenbüchern‹ sagte, jedermann wenigstens einmal im Jahr ein Genie ist, so haben die eigentlichen Genies die guten Einfälle nur dichter.

Ideenflüssigkeit ist nicht mit Ideenflucht zu vergleichen, wie sie bei Manien zu beobachten ist. Hier wird der Kranke unkontrolliert von einem Gedanken zum anderen getrieben, ohne an die Sache, die bedacht werden soll, heranzukommen.

Der Kreative dagegen kommt mit seinen Ideen dem zu bearbeitenden Gegenstand näher und näher. Er umkreist ihn, bis er die erlösende Idee, die adäquate Lösung hat. Auf diesem Weg hilft ihm nicht allein die Flüssigkeit von Assoziationen, deren Brauchbarkeit für einen bestimmten Gedanken er schneller erfaßt. Auch die Flüssigkeit der Worte erleichtert das Gedankenspiel.

Flexibilität. Kreative denken nicht nur flüssiger, sondern auch flexibler, das heißt, sie können in ihrem Denken schneller und häufiger von einem Gebiet in ein anderes wechseln. Dabei verlieren sie sich nicht wie der Maniker in bloße »Äußerlichkeiten« (Klang, Farbe, Buchstabe u. a.). Sie behalten vielmehr die Problemlösung im Auge, und zwar mit der Fähigkeit, mehrere Ansatzmöglichkeiten simultan zu verfolgen. Sie legen sich nicht vorschnell fest.

Die kreative Spontaneität und Dynamik darf sich jedoch nicht in bloßer Phantasiefreudigkeit erschöpfen. Denn nicht allein die Einfälle und »Geistesblitze«, sondern ebenso deren Verwertungsmodus sind konstituierend für Kreativität. Guilford spricht von adaptiver, problemlösender Flexibilität und meint damit jene Kombination von Eindrücken, die zur richtigen Lösung eines Problems führt. Sie unterscheidet er von der viel häufigeren »Spontanflexibilität«. Letztere sucht man durch verschiedene Kreativitätstechniken, zum Beispiel Synektik, Methode 635, brain storming, seit einiger Zeit fruchtbar zu machen. Trotz verschiedener Ausgangspunkte geht es ihnen allen um die Mobilisierung von möglichst vielen Einfällen, ohne sich zunächst um Logik, Verwertbarkeit oder Bedeutung zu kümmern. Man will vielmehr Bedeutungen aus dem gewohnten Zusammenhang herauslösen, anerzogene Logik und Systematik im Denken fallenlassen zugunsten eines spontanen, analogie- und metaphernreichen Denkens. Dem natürlichen Wiederuntertauchen der durch ihre Zusammenhanglosigkeit als unbrauchbar erlebten Ideen versucht man dadurch entgegenzuwirken, daß man sie vor einer Gruppe produziert. Die Unbekümmertheit des einen wirkt als Reiz für den anderen, auch seinerseits alles auszusprechen, was sich zu einem bestimmten Stichwort anbietet.

Originalität. Kreative kommen auf originellere Gedanken und überraschendere Einfälle als Unkreative. Die Biographien der großen Kreativen, die wir gern Genies nennen, sind voll origineller Ideen und Gedanken, selbst wenn nur relativ wenige davon überleben und ehrfurchtsvoll erinnert werden.

Wenn oben Hitlers Zerstörungsdrang als sicheres Kennzeichen der Zukunftslosigkeit seiner im Augenblick auch noch so imponierenden Taten gewertet wurde, schließt das keineswegs andere Kriterien der Unkreativität seines Handelns aus. Dazu gehört auch der Mangel an wirklicher Originalität. Diese Behauptung widerspricht einem geläufigen Klischee, das Hitler zwar für einen Barbaren hält, ihn aber nicht als unoriginell einschätzt. Zumindest sei er auf nationaler wie internationaler Bühne origineller gewesen als die meisten Politiker seiner Zeit.

Ein solches Argument verwechselt das Originelle mit dem Provokanten*. Kampf gegen Versailles, Antisemitismus, Führerprinzip, germanischer Heroenkult und Nationalismus waren genauso populär und weit verbreitet, wie sie unoriginell waren. Originell wäre es gewesen, sich mit den ehemaligen Gegnern zu versöhnen, auf Großmachtideen zu verzichten, den demokratischen Prozeß zu verbessern und die erreichte Macht nicht brutal auszunutzen.

Auch in den Wissenschaften wird häufig das Modische und Naheliegende als das Schöpferische gepriesen, obwohl es höchst unoriginell ist. Es verriet jedenfalls nicht viel Originalität, wenn sich die klassische Psychiatrie jahrzehntelang die Ursache der endogenen Psychosen nicht anders vorstellen konnte als nach dem Modell der Paralyse. Bei ihr stehen bestimmte seelische Symptome in engem Kausalzusammenhang zu anatomisch nachweisbaren Veränderungen des Gehirns.

Man könnte einwenden: Diese Beurteilung ergibt sich aus der heutigen Perspektive. Aber wie war es damals? Wer hatte den Weitblick, nicht alles von einem Kaiser, Führer oder seiner Nation zu erwarten, oder wer konnte schon damals vermuten, daß Geisteskrankheiten auch etwas mit der Entwicklung im Elternhaus zu tun haben? Dieser Einwand ist richtig. Er besagt nämlich nichts anderes, als daß Originalität schwer und ungewöhnlich ist.

Um originell zu sein, muß man sich von Modeströmungen freihalten und auf den Beifall der Vielen verzichten. Der Originelle hat ein Gespür für das noch nicht Denkbare, die Unbekümmertheit um Verfemung und Tabus. Er fängt gleichsam da zu denken an, wo bei anderen das Denken aufhört. Dieser Vorsprung verleiht dem originellen Denker ein Gütezeichen, das viele begehren, aber nur wenige verdienen. Daher die zahlreichen Imitatoren der Originalität, die Origina-

---

* Joachim C. Fest hebt diesen Aspekt mit Recht hervor, wenn er von einer »atemverschlagenden Skrupellosigkeit« spricht, die das »eigentlich *Neuartige* seines Auftretens war«.

litätskopien, die verdecken sollen, wie unbequem und massenmäßig gedacht wird.

Neudefinierungsfähigkeit. Kreative denken schneller und leichter über »funktionale Gebundenheiten« hinaus. Sie gebrauchen Objekte in neuartiger Weise oder können Erlebnisse bzw. altvertraute Sachverhalte neu und besser benennen. Denn erst, wenn eine Anschauung richtig begriffen, das heißt mit adäquaten Bezeichnungen belegt wird, kann man nach Kant von Erkenntnis sprechen. So bleibt vieles im Leben des einzelnen und seiner Welt unerkannt, weil es zwar angeschaut, erlebt und erfahren, aber nicht begriffen wird.

Als Psychoanalytiker begegnet man diesem Phänomen bei den meisten Patienten. Diese haben oft Ahnungen, dunkle Gefühle und bestimmte Eindrücke. Sie können sie aber trotz zahlreicher Hilfen des Therapeuten nicht richtig benennen und daher auch nicht erkennen, bis ihnen schließlich das »passende, erlösende Wort« einfällt und sich damit eine neue Welt öffnet. Diese neue Welt ist eine Stufe verbesserter Erkenntnis, die ein weiteres Eindringen in die unendlichen Weiten des eigenen Innern ermöglicht.

Insofern muß jeder Mensch, wenn er sich und sein Leben verstehen will, ein bestimmtes Maß an Kreativität haben. Ohne sie bleibt er gefangen in ihm unverständlichen Handlungsgewohnheiten und Triebzwängen, über die er sich nicht hinausentwickelt. Wer diese Vorgegebenheiten seines Ichs überschreitet, ist kreativ im Sinne von Gutmann, der die Kreativität als Selbstverwirklichung, ja als Selbstverdoppelung definiert.

Bei diesem Prozeß ist das Sich-neu-Definieren ein unerläßliches Begleitphänomen, das der Unschöpferische nicht kennt, da er sich und die Umwelt mit den jeweils bekannten und immer wiederholten Kategorien erfaßt. Wenn etwa eine Mutter die Lernschwierigkeiten oder Ängste ihres Kindes ständig als bloße Unarten ansieht und behandelt, wird sie weniger schöpferisch sein als jene Mutter, die auch die eigene Nervosität oder Herrschsucht als Teilursache des kindlichen Verhaltens begreifen lernt. Noch schöpferischer ist aber jene, die auch bei diesen Etiketten nicht stehenbleibt und immer weiter in die Tiefe der eigenen Seele eindringt. Denn diese hat – wie Heraklit erkannte – »keine Grenzen, auch wenn man jeden Pfad in ihr abschritte«.

Problemsensitivität. Kreative können leichter als Unkreative Dinge und Zusammenhänge »problematisieren«, das heißt als Problem herausstellen und so Lösungen initiieren. Sie werden eher auf ungewöhnliche Dinge aufmerksam als Unschöpferische. Dickfellige Leute denken nicht kreativ. Ihnen fehlt das Gespür für Nuancen und Differenzierungen der Wirklichkeit. Sie sind träge in ihrer Phantasie. Die Wichtigkeit dieser Eigenschaft wird von Einstein betont, wenn er sagt: »Neue Fragen, neue Möglichkeiten aufzuzeigen, alte Probleme aus einem neuen Winkel zu betrachten, bedarf es kreativer Vorstellungskraft und markiert die wahren Fortschritte in der Wissenschaft.«

Aber nicht nur in der Wissenschaft wittert der Schöpferische solche Probleme, deren Bedeutung noch nicht offensichtlich ist. In der Politik ist es ähnlich. Der Staatsmann muß spüren, was in der Luft liegt. Nur dann kann er die Richtung der Entwicklung bestimmen. Was allen verfügbar ist, läßt sich nur schwer berichtigen. So auch im Sport. Der kreative Fußballer überschaut das Kommende, die nächsten Spielzüge. Der Unschöpferische reagiert auf das Vorhandene. Er gleicht hierin – um ein Beispiel aus dem Alltag zu nehmen – den Eltern, die nur den Trotz ihres Kindes sehen und nicht begreifen können, daß er nur ein Stadium der Entwicklung und nicht Endgestalt ist.

Die intellektuellen Faktoren divergierenden Denkens sind zwar konstitutiv, aber noch nicht Handlung, noch nicht Tat. Sie sind lediglich deren Sprungbrett. Ob der Sprung gelingt, hängt von der Fähigkeit ab, die Guilford die *Elaborationsfähigkeit* nennt: Viele Menschen haben gute Ideen, sind aber nicht imstande, die zu ihrer Verwirklichung notwendigen Voraussetzungen zu schaffen. So kommt es in den Wissenschaften, aber auch im öffentlichen wie persönlichen Leben oft zur Aufspaltung von originellen Ideen und unkreativer Wirklichkeit. Das modische, gängige und nur verwaltete Denken setzt sich schneller und wirkungsvoller durch als das außerhalb des üblichen Rahmens Gedachte. Die Elaborationskünstler sind auf allen Gebieten die Ausnahme.

Damit ist eigentlich schon das Gebiet des kreativen Denkens im engen Sinne verlassen. Denn die zuletzt genannte Fähigkeit ist nicht ausschließlich, ja nicht einmal vorwiegend dessen Angelegenheit. Sie gehört zur Persönlichkeit. Mit anderen Worten: Die kreative Leistung ist nicht nur das Ergebnis einer bestimmten Art des Denkens. Sie ist ebenso, ja nach neueren Untersuchungen noch stärker der Ausdruck der Persönlichkeit. Emotionale Eigenarten haben größeres Gewicht als intellektuelle. Man hat das früher – mit Ausnahme des generellen Hinweises auf die vermuteten Beziehungen zwischen Genialität und seelischer Abnormität – weniger bedacht.

4. Merkmale kreativer Persönlichkeiten

Die Methoden der Untersuchung kreativer Persönlichkeiten waren so bunt wie deren Ergebnisse. Die Hauptschwierigkeit bestand in der »Materialauslese«. Welche Menschen sind als kreativ zu bezeichnen? Im allgemeinen wurden aus rein pragmatischen Gründen jene als kreativ bezeichnet, die von anderen dafür gehalten wurden. Der so gewonnene Personenkreis wurde in der verschiedensten Art untersucht, angefangen von direkten Beobachtungen über ausführliche Interviews der Lebensgeschichte bis zu testologischen Bestimmungen meßbarer Persönlichkeitszüge.

Trotz der verschiedenen Ansätze wurden bestimmte Merkmale von allen Untersuchern entdeckt. Einige davon seien hier aufgeführt:

Eines der wichtigsten ist die Ambiguitätstoleranz. Sie läßt sich als die Fähigkeit definieren, in einer problematischen und unübersichtlichen Situation zu existieren und trotzdem unermüdlich an deren Bewältigung zu arbeiten. Die meisten Menschen ertragen die aus der Ungelöstheit entstehenden Spannungen nur für kurze Zeit und verzichten somit auf eine fruchtbare Lösung. Der Kreative kann dagegen die Ungelöstheit als Problem lange aushalten, ohne die intensive Arbeit an ihm aufzugeben. Er gleicht damit dem Frosch in der Fabel. Dieser sprang mit einem anderen Frosch in einen Eimer Milch. Zunächst tranken sie ausgiebigst von der unvertrauten, aber wohlschmeckenden Flüssigkeit. Als sie nicht mehr konnten, versuchten sie durch Strampeln aus dem Gefäß herauszukommen. Sie schafften den befreienden Sprung nicht. Schließlich erstickte der eine, weil er aufgegeben hatte. Der andere machte weiter, wenn auch nur mit allergrößter Anstrengung. Als die ersten Strahlen der Morgensonne über die Wiese glänzten, saß dieser Frosch auf einem Klumpen Butter. Er war gerettet, denn nun hatte er die Unterlage, von der aus der Absprung gelang.

Die einzig mögliche Lösung ist oft die unerwartete, nicht voraussehbare. Um zu ihr zu gelangen, muß man in der Schwebe der Ungewißheit arbeiten können. Wer voreilig nach Lösungen greift, beseitigt zwar Spannungen, aber auf Kosten besserer und ausgereifterer Lösungen. Die Geschichte der Wissenschaft läßt sich nicht nur als Kette eindrucksvoller Erfindungen, sondern auch als ein Buch kurzfristiger Lösungen schreiben. Man hielt sich lange, oft allzu lange, bei den bequemsten, weil unwidersprochenen Lösungen auf, ohne zu merken, daß man die besseren verhinderte. Immer mehr Forscher werden sich dieser Kurzatmigkeit bewußt. Der Drang nach interdisziplinärer Forschung wie auch das wachsende Bewußtsein für die Folgen der Entdeckung sind nur einige Anzeichen eines größer werdenden Spannungsbogens, den der einzelne oft vermissen läßt. Angesichts der weit verbreiteten Unfähigkeit, widersprüchliche Lösungsmöglichkeiten längere Zeit mit sich herumzutragen, nimmt es nicht wunder, daß bestimmte Methoden des Kreativitätstrainings gerade diese Fähigkeit einüben wollen. Aber auch ohne die Absolvierung eines vorgesetzten Trainingsprogramms kann jeder Mensch lernen, einander ausschließende Überlegungen in sich zu wecken und auszuhalten. Das alltägliche Leben ist voll von Problemen, die auf verschiedenste Weise gelöst werden können. Warum soll jemand nicht versuchen, bestimmte Schwierigkeiten einmal anders anzugehen, auch wenn das zunächst Schmerzen bereitet?

Mit der Ambiguitätstoleranz hängt wohl auch die Vorliebe des schöpferischen Menschen für komplexe, undurchsichtige Gebiete zusammen. Hier muß er oft Antinomien und Ungereimtheiten lange ertragen können. Aber gerade dadurch fühlt er sich und sein Denken herausgefordert, jedenfalls mehr als durch Fortschreiten auf bereits bekannten Pfaden.

Allerdings wird hier eine deutliche Trennung zwischen der Kreativität im Denken und der im mitmenschlichen Bereich deutlich. Selten gehen beide Hand in Hand. In Abwandlung des oben zitierten Ausspruchs von Tolstoi kann man sagen, daß der Schöpferische die Abenteuer, welche er im Denken durchsteht, im Mitmenschlichen nur selten zu unternehmen bereit ist. Hier ist er eher irritiert durch die Interessen, Wünsche und Ansichten der anderen, wenn sie mit seinen nicht voll übereinstimmen. Daraus erklärt sich ein Teil seiner Kontaktarmut, ja sein gelegentliches Desinteresse am Schicksal des einzelnen, wie es Einstein ganz offen bekennt: »Mein leidenschaftliches Interesse an sozialer Gerechtigkeit und sozialer Verantwortung stand immer in sonderbarem Gegensatz zu einer ausgeprägten Gleichgültigkeit gegenüber direkten Bindungen an Männer und Frauen.«

Neben dieser, wohl als Bindungsangst zu interpretierenden Gleichgültigkeit gegenüber einzelnen Menschen geht oft das Desinteresse an Gruppenarbeit einher.

Die anderen erscheinen eher hemmend als förderlich, die Gruppe als ein Ensemble, bei dem eine gute Idee auf das Niveau des Schlechtesten reduziert wird. Taylor, Berry und Block (1957) unternahmen an der Yale University Experimente, um die Kreativität von Gruppen mit der von Individuen zu vergleichen. Zu diesem Zweck stellten sie 12 Teams zu je 4 gemeinsam und 48 allein Arbeitenden zusammen. Das Ergebnis war, daß sich die einzeln Arbeitenden bei Problemlösungsaufgaben den in Gruppen Kooperierenden signifikant überlegen zeigten. In gewisser Hinsicht sind diese Befunde eine Bestätigung der Ergebnisse von Allport aus dem Jahre 1920. Danach würde, wie der Systemforscher Horst Rittel (1966) resümierend feststellt, die bloße Anwesenheit anderer Personen die Quantität der Ideenproduktion steigern, aber deren Qualität herabsetzen*.

Was der Schöpferische den anderen nicht als Kredit gibt, schenkt er sich selbst. Er spürt die Quellen neuer Ideen in sich, wenn auch nicht immer von Anfang an und in gleicher Stärke. Oft muß er jahrelang bohren oder auf einem ihm fremden Gebiet arbeiten – wie et-

---

* Man darf solche Einzelergebnisse allerdings nicht überbewerten. Es gibt auch Untersuchungen, die die Überlegenheit der Gruppenarbeit zeigen. Die psychologischen Faktoren, die für das eine oder andere Ergebnis ausschlaggebend sein können, werden im Kap. VII behandelt.

wa Fontane als Apotheker. Aber auch auf diesen Umwegen ist er sich letztlich seiner sicher. Kein Wunder, wenn in fast allen Untersuchungen dieses unbeugsame und gelegentlich als Arroganz erscheinende Selbstvertrauen hervorgehoben wird. Dies gibt ihm auch die Kraft, sich in seiner Arbeit zu disziplinieren und sich nicht vor lauter Unsicherheiten in zahlreiche Sekundärprojekte und -kontakte zu verlieren. Der in Kommissionen seine besten Jahre verbringende Forscher ist demzufolge der Gegentyp vom Schöpferischen. Er ist froh, wenn er durch irgendein Gremium seine Wichtigkeit bescheinigt bekommt, die er in sich nicht vorfinden kann.

Der Kreative ist trotz seines Selbstvertrauens aber nicht unkritisch sich selbst gegenüber. Er ist bereit, andere Lösungen zu prüfen und zu akzeptieren, falls sie überlegen sind. Auch das im Gegensatz zum Unschöpferischen, der sich in seiner Meinung festbeißt und sich verteidigt, als ginge es um letzte Wahrheiten. In gewisser Hinsicht stimmt das auch: Für den Unschöpferischen ist nämlich das gerade Erreichte oftmals die letzte Wahrheit, der er sich stellt. Zu mehr reicht es nicht. Daher auch seine viel größere Kritikempfindlichkeit als die des Schöpferischen, der zwar oft als sensibel und nervös beschrieben wird, aber auch als jemand, der Kritik an der Sache verträgt.

Die hier skizzierte Merkmalsliste kreativer Menschen ließe sich noch wesentlich erweitern. Es läßt sich aber auch jetzt schon erkennen, daß die kreative Persönlichkeit etwas anderes ist als das Genie vergangener Zeiten. Dieses hatte außer dem Glanz des Außergewöhnlichen und dem uneinfühlbaren Dunst des Krankhaften kaum konkrete, als Bedingung der Leistung erkennbare Persönlichkeitszüge. Der Fortschritt im Verständnis großer Menschen darf aber nicht dazu verleiten, den Differenzierungsprozeß der Erkenntnis für abgeschlossen zu halten. Selbst wenn man die hier nicht aufgezählten Persönlichkeitsmerkmale mitberücksichtigt, bleiben sie gegenüber dem einzelnen doch eine immer mehr oder weniger starke Verallgemeinerung. Kein kreativer Mensch gleicht dem anderen, schon deswegen nicht, weil sein »Spezialgebiet« den einzelnen sowohl von der Motivation her wie auch durch den Umgang mit der Sache formt. Der schöpferische Mathematiker hat andere Charaktermerkmale als ein Sportler oder Künstler. So stellten beispielsweise Cattell und Drevdahl (1955) bei einem faktorenanalytischen Vergleich zwischen Forschern und Menschen mit außergewöhnlicher Reputation für Lehre und Verwaltung fest, daß die Forscher schizothymer und emotional weniger stabil sind. Darüber hinaus zeigten sie sich als selbständiger, sorgloser, unbekümmerter, aber auch radikaler als die zum Ausgleich neigenden Lehrer und Verwaltungsfachleute. Weiterhin weisen kreative Biologen, Physiker und Psychologen eine gewisse Verwandtschaft auf, wobei Physiker schizothymer, Psychologen dominanter und nüchterner sind als die Vertreter anderer Fächer.

Aber auch innerhalb eines Faches oder einer Berufstätigkeit ist genügend Raum für Persönlichkeitsvarianten. Es ist daher verkehrt, von *dem* Physiker, *dem* Biologen oder *dem* Maler als Charakterstruktur zu sprechen. Nach faktorenanalytischen Untersuchungen von Cattell unterscheiden sich Wissenschaftler gleicher oder psychologisch verwandter Fächer durch zwei konträre Temperamente. Auf der einen Seite der emotional empfindliche und passive, auf der anderen der draufgängerische, aktive, ja aggressive. Das Temperament des Letzteren bezeichnet Cattell als »ungeduldige Maskulinität«, die solche Männer wie Paracelsus (1493–1541), Galileo Galilei (1564 bis 1642), William Harvey (1578–1657), den berühmten Arzt und Entdecker des großen Blutkreislaufs, und Louis Pasteur (1822–1895) von ebenso prominenten, aber heutzutage weniger bekannten Gelehrten ihrer Zeit unterscheidet.

Der schöpferische Mensch der Kreativitätsforschung ist aber nicht nur durch seine intellektuellen und persönlichkeitsbedingten Eigenschaften vom Genie vergangener Jahrhunderte verschieden. Auch der Grund seines Andersseins wird anders verstanden. Man sieht ihn nicht primär, zumindest nicht allein in der Qualität seiner Erbmasse. Zwar sind die heute wild wachsenden Ansichten von der ausschließlichen Soziogenese aller seelischen Eigenschaften des Menschen – angefangen von den Geisteskrankheiten bis zur Kreativität – eher Postulat als erwiesene Tatsache. Doch sollte man angesichts dieser Übertreibungen nicht in den entgegengesetzten Fehler verfallen, alle Außeneinflüsse zu leugnen und nur die Erbmasse als Ursache der Kreativität zu begreifen. Kreativität wird zum größten Teil gelernt. Sie läßt sich – zumindest in bestimmtem Umfang – durch Erziehung und Training auf- oder abbauen, favorisieren oder reduzieren. Wie läßt sich z. B. sonst die große Zahl schöpferischer Musiker in Mitteleuropa vor 200 Jahren oder die Anhäufung bedeutender Maler und Bildhauer während der Renaissance erklären? Warum wohl gab es im späten 19. Jahrhundert so viele Erfinder? Warum bringt Australien heute soviel mehr erstklassige Tennisspieler hervor als andere Länder? Warum – so könnte man die Beispiele erweitern – bilden Canada und die UdSSR schon jahrelang die Spitze im Eishockey? Wie erklärt sich die hohe Anzahl hervorragender Violinisten unter russischen Juden? Weswegen gehört Belgien im Radsport zu den führenden Nationen?

Lassen sich aber die Menschen von der Idee beeindrucken, daß sie schöpferischer sein könnten, als sie im allgemeinen annehmen? Sind sie darauf versessen, ihre kreativen Fähigkeiten zu entdecken und zu entwickeln?

Diese Frage muß man zunächst und generell bejahen. Die menschliche Geschichte ist ein einziges Beispiel für die permanente Entfaltung schöpferischer Kräfte. Der Mensch erreicht oft mehr, als er ursprünglich zu hoffen wagte. Auch die Gegenwart liefert genügend Beweise. Wer hätte etwa vor einigen Jahrzehnten angenommen, daß Frauen in fast allen Berufen vertreten wären und Fähigkeiten unter Beweis stellen, die man ihnen früher einfach nicht zubilligte? Bauern- und Arbeiterkinder zeigen trotz schlechterer Ausgangsbedingungen bessere Leistungen als ursprünglich erwartet. Neger sind in den USA heute als Bürgermeister, Hochschullehrer, Rechtsanwälte erfolgreich – also in Berufen, für die man ihnen einstens jede Qualifikation absprach. Die Araber hatten im »Jom-Kippur-Krieg« militärtechnische Fähigkeiten gezeigt, die man ihnen noch kurz zuvor nicht zutraute.

Dieser evolutionäre Drang zur Freisetzung verborgener Kräfte wird aber zunächst nur von einigen wenigen gespürt. Die meisten passen sich der Entwicklung an, wenn sie schon im Gange ist. Sie leiten nichts Neues ein, sondern springen auf fahrende Züge auf, und auch das oft nur mit Widerstreben. Ihnen gilt das bisher Erreichte als das Bestmögliche. Am liebsten würden sie den Lauf der Zeit anhalten. Wegen dieser Trägheit der Vielen scheint die Kreativitätsentfaltung mehr ein gesellschaftliches als ein individuelles Problem zu sein. Das aber bringt den einzelnen um seine persönliche Chance. Das schöpferische Potential wird ja nicht dadurch aktiviert, daß sich jemand einer von anderen initiierten Bewegung anschließt. Mitlaufen und gedankenloses Kopieren hemmen geradezu die schöpferische Entwicklung des einzelnen. Nur wer in sich hineinhört, entdeckt die eigenen Potenzen und kann ihnen den Weg zur schöpferischen Verwirklichung verschaffen.

Aber den meisten scheint der Glaube an die eigene Kraft zu fehlen. Man sieht sich mit den Augen der anderen und spielt die Rolle, die einem von außen zugedacht ist. Wenn man deren Erwartungen erfüllt – angefangen von Eltern und Lehrern bis zu Mitarbeitern und Vorgesetzten –, glaubt man sich in vollem Einklang mit seinen Möglichkeiten. Daher auch die Einstellung der Vielen, daß nur die Wenigsten zu schöpferischen Werken befähigt seien.

5. Psychodynamische Leitlinien

Die Eigenarten kreativer Persönlichkeiten, wie wir sie oben ausschnittweise geschildert haben, scheinen diesen Standpunkt zu rechtfertigen. Nur die wenigsten denken, fühlen und verhalten sich so, wie es dort als Kennzeichen kreativer Menschen beschrieben wurde. So richtig das auch ist, so darf doch nicht übersehen werden, daß die genannten Merkmale lediglich das Ergebnis statistischer Untersuchungen sind. Das heißt: Bei einem Vergleich von schöpferischen und unschöpferischen Menschen zeigen sich die genannten Merkmale. Die Charakterzüge des einzelnen sind dabei nicht deckungsgleich mit allen Befunden der Gruppe. So sind kreative Denker in mehreren Untersuchungen durch einen ausgesprochenen Hang zum Nonkonformismus, ja zur Rebellion gekennzeichnet. Das schließt nicht aus, daß es auch konservative Persönlichkeiten unter den Entdeckern gibt. Von Max Planck ist bekannt, daß es ihm ausgesprochen unangenehm war festzustellen, wie sehr seine Entdeckung von den bisherigen Vorstellungen der klassischen Physik abwich. Er versuchte, solange es irgend ging, seine Erkenntnisse mit der klassischen Physik in Einklang zu bringen. Erst als sich dafür keine Möglichkeiten boten, mußte er den Eigen-Sinn seiner Erkenntnis offenbaren, so sehr das auch seinem eher konservativen Naturell widersprach. In seinen Lebenserinnerungen schreibt er: »Meine vergeblichen Versuche, das Wirkungsquantum irgendwie der klassischen Theorie einzugliedern, erstreckten sich auf eine Reihe von Jahren und kosteten mich viel Arbeit. Manche Fachgenossen haben darin eine Art Tragik erblickt.«

Sowenig die genannten Persönlichkeitsmerkmale durchgehende Kennzeichen jedes einzelnen sind, sowenig sind sie auch Konstanten des ganzen Lebenslaufs. Wenn auch gewisse Grundmerkmale ein Leben lang erhalten bleiben können, werden ihre Stärke und Ausprägung doch sehr von Lebenssituation und Alter moduliert. So kann die erwähnte Ambiguitätstoleranz als ein wesentliches Merkmal kreativer Persönlichkeiten altersabhängig sein. Jemand, der mit 30 Jahren in der Lage ist, zwei entgegengesetzte Lösungsmöglichkeiten mit sich herumzutragen, kann das mit 50 Jahren vielleicht nicht mehr. Ihm will es nicht mehr gelingen, in der Schwebe der Ungewißheit lange genug auszuharren. Er drängt auf Lösungen, die er noch vor 10 Jahren in Ruhe abgewartet hätte. Das bekannte Wort »Ein Tor, wer in der Jugend kein Rebell und im Alter nicht konservativ ist« weist auf die Altersabhängigkeit des Merkmals Nonkonformismus hin. Es kann aber auch genau umgekehrt sein. Jemand, der in der Jugend sich den Ideen der Älteren kritiklos anschließt, wird im Alter rebellisch.

Bestimmte, mit dem Lebensalter zusammenhängende Veränderungen von persönlichen Eigenschaften machen es plausibel, daß der Gipfel gewisser Leistungen in relativ jungen Jahren liegt. So ist es zu verstehen, wenn schon im 19. Jahrhundert George Miller Beard aufgrund des Studiums der Biographien von tausend berühmten Persönlichkeiten das Alter zwischen 30 und 40 als die »goldene Dekade« bezeichnet. Die nächsten Jahrzehnte nannte er silbern, bronzen, zinnern und hölzern. Diese Befunde sind in neuerer Zeit im großen und ganzen bestätigt worden, besonders durch die subtilen Untersuchungen von Lehman (1953). Danach ist die Leistungskurve nicht nur altersspezifisch, sondern auch fachabhängig. So liegt das Kreativitätsmaximum der Astronomen zwischen 40 und 44 Jahren, also später als etwa das der Mathematiker. Das erklärt sich zum Großteil aus der langen »empirischen« Phase eines Astronomen. Umfangreiche und zeitraubende Berechnungen sind Voraussetzung für den »großen Einfall«. Ähnlich ist es beim Historiker. Auch er braucht im Durchschnitt eine lange Anlaufzeit, jedenfalls eine längere als etwa ein Chemiker.

Die Verwobenheit von Lebensalter und Fach gilt auch für außerwissenschaftliche Kreativität. Ein Schwimmer oder Sprinter ist im Hochleistungssport schon mit 30 Jahren »ein alter Mann«. Muß er aber deswegen unkreativ auf anderen Gebieten sein? Zahlreiche Beispiele belegen das Gegenteil. Er könnte zum Beispiel ein schöpferischer Trainer oder Kaufmann werden. Die Bestimmung des jeweiligen Kreativitätsfeldes ist daher eine der Hauptaufgaben der psychodynamischen Kreativitätsforschung. Lange Zeit hat man diese Frage vernachlässigt und nur bestimmtes, fachspezifisches Schöpfertum anerkannt. Man verwechselte Talent mit Kreativität.

Aber nicht nur Alter und Beruf sind für die Manifestation der Kreativität bestimmend. Ehe, Familie, Bekanntschaften, aber auch unbewußte Neigungen und Triebe entscheiden darüber, ob, wo und wie stark jemand kreativ ist. Letztlich ist es somit der einzelne selbst, der über sein Schöpfertum entscheidet. Er kann seine Persönlichkeit modulieren und verändern, Kreativität lernen oder verlernen, wenn auch in gewissen, später noch zu erläuternden Grenzen.

In jüngster Zeit erschienen zahlreiche Bücher über sogenanntes Kreativitätstraining. Daß sie teilweise zu Bestsellern wurden, läßt auf ein weit verbreitetes Bedürfnis nach Kreativität schließen. Allerdings vermitteln manche Anleitungen den Eindruck, als sei Kreativität identisch mit divergierendem Denken, wie es Guilford beschrieben hat. Wer fließend denkt, schnell kombiniert, fremde Erfahrungsbereiche zu einer ausgefallenen Idee verbindet, ist kreativ. Für diejenigen, die das nicht können, enthalten die Anleitungsschriften eine Reihe von Aufgaben, an denen Teilfunktionen der Intelligenz geübt werden. Derartige Anleitungen übersehen jedoch leicht die Tatsache, daß diese Art des Denkens auch bei anderen Tätigkeiten geschult werden kann. Ein Gang in der Natur wie auch die Lektüre eines Buches können den an der Verbesserung seiner Kreativität Interessierten genauso, ja vielleicht noch intensiver zum schöpferischen Training anregen als das Herunterspulen von vorgeschriebenen Aufgaben. Überdies engen diese Schriften das schöpferische Denken zu sehr auf eine bestimmte Denkform ein. Die Bedeutung des konvergenten Denkens wird übersehen.

Wer nur um »drei Ecken herum« denken kann, also divergierend denkt, kommt nicht vom Fleck. Nur die Kombination verschiedener

Denkstile – je nach Typ und Stadium der Denkoperation – führt zu neuen Ergebnissen. Das hat schon Guilford betont. Nicht das Denken allein macht Schöpferkraft aus. Selbst der Forscher ist nicht nur Denker. Er hat seine Emotionen, Affekte und Phantasien, seine Zuneigungen und Antipathien, seine Interessen und Aufgaben, seine Freunde und Feinde. All das beeinflußt die Aktivierung seiner Kreativität. Was ein Wissenschaftler leistet, hängt also nicht nur von seinem Denkstil ab. Bei schöpferischen Leistungen in anderen Bereichen, wie etwa Malerei, Musik oder Politik, tritt das Denken mehr in den Hintergrund, allerdings nicht so stark, wie man es gelegentlich annimmt. Bachs Kunst der Fuge ist ohne kreative Denkleistung ebensowenig zu erklären wie etwa ein Gemälde von Picasso oder Kandinsky. Komponieren und Malen ist kein Anliegen der Phantasie allein. Auch die Politik kann schöpferisch nur von dem gestaltet werden, der über den eigenen Horizont hinausdenkt.

Es ist nicht das Anliegen dieses Buches, die Bedeutung einzelner Talente für dieses oder jenes Gebiet aufzuzeigen. Darüber gibt es eine kaum noch überschaubare Fülle von Spezialliteratur. All diese Ergebnisse, auf welchem Gebiet auch immer, umfassen noch nicht den Begriff Kreativität. Sie tragen zu ihrer Vervollkommnung bei, bestimmen sie aber nicht. Alles Programmierte und Organisierte kann äußerst effektvoll und daher unentbehrlich sein. Es ist aber nicht identisch mit dem kreativ Neuen: *Das* ist eben das mit den vorhandenen Mitteln nicht Begreifbare, nicht Voraussagbare. In einer zunehmend programmierten Welt hat das besonderes Gewicht. Trotz aller Erfolge der Elektronik, Raumfahrttechnik und ähnlicher Beispiele grandioser Planungstechnik bleibt genügend Bedarf an schöpferischen Menschen. Ja, man kann sagen: Je mehr die Welt verplant wird, desto notwendiger ist die Sichtung und Benutzung »kreativer Nischen«. Denn es sind Menschen, die bestimmen, was und wie geplant wird. Pannen und unvorhergesehene Pleiten wird es immer geben. Je programmierter die Zukunft, desto notwendiger die Menschen, die das nicht Programmierbare ahnen und verwirklichen. Die verbesserte Kenntnis und Beherrschung instrumentaler Bedingungen in Sport, Wissenschaft, Kunst oder Politik verlangt nach kreativer Nutzung. Das ist auf verschiedenem Niveau möglich. Ein Politiker, der mit Nachrichten und Informationen schlecht »gefüttert« ist, kann subjektiv zwar kreativ sein, indem er mit wenigen Daten gut kombiniert, wird aber wirkungsloser bleiben als jemand, der seine Entscheidung auf einem Optimum an Wissen aufbaut. Das Ineinander von Talent, Gelerntem und Geplantem ist für den Grad an Kreativität entscheidend. Man spricht hier auch von Kreativitätsebenen, die man auf verschiedene Weise zu kategorisieren versuchte.

Ein bekanntes Modell ist das von Irving A. Taylor. Danach ist die niedrigste Stufe der Kreativität die *expressive*. Sie beruht auf spontanem und freiem Tun ohne besondere Fähigkeiten. Einfälle in einer psychotherapeutischen Sitzung sind hierfür ebenso Beleg wie Zeichnungen von kleinen Kindern. Die nächste Ebene ist die *produktive*. Hier geht es nicht nur um das Ausdrücken, sondern um die Gestaltung von Empfindungen und Phantasien mittels erworbener Fähigkeiten und Begabungen. Das kann ein Gedicht, ein Bild, eine technische Konstruktion sein. Freiheit und Spontaneität sind eingeengt durch Material und Wissen, haben dafür aber einen größeren Kommunikationsgehalt. Die anderen verstehen besser, was gemeint ist. Man begegnet sich im gemeinsamen Resultat. Die meisten Menschen bleiben in der Entwicklung der Kreativität auf dieser Ebene stehen. Die nächsthöhere ist nach Taylor die *erfinderische*. Man operiert mit neuen Kombinationen. Die Umwelt, wie groß oder klein sie auch ist, reagiert mit Überraschung. Sie hat diese Produkte weder erwartet noch für möglich gehalten. Hierzu gehören alle Erfindungen. Dasselbe Prinzip, aber auf einer noch höheren Ebene, ist dort vorhanden, wo die Erfindung neue Entwicklungen einleitet. Taylor nennt sie die *innovatorische*. Sie setzt ein tieferes Verständnis der Zusammenhänge und bestimmte Fähigkeiten voraus. Jung und Adler sind im Bereich der Tiefenpsychologie hierfür treffende Beispiele. Sie kannten nicht nur Freuds Idee, sondern überblickten mit eigenen Augen und eigener Methodik seelische Strukturen. So konnten sie Freuds Impulse und Einsichten zu neuen Theorien verarbeiten.

Die höchste Ebene der Kreativität ist die *emergentive*. Sie umfaßt eine Kreativität, die mit völlig ungewöhnlichen Entdeckungen und Ergebnissen überrascht, die nur wenige erreichen. Anfangs werden diese Forscher nur von einzelnen verstanden und anerkannt, dann aber gewinnen sie Anklang und sind Gründer von Schulen und neuen Denkrichtungen. Das gilt nicht nur in der Wissenschaft, wofür Freud,

Planck und Einstein Beispiele sind. Auch in der Politik gibt es »Explosionen«, das Aufbrechen und Auftauchen neuer Ideen in den Köpfen von Staatsmännern. In den zwanziger Jahren waren es etwa Stresemann und Briand. Sie entschieden sich im Verhältnis ihrer beiden Länder für eine Umstrukturierung, die der Majorität als Verhängnis und Verrat erschien.

Aber nicht nur im Großen, sondern auch im Kleinen lassen sich die verschiedensten Kombinationen von Talent, Wissen, Ausbildung, Erfahrung und Kreativität feststellen. Die geläufige Kreativitätsforschung hat Schöpferisches bisher dort nicht gesucht. Die Leistungen der Großen haben den Blick verstellt für das Erfinden im Kleinen, etwa im Büro einer Partei, am Schalter der Post oder der Pforte einer Klinik. Eine ehrliche Auskunft oder eine freundliche Bedienung kann schöpferisch sein, nämlich dann, wenn sie etwa eine neue Atmosphäre im Betrieb zu initiieren vermag und damit sich und den anderen zeigt, daß Kreativität sich auch in der einfachsten Aufgabe verwirklichen läßt. Man brauchte nicht soviel über die wachsende Entfremdung unter den Menschen zu reden, wenn der einzelne seine schöpferischen Alltagsimpulse realisierte. Jeder hat die Chance, seinen noch so unauffälligen Lebensraum autonom und kreativ zu gestalten und sich nicht zum Objekt von Planung und Organisation, von Mode und Werbung machen zu lassen.

Das ist ein Ziel, wenn auch ein sehr hohes. Der Weg dorthin ist beschwerlich, weil er nur individuell aufweisbar ist. Es hängt in erster Linie vom einzelnen ab, was er aus seinen Möglichkeiten macht. Ob sein Werk in den Augen der anderen groß oder unbedeutend, ob es für viele oder nur für ihn allein richtungweisend ist, hat weniger Gewicht als die Frage, ob er seine eigenen Möglichkeiten zu etwas Neuem komponiert. Wenn jeder sein Kreativitätspotential verwirklicht, erhöht sich der Kreativitätspegel der Allgemeinheit.

Auch das soll dieses Buch verdeutlichen. Psychodynamik der Kreativität heißt dabei nichts anderes als die Beschreibung der Kräfte, die Kreativität bewirken. Sie geht von der Grundannahme aus, daß jeder ein bestimmtes, nur ihm eigenes Kreativitätspotential hat, das er entwickeln oder verkümmern lassen kann. Was macht der einzelne mit seinem Ensemble von Anlagen, Erziehung, Umwelteinflüssen, seinem Wissen, seinen Wünschen und Begierden? Läßt er alles so stehen, wie es ihm mitgegeben und aufgedrängt wurde, oder macht er daraus etwas Neues, durch keine Theorie Voraussagbares? Gestaltet er etwas, was seinem Leben eine unerwartete Tiefe, eine nicht geahnte Wirkung nach außen beschert?

Innere Tiefe und Wirkung nach außen sind zwei Hauptaspekte der Kreativität, die allerdings nicht immer Hand in Hand gehen. Sie scheinen sich sogar in manchem zu widersprechen und müssen daher getrennt betrachtet werden. Das Kreative als Produkt ist etwas anderes als das Schöpferische im Schöpfer. Im folgenden Kapitel wollen wir daher zunächst auf das Produkt eingehen, auf das nach außen Wirkende und von außen Bewertete. Denn dieses ist vorwiegend gemeint, wenn in der Öffentlichkeit von Kreativität gesprochen wird.

II. Das Schöpferische als Produkt

1.Beurteilung durch andere

Spricht man von Kreativität als Produkt, meint man nur das Ergebnis. Man bewertet allein die Idee, die Handlung, die Methode oder die Erkenntnis. Alles, was dazu führt, klammert man aus. Ein solches Absehen von der Person ist eigentlich nur dort möglich, wo objektive Kriterien für die Bewertung zur Verfügung stehen. Das ist etwa im Sport der Fall, allerdings nur dort, wo das Produkt nach kontrollierbaren Regeln objektiv gemessen wird (Weite, Zeit, Höhe, Trefferzahl u. a.). Bei Sportarten, die Eindrücke in die Bewertung einfließen lassen (Eiskunstlauf, Turmspringen, Skispringen, Kunstturnen, Dressurreiten usw.), ist die Objektivität beeinträchtigt. Wer etwa beim Eiskunstlauf als Welt- oder Europameister startet, hat von vornherein ein unausgesprochenes, aber regelwidriges Plus, das der Bewertung zugute kommt.

Die verhältnismäßig große Exaktheit bei der Bewertung sportlicher Kreativität ist nur dann gegeben, wenn man kreative Produkte mit der erzielten Leistung gleichsetzt. Das aber ist problematisch. Sind die von Nurmi in den zwanziger Jahren aufgestellten Laufzeiten nicht wesentlich höher zu bewerten als die weitaus besseren Zeiten in der Gegenwart? Laufstil, Konditionspflege, Trainingsweise, Taktik und vieles andere schufen damals neue Maßstäbe, während die heutige Leistungsverbesserung das Ergebnis vorprogrammierter Daten ist. Das Publikum reagiert daher kaum auf den seit Jahren anhaltenden Rekordboom, selbst bei Höhen und Weiten, die noch bis vor kurzem als unerreichbar galten.

Für viele ist nach dem Sport die Wissenschaft das Gebiet, in dem schöpferische Produkte noch am ehesten objektiviert werden können. Solche Ansichten basieren hauptsächlich auf der Gegenüberstellung zu den Künsten. Im Vergleich zu Malerei, Musik und Literatur, wo das »Spiel der eigenen Phantasie« (Kant) und der persönliche Geschmack eine entscheidende Rolle spielen, sind wissenschaftliche Leistungen verhältnismäßig gut objektivierbar. Ein derartiges Urteil läßt sich aber nur im Kontrast aufstellen. Innerhalb der Wissenschaften sind objektive Bewertungen kaum möglich. Subjektive Faktoren, die außerhalb des Werkes liegen, bestimmen das Urteil. So war für die besonders in Deutschland verbreitete Ablehnung der Psychoanalyse die Tatsache von Bedeutung, daß Freud ein Jude war. Für viele konnte ein Jude nur Zersetzendes und Zerstörerisches, aber nichts Konstruktives und Schöpferisches hervorbringen. Ähnliche Urteile gibt es über Marx.

Fehleinschätzungen aufgrund von Merkmalen, die nicht zum Werk gehören, sind in der Wissenschaft geläufig. Sie wurden von der Kreativitätsforschung auch empirisch festgestellt. Zunächst einmal kommt den Persönlichkeitsmerkmalen der Beurteiler eine entscheidende Bedeutung zu. Weicht der zu Beurteilende von dem eigenen Naturell zu stark ab, wird sein Werk geringer eingestuft. Das ist besonders dann der Fall, wenn ein hoch kreativer Mensch sein Produkt aggressiv, selbstherrlich und überheblich anzubringen versucht. Geläufige Beispiele aus früherer Zeit sind hierfür Galilei, aber auch der große Arzt der Renaissancezeit Paracelsus. Beide Persönlichkeiten gehören nach den schon erwähnten faktorenanalytisch gewonnenen Kriterien von Cattell zu den »ungeduldig-männlichen« Typen. Berücksichtigt man solche Charaktermerkmale, dann versteht man die Zeitgenossen, welche ihre Genies nicht begriffen. Wenn man die Reden und Schriften von Paracelsus liest, könnte man denken, er hätte sich streng an die Anweisung seines italienischen Standesgenossen Girolamo Cardano (1501–1576) gehalten, der schreibt: »Wenn es sich um deine eigene Sache handelt, so setze keck auf jedes Laster, das dir entgegentritt, ein anderes; auf Stumpfsinn antworte mit Händelsucht und streitbarer Geschäftigkeit, auf Hartnäckigkeit mit heftigem Zorn, auf Hochmut mit offener Beleidigung und mit Gewalttätigkeit, und schlage lieber mit Fäusten drein, als daß du viele Worte machest.«

Sicher darf man bei der Bewertung solcher Maximen nicht die Zeit vergessen. Derart grobe Grundsätze waren damals üblich. Man

vergleiche etwa die derb-aggressive Ausdrucksweise und den Kampf-
stil des Paracelsus mit den schroffen Pamphleten Luthers gegen die
Kirche oder die Schmähung Luthers aus der Feder von Jesuiten oder
Johann Ecks.

Aber die Berücksichtigung historischer Stilelemente kann die Tatsache nicht ungeschehen machen, daß Paracelsus – von athenisch-
kämpferischem Temperament getragen – in wilden Stürmen zu segeln
liebte. Solche Charaktere gibt es auch heute unter hoch kreativen
Menschen. Sie machen es der Umgebung schwer, an die Größe der
von ihnen dargebotenen Leistungen zu glauben. Zu laut und auf-
dringlich bieten sie ihre Produkte an. Sie schlagen die Wahrheit den
anderen wie ein nasses Tuch um den Kopf und halten sie nicht wie
einen Mantel bereit, in den man hineinschlüpfen kann – ein Bild, das
Max Frisch einmal gebrauchte. Schreihälse wie der Boxer Cassius
Clay oder der Schachweltmeister Bobby Fisher kommen auch in der
Wissenschaft vor. Das heißt aber auch: Persönlichkeiten, die einem
wegen ihres Wohlverhaltens, ihrer Freundlichkeit oder sonst einer
Tugend persönlich sympathisch sind, werden hinsichtlich ihrer Kreativität überschätzt, während die »Schreihälse« oft unterbewertet
werden. Besonders verhängnisvoll wirkt sich die persönlichkeitsab-
hängige Wertung kreativer Produkte in Schulen und Universitäten
aus. Der junge Mensch ist prägsamer und lernfähiger als der ältere.
Wenn er aber konstant erlebt, daß nicht seine Leistung, sondern seine Einstellung zu einer bestimmten Person zum Maßstab für die Bewertung seines Kreativitätspotentials gemacht wird, kann er schöpferisches Verhalten verlernen und zu einem unkreativen Rebellen
werden.

Doch für Lehrer und Erzieher ist die gerechte Beurteilung der
Kreativität eines Schülers oft schwierig. Schöpferische Kinder können schon in diesen Jahren ein Gespür für das Nicht-Gelernte entwickeln und in der Lage sein, eigene und eigenwillige Aspekte aus
dem Lernstoff herauszuholen. Sie sehen Dinge, die andere Schüler
noch nicht sehen. Die Beurteilung solcher Fähigkeiten ist aber nicht
immer leicht, zumal wenn es sich nur um Nuancierungen in einer
Gruppe handelt. Jedenfalls ist die Erkennung von »Frühtalenten«
nicht immer so einfach wie im Falle des Mathematikers Carl Friedrich Gauß (1777–1855). Ein Lehrer stellte der Klasse, in der Gauß

Schüler war, eine Additionsaufgabe, um sie für eine Weile zu beschäftigen. Die Zahlen von 1 bis 100 sollten zusammengerechnet werden. Nach kurzer Zeit behauptete der damals 8jährige Gauß, fertig zu sein. Der Lehrer mochte das nicht glauben, mußte sich aber überzeugen lassen. Gauß hatte nicht schneller und konzentrierter addiert. Er formte die langwierige Additions- in eine einfache Multiplikationsaufgabe um. Mit minimalem rechnerischem Aufwand löste er das Problem. Seine Tafel war nicht wie die der anderen mit Zahlen vollgekritzelt. Es stand nur eine Zahl darauf, und zwar die richtige: 5050.

»Das Kind hatte seine erste selbständige Entdeckung gemacht. Es hatte die Summenformel der arithmetischen Reihe für sich entdeckt. Lehrer Büttner kannte sie natürlich auch. Aber Gauß hatte bemerkt, daß man ja nur zur ersten Zahl die letzte 100, zur zweiten die vorletzte 99 usw. hinzuzuzählen braucht, um immer die gleiche Summe 101 zu erhalten. Da dies fünfzigmal passiert, hat man als Gesamtsumme 5050. Gauß bewährte damit zum erstenmal an einem Beispiel sein hervorragendes Geschick in der Ausführung von Zahlenrechnungen« (Ludwig Bieberbach).

So deutlich zeigt sich Kreativität in der Schulzeit selten. Normalerweise ist sie unauffällig. Sie kann sich sogar hinter einem schüchternen und ängstlichen Verhalten verbergen, besonders dann, wenn das Unkreative von den selbstsicher und laut auftretenden Mitschülern vertreten wird.

Neben den Charaktermerkmalen spielen Status und Titel eine wichtige Rolle. So untersuchten Meer und Stein (1955) zwei Gruppen von Chemikern. Die einen waren promoviert, die anderen nicht. Sie hatten mehrere Intelligenztests auszufüllen. Die Kreativität wurde von den Vorgesetzten eingeschätzt. Es zeigte sich, daß die kreativen Produkte der Titelträger höher gewertet wurden als die der Nichtdoktoren. Die Autoren deuten das Ergebnis als Ausdruck der Tatsache, daß der Titel ausreicht, um als kreativ zu gelten, während die Titellosen durch ihre Intelligenz hervortreten müssen, um wenigstens das gleiche Prädikat zu erhalten. Die Wirkung des Titels auf die Beurteilung der Kreativität gilt auch im außerwissenschaftlichen Bereich. Selbst bei Laufbahnbezeichnungen billigt man dem höheren Dienstgrad ein höheres Maß an Kreativität zu. Ein Ministerialrat wird etwa für schöpferischer gehalten als der Amtmann, der nur Arbeiten nach Vorschrift zu erledigen hat.

Erst wo der Titel ausdrücklich mit Geburt (Adel) oder Macht (Funktionär) assoziiert wird, beeinflußt er die Einschätzung des Produkts eher negativ. Was noch zu Anfang des Jahrhunderts als Gütezeichen für schöpferische Verwaltung, Politik oder Kriegskunst galt, ist zum Symbol des Unschöpferischen geworden. Auch in den Wissenschaften bahnt sich ein ähnlicher Wandel an. Doktoren- und Professorentitel gelten nur noch auf den ersten Blick als Zeichen profunder Kreativität, beim zweiten oder dritten schon weniger. Allmählich verfeinert sich das Bewußtsein für den Wert oder Unwert von Etiketten. Man fragt sich immer häufiger, ob diese ein Zeichen selbst errungener Leistung oder nur angeboren oder manipuliert sind. Wegen der Enttäuschung über gegebene Etikettenmarken verwundert es nicht, daß man sich in der Wissenschaft um möglichst objektive Kriterien zur Beurteilung kreativer Produkte bemühte.

Der einfachste Versuch zur Objektivierung besteht in der Zählung der Veröffentlichungen. Dieses Kriterium ging von der Grundüberlegung aus, daß ein schöpferischer Wissenschaftler viel zu sagen hat und daher auch viel publiziert. So einleuchtend dieses Argument auch klingt, so unzureichend ist es doch. Zunächst einmal muß geprüft werden, in welchem Zeitraum die Arbeiten geschrieben wurden. 20 Arbeiten in 14 Jahren sind weniger als 10 in 6 Jahren. Und ferner: Behandeln Publikationen das gleiche mit nur geringen Nuancierungen oder Grundverschiedenes? Vor allen Dingen: Eine einzige Veröffentlichung kann kreativer sein als 20. Die letzten ähneln dann den »gestreckten Suppen« aus der Kriegszeit. Die Anzahl ist daher als Kreativitätsmaßstab verworfen worden. Man redet bei diesem Kriterium besser von Produktivität als von Kreativität. Aber auch durch die veränderte Nomenklatur läßt sich die Frage nach der Qualität nicht umgehen.

Wie aber soll man in der Wissenschaft das Kreative einer Idee, einer Methode, einer Entdeckung bestimmen? Eine Voraussetzung zur Messung der Qualität geht davon aus, daß das, was sich als wirklich neu und bahnbrechend erweist, auch eine entsprechend breite Wirkung haben muß. Man zählt aus, wie oft ein Werk in welcher Zeit zitiert wird. In den USA hat man einen Science Citation Index aufgebaut, zunächst für die naturwissenschaftlichen Fächer. Aber auch ein solches »Zitatecho« ist nicht frei von subjektiven Einschätzungsfehlern. Es gibt Zitierungsgewohnheiten aus Gründen der Mode, Gefälligkeit und Karierre.

Selbst die Anzahl der angemeldeten Patente, die wenigstens in den technischen Fächern als objektives Kriterium schöpferischer Produkte gelten können, ist nicht stichhaltig. Mancher läßt sich jede neue Öse patentieren, der andere aber nimmt selbst bei hochkomplizierten Geräten Abstand von einer Anmeldung. Wirtschaftliche Interessen, persönliche Einschätzung und andere Motive bestimmen, wie McPherson (1966) zeigte, die Anmeldung von Patenten.

Ein Gremium von Experten hat diese Schwierigkeiten bei der Bewertung von Produkten wissenschaftlicher Kreativität zu beseitigen versucht und ein Modell von 7 Kriterienstufen aufgestellt (Gamble 1959). Es ähnelt im Prinzip dem im Kapitel I geschilderten Modell von Taylor. Die geringste Bewertung erhält die Lösung einer leichten Aufgabe und die höchste die beste Lösung eines komplizierten Problems. Sie hat einen hohen Allgemeinheitsgrad und führt zu weittragenden Konsequenzen.

So verdienstvoll die Sieben-Stufen-Bewertung der Kreativität auch ist, sie bleibt abstrakt. Sie kann als Leitschnur dienen, aber nicht verhindern, daß im Konkreten weiterhin nach subjektiven Kriterien gemessen wird. Das schon deswegen, weil die Begriffe »hoher Allgemeinheitsgrad«, »Konsequenzen«, »weittragend« sich nur subjektiv abschätzen lassen.

Über die Psychoanalyse wissen wir: Weder am Grad der Neuheit noch an der Komplexität des Neurosenproblems konnte gezweifelt werden. Wir haben das oben zu skizzieren versucht. Noch deutlicher als diese Kriterien waren aber die Konsequenzen der Entdeckungen Freuds. Das Verständnis, das sich in den letzten Jahrzehnten für die große Anzahl seelisch bedingter Krankheitsbilder erweiterte, ist von Freud initiiert worden. Während man vorher etikettierte und klassifizierte, aber wenig für den Kranken tat, legte er den Weg zur wirksamen Hilfe frei. Dabei ist es belanglos, ob die ursprünglichen psychoanalytischen Interpretationen von Phobien, Süchten, Depressionen, Magengeschwüren, Schizophrenien, erhöhtem Blutdruck und vielen krankheitswertigen Persönlichkeitsmerkmalen im Detail sich als stichhaltig erwiesen. Entscheidend ist, daß das Objekt der Krankheit wieder dahin gerückt wurde, wohin es gehört: in die Mitte der Forschung und nicht an deren Peripherie, wohin es die naturwissenschaftliche Medizin – ungewollt und in bester Absicht – gedrängt hatte. Es gab vor und nach Freud keine wissenschaftliche Disziplin, die sich so intensiv um jede Gefühlsregung oder Phantasie, jeden Traum oder die unscheinbarsten Erlebnisse gekümmert hat wie die Psychoanalyse. Erst dieser viel belächelte und kritisierte Aufwand hat dem körperlich Kranken, und nicht nur dem psychisch Gestörten, sein Personensein bewahrt. Ohne den Ernst, der auch dem subjektivsten Erleben entgegengebracht wurde, wäre der Kranke am Übergewicht der technischen Medizin zerbrochen. Stattdessen hat man heute eine breite Palette von psychologischen und psychotherapeutischen Hilfen, die ohne den psychoanalytischen Anstoß nicht denkbar wären.

Die Breitenwirkung Freuds blieb jedoch nicht an der Grenze von Medizin und Psychiatrie stehen. Sie beeinflußte auch andere Disziplinen, wo der Mensch Gegenstand, zumindest Teilgegenstand der Forschung ist, wie etwa Geschichte, Literaturwissenschaft oder Soziologie. Nach all dem wäre den Entdeckungen Freuds die höchste Stufe der Kreativität nach den Kriterien von Gamble zuzubilligen. Nüchtern urteilende Experten tun das auch. In der Öffentlichkeit zählt Freud, ähnlich wie Planck und Einstein, zu den überragenden Wissenschaftlern dieses Jahrhunderts. Trotzdem blieb und bleibt viel Reserve, Skepsis, ja Ablehnung unter Wissenschaftlern. Sie zeigt sich nicht zuletzt darin, daß Freud nicht den Nobelpreis erhielt.

Dieses Kriterium ist für unser Thema, Bedeutung eines kreativen Produkts, insofern lehrreich, als die Statuten des Nobelpreiskomitees in etwa auch die Kriterien von Gamble für die Bewertung einer wissenschaftlichen Leistung implizieren. Warum aber wurde Freud die Auszeichnung versagt? Das kann nicht nur damit zusammenhängen, daß die Breitenwirkung vor dem Ersten Weltkrieg noch nicht so ersichtlich war wie nach dem Zweiten. Die Experten, die den Vorschlag zur Ehrung einreichten, hätten mehr sehen müssen als die Uneingeweihten. Es lag also in erster Linie an diesem Vorschlagsgremium, zu welchem alle früheren Nobelpreisträger, zahlreiche Lehrstuhlinhaber der Medizin, Direktoren wissenschaftlicher

Akademien und eine Reihe ausgewählter Experten gehören. Diese Gruppe konnte oder wollte nicht das Einmalige, das überragend Kreative der Freudschen Entdeckung sehen.

Freud hat weit mehr für die Medizin geleistet als etwa Antonio de Egas Moniz, der im Jahre 1949 für die Einführung der Leukotomie mit dem Nobelpreis ausgezeichnet wurde, also für einen Eingriff, dessen therapeutische Unwirksamkeit schon nach wenigen Jahren erkannt wurde. Man kann derartige Diskrepanzen nur aus der Tatsache verstehen, daß Freuds Entdeckungen mit denen zahlreicher anderer konkurrierten. Waren es zu Anfang des Jahrhunderts nur einige Vorgeschlagene, so nach dem letzten Krieg fast hundert. Heute sind es wegen der kaum für möglich gehaltenen Wissenschaftsexplosion und der Spezialisierung in der Medizin um ein Vielfaches mehr. Wo fast jedes Organ schon seinen eigenen Spezialisten hat, ist es praktisch unmöglich, die Entdeckung durch eine Wahl ausfindig zu machen, die nach den Bestimmungen des Nobelpreiskomitees die schöpferischste ist.

Somit wird die Verleihung dieser Auszeichnung von Jahr zu Jahr mehr ein Ergebnis der persönlichen Auslese. Die »objektive« Bewertung der kreativen Leistung wird eine Angelegenheit der Stimmenmajorität. Je mehr ein Kandidat für seine Entdeckung wirbt und sie publik macht, desto größer die Chance der offiziellen Anerkennung. Die angewandten Praktiken brauchen nicht fragwürdige Techniken der Werbepsychologie zu sein. Die Werbung kann zum Beispiel in der Wahl des Themas liegen, wie es der Nobelpreisträger Watson in seinem Buch ›Die Doppel-Helix‹ (1971) beschrieben hat. Er schildert darin die Geschichte der Entschlüsselung der DNS (Desoxyribonucleinsäure = chemische Struktur der Gene), wie er sie aus seiner Sicht erlebte. Für ihn stand fest, daß bei geglückter Lösung des Problems der Nobelpreis fällig war.

Im allgemeinen werden eher die Lösungen als kreativ prämiert, die einer bestimmten Erwartungslage entsprechen. Wer heute ein durchschlagendes Mittel gegen den Krebs oder ein umweltfreundliches, billiges Benzin entwickelt, hat größere Chancen als jemand, der etwas sieht, für das kein allgemeines Interesse vorhanden ist. Max Planck beklagt sich darüber in seinen Lebenserinnerungen: »Es gehört mit zu den schmerzlichsten Erfahrungen meines Lebens, daß es mir nur selten, ja, ich möchte sagen, niemals gelungen ist, eine neue Behauptung, für deren Richtigkeit ich einen vollkommen zwingenden, aber nur theoretischen Beweis erbringen konnte, zur allgemeinen Anerkennung zu bringen. So ging es mir auch diesmal. Alle meine guten Gründe fanden kein Gehör.«

Daran war nicht nur die fehlende Erwartungslage schuld. Es lag auch in der Persönlichkeit Plancks begründet. Er war nicht imstande, seine Erkenntnisse »gut zu verkaufen«. In seiner vornehmen und zurückhaltenden Art verwandte er seine ganze Kraft auf die ständige Verbesserung seiner Theorien mit den Kategorien der klassischen Physik. Aber alle Mühe brachte ihn immer wieder zu demselben Ergebnis: »Mit den alten Vorstellungen geht es nicht.« Dieses Ergebnis hatte Planck so sicher untermauert, daß er der Fachwelt viel Arbeit abnahm. Ihr blieb lediglich übrig, die rückhaltlose Anerkennung auszusprechen. Aber gerade dies wurde Planck in den Jahren verweigert, als er sie am nötigsten gebraucht hätte. Die Energie, die er in den Aufbau seiner Erkenntnisse hineingelegt hatte, fehlte ihm bei der Werbung für seine Ideen.

Erfahrungen dieser Art sind bei großen Wissenschaftlern oft beschrieben worden. Sie wurden meistens als unvermeidliche Konsequenz der Neuheit einer Entdeckung hingestellt. Die anderen müssen umdenken und damit einen Teil ihrer bisherigen Identität verändern. Das aber fällt schwer. Eine noch so theoretische Erkenntnis, die kaum das persönliche Leben zu berühren scheint, wurzelt letztlich in der Gesamtpersönlichkeit und nicht nur in deren »Kopf«.

Der Prozeß des Umdenkens fällt leichter, wenn einem die bisher unbekannten und fremd anmutenden Ergebnisse angemessen präsentiert werden. Dazu gehört nicht in erster Linie die lückenlose Argumentation. Sie fehlte weder bei Planck noch bei anderen Entdeckern. Zur Logik und dem Experiment muß die »Verkäufernatur« hinzukommen. Die Ware muß nicht nur die beste sein, der Käufer muß sie auch dafür halten. Das aber ist gerade in der Wissenschaft nicht leicht. Die von anderen vorgetragenen Beweise für eine neue Erkenntnis sind zunächst eine Kränkung für den Kenner, den Fachkollegen, und zwar deswegen, weil er nicht selbst auf die richtige Idee gekommen ist und noch immer an der alten, falschen festhält. Nur bestimmte Persönlichkeiten vermögen den Käufer zur raschen

Abnahme der Ware zu bewegen. Es sind die fleißigen, agilen, energiegeladenen, überall anwesenden Extrovertierten. Als Beispiel könnte Rudolf Virchow (1821–1902) gelten, der berühmte Begründer der Zellularpathologie. Von ihm sagt der Medizinhistoriker Erwin H. Ackerknecht, daß der Geschichtswissenschaftler wahrscheinlich weniger von den Entdeckungen Virchows beeindruckt war als »von seiner Gabe, den Menschen zu veranlassen, seine Gedanken anzunehmen«.

Freud, dessen Stern nur wenige Jahrzehnte später aufging, war dagegen weniger agil und mobil. Er glich eher Planck. Wie dieser bemühte er sich um immer neue Argumente und Beweise. Den Hörern und Lesern machte er es nicht schwer. Seine Sprache ging leicht ins Ohr. Seine Formulierungen waren bestechend und niemals schwieriger, als der Gegenstand es verlangte. Man konnte daher annehmen, daß er »ankam«. Mitnichten. Er war kein Verkäufer, kein Werber. Seine spröde Genauigkeit in Sachen eines delikaten, aber auch lebendigen Themas wie dem der Sexualität ließen ihn wie einen Großinquisitor oder Buchhalter erscheinen, aber nicht wie einen Befreier der Sexualität. Wo Freud witzig oder ironisch wurde, wo er einmal lächelte, waren es Ausnahmesituationen, bei besonderen Gelegenheiten oder unter Vertrauten. Aber sonst: Distanz und kalte Unpersönlichkeit. Auch diese Züge muß man vor Augen haben, wenn man an die dauernde Entfremdung von seinen Universitätskollegen denkt. Seine Distanzierung von der offiziellen Lehre wurde zu einer Distanzierung von deren Vertretern.

So verständlich diese Reaktion Freuds auch war, sie brachte ihn zu Lebzeiten um seinen offiziellen Ruhm. Freud hat das verschmerzt. Er sah sein Werk auch ohne den Segen der Schulmedizin wachsen. Die Bestätigung durch die Wirklichkeit war ihm wichtiger als der Beifall zufälliger Mehrheiten. So anerkennenswert diese Haltung auch war – große Leistungen entstanden oft im Getto –, für die Entwicklung der Psychoanalyse wirkte sie sich ungünstig aus. Die Nachfolger fühlten sich verpflichtet, das Unrecht an Freud durch besondere Gefolgschaft zu sühnen. Was bei ihm Theorie war, erstarrte bei seinen Nachfolgern zur Ideologie. Der geschundene Vater durfte nicht korrigiert werden. Das Lob, das andere ihm verweigerten, mußten seine Schüler zehnfach nachholen.

Außerdem haben sie vielfach die ungeschickte Verkaufspsychologie von Freud übernommen. Was aber bei diesem noch originär und originell war, wurde bei den Nachfolgern zur Kopie und damit Karikatur. Die Distanz, die bei der Geburt einer Idee unvermeidlich ist, wirkt bei den Nachbetern komisch oder arrogant, je nachdem wie man zum Inhalt der Lehre steht. Besonders in den USA, wo die Psychoanalyse am schnellsten um sich griff – nicht zuletzt aufgrund der von Hitler vertriebenen deutschsprachigen Emigranten –, entwickelte sich ein Typ von Tiefenpsychologen, der das Gesicht eines ganzen Berufsstandes prägte. In zahlreichen Karikaturen wurde er gezeichnet als der überlegen-distanziert Lächelnde, der alles weiß und alles versteht, die Affekte aber nur am Patienten kennt. Sicher überpointieren Karikaturen. Sie enthalten aber stets einen Kern Wahrheit. Vor allen Dingen tragen sie in der Öffentlichkeit zum Image eines Berufs bei.

Auch an die »Vertreterphysiognomie« muß man denken, wo heute noch über den Wert der Psychoanalyse gestritten wird. Wissenschaftliche Erkenntnisse werden nämlich nicht nur bei ihrer Entstehung, sondern auch bei ihrer Verbreitung wesentlich durch den mitbestimmt, der sie verkündet. Keine Wissenschaft ohne Bildung von Schulen und keine Schule ohne entsprechende »Physiognomie«. Bei dem Prozeß der Physiognomierung eines Faches spielen Zeitschriften und Kongresse eine entscheidende Rolle. Hier findet der Lern- und Adaptionsprozeß statt. Welche Sprache, welchen Jargon, welche Zitate, welches Auftreten, welche Fragestellung hat man zu wählen, um anzukommen, zunächst einmal bei den Kollegen? Diese Rituale sind oft entscheidender als das, was einer wirklich zu sagen hat. Der Öffentlichkeit sind solche Fachphysiognomien nicht völlig unvertraut. Sie hat eine bestimmte Vorstellung von *dem* Arzt, *dem* Pfarrer, *dem* Richter oder *dem* progressiven Studenten, selbst wenn diese der Wirklichkeit nicht entspricht.

Je mehr man sich heute in den Wissenschaftsdisziplinen der Tatsache bewußt wird, daß auch die kreativsten Produkte mit werbepsychologischen Techniken verkauft werden müssen, desto mehr bedient man sich ihrer. Als Beispiel mag der Chemiker dienen, der die führenden Vertreter seines Faches in ein Luxushotel einlädt, sie köstlich bewirtet und verwöhnt in der Hoffnung, daß die Umgebung stärker wirkt als die Argumente, um die sich noch Planck so intensiv bemühte. Man ist geneigt, die narzißtische Kränkung für nichterzielte Leistungen zu überwinden, wenn der Entdecker dem Trauma in angemessener Weise Rechnung trägt.

Die Notwendigkeit solcher Verkaufsmethoden ist heute durch die Kostenexplosion für wissenschaftliche Forschung gegeben. Wie im Kapitel I gezeigt wurde, läßt sich nicht mehr alles, was erforschbar ist, finanzieren. Man muß in der Verteilung der Mittel stärker selektieren als früher. Das zwingt die Wissenschaftler zu einer Form der Werbung, die sie früher verurteilt hätten. Man braucht die öffentlichen Medien. Sie sollen nicht nur informieren, sondern auch werben, um Geld zu mobilisieren. Dieser Tatsache bedienen sich nicht nur Wissenschaftsinstitutionen, z. B. Universitäten, die ihre eigenen Pressestellen haben, sondern auch einzelne Forscher. In den USA ist es schon längst keine Seltenheit, daß nicht nur Universitäten und Forschungsorganisationen, sondern auch Einzelwissenschaftler sich den Dienst von Werbeagenturen nutzbar machen. Durch Verbreitung von Name und Produkt erhofft man sich eine Aufwertung der Ergebnisse. Faßt man die genannten Punkte zusammen, so läßt sich resümieren: Die an sich erwünschte objektive Bewertung des kreativen Produkts, unabhängig von dem Schöpfer der Entdeckung, ist auch in der Wissenschaft nur begrenzt möglich.

Noch stärker ist das außerhalb der Wissenschaft der Fall. Als Beispiel soll hier wie im vorangegangenen Kapitel die Politik dienen, und zwar der Fall Hitler. Hätte man sein Wesen etwa zur Wiener Zeit oder zumindest in den Münchner Jahren erkannt und zu deuten verstanden, wäre sein Werk der Menschheit erspart geblieben. So billig das Beispiel auch klingen mag, es enthält doch den Kern Wahrheit, auf den es hier ankommt.

Die Taten eines Politikers lassen sich bei der Bewertung noch weniger von seiner Person lösen als die Erkenntnisse eines Wissenschaftlers. Wenn Planck oder Einstein ihre Entdeckungen nicht gemacht hätten, wären andere ihre Schöpfer gewesen. Die Physik war reif dafür. Sicher gehörte zur Erforschung der Relativitätstheorie mehr als die Kenntnis der Fakten. Diese kannte auch der 25 Jahre ältere Poincaré. Er hatte aber weder Kraft noch Mut, aufgrund dieser Fakten die neue Theorie zu formulieren, wie Arthur Koestler in seinem Buch ›Der göttliche Funke‹ anschaulich geschildert hat. Auf jeden Fall wäre die Entdeckung bald fällig gewesen. Insofern war Einstein austauschbar.

Läßt sich aber mit dem gleichen Recht sagen, daß Hitler austauschbar gewesen wäre? Wenn nicht Hitler, hätte dann ein anderer, vielleicht Göring oder Himmler, das zerstörerische Werk getan? Gibt es nicht zahlreiche gefühlskalte Neurotiker, die ein Leben lang isoliert und voller Haß gegen sich und die Gesellschaft sind? Wären sie mit einem ähnlichen Rednertalent zu Gleichem fähig gewesen? Man müßte noch sehr viel mehr Einzelheiten aufzählen, als es Bullock, Fest, Maser, Shirer, Speer und andere in ihren Hitlerbiographien getan haben, um dann festzustellen: Diese Merkmale erklären vieles, aber nicht alles. Mit anderen Worten: Alle beschriebenen Eigenschaften kommen auch sonst vor. Ihre Kombination aber ist einmalig, einmalig wie bei jedem Individuum, selbst bei einem Zwilling. Natürlich gilt das auch für die historische Situation, die so, wie sie war, weder vorher existierte noch jemals wiederkommt. Auch sie ist unwiederholbar. Bei Hitler springt das historisch Unwiederholbare nur überdeutlich in die Augen. Treffend charakterisiert das Golo Mann, wenn er lapidar feststellt: »Hätte es den einen Menschen nicht gegeben, so wäre gekommen niemand weiß was, aber nicht der Nationalsozialismus, so wie wir ihn erlebten. *Zufällig gab es ihn.*«

Wie aber soll man einmalige Persönlichkeit und einmalige Situation bewerten? Woher die Maßstäbe nehmen, die ja gar nicht da sein können? Denn Einmaliges heißt ja: mit bisherigen Mitteln nicht meßbar. Hierin liegt auch einer der entscheidenden Gründe für die begrenzte Brauchbarkeit aller Zukunftsprognosen. Auch wenn die heutigen analytischen Methoden wesentlich genauer als die früheren sind, wird doch nur das Künftige erkannt, das mit gegenwärtigen Kategorien gemessen wird. Wahlprognosen basieren etwa auf schon bekannten Parametern. Sie sind daher nur dann genau, wenn sich alle Wähler »wie erwartet« verhalten. Das ist – statistisch gesehen – meistens der Fall. Anders schon bei solchen Ereignissen, wo viel Unerwartetes zusammentrifft. Man denke nur an den Verlauf des letzten Nahostkrieges. Hier konnte das Ergebnis nicht vorprogrammiert, es mußte erprobt werden.

Das ist das Kernproblem der Kreativitätsbewertung. Von außen ist eine Erkenntnis, Entdeckung, Methode oder Tat nur annähernd als schöpferisch bestimmbar. Die Bewertung wird aber um so genauer ausfallen, je mehr der Beurteiler von der zu beurteilenden Sache versteht. Eine neue Variante beim Eishockey oder Fußball wird nur der erfassen können, der das Spiel sehr genau kennt. Er wird seine Erkenntnis um so objektiver benutzen, je distanzierter er zu urteilen vermag. Damit aber konkurrieren zwei Tendenzen bei der Bewertung kreativer Leistungen: Einerseits ist eine umfassende Kenntnis des zu Beurteilenden notwendig. Das ist nur bei starker Identifizierung mit dem Gegenstand möglich. Andererseits ist eine Distanzierung erforderlich, die alle persönlichen Interessen vom Urteil fernhält. Weil die Kombination dieser sich widersprechenden Tendenzen so selten ist, gibt es auch so wenige gute Beurteiler. Mit Recht sagt daher die Kreativitätsforschung: Die Bewertung kreativer Produkte ist selbst ein kreativer Akt. Der schöpferische Mensch wittert am ehesten das konstruktiv Neue einer Tat oder Erkenntnis. Er spürt die aufbauende Zukunft. Das wird ihm von den meisten allerdings nicht abgenommen. Diese sitzen in den Komitees und beschließen Prioritätslisten. Der Gruppenkonsensus hat zu entscheiden, was schöpferisch ist.

Was das die Gesellschaft kostet, lehrt die Vergangenheit. Denn unterstützt werden zunächst immer die gängigen, der Mehrheit einleuchtenden und plausiblen Projekte. Das aber waren oft die schlechtesten. Man kann sich nicht damit trösten, daß alles Gute sich eines Tages doch durchsetzen wird. Es kommt nämlich hier darauf an, ob der Widerstand gegen ein kreatives Produkt nur von einer unwichtigen Minorität und für kurze Zeit – wie etwa bei Planck und Einstein – oder von der Majorität und für längere Zeit durchgefochten wird, wie etwa bei Freud. Nicht allein die immer größeren finanziellen Opfer der Allgemeinheit für die Forschung fallen ins Gewicht. Auch Gesicht und Struktur der Gesellschaft stehen auf dem Spiel. Sie werden weitgehend von dem bestimmt, was erforscht wird. Ist zum Beispiel die Herstellung eines noch haltbareren Kunststoffes wichtiger als etwa die detaillierte Erforschung psychischer Störungen?

Die Beurteilung kreativer Produkte in der Wissenschaft ist nur ein Teilgebiet. Wie steht es in der Kunst, Musik, dem Theater und wie in der Politik, wo ja ein jeder mitzubestimmen hat, wem die

Macht gegeben wird? Kann man sich hier auf die Gremien verlassen, die die Kandidaten zur Machtausübung auswählen? Was sind das für Menschen, die sich melden, um in einem Stadtrat, Land- oder Bundestag das Allgemeinwohl zu vertreten? Wer sich für geeignet hält und sich dementsprechend anpreist oder wer wirklich geeignet ist?

2. Selbstbeurteilung

Das führt zu der wichtigen Frage nach der Selbsteinschätzung. Kreative Produkte sind ja nicht nur von anderen zu beurteilen. Sie müssen auch von dem Schöpfer selbst »gewogen« werden, im allgemeinen noch vor den anderen. Verhält er sich zu seinem Produkt ähnlich wie die Außenstehenden, die seine Kreativität zu spät, ungenau oder gar nicht sehen? Diese Frage ist im Prinzip zu bejahen. Auch der Kreative ist sich keineswegs immer des Wertes seines Produktes bewußt. Es ist ein langer, mühseliger Prozeß, bis man das eigene Werk adäquat beurteilen kann. Was heißt aber adäquat hinsichtlich der Selbsteinschätzung?

Ist etwa dann das Urteil über die eigene Tat adäquat, wenn es mit dem der Kritiker übereinstimmt? Oder sind die eigenen Möglichkeiten der Maßstab der Bewertung? In diesem Falle kann es zu deutlichen Diskrepanzen zwischen Fremd- und Eigenurteil kommen. Eines der bekanntesten Beispiele ist Michelangelo. Er war mit seinen Werken nie ganz zufrieden, auch wenn die anderen sie überschwenglich lobten.

Unter großen Schöpfern ist diese Unzufriedenheit nicht selten. Sie kann Ausdruck einer narzißtischen Störung, aber auch Anzeichen nicht voll ausgeschöpfter Möglichkeiten sein. Zwischen diesen beiden Polen gibt es die verschiedensten Variationen und Stärkegrade. Zur Verdeutlichung seien zwei Fälle geschildert: Der erste soll die narzißtische Störung, der zweite das andere Extrem darstellen.

Bei dem einen Fall, Klaus L., handelt es sich um einen 41jährigen Professor, Leiter eines großen Universitätsinstituts. Ich lernte Klaus L. kennen, als er mich wegen seiner Frau um Rat fragte. Sie sei immer so launisch, schwanke zwischen extremen Stimmungen. In manchen Depressionen sei sie zu nichts mehr fähig, kümmere sich weder um den Haushalt noch um ihre drei Kinder. Sie sei dann auch nicht für Ablenkungen und Aufmerksamkeiten ansprechbar, zumindest nicht, wenn sie von ihm kämen. Ihn überhäufe sie dann höchstens mit Vorwürfen und Anklagen. Er sei ein Egoist, kümmere sich nur um seinen Beruf, strahle zu wenig Wärme aus, er habe sie sogar nur des Geldes wegen geheiratet. Auffallenderweise könnten andere Menschen, insbesondere eine Freundin, sie eher aus solchen Stimmungen herausreißen. Er habe ihr schon öfter die Konsultation eines Psychiaters oder Psychotherapeuten empfohlen. Derartige Ratschläge empfände sie als Hohn und Spott, da nicht sie, sondern er einer Behandlung bedürfe. Eine solche Unterstellung habe er aber als Zumutung abgelehnt.

Bei dieser Ausgangslage wird es den Leser überraschen zu erfahren, daß nicht die Frau, sondern tatsächlich Klaus L. nach einigen, zunächst gemeinsam, dann getrennt geführten Besprechungen zu einer psychoanalytischen Behandlung kam. An den Stimmungsschwankungen der Frau war nämlich vorwiegend der Mann schuld, und zwar aufgrund einer Persönlichkeitsstruktur, die man in der Fachsprache als »narzißtisch gestört« bezeichnen kann. Oder einfacher ausgedrückt: Diese Frau konnte sich nicht zur ehelichen Gemeinschaft hin entwickeln, weil der Mann einseitig die Aufmerksamkeit aller für sich allein beanspruchte. Wir wollen hier nicht die ganze Breite und Vielfalt der Erscheinungsbilder darstellen, die mit einer derartigen Struktur einhergehen. Hier soll das Problem des Narzißmus nur insoweit gestreift werden, als es für die Frage nach der eigenen Bewertung der Eigenkreativität von Bedeutung ist. Das sei an der beruflichen Entwicklung von Klaus L. dargestellt.

Bevor er seine jetzige Stellung innehatte, war er Beamter in einem Ministerium. Der Wechsel von einem Ministerium in die Wissenschaft ist nicht häufig, jedenfalls weniger üblich als der Wechsel in umgekehrter Richtung. Aber nicht die Berufsart, sondern die Motivation ist für unsere Fragestellung relevant. In die politische Laufbahn trat Klaus L. ein, weil er während seines Studiums einen einflußreichen Ministerialbeamten kennengelernt hatte. Für ihn war es ein Wink des Schicksals, nach relativ kurzer Zeit dessen Wohlwollen zu erhalten. Dieser dachte zunächst nicht daran, Klaus L. für die Politik zu gewinnen. Dafür schien ihm dessen Studium zu politikfern. Der Patient war es vielmehr, bei dem die ersten Phantasien über eine mögliche politische Karriere auftauchten. Der Grund dafür war nicht etwa sein primäres Interesse an der Politik. Vielmehr hing das mit seinen ständigen Zweifeln über seine Berufswahl zusammen. Sein Studium machte ihm Spaß. Er lernte auch eifrig, hatte aber trotzdem das Gefühl, es nie sehr weit zu bringen. Selbst die sehr guten Noten in den Zwischenexamina konnten diesen Eindruck nicht verbessern.

Der Widerspruch zwischen Selbst- und Fremdbewertung war Klaus L. aus seiner Schulzeit vertraut. Auch damals nagte ein dunkler Selbstzweifel an ihm. Nur mit größter Anstrengung und besten Noten konnte er ihn kompensieren. Die Hänseleien seiner Mitschüler, die ihn als Streber neckten, störten ihn wenig. Er wußte, daß er sich Nachlässigkeit, geschweige Faulheit nicht leisten konnte. Dann hätte er gar keine Achtung mehr vor sich gehabt und wäre aus »grenzenloser Scham« verloren gewesen. Lange war er sich unschlüssig über seine Berufswahl. Da er in der Theatergruppe der Schule außerordentliche Erfolge hatte, riet ihm deren Leiter zum Beruf des Schauspielers. Ihm selbst kam das trotz seiner Freude am Schauspielern verwegen vor. Schließlich stimmte er aber dem Vorschlag des heiß verehrten Lehrers zu. Etwaige Zweifel unterdrückte er mit dem Gedanken, daß der Lehrer schließlich besser wissen müsse, was für ihn das Richtige sei. Die Verwirklichung des Planes scheiterte an dem energischen Widerspruch beider Elternteile. Das war einige Monate vor dem Abitur. Ihn bedrückte nicht so sehr der Verzicht auf die Bühnenkarriere – der war ihm sogar ganz angenehm – als vielmehr die Ratlosigkeit hinsichtlich seines zukünftigen Berufs. Er hatte viele Talente und interessierte sich für Kunst, alte Sprachen, Musik und Naturwissenschaften. Die Wahl war schwer. Er entschied sich schließlich für das Studium, das sein Vater ihm geraten hatte, nicht zuletzt wegen dessen Beziehungen zu einflußreichen Leuten.

Im Studium ging es ähnlich zu wie auf der Schule. Nach außen hin brillierend, fleißig, erfolgreich, war er im Innern doch nicht davon überzeugt, daß er es zu etwas bringen werde. Zwar waren die selbstquälerischen Gefühle nicht mehr so häufig und stark wie früher. Ja gelegentlich überfiel ihn ein geradezu gespenstisches Gefühl von Selbstsicherheit und Überlegenheit. Gleichaltrige, die ihn noch von der Schule her kannten, entdeckten arrogante Züge, die ihnen neu erschienen. Klaus L. kleidete sich aufmerksamer als früher und wollte überhaupt in jeder Hinsicht gefallen und beeindrucken. Er suchte sich neue Kreise, die ihm den Weg nach oben ebnen sollten. So lernte er auch den genannten Beamten kennen. Er sah in ihm den Rettungsanker. Die von seinem Vater vermittelten Berufsaussichten erschienen ihm jetzt schal. Er legte nur noch sein Staatsexamen ab, um dann in das Ministerium seines Förderers einzutreten.

Hier spielte sich im Prinzip dasselbe ab wie in Schule und Universität. Einerseits war er emsig, strebsam, talentiert und erfolgreich, andererseits nie ganz zufrieden und sicher, ob er die in ihn gesetzten Erwartungen wie auch seine eigenen Hoffnungen erfüllen würde. Vielleicht war er jetzt noch eine Spur unnahbarer als auf der Schule. Nur die Menschen ließ er an sich heran, die ihm wichtig erschienen. Um ihre Gunst warb er, wo immer sich eine Gelegenheit bot.

Inzwischen war Klaus L. 30 Jahre alt und schloß seine erste Ehe, aus der ein Kind hervorging. Nach zwei Jahren trennte er sich von seiner Frau. Im Amt kriselte es danach auch. Obwohl seine Förderer wie auch seine Vorgesetzten nach wie vor von seinen Leistungen angetan waren, hielt er sich für einen Versager, dem man seinen Mißerfolg nur nicht ansieht. Die tägliche Routinearbeit zermürbte ihn. Die Aussicht auf eine große Karriere wurde ihm durch wichtige Personen immer wieder bekräftigt. Ihm genügte das aber nicht, um eigene Unsicherheiten auszuräumen. In diesen Wochen des tiefen Zweifelns bot ihm ein befreundeter Professor die Habilitation an. Klaus L. griff nach einigem Zögern zu, weil er davon überzeugt war, als Wissenschaftler zu einem solideren Erfolg zu kommen als in der Politik.

Das sah eine Zeitlang auch so aus. Seiner Habilitationsschrift folgten bemerkenswerte Veröffentlichungen, die ihm bald ein Ordinariat einbrachten. Es schien endlich so zu laufen, wie er es sich gedacht hatte. Er hatte eine interessante Aufgabe, ein vielbeachtetes Gebiet der Forschung, angenehme Mitarbeiter und war frei von dem nagenden Zweifel an dem, was er eigentlich wert sei. Seitdem er Ordinarius war, kannte er dieses lähmende Gefühl nicht mehr. Das positive Echo auf seine Arbeiten ließ den Zweifel nicht aufkommen. Inzwischen hatte er auch wieder geheiratet und aus dieser Ehe zwei Kinder bekommen.

Alles schien in Ordnung, bis die oben geschilderten Klagen seiner Frau begannen. Klaus L. übersah sie zunächst, empfand sie aber mehr und mehr als ärgerliche Sticheleien. Als von seiner Seite aus weder Geduld noch Ermahnungen fruchteten, zweifelte er an ihrer seelischen Gesundheit. Er selbst konnte jedenfalls keinen der Vorwürfe seiner Frau akzeptieren. Er liebte sie nach wie vor - so jedenfalls glaubte er. Erst nach der erwähnten Besprechung und der Einleitung der Therapie verstand er die Situation seiner Frau besser, besonders ihre Behauptung, daß er sie nicht lieben könne. Dunkel hatte er das schon in seiner ersten Ehe erlebt. Wahrscheinlich sei diese auch auseinandergegangen, weil er seiner Partnerin nicht die notwendige Wärme, Nähe, Zärtlichkeit und kein Verständnis entgegengebracht habe.

Die Ehesituation interessiert hier nur im Zusammenhang mit seiner Kreativitätsbewertung. Das Gefühl, aus ihm komme nichts Gutes, erstreckte sich nicht nur lange Zeit auf den Beruf, sondern jetzt auch ausdrücklich auf die eheliche Liebe. Deswegen wunderte ihn jetzt auch nicht das Scheitern seiner ersten Ehe. Er merkte in der Behandlung, wie er sich durch seine Bequemlichkeit für besser hielt, als er in Wirklichkeit war. Er glaubte das, was die anderen ihm sagten. Der schon in seinem Studium bemerkbare Zug der Arroganz verstärkte sich. Aus einem, der sich nichts zutraute, ist jemand geworden, der sich alles zutraut. Unter dieser Selbstüberschätzung litt seine zweite Frau am meisten. Sie erlebte ja, wie wenig er als Mensch war. Die Entwertung durch die Partnerin – so sehr Klaus L. sie auch jetzt verstand – führte damals zu einer Versteifung seiner überspannten Selbstbewertung. Je stärker er sich von seiner Frau attackiert fühlte, desto bohrender wies er auf seine Erfolge hin.

Das für unser Thema Wichtige läßt sich mit folgender Formel ausdrücken: Klaus L. hatte aufgrund bestimmter Konstellationen und Erfahrungen seiner früheren Lebensgeschichte nie richtig an sich glauben gelernt. Für ihn lag der Wert, das Große, das Imponierende immer bei den anderen. Daher auch sein Strebertum, sein Fleiß, seine unsäglichen Bemühungen um optimale Leistungen. Weil er also in sich gebrochen war, halfen ihm die guten Noten, Anerkennungen, hervorragenden Examina immer nur vorübergehend. Diese kurzfristigen und letztlich sinnlosen Prämiierungen drückt folgender Traum aus: »Ich gehe mit einer Gruppe Bekannter ins Gebirge. Ich gehe schneller als sie, bin weit voraus und werde den Gipfel früher als sie erreichen. Plötzlich stürzt jedoch ein Teil des Berges zusammen, und ich werde an den Beginn des Aufstiegs zurückgeworfen.« Das immer erneute Aufsteigenmüssen, das sich in seinem fanatischen Arbeitseifer zeigte, ruinierte auch seine Gesundheit. Wahrscheinlich hätte er später schwere Erschöpfungszustände oder psychosomatische Symptome bekommen, wenn in der Therapie die Wunde des Narzißmus nicht geheilt worden wäre. Aufgrund dieses Prozesses konnte er allmählich erkennen, daß er Schule, Bühne, Universität, Professur nur »geschafft« hatte, weil der Anstoß von außen kam. Er wurde zu diesen Tätigkeiten »verführt«, wie er es einmal nannte. Stets war eine andere Person mit viel Macht und Einfluß dafür ausschlaggebend, daß er gerade diesen Beruf wählte. Und immer war er auch erfolgreich, jedenfalls nach den Maßstäben der anderen. Diese mußten ihm sagen, was er wert ist.

So lernte Klaus L. in der Behandlung einzusehen, daß die Tätigkeit auf dem von ihm bearbeiteten Problemgebiet zwar viel Erfolg einbrachte, aber letztlich nicht seinen innersten Wünschen entsprach. Sein Lieblingsgebiet lag woanders. An dieses hatte er sich bisher nicht gewagt, weil es als unmodern und zukunftslos galt. Er hatte Angst, sich mit der Bearbeitung dieses Fragenkomplexes auf ein Abstellgleis zu rangieren. Je weiter er in der Therapie vorankam, desto sicherer wurde er in der Beurteilung seiner Interessen, aber auch seiner Fähigkeiten auf diesem noch unterentwickelten Gebiet. Er zahlte den Wechsel der Problemstellung mit einer zunehmenden Entfremdung von seinen Kollegen, die seinen Schritt nicht verstanden. Dafür wurde er um so ruhiger und sicherer. Ihm machte das Arbeiten zum erstenmal in seinem Leben vollen und anhaltenden Spaß. Vorher war die Freude immer nur punktuell, bezogen auf eine gerade erfolgte, gute Außenbewertung. Sonst aber empfand er keine »Basisfreude«, wie er seinen jetzigen Zustand nannte. Entscheidend war dabei die Sicherheit in der Beurteilung dessen, was er tat. Er brauchte die anderen nicht mehr. Er hatte auch keine Sorge, daß er eines Tages isoliert dastehen würde. Auf derartige Befürchtungen, die er von früher her kannte, gab er sich selbst die lapidare Antwort: »Was so aus dem eigenen Innern kommt, kann auch für den anderen nicht falsch sein.« Die Zukunft erwies, daß er damit recht hatte.

Fassen wir die Hauptmerkmale dieses Beispiels zusammen. An ihm sollte das Grundprinzip einer falschen Einschätzung des eigenen kreativen Produkts gekennzeichnet werden, sofern es mit einer Störung des Narzißmus einhergeht. Die Formel lautet: »Aus mir kann nichts Gutes kommen.« Solche Menschen unterbewerten meistens ihre eigenen Produkte, zumindest in ihrem Innern. Sie benötigen das Urteil der anderen. Um sich diese Abhängigkeit aber nicht eingestehen zu müssen, überbewerten sie nicht selten kompensatorisch ihre Leistung. Sie brüsten sich, geben an, fallen als arrogant und anmaßend auf. Dadurch werden sie leicht zur Beute ihrer Mitmenschen, die sich an ihrem »abstoßenden Verhalten« reiben und das Werk verurteilen, obwohl sie die Person meinen - ein Vorgang, der aus der Geschichte zur Genüge bekannt ist. Aber nicht immer muß die bis zum Größenwahn reichende Selbstüberschätzung die Majorität vor den Kopf stoßen, nämlich dann nicht, wenn diese sich mit einem solchen »Großmaul« identifizieren kann, sei es aufgrund momentaner Erfolge derartiger »Führer« oder der Aktivierung eigener Größenideen.

Bei der genannten Persönlichkeitsart liegt der Grund für die inadäquate Eigenbeurteilung in dem fehlenden Glauben an sich. Auch extreme Anerkennungen können dies nie ganz aufheben, im Gegensatz zu den Fällen, wo die Bestätigung durch die anderen die eigene Sicherheit erhöht, aber die Aktivierung des Kreativitätspotentials nur bis zu der durch die anderen festgesetzten Grenze zuläßt. Solche Menschen sind sich zwar nicht ganz sicher in der Beurteilung ihrer eigenen Produkte, verlieren die Unsicherheit aber mit wachsendem Erfolg. Wenn sie sehen, wie sehr sie ankommen, fühlen sie sich auf dem richtigen Weg. Das Urteil der meisten ersetzt die eigene Stellungnahme. Es geht in ihm auf. Das ist am ehesten und daher am deutlichsten bei den Produkten der Fall, deren Wert unmittelbar und wesensmäßig von den anderen bestimmt wird, zum Beispiel beim Unternehmer, sei es im Handel oder in der Produktion. Diesem nutzt es wenig, wenn er sich auf sein Urteil verläßt, dabei aber bankrott geht. Er muß die Ware anbieten und so herstellen, wie es die Majorität wünscht*. Selbst wenn deren Urteil wenig originell ist, gehört es

---

* Die weitverbreitete Ansicht, Unternehmer könnten ihren Geschmack einer Majorität aufdrängen, z. B. Minirock oder Herrenpelze, übersieht zu leicht die Tatsache, daß nicht wenige Fabrikanten auf ihrer Ware Jahr für

doch gerade zu seinem Beruf, sich der Ansicht der Masse anzupassen, um Erfolg zu haben. Trotzdem darf dabei die Fähigkeit zur Selbstbeurteilung nicht völlig verlorengehen, wie das Beispiel der großen schöpferischen Unternehmer zeigt. Sie wußten und wissen, worauf ihre Leistung beruht, und lassen sich nicht zur Überbewertung des eigenen Erfolges verführen. Das aber kommt bei weniger kreativen Unternehmern vor. Sie sind dem Fremdurteil so ausgeliefert, daß sie nicht merken, wie die eigenen Fähigkeiten langsam schwinden, zumindest nicht in dem Maß vervollkommnet werden, wie es möglich wäre.

Als Beispiel für nicht voll ausgeschöpfte Möglichkeiten kann folgender Fall gelten: Eine 44jährige Frau, Mutter von zwei Kindern, übernimmt nach dem Tod ihres Mannes dessen gut florierendes Unternehmen. Anfangs hat sie große Angst vor dieser Aufgabe. Sie will den Betrieb verkaufen. Nur dem inständigen Zureden von Verwandten und Freunden ist zuzuschreiben, daß sie es schließlich wagt. Zunächst glaubt sie, das Unternehmen in kürzester Zeit zu ruinieren, so unfähig fühlt sie sich. Allmählich bekommt sie aber sich und das Unternehmen in den Griff. Sie verzichtet auf vieles, was ihr lieb war. Sie stellt ihr Leben um. Nach einigen Jahren fühlt sie sich in der Fabrik zu Hause. Der gefürchtete Ruin tritt nicht ein. Im Gegenteil: Das Unternehmen wächst, was auch damit zusammenhängt, daß sie nicht alles so macht wie seinerzeit ihr Mann. Es ergab sich, wie sie später sagte, »einfach von selbst«, daß veraltete Methoden durch neue ersetzt werden. Die Frage, warum das bisherige Management nicht auf diese Neuerung gekommen ist, kann sie nicht beantworten. Ihr sei das Mitschleppen unrationeller Gewohnheiten selbst ein Rätsel. Sie wird allseits bewundert. Das Lob macht sie allmählich leichtsinnig. Sie wird – wie sie es in der Behandlung nennt – »großzügig«. In Wirklichkeit sind es Nachlässigkeiten, die immer stärker in den Alltag einbrechen. Ermöglicht werden sie durch folgenden Grundeindruck: »Nachdem alle Welt mir bestätigte, was ich Groß-

---

Jahr sitzenbleiben. Sie fanden weder Farbe noch Form, welche der Masse zusagten. Wo aber ein einzelner die Mode schafft, also ein Modeschöpfer ist, ist er kein Verführer, sondern der kreative Interpret von Tendenzen, die dem gewöhnlichen Designer verborgen bleiben.

artiges geleistet habe, kann nichts mehr schiefgehen.« Sie selbst habe allerdings schon damals gewußt, daß sie noch Besseres hervorbringen könnte, habe aber die damit verbundenen Mühen gescheut. Sie habe sich mit dem begnügt, was die anderen befriedigte. Ihr fehlte somit das Motiv zur vollen Mobilisierung ihrer Möglichkeiten. Aber gerade diese Stagnation führte in relativ kurzer Zeit zu einem rapiden Abstieg des Unternehmens. Die Frau wurde schwer depressiv und unternahm einen Selbstmordversuch.

So drastisch sind die Folgen rückhaltloser Abhängigkeit vom Fremdurteil nicht immer. Stets aber sind sie verbunden mit einem Abfall schöpferischer Fähigkeiten. Am bekanntesten in der Öffentlichkeit sind Beispiele aus dem Sport. Das ist insofern verständlich, als auch hier – ähnlich wie beim Kaufmann – relativ objektivierbare Kriterien schöpferischer Produkte vorliegen. Was für den Kaufmann die Bilanz, sind für den Sportler Zeit, Weite und Tabellenplatz. Das schöpferische Produkt kann somit von vielen beurteilt werden. Die Prämiierung durch die Masse läßt sich nicht vermeiden. Sie trägt aber die Gefahr in sich, weitere Anstrengungen zur Verbesserung der Kreativität zu unterbinden. Der Sturz in die Tiefe ist ein alltägliches Schicksal in der Wirtschaft wie im Hochleistungssport. Wer weiß, daß er weitersteigen könnte, es aber nicht tut, weil die anderen ihn ohnedies bewundern, steigt ab.

Das heißt nicht, daß die kreative Leistung sich in allen Lebensabschnitten auf ein- und demselben Sektor abspielen muß. Das ist schon deswegen nicht möglich, weil – wie im Kapitel I gezeigt wurde – bestimmte Produkte altersabhängig sind. Wenn jemand mit 35 Jahren keinen Rekord im Hundertmeterlauf aufzustellen vermag, kann er doch die bis dahin mobilisierten schöpferischen Potentiale auf andere Lebensgebiete übertragen. Dafür gibt es genügend Beispiele. Entscheidend ist, daß zunächst das Gefühl dafür entwickelt wird, wie sich die eigene Kreativität am besten entfaltet, etwa im familiären Bereich, im Betrieb, in der Menschenführung oder im Beruf, sei es als Künstler, Wissenschaftler, Sportler oder Handwerker. Im beruflichen Sektor muß man immer auch an eine Kombination von mehreren Erfahrungsbereichen denken, zum Beispiel der des Unternehmers und Vereinsführers. Das Organ für das besondere Talent, das man hat, ist unersetzlich. Gelegentlich kann ein anderer die Eignung besser erkennen als man selbst. Aber was hilft einem dessen Sicht, wenn man selbst etwas anderes will und seine Begabungen vergräbt? Was nützt es, daß jemand Pianist werden möchte, wenn er offenbar mehr Fähigkeiten für Naturwissenschaften besitzt, oder daß jemand sich politisch betätigt, obwohl er für die Forschung geeignet wäre? Das alles sind höchst praktische Fragen. Was wäre der Welt erspart geblieben, wenn Hitler sich mehr auf sein Malen vorbereitet und die Aufnahme in die Kunstakademie bestanden hätte! Ob er auf die Dauer ein Maler oder – wozu andere ihm rieten – ein Architekt, insbesondere ein großer geworden wäre, ist unwichtiger als die Tatsache, daß er auf den Spuren seines »Talents« möglicherweise zu der Arbeit gefunden hätte, in der sich sein einmaliges Schöpfertum hätte entfalten können. So aber kümmerte er sich nicht um das kleine Pflänzchen. Er ließ es verkümmern, um statt dessen alle Energien, die er zum Ausbau seiner Kreativität benötigt hätte, in die Werke zu stecken, die ihn selbst und andere zerstörten.

Aber auch hier ist Hitler nur ein Exempel, welches alle kennen. Bei Millionen anderer Menschen ist es ähnlich. Die einen nehmen den kleinsten Hinweis als Wegweiser – man denke etwa an den Filmproduzenten Samuel Goldwyn Mayer, der seine Karriere wie zahlreiche self-made-men als ungelernter Verkäufer begann –, die anderen gehen an weit deutlicheren Zeichen ihrer »Anlagen« vorüber. Sie warten träge auf die ganz große Bestimmung oder die Umwälzung von außen. Damit aber verpassen sie ihr Leben. Das Vergraben der Talente wird in der Bibel nicht zu Unrecht so scharf verurteilt.

Wichtiger jedoch als die Erfassung des Kreativitätsfeldes ist das Gespür für den Weg dahin. Was ist dafür erforderlich, fruchtbar oder überflüssig? Wann lassen sich notwendige Vorbereitungen von Um- und Irrwegen unterscheiden? Die Beantwortung dieser Fragen ist nur durch eine wachsende Ablösung von dem Urteil der anderen möglich. Wer nur soweit und solange schöpferisch ist, als er durch die anderen ermuntert wird, verlernt Kreativität. Unaufgelöste Abhängigkeit trübt den eigenen Blick. Das gilt jedoch nur für »reifere« Leistungen. Ursprünglich ist es anders. In der Kindheit wird Kreativität nur gelernt, wenn bestimmte Verhaltensweisen durch die Erwachsenen belohnt werden. Insofern sind Beispiele, in denen die Extreme einer unsicheren Selbstbewertung dargestellt werden, zugleich Hinweise auf die Quelle derartiger Störungen. Sie liegen in der frühen Entwicklung, in den ersten Lebensjahren. Doch auch noch sehr viel später ist das heranwachsende Kind auf die Prämiierung durch die Eltern angewiesen. Es will für jeden neuen Entwicklungsschritt bestätigt, gelobt und anerkannt werden. Das Gelernte sitzt um so besser, je aufmerksamer und genauer die Bestätigung durch die Erwachsenen ist. Jedes Elternpaar weiß, worauf nicht alles das Kind stolz ist und wofür es von ihnen gelobt werden will. Es kommt buchstäblich »mit jedem Dreck« an, um sich belohnen zu lassen.

Sicher gibt es auch Unterschiede zwischen den Kindern. Nicht alle benötigen das gleiche Maß an Ermunterung und Zuwendung, aber alle brauchen ein Minimum. Dieses Minimum liegt weit über dem, was heute viele Eltern zu geben bereit oder imstande sind. Das erstreckt sich nicht auf die offenkundigen und erwarteten Entwicklungsschritte wie Lächeln, Aufsitzen, Stehen, Gehen und Sprechen. Die meisten Eltern geben hier schon »instinktiv«, das heißt aus eigener Freude über das Gedeihen des Kindes, ihre aufbauende Antwort. Hemmend für die Kreativitätsentfaltung sind eher die emotionellen Interaktionen zwischen den Eltern und deren Auswirkungen auf das Kind. Die zahlreichen Einflußmöglichkeiten, die das Leben hier parat hält, lassen sich nicht sämtlich systematisieren, geschweige detailliert schildern. Auf einige von ihnen wird in anderem Zusammenhang zurückzukommen sein. An dieser Stelle sei nur auf zwei Variationen hingewiesen, die sehr deutlich die Abhängigkeit der Kreativitätsentfaltung von dem Urteil der Erfahrenen demonstriert.

Die erste Möglichkeit besteht darin, daß die Eltern sich zwar sehr für die Entwicklung des Kindes interessieren, aber meist nur, soweit es ihre eigenen Ziele bestätigt. Das braucht nicht immer ausgesprochen, ja nicht einmal gedacht zu werden. Es kann sich lediglich darin äußern, daß man dem Kind bestimmte Gefühle und Gedanken nicht zubilligt. Das muß nicht in Form konkreter Ge- und Verbote geschehen. Es kann sich auch in einfachen Reaktionen zeigen. Man ist etwa erstaunt über einen Satz des Kindes und sagt überrascht: »Das kannst du ja nicht gedacht haben. Das hat dir jemand anderes gesagt.« Auch wiederholte Beteuerungen des Kindes, daß alles aus ihm selbst komme, werden nicht geglaubt. Man traut ihm keine eigenen »Flügel« zu. Wenn das Kind aber solche zeigt, sind nicht wenige Eltern betroffen. Sie sind betrübt wie die Mutter von Charles Baudelaire, die an seinen Freund schreibt: »Zu unserer größten Bestürzung lehnte Charles alles ab, was wir für ihn tun wollten. Er wollte mit seinen eigenen Flügeln fliegen und Autor werden! Welche Enttäuschung in unserem bisher so glücklichen Leben! Welcher Kummer! . . .«[*]

Das Kind – selbst wenn es vielleicht schon in der Pubertät oder älter ist – kann, ja darf in den Augen der Eltern und Erzieher nur Bestimmtes denken oder fühlen. So wird der Keim jeder eigenständigen Aktion von vornherein erstickt. Das Produkt ist dann der Erwachsene, der ständig nach den anderen schaut, um zu erfahren, was er zu denken, zu fühlen oder zu tun hat. In den ersten Lebensjahren, die je nach Umwelt verschieden akzentuiert sind, wird nicht selten die Bereitschaft gezüchtet, das eigene Kreativitätspotential verkümmern zu lassen. Das Ergebnis dieses Prozesses beschrieb schon Nietzsche in seiner ›Fröhlichen Wissenschaft‹ unter dem plastischen Titel: ›Nicht zur Erkenntnis vorausbestimmt‹. »Es gibt eine gar nicht seltene blöde Demütigkeit, mit der behaftet man ein für allemal nicht zum Jünger der Erkenntnis taugt. Denn in dem Augenblick, wo

---

[*] Diese Gefühle der Mutter wecken beim Kind entsprechende Empfindungen, die Baudelaire in folgenden Versen ausdrückt:

»Wenn nach dem Urteilsspruch der obersten Gewalten
In diese graue Welt der Dichter niedersteigt,
Ringt seine Mutter wild die Hände, die geballten,
Und hadert laut zu Gott, der selber Mitleid zeigt:

– »Ach! lieber hätte ich ein Schlangennest geboren,
Als daß ich obendrein dies Spottgebild ernährt.
Verwünschte Nacht und Lust, so flüchtig und verloren,
Die meinem Leibe solch verhaßte Frucht beschert!

Doch die er lieben will, betrachten ihn mit Schrecken,
Und seine Sanftheit macht sie stark und dreist;
Und sie versuchen, wie sie seinen Unmut wecken,
Sie proben ihre Wut, bis die Geduld ihm reißt.«

ein Mensch dieser Art etwas Auffälliges wahrnimmt, dreht er sich gleichsam auf dem Fuß um und sagt sich: ›Du hat dich getäuscht! Wo hast du deine Sinne gehabt! Dies darf nicht die Wahrheit sein!‹ – und nun, statt noch einmal schärfer hinzusehen und hinzuhören, läuft er wie eingeschüchtert dem auffälligsten Ding aus dem Weg und sucht es sich so schnell wie möglich aus dem Kopf zu schlagen. Sein innerlicher Kanon nämlich lautet: ›Ich will nichts sehen, was der üblichen Meinung über die Dinge widerspricht! Bin *ich* dazu gemacht, neue Wahrheiten zu entdecken? Es gibt schon der alten zu viele.‹«

Erziehungsfehler im Elternhaus können durch Erfahrungen in Schule und Gesellschaft ausgeglichen werden. Das geschieht aber nicht immer. Die Personen, denen die Heranwachsenden ausgesetzt sind, unterscheiden sich ja nicht wesentlich von den eigenen Eltern. Auch bei ihnen wird, wie es einmal der 38jährige Arthur S., Werkmeister in einem großen Betrieb, ausdrückte, »nur mit Wasser gekocht«. Hiermit wollte er seine Enttäuschung darüber zum Ausdruck bringen, daß nicht einmal diejenigen, die mit Nachdruck die autoritäre Erziehung anprangern und eine bessere Gesellschaft in Szene setzen möchten, frei sind von den Schwächen ihrer Eltern: »Auch die schauen einen nur dann an, wenn sie gerade Zeit und Lust haben. Sie schauen noch nicht einmal immer in die Zukunft, wie es gern und oft behauptet wird.« Soweit seine Erfahrung. Im konkreten Alltag sah sie so aus:

»Der Abteilungsleiter kreist nur immer um sich selbst. Er gibt zwar ab und zu Ratschläge, aber gutgelaunte nur dann, wenn man sich seine Reden über seine Hobbies anhört. Er will zunächst beachtet und gelobt werden, bevor er etwas von sich gibt. Keine Geburtstagsfeier, keine neue Krawatte, keine Reise, keine Gesichtsbräune, nichts an ihm, was er zur Schau stellt, darf übersehen werden.« Vorher war Arthur S. in einem anderen Betrieb. Da war es noch schlimmer. Der unmittelbare Vorgesetzte war verschlossen, abweisend und mißmutig. Er taute nur dann auf, wenn er viel getrunken hatte. »Mich sah er nie. Es dauerte Wochen, ehe er sich meinen Namen merkte. Der höhergestellte Abteilungsleiter war zwar weniger zugeknöpft, redete aber vorwiegend von seinen Nöten und Plänen: Frau und Kinder, das neue Auto, die Partei – alles und jedes wurde besprochen, jedenfalls mehr als das, was mich und meine Entwicklung betraf. Kam ich mit einer Frage oder Bitte um Rat in einer schwierigen Situation, ging der Vorhang runter.«

So verschieden auch die Erfahrungen sind, die am Beispiel des Elternhauses und des Betriebes gezeigt wurden, so einheitlich sind doch deren Auswirkungen. In beiden Fällen fehlt das Element, das für die Entfaltung der Schöpferkraft wichtig ist: die konstante Bejahung der eigenen Individualität. Zwar gibt es Beispiele von Genies, die in ihren frühen Jahren bei ihren Lehrmeistern wenig Liebe und Aufmerksamkeit fanden. Bei ihnen läßt sich aber auch immer der Riß in der Entfaltung der persönlichen Kreativität feststellen. Sie mußten ihn, wenn sie schöpferisch werden wollten, durch die Verarbeitung neuer Lebenserfahrungen verheilen lassen.

Die früher häufig geäußerte Annahme, daß nur kommunikative Enttäuschungen in den ersten Lebensjahren zur Ausschöpfung der eigenen Kreativität führen, läßt sich empirisch nicht bestätigen. Man glaubt heute vielmehr, daß eine adäquate und aufmerksame Bejahung in den Entwicklungs- und Lehrjahren am ehesten dazu beiträgt, das eigene Ich zu finden. Was darunter zu verstehen ist, kann der Bericht des eben zitierten Werkmeisters verdeutlichen. Er schilderte eines Tages sinngemäß: »Erst als ich zu Herrn X. kam, konnte ich mich entfalten. Ich wußte, daß er meine wenig freundlichen Ansichten über ihn gehört hatte. Trotzdem ließ er sich davon nichts anmerken. Er war nicht nur gerecht, sondern stand mir immer, wo ich ihn brauchte, zur Verfügung. Geglückte Ansätze lobte er, Fehler bauschte er nicht auf. So konnte ich ihm gegenüber offen sein wie bei keinem anderen Vorgesetzten. Auch persönliche Dinge konnte ich ihm anvertrauen. Er hörte sich genau an, was ich ihm sagte, und ging darauf immer voll Anteilnahme ein. Er überschätzte mich nicht, aber er schätzte mich. Kurz gesagt: Es entstand zum erstenmal in meinem Leben eine Atmosphäre, in der ich mit meinen Gefühlen und Ideen experimentieren konnte. Das war nur möglich, weil der Vorgesetzte eine stabile Kontinuität im Kontakt gewährleistete.«

Dieser Selbstbericht zeigt zwei für unser Thema wichtige Fakten. Zunächst exemplifiziert er die Bedeutung eines kontinuierlichen und stabilen Kontaktes für die Entwicklung der eigenen Schöpferkraft.

Wenn auf dem Arbeitsplatz – also auf dem Feld, wo berufliche Kreativität sich entfaltet – eine emotionell befriedigende Beziehung zu einem Vorgesetzten oder Arbeitskollegen nicht gefunden wird, kann die Entfaltung des Schöpferischen schwer beeinträchtigt werden. Nur wo man sich einem »Meister« zeigen und mit unausgereiften Ideen, Plänen, Ansichten wie auch privaten Sorgen ankommen kann, ist die Hinwendung zur eigenen Schöpferkraft geebnet.

Der zweite Hinweis, den unser Beispiel enthält, ist das Lebensalter. Es ist bemerkenswert, daß Arthur S. erst mit 34 Jahren den Mann traf, der ihm zum Durchbruch der eigenen Kreativität verholfen hat. Im allgemeinen sollten solche Begegnungen früher liegen. Am Ende des dritten Lebensjahrzehnts sollte man wissen, was man kann und was man will. Aber das ist ein Ideal, das nur in den seltensten Fällen erreicht wird. Voraussetzung dafür ist nämlich die geglückte Entwicklung mit den eigenen Eltern. Diese müssen gerade die Dinge sehen, anerkennen und fördern, die für ein Kind spezifisch sind, von ihm selbst aber noch nicht erfaßt werden können. Sie müssen jedoch in den Augen des Kindes auch die Nähe und Distanz haben, die für das jeweilige Alter und die jeweilige Situation das Optimum darstellen.

Die Distanz verändert sich im Laufe der Entwicklung. Dadurch braucht die Liebe der Eltern zum Kind wie auch umgekehrt nicht zu leiden. Manche Eltern können die gebotene Zurückhaltung bei bestimmten Entwicklungsschritten nicht verwirklichen, weil diese durch Lieblichkeit, Hilflosigkeit, Anschmiegsamkeit, Folgsamkeit und ähnlich anheimelnde Eigenschaften geprägt sind. Man braucht zur Veranschaulichung nur an jene Mütter zu denken, die auch ihren erwachsenen Kindern Vorschriften machen wollen, was für sie am besten sei. Es ist nicht selten, aber typisch, daß Mütter dieser Art sich für die Entfernung ihrer Kinder Trost bei einem Hund oder einem anderen Tier suchen. Das Tier, von einem Erwachsenen geprägt, bleibt treu und anhänglich – je älter es wird, desto mehr. Eine solche Bindung läßt sich zwischen Mutter und Kind nicht herstellen. Das Kind kann, wenn es die eigene Entwicklung nicht verfehlen will, mit 15 oder 20 Jahren nicht ebenso niedlich, folgsam, anschmiegsam und nett sein wie im ersten Lebensjahrzehnt. Es muß sich entfalten, wenn es zu sich kommen will.

Dieser Entfaltung stehen Interessen und Wünsche der Eltern entgegen. Sie beanspruchen Zuwendung und Rücksichtnahme vorwiegend nur für sich. Statt wohlwollend die Entwicklungsschritte der Kinder zu begleiten, erziehen sie diese zu bedingungslosen Anbetern und Vasallen ihrer eigenen Person. Nicht wenige Kinder werden so zu Korsettstangen elterlicher Fehlhaltungen degradiert.

Ein 40jähriger Patient, Wolfgang H., berichtete folgendes: »Es verging in meiner Kindheit kaum ein Tag, an dem meine Mutter nicht litt. Sie klagte über Kopfschmerzen, Übelkeit, Schlappheit und anderes mehr. Wir alle mußten sie permanent bemitleiden. Kein anderer als die Mutter durfte bei uns zu Hause krank sein.« Auf ihre Art und Weise erreichte diese Mutter, daß die Familie sich auf sie konzentrierte. Die Energien des Kindes waren gebunden, es lebte, wie Erikson (1965) sagt, »mit halbem Herzen oder nur einer Lunge«. Es verwundert nicht, daß sich Wolfgang H. noch mit 40 Jahren in seinem Innersten als fremdbestimmt erlebt, so wie es folgender Traum ausdrückt: »Ich bin auf einem sehr glatten, eisigen Boden in einem Stadion. Ich sitze auf einer Metallscheibe. Um den Platz herum stehen Leute. Jeder hat einen Knopf vor sich. Drückt er ihn, werde ich auf meinem Metalluntersatz durch Stromimpulse über den Platz gejagt. Daraus machen sich die Leute einen Spaß.«

Es leuchtet ein, daß der Prozeß, der zur Entfaltung der Kreativität führt, in den wenigsten Familien ideal gelingen kann. Er ist jedoch in späteren Jahren nachholbar, wenn man dem »richtigen« Menschen begegnet. Bei entsprechender Voraussetzung kann das auch innerhalb einer Psychotherapie geschehen, jedenfalls in der Art von Psychotherapie, die die Mangel- und Fehlentscheidungen der Kindheit aus der Tiefe des Erlebens zu korrigieren vermag. Ihr Sinn läßt sich hinsichtlich des in diesem Kapitel dargestellten Themas folgendermaßen umreißen: In der Psychotherapie muß der Patient die Quellen der Selbsteinschätzung erfassen und verbessern, um so in die Lage zu kommen, die »richtige« Bewertung des eigenen Kreativitätspotentials vorzunehmen. Bei diesem Prozeß entfernt er sich immer mehr von den anderen als den bisher allein entscheidenden Richtern seines Werkes. Er wird allmählich zu seinem eigenen Richter, zum gerechten Bewerter seiner Kreativität.

Damit ist aber schon angedeutet, daß Kreativität nicht gleichzusetzen ist mit einem bestimmten Produkt. Was schon für den Außenstehenden schwierig ist, nämlich die Trennung von Werk und Person, ist für die Betroffenen noch problematischer. Sie können sich nicht immer nach den Maßstäben des fertigen Produkts beurteilen, sondern müssen auch den Weg dahin berücksichtigen. Er ist oft schwer erkennbar. Er kann versteckt sein. Irr- und Umwege sind vom »richtigen« Weg zum Ziel nicht von vornherein und auch nicht immer klar zu unterscheiden. Das lehrt unser erstes Beispiel. Die anderen hatten die Produkte von Wolfgang H. als kreativ, zumindest als überdurchschnittlich gut bewertet. Hätte er nicht den Weg in die Therapie gefunden, wäre er bei dem Werk geblieben, das mehr die anderen als ihn selbst zufriedenstellte.

Ist das aber außergewöhnlich? Es ist ja die Regel, daß Produkte der Berufsarbeit vorwiegend von anderen, dem Arbeitgeber, dem Kunden bewertet werden. Gerade hierin liegt aber einer der Gründe für das vielstimmig artikulierte Unbehagen an der Leistungsgesellschaft. Die Leistung als solche ist nicht inhuman, lediglich deren vorwiegende und vorrangige Bewertung durch die anderen. Wenn diese allein bestimmen, was und wieviel geleistet werden soll, verliert die Arbeit viel von ihrem Wert für die Entfaltung der eigenen Existenz. Das kommt besonders drastisch im Beruf des Vertreters zum Ausdruck. Dieser muß ja Produkte anpreisen, die er weder hergestellt hat noch beurteilen kann. Jedenfalls spielt das eigene Urteil bei der Bewertung des Erfolgs seiner Berufsarbeit – generell gesprochen – keine ausschlaggebende Rolle, ob er ein kompliziertes physikalisches Gerät, ein Medikament, eine Krankenkasse oder ein Buch anzupreisen oder zu vertreten hat. Was er von diesen Produkten hält, ist weniger wichtig als die Absicht seines Auftraggebers, möglichst viel von der Ware zu verkaufen. Auch wenn man unterstellt, daß das Produkt des Herstellers wirklich optimal ist, braucht noch längst nicht der Vertreter davon überzeugt zu sein. In vielen Fällen ist er einfach überfordert. Ein Arzt, der nicht über langjährige klinische Erfahrungen verfügt, kann die Wirkung eines angepriesenen Präparats nur vom Hörensagen anbieten, genauso wie ein Verlagsvertreter, der für Bücher über Kochrezepte ebenso geradezustehen hat wie über Archäologie. Die aus solchen Eigentümlichkeiten des Vertreterberufs resultierenden Schwierigkeiten sollen, sofern sie unser Thema der Eigen- bzw. Fremdbewertung der Kreativität betreffen, an folgendem Fall verdeutlicht werden:

Adalbert M. ist 35 Jahre alt und Vertreter einer Autofirma, die auch schnelle Rennwagen verkauft. Er kam aber nicht zur Behandlung, sondern seine um 3 Jahre jüngere Frau. Sie war in zweiter Ehe mit Adalbert M. seit 4 Jahren verheiratet. Obwohl sie sich sehnlichst Kinder wünschte, bekam sie keine. Organisch war sowohl bei ihr wie auch bei ihm alles sorgfältig untersucht und nichts gefunden worden, was die Kinderlosigkeit hätte erklären können. Sie glaubte zwar nicht, daß eine psychotherapeutische Behandlung ihre Sterilität beeinflussen könnte, hoffte aber wenigstens auf eine Beseitigung ihrer Frigidität. Denn auch darunter litt sie sehr. Schon ihre erste Ehe, die sie mit 22 Jahren geschlossen hatte und die 5 Jahre dauerte, war dadurch stark beeinträchtigt. Sie empfand beim Sexualverkehr wenig oder gar nichts Angenehmes. Es war ihr eine lästige Pflicht. Sie verweigerte sich ihrem ersten Mann, so häufig es ging. Ihr machte das nichts aus, da sie außer im ersten Ehejahr kaum irgendwelche Gemeinsamkeiten mit ihm hatte. Sie hatte ihn nur geheiratet, weil er außerordentlich aufmerksam zu ihr war. Außerdem sah sie keine andere Möglichkeit, von zu Hause wegzukommen. Die Trennung vom Elternhaus war deswegen erschwert, weil sie in dem Friseurgeschäft ihrer Eltern mitarbeitete. Die Eltern brauchten sie nicht nur als Tochter, sondern auch beruflich. Sie bekamen nur schwer einen entsprechenden Ersatz für sie. Als sie aber nach einigen vorübergehenden Liebschaften mit 21 Jahren ihren späteren ersten Ehemann kennenlernte, steuerte sie zielbewußt auf eine Loslösung von zu Hause hin. Ihr Mann gab ihr alles, was er ihr als Abteilungsleiter eines großen Warenhauses ermöglichen konnte: viel Kino, Reisen, Tanzen, keine große, aber eine gut eingerichtete Wohnung. Er war stolz auf sie, die wegen ihrer Schönheit den Neid seiner Kollegen erweckte. Nach deren Ansicht hätte er mit dieser attraktiven und liebevollen Frau »das große Los gezogen«. Daß aber bereits im ersten Ehejahr, später aber noch verstärkt den Eheleuten immer größere Entfremdung bewußt wurde, merkte niemand der Außenstehenden. Die Ursache dafür lag nicht nur im Sexuellen, obwohl das von nicht zu geringer Bedeutung war.

Die Frau lernte nach 4jähriger Ehe ihren jetzigen Mann auf einem

Faschingsball kennen. Aus einem kurzen Flirt wurde bald mehr. Sie erlebte das Sexuelle intensiver als bei früheren Bekanntschaften, vor allen Dingen als bei ihrem ersten Ehemann. Er war kräftig, zupackend, weniger unsicher in seiner Zärtlichkeit. Störend empfand sie nur seinen Beruf. Er war Schlosser in einer großen Firma. Da sie selbst noch als Vertreterin für kosmetische Artikel arbeitete und hier recht gut verdiente, machte ihr der geringere Lohn des Mannes weniger aus als das niedrige Berufsprestige. Sie willigte in die von ihrem Freund heiß begehrte Ehe nur unter der Bedingung ein, daß er einen anderen Beruf ergriff. Denn sie wollte keinen, wenn auch noch so gut bezahlten Arbeiter zum Mann haben. Die Erfüllung dieser Bedingung war nicht leicht. Schließlich aber schaffte Adalbert M. es, nach Absolvierung eines Umschulungskurses in einer Lebensversicherung als Vertreter anzufangen. Er verdiente hier zunächst weniger als sie und auch als zu seiner Facharbeiterzeit, hatte aber die Möglichkeit, schon bald seine Einnahmen zu verbessern. Das hing ausschließlich von seinem Verkaufsgeschick ab. Es war allerdings nicht sehr groß. Die potentiellen Kunden konnte er einfach nicht davon überzeugen, daß gerade seine Versicherung eine so außerordentlich günstige Sache sei. Wurde er gefragt, worin der Vorzug dieser Versicherung liege, konnte er zwar das ihm eingebleute Wissen vortragen, innerlich war er davon jedoch nicht überzeugt. Er kam sich, wie er später erzählte, damals so vor wie ein Parteiredner der SED, der seine sozialistische Republik anpreisen mußte: nach außen zwar selbstbewußt, innerlich aber voller Zweifel über die Wahrheit des Vorgetragenen. Wenn seine Frau nicht gewesen wäre, an der er sehr hing, hätte er schon damals diesen »verlogenen« Beruf aufgegeben. Seine Frau verstand seine Schwierigkeiten nicht. Sie ahnte nichts davon, wie sehr er sich als ehemaliger Volksschüler und Arbeiter ihr unterlegen fühlte. Schließlich war sie selbst Vertreterin und hatte im Gegensatz zu ihm große Erfolge zu verzeichnen, jedenfalls in finanzieller Hinsicht. Rückblickend führte er diesen Erfolg auf ihr Aussehen, ihr gewinnendes Auftreten, vor allen Dingen aber darauf zurück, daß sie an das glaubte, was sie anbot. Sie verstand etwas von dem Parfumartikel, den sie abzusetzen hatte. Ihre Erscheinung war die beste Reklame für ihre Produkte. Er selbst kam sich dagegen wie ein Hoch-

stapler vor, wenn er den Leuten eine Versicherungspolice auf-
schwatzen mußte. Darüber hinaus litt er mehr und mehr unter der
berufsmäßigen Überlegenheit seiner Frau.

Ein guter Freund gab ihm schließlich den Rat, es als Vertreter einer Autofirma zu versuchen. Hier könnte er seine Kenntnisse als
Maschinenschlosser besser verwenden als in seiner jetzigen Branche. Außerdem war er ein leidenschaftlicher Liebhaber von Automo-
toren. Schließlich hatte er es mit verschiedener Leute Hilfestellung
dazu gebracht, Vertreter für schnelle Wagen zu werden. Hatte er
anfangs noch geglaubt, auf dieser »gehobenen Vertreteretage«
glücklich werden zu können, sah er sich bald enttäuscht. Zwar konnte er mit stärkerem Nachdruck und ehrlicher seine Ware anpreisen.
Er mußte aber feststellen, daß die Kunden sich kaum von der »Wahrheit« allein beeindrucken ließen. Alles, was er ihnen über die Vor-
teile und Leistungen des Wagens erzählte und mit harten Daten
nachweisen konnte, beeindruckte nicht ohne weiteres. Allmählich
wurde ihm klar, warum relativ viele Adlige in seiner Branche tätig
waren und sich keineswegs ihres Arbeitsfeldes schämten. Sie brauchten nicht viel vom Auto zu verstehen, sondern der Firma nur ihren
Namen für hohes Geld zur Verfügung zu stellen. Der Titel sollte die
Kaufbereitschaft der Kunden erhöhen, offenbar in der Annahme,
was ein Prinz oder Graf erzähle, sei glaubhafter als das, was ein ge-
lernter Schlosser über ein Auto zu berichten weiß. So mußte Adalbert M. viele Tricks lernen, um die Käufer empfänglich zu machen.
Er kleidete sich modischer, bemühte sich um eine gehobenere Sprache und kaufte sich schließlich selbst – gegen Vertreterrabatt – einen der schnellen Wagen, die er vertrat. Dafür mußten seine Frau
und er aber noch mehr arbeiten. Gemeinsame Kinobesuche, Ausflüge und sonstige Ablenkungen, die sie beide früher genossen hatten, wurden seltener. Im Sexuellen klappte es auch nicht mehr so
wie zu Beginn der Ehe. Adalbert M. bemängelte die wachsende
Kälte seiner Frau, die seine nachlassende Ausdauer und Zärtlichkeit. Darunter litt besonders sie, weil sie allmählich immer stärker von ihrer Frigidität überzeugt war. Der Intimverkehr machte ihr
zwar noch Spaß, aber einen Orgasmus hatte sie auch bei diesem
Mann nicht erlebt, obwohl sie es so sehr gewünscht hatte und es bei
ihm noch am ehesten möglich gewesen wäre. Die Anorgasmie hätte

sie aber weniger gestört, wenn wenigstens ihr Wunsch nach einem Kind in Erfüllung gegangen wäre. Auf Nachwuchs wartete sie jedoch vergeblich.

Schließlich unterzogen sich beide einer relativ kurz dauernden Ehetherapie. Sie kann hier nicht im einzelnen geschildert werden. Es kommt vielmehr auf die kurze Skizzierung des Problems an, das zur Frage der Beurteilung der eigenen Berufs- bzw. Kreativitätsfähigkeit gehört. Adalbert M. war beruflich nur glücklich in der Zeit als Schlosser. Hier wußte er, was er konnte, was er noch lernen konnte und wollte. Er verstand die Kritik, Anweisungen und Belobigungen seiner Vorgesetzten. Wäre er nicht seiner späteren Frau begegnet, hätte er sich in diesem Beruf emporgearbeitet und wäre auch – soweit rückblickend überschaubar – zufrieden gewesen. Als Vertreter für eine Lebensversicherung fühlte er sich todunglücklich. Das Hauptübel sah er in dem Widerspruch zwischen Werbung und Sachkenntnis. Die Firma hatte ihn zwar vorher ausreichend geschult, aber im Grunde genommen bekam er nie eine richtige Beziehung zu den Grundsätzen, der Kalkulation und den Profiterwartungen der Versicherung. Als er im Unterricht einmal gefragt hatte, warum alle Versicherungen in so überaus aufwendigen Bürohäusern säßen, erhielt er zur Antwort, dies läge im Interesse der Kunden. Sie fühlten sich sicherer bei einer Versicherung, die die Solidität der Finanzgrundlage in entsprechenden Repräsentationsbauten zur Schau stellte. Das kam ihm komisch und unverständlich vor. Er konnte nicht begreifen, daß der Kunde daran interessiert sei, wenn der Direktor der Versicherung in einem Büro mit zentimeterdicken Teppichen, kostbaren Ledermöbeln und viel Luxus repräsentierte.

Bei der Autofirma fühlte er sich zunächst wohler. Hier wußte er, warum er den von ihm verkauften Wagen angepriesen hatte. Der Konflikt begann erst, als er merkte, daß Wissen und Kenntnisse, Erfahrungen und sichere Sachbeherrschung nicht ausreichen, um eine Ware zu vertreiben. In dem Bestreben, mehr als nur die Sache zu verstehen, übernahm er sich, sowohl finanziell als auch psychologisch. Mit dem schnellen Wagen verbrauchte er mehr Benzin, fuhr längere Strecken, mußte sich aufwendiger präsentieren, vor allen Dingen aber mit all den anderen Vertretern konkurrieren, die wegen ihres Titels oder sonstiger Äußerlichkeiten sich weit besser verkauften. Der »Klimmzug in die nächste Etage« entfernte ihn von seiner Frau, deretwegen er ja ursprünglich in die »fremdbestimmte« Welt eingestiegen war. Was er erreichen, erwerben und ausbauen wollte, hat er durch die von ihm geforderten Mittel verloren. Mit der Zeit entfremdete er sich der Ehe wie dem Beruf – seiner Frau besonders deswegen, weil sie ja Erfolg als Vertreterin hatte und die Skrupel ihres Mannes nicht verstehen konnte. Sie berücksichtigte dabei allerdings zu wenig, daß bei ihr das Verhältnis von Eigen- und Fremdbeurteilung anders als bei ihrem Mann lag. Sie warb für Dinge, die nicht über ihren Horizont hinausgingen oder Tricks verlangten, die sie nicht beherrschte. Bei ihr war allein ihre Erscheinung lebendiger Beweis für die Qualität der von ihr vertretenen Ware. Sie war aber so klug, daß sie das Ende dieser Harmonie voraussah. Denn diese konnte nur bei relativer Jugendlichkeit bestehen. Je älter sie wurde, desto »unglaubwürdiger« wurden die Werbungen, die sie vortrug. Entscheidend jedoch war, daß auch sie mit der Zeit immer mehr darunter litt, etwas zu vertreten, was nur entfernt mit ihr selbst zu tun hatte, nämlich ihre Erscheinung. Sie wollte durch mehr als nur durch Haut, Geld und gewinnendes Wesen Eindruck machen. Letztlich wollte sie etwas hervorbringen, was aus ihrem Innersten kommt. Das schien ihr ein eigenes Kind zu sein. Die Sehnsucht danach wurde immer stärker. Dem Wunsch nach dem Kind stand aber der unbewußte, schwere Rivalitätskonflikt mit dem Ehemann entgegen. Sie konnte, um es verkürzt auszudrücken, es nicht ertragen, daß sie dem Mann unterlegen war. Zu sehr hatte sie darunter gelitten, wie ihr herrschsüchtiger Vater die Mutter behandelt hatte. Diese hatte ihrem Kind eingebleut: »Sei nie abhängig von einem Mann, und wenn du einmal verheiratet bist, dann verdiene immer mehr als er.«

Als sie diese und verwandte Probleme verarbeitet hatte, verlangte sie von ihrem Ehemann nicht mehr so viel. Genauer ausgedrückt: Der Ehemann war nicht mehr so getrieben, eine Sache zu vertreten, die mehr dem Snob als dem durchschnittlichen Autokäufer entsprach. Er begnügte sich mit der Vertretung einer billigen Automarke derselben Firma. Hier konnte er sowohl Sachkenntnis wie auch Ehrlichkeit einsetzen. Er mußte nicht mehr Tag für Tag etwas vorspielen, was er gar nicht war. Diese Sicherheit in bezug auf ihren »eigentlichen« Berufswert führte die Eheleute wieder emotional zusammen. Das Kind, das dann bald kam, war das Ergebnis der endlich gefundenen Berufsidentität, oder genauer: der Harmonie zwischen Liebes- und Berufsidentität.

Das Beispiel lehrt, wie leicht man sich durch Außenprämiierung von seiner eigentlichen Berufsbestimmung ablenken läßt. Viele Menschen werden so in Richtungen getrieben, die ihnen gar nicht liegen. Auf der Strecke bleiben Liebeserfüllung, Kinder, Gesundheit und das Glück über das eigene Schaffen. Das ist wohl die Regel. Es ist sicher eine seltene Ausnahme, wenn die Schritte in das eigene Kreativitätsgebiet früh vorgezeichnet und von der Umgebung auch behutsam gelenkt werden, wie etwa bei Mozart oder anderen Frühtalenten. Außerhalb dieser Sonderfälle hat sich der einzelne durch Phasen des Irrens und Suchens zu seiner schöpferischen Quelle vorzuarbeiten. Voraussetzung ist allerdings, daß er an seiner Ichwerdung interessiert ist. Die nächsten Kapitel werden Teilaspekte dessen beschreiben, was man den kreativen Prozeß nennen kann. Er vollzieht sich nicht nur dann, wenn man vor einer Zeichnung, Komposition oder einer anderen Aufgabe sitzt, sondern auch in der Zeit, in der man an nichts Bestimmtes denkt und nichts Spezifisches plant. Selbst wo ein kreatives Produkt für die Außenwelt noch nicht sichtbar ist, können schon entscheidende Schritte für das spätere Werk getan sein. Allerdings hat der Schaffende ein Organ dafür zu entwickeln, das ihm die Entfaltung seiner Kreativität anzeigt. Er muß spüren, wohin die Richtung seiner innersten Neigungen geht. Der Zukunft muß er begegnen, bevor sie da ist. Um das zu können, muß er sich selbst finden. Denn das Ich ist der Ursprung des Schöpferischen.

III. Das Ich als Ursprung des Schöpferischen

1. Das starke Ich

In den Zeiten des Geniebegriffs wurde das Ich nur selten als Ursprung des Schöpferischen verstanden. Es war mehr Ausdruck und Offenbarung als eigentlicher Urheber. Nicht wenige hielten daher Zustände extremer Ich-Schwäche, wie sie etwa bei Psychosen vorliegen, für kreativitätsfördernd. Sie würden Phantasien und Einfällen freien Zugang ins Bewußtsein verschaffen und dadurch Schöpferisches ermöglichen. Bei diesem Standpunkt muß man berücksichtigen, daß er in einer Zeit vertreten wurde, als der Begriff der Psychose noch nicht so eng gefaßt war wie heute. Neuere Untersuchungen konnten keine signifikanten Beziehungen zwischen endogener Psychose und Kreativität feststellen. Es ergab sich lediglich, daß bei Künstlern der Anteil schizophrener Psychosen höher ist als bei Wissenschaftlern, bei denen die zyklothymen Psychosen überwiegen*.

Es ging jedoch in der Forschung bis zum Zweiten Weltkrieg primär nicht so sehr um die Arten und Differenzierungen der psychischen Störungen, sondern um die Überzeugung, daß Defekte oder Schwächen des Ich für große Schöpfungen eher förderlich sind. Es verwundert daher nicht, daß die Liste der »gesunden Hochtalente« in dem seit 1927 immer wieder neu aufgelegten Standardwerk von

---

* In der Gegenwart tritt die alte Vorstellung von der kreativitätsfördernden Ich-Schwäche in einem neuen Gewand auf. Es heißt: Bewußtseinserweiternde Drogen. Gerade diese Erfahrungen bestätigen aber den Satz, daß bei Ich-Schwachen nicht Schöpferkraft, sondern Verfall provoziert wird. Ich-Starke dagegen brauchen keine regressionsfördernden Substanzen. Sie können solche Zustände auch ohne sie erleben.

Wilhelm Lange-Eichbaum »Genie, Irrsinn und Ruhm« (1967) weit spärlicher ist als die der psychisch Gestörten.

Die Überbewertung psychischer Abnormitäten und die Vernachlässigung weniger auffälliger Persönlichkeitsmerkmale verhinderten eine adäquate Beurteilung des Ich bei der Entstehung schöpferischer Leistung. Man sah im bewußten Ich zwar den Ausführer und Gestalter »epileptischer Eingebungen« (Lombroso 1864), nicht aber den Schöpfer. Sicher ist die Inspiration, überhaupt der unbewußte Anteil der Persönlichkeit, von großer Bedeutung – wie im Kapitel IX noch zu zeigen sein wird –, aber das Ich hat mehr als eine zweitrangige Funktion. Es entscheidet darüber, ob jemand sein Leben so einrichtet, daß er auf Eingebungen, Anregungen und Eindrücke schöpferisch reagieren kann. Was immer von innen und außen aufgrund vergangener Erfahrungen oder der jetzigen Lebenssituation auf den Menschen einwirkt, ist schon das Werk seiner Entscheidung. Was er wahrnimmt und gestaltet, ist gefiltert durch seinen Fleiß, sein Lernen und seine Ausdauer, aber auch durch seine Ungeduld oder Eitelkeit. Ob aus einer Beobachtung eine Entdeckung und aus einem Einfall ein Kunstwerk wird, hängt somit zugleich von dem ab, was die Psychoanalyse als das Ich bezeichnet. Es wird hier als der vom Bewußtsein und Willen beeinflußbare Anteil der Persönlichkeit verstanden, als die Vermittlerinstanz zwischen dem eigenen Ideal, den Trieben und der Außenwelt.

Beispielhaft sei auf die Ambiguitätstoleranz als einen Grundzug kreativer Persönlichkeiten hingewiesen. Wie oben dargestellt, handelt es sich um die Fähigkeit, entgegengesetzte Lösungsmöglichkeiten gleichzeitig auszuhalten. Das ist aber nur der intellektuelle Sonderfall einer Grundeigenschaft, die weit über Denkoperationen hinausgeht. Der schöpferische Mensch vermag in größerem Ausmaß als der unschöpferische widerstrebende Kräfte zu meistern. Regressive Versunkenheit und Weltzuwendung, Schlampigkeit und Ordnungsliebe, Fleiß und Faulheit, Eitelkeit und Bescheidenheit sind nur einige der bei schöpferischen Persönlichkeiten beobachteten Ambitendenzen, welche koordiniert und beherrscht werden müssen. So schrieb Honoré de Balzac über sich selbst:

»Ich habe den seltsamsten Charakter, den ich kenne. Ich studiere mich selbst, wie ich einen anderen studieren könnte. In meinen fünf

Fuß zwei Zoll vereinige ich alle Zusammenhanglosigkeiten, alle möglichen Gegensätze, und wer von mir meint, ich wäre eitel, verschwenderisch, eigensinnig, leichtsinnig, ohne Stetigkeit im Denken, geckenhaft, nachlässig, faul, unachtsam, ohne Überlegung, ohne jede Ausdauer, geschwätzig, taktlos, schlecht erzogen, unhöflich, mürrisch, launenhaft – der wird ebenso recht haben wie jene, die sagen würden, ich sei sparsam, bescheiden, mutig, hartnäckig, energisch ... arbeitsam, ausdauernd, schweigsam, voller Feinheit, höflich, immer heiter ... Nichts wundert mich mehr an mir selbst.«

Thomas Mann (1929) sieht ähnlich fruchtbare Widersprüche in der Persönlichkeit von Richard Wagner vereint. In ihm sieht er ein günstiges Modell zum Studium schöpferischer Menschen. Er verfüge über »die eigentümlich vitale Konstitution des Genies, diese Mischung aus Sensibilität und Kraft, Zartheit und Ausdauer«.

Der Eigenbrötler, der sich aus seiner Versponnenheit nicht zu lösen vermag, kann ebenso wenig schöpferisch sein wie der Pedant, der nicht einmal in Gedanken ein Chaos erträgt. Menschen, die ungewöhnliche Vorstellungen aktivieren und in Realitäten umsetzen können, brauchen ein stärkeres Ich als Persönlichkeiten, deren Lebensgang durch Einfallslosigkeit gekennzeichnet ist. So weist Erik H. Erikson auf folgende Besonderheit aus dem Leben von Bernhard Shaw hin: Shaw arbeitete zu Anfang seiner Schriftstellerkarriere pedantisch genau. Er schrieb jeden Tag fünf Seiten – keine Seite mehr und keine weniger. Die schöpferischen Produkte dieser Periode waren nicht groß. Das in dieser Zeit Geschriebene war schriftstellerisch belanglos. Nicht belanglos dagegen waren Training, Disziplin und Ausdauer. Sie ermöglichten die psychische Abwehr gegen eine Gefahr, die er an seinem Vater und damit auch an sich erlebte: die Trunksucht. Zwang als Abwehr einer Sucht gibt es auch sonst, wie ich es in einer Untersuchung über Zwang und Sucht beschrieben habe. Für unser Thema bedeutet das: Shaw mußte erst mit einer persönlichen »Triebgefahr« durch einen entsprechenden »Zwang« fertig werden, um die Ich-Stärke zu erreichen, die ihn zu größeren schöpferischen Leistungen befähigte. Die größere Ich-Stärke kreativer Persönlichkeiten ist nicht nur an zahlreichen psychotherapeutischen Einzelerfahrungen, sondern auch durch systematische testologische Untersuchungen bestätigt worden. So haben etwa Cattell und Drevdahl an etwa je 100 Physikern, Biologen und Psychologen mit dem 16-Faktoren-Persönlichkeitstest festgestellt, daß die Schöpferischen wesentlich ich-stärker sind als die unschöpferischen Routiniers ihres Faches.

Diese und ähnliche Befunde besagen natürlich nicht, daß Ich-Stärke ein »symptomfreies« Leben bedeutet. Schöpferisches Leben ist nie frei von Angst, Depressionen oder irgendwelchen seelischen Störungen. Exemplarisch hierfür sind die »Symptome« von Richard Wagner und Theodor Fontane, wie sie Thomas Mann (1935) in prägnanter Kürze und Genauigkeit beschreibt: »Seine [Fontanes] nervöse Verfassung muß eine gewisse Ähnlichkeit mit der Wagners gehabt haben, der freilich munter bis zur Albernheit sein konnte, in dessen langem, ergiebigem Schöpferleben das Gefühl des Wohlseins aber eine Ausnahme gewesen zu sein scheint; der konstipiert, melancholisch, schlaflos, allgemein gepeinigt, sich mit dreißig Jahren in einem Zustand befindet, daß er sich oft niedersetzt, um eine Viertelstunde lang zu weinen; der vor der Beendung des ›Tannhäuser‹ zu sterben fürchtet und mit fünfunddreißig Jahren sich für zu alt hält, um die Ausführung des Nibelungenplanes zu unternehmen; der fortwährend erschöpft, jeden Augenblick ›fertig‹ ist, mit Vierzig ›täglich an den Tod denkt‹ und mit fast Siebenzig den ›Parsifal‹ schreiben wird. Der Temperamentsunterschied ist groß, und bei Fontane ist alles kühler, gemäßigter. Aber seine Briefe geben Kunde von seiner raschen Erschöpfbarkeit, seiner inneren Gehetztheit; und offenbar hat er nicht geglaubt, es zu hohen Jahren zu bringen. Wenn er mit siebenunddreißig sich altern fühlt, so sieht er sich mit siebenundfünfzig am Ziel. Zwei Jahre später hat er im Theater einen Ärger, ›im Grunde genommen nur eine Bagatelle; und doch war mir eine Viertelstunde lang zu Mut, als müßt' ich auf dem Platze bleiben; das Herz schlug mir krankhaft, und um die Hüften herum hatt' ich einen heftigen Schmerz ... Nervös war ich immer, aber doch nicht so. Und dann sag' ich mir wieder: Was will man denn noch? Das Leben liegt hinter einem, und die meisten Achtundfünfziger sind noch ganz anders ramponiert.‹ Er ist ramponiert, das Leben liegt hinter ihm; und was er noch zu geben haben wird, sind lediglich achtzehn Bände, von denen bis zu ›Effi Briest‹ hinauf einer immer besser ist als der andere.«

Das mag genügen, um die noch bis vor kurzem verbreitete Ansicht zu verstehen, wonach Schöpfertum und Neurose, Kreativität und seelische Labilität zusammenhängen. Heutzutage spielt dieser Glaube besonders auch insofern eine Rolle, als sich schöpferische Menschen oft gegen eine analytische Psychotherapie wehren. Sie befürchten mit dem Nachlassen ihrer Symptome zugleich die Abnahme ihrer Schöpferkraft. So mancher kann sich dabei auf Rainer Maria Rilke berufen. Er widerstand dem intensiven Zureden von Lou Andreas-Salomé, die ihn zu einer psychoanalytischen Kur zu bewegen suchte. Rilke fürchtete ein Schwinden seiner Kreativität durch Aufdeckung des Verdrängten.

So weit verbreitet diese Furcht auch heute noch ist: Die im Verlauf dieses Buches geschilderten Fälle werden die sachliche Unbegründetheit dieser Angst darlegen. Vorwegnehmend sei hier nur ganz allgemein das Beispiel einer Schriftstellerin erwähnt. Auch sie war äußerst ängstlich vor der Aufnahme einer Psychoanalyse. In den ersten Monaten nach Behandlungsbeginn konnte sie keine Zeile schreiben. Nach einem Jahr aber kamen ihr viel bessere Einfälle als je zuvor, oft auf dem Heimweg von oder am Abend nach einer Sitzung. Generell läßt sich an dieser Stelle sagen: Die seelischen Störungen, die bei schöpferischen Menschen häufig auftreten, sind weder Ausdruck eines degenerierten Nervensystems noch notwendige Bedingung für Kreativität. Sie lassen sich als Wachstumskrisen des Ich interpretieren, wobei die Symptomwahl von der Einzelpersönlichkeit und ihrer Lebensgeschichte abhängt. Irgendwelche generellen Beziehungen zwischen Stärke und Art der Störungen und schöpferischen Leistungen bestehen nicht.

Es stellt sich die Frage, welche Kräfte für die stärkere Ich-Leistung der Kreativen verantwortlich gemacht werden müssen. Bis vor kurzem glaubte man überwiegend an den unmittelbaren Einfluß von Erbfaktoren. Der schöpferische Mensch wäre gleichsam von Mutterleib an zur Kreativität bestimmt, sein kreatives Ich sei erbmäßig bedingt. Nur außergewöhnlich ungünstige Einflüsse könnten die Entfaltung verhindern. Heute tendiert man eher zur entgegengesetzten Ansicht. Man hält die Erbmasse für weniger wichtig als Erziehung, Umwelt und Gesellschaft.

Diese Einstellung ist zunächst eine verständliche Reaktion auf die Theorien des letzten Jahrhunderts, nur geht sie in ihrer Einseitigkeit zu weit. Sie übersieht den Anteil ererbter Eigenschaften bei schöpferischen Menschen. Sie im einzelnen hier aufzuzählen, ist unmöglich. Das schon deswegen, weil die kreativen Leistungen ganz verschiedene Begabungen voraussetzen, je nach dem Gebiet, in dem jemand schöpferisch ist. Ein Maler benötigt andere Talente als ein Musiker, ein Schwimmer andere als ein Kunstturner. Selbst in einer Sparte, die man summarisch als Leichtathletik bezeichnet, sind nicht nur die körperlichen, sondern auch die seelischen Voraussetzungen sehr unterschiedlich, je nachdem, ob jemand Speer wirft, Kurzstrecken läuft oder hochspringt. Ein Mensch mit zu kurzen Beinen kann trotz optimaler Erziehung und intensivem Training niemals Weltrekorde im Hundertmeterlauf aufstellen.

Das Beispiel, welches die für jede Leistung genetisch festgelegte individuelle Grenze veranschaulichen soll, darf allerdings nicht über die eigentliche Schwierigkeit hinwegtäuschen. Sie besteht nicht so sehr in der Frage, ob Erbe oder Umwelt entscheidender ist, sondern in dem Abwägen der verschiedenen Gewichtigkeit beider Faktoren. Was ist beim einzelnen angeboren und läßt sich durch die Umwelt nicht beeinflussen? Das Ausmaß der hier auftretenden Probleme zeigte sich erst jüngst in einer weit über die Fachwelt hinausgehenden Kontroverse über die These des Psychologen Arthur R. Jensen, wonach amerikanische Neger aus erbbiologischen Gründen weniger intelligent seien als ihre weißen Mitbürger. Zur Stützung seiner Argumentation führt der Autor viele Zahlen und Vergleiche an. Seine Schlußfolgerung, daß die 50–75 % der Intelligenzunterschiede zwischen beiden Gruppen auf eine genetische Wurzel zurückzuführen seien, ist aus Gründen der Meßtechnik zwar nicht zwingend, läßt sich aber diskutieren. Es muß dabei nicht unbedingt zu so heftigen Auseinandersetzungen kommen wie 1972 in London. Dort löste die Verteidigung der Thesen von Jensen durch den Vortragenden einen solchen Entrüstungssturm unter den Hörern aus, daß es zu Handgreiflichkeiten kam. Daraufhin starteten die »Jensenisten« eine weltweite Unterschriftenaktion, die gegen den Meinungsterror der Gegenseite aufrief. Sie fühlten sich bei der Verbreitung wissenschaftlicher Wahrheiten verfolgt, während die anderen glaubten, sie müßten die erneuerten Anfänge einer rassistischen Ungleichheitsideologie im Keim ersticken. Für diese war die Wissenschaft in Gefahr, für jene die Gesellschaft. Wenn man das so ausspricht, versteht man auch die Emotionen, die solche Interpretationen auslösten. Denn es geht ja hier nur vordergründig um die biologischen Wurzeln der Intelligenz, letztlich aber um ein bestimmtes Bild vom Menschen.

Man könnte dieses Problem getrost der Wissenschaft überlassen und auf seine Lösung noch weitere 100 Jahre warten, wenn es nicht so tief in das Leben des einzelnen eingriffe. Jedes Neugeborene stellt die Forderung nach der optimalen Förderung seiner Möglichkeiten, und jedes Elternpaar spürt diesen Anspruch, auch wenn kein Säugling ihn formuliert.

Wie aber soll der Laie entscheiden, welche Fähigkeiten angeboren sind, wie sie gehegt und gepflegt werden sollen? Hat das Kind eine musische Begabung, bringt es Talent zum Malen mit, oder liegt seine Stärke mehr im Begreifen abstrakter Wirklichkeiten? In früheren Zeiten wurden die Antworten auf diese Fragen weitgehend von der Gesellschaft abgenommen. So glaubte etwa der Stamm der Mundugumor in Neu-Guinea, daß »ein Kind, dem bei der Geburt die Nabelschnur eng um den Hals geschlungen ist, nach angeborenem und unbestreitbarem Recht als zum Maler bestimmt gilt ...«. Margaret Mead, die das berichtet, schreibt weiter: ». . . dieser willkürlich hergestellte Zusammenhang wird so hartnäckig behauptet, daß wirklich nur ein auf diese Weise Geborener gute Bilder malen kann, während der normal Geborene nie ein Künstler werden wird.« So fremd auch diese »Diagnostik« anmutet, so sehr sind wir doch auch ihr Opfer. Die Zeiten liegen bei uns nicht weit zurück, in denen die Berufsbestimmung von ähnlich äußerlichen Merkmalen abhängig war wie bei primitiven Völkern. So war es zum Beispiel in manchen Gegenden Sitte, daß etwa der erste Sohn »Pfarrer studierte«, der zweite den Hof übernahm und der dritte in die Stadt ziehen mußte. Die Gesellschaft schrieb den Beruf und damit auch die Entwicklung bestimmter Fähigkeiten vor. Man ist geneigt zu sagen: Auch damals hat es geklappt, vielleicht sogar besser als heute, wo jeder alles werden kann. Man übersieht bei solchen Urteilen zu leicht die Pannen eines solchen Systems, wie sie wohl historisch am greifbarsten bei den Herrschenden zutage traten. Trotz ausgetüftelter, sich auf erprobte Tradition berufende Erziehung sind die Fürsten Ausnahmen, die ihrer Herrscherrolle gerecht wurden.

2. Erziehung als Entfremdung

Es gilt, den Freiraum, den die moderne Gesellschaft den Familien im Gegensatz zu früher gewährt, fruchtbar zu gestalten. Die Eltern sind die ersten und entscheidenden Initiatoren schöpferischen Lebens. Daß es hierbei nicht in erster Linie um das Züchten hochkomplexer Strukturen geht, sondern zunächst um das Erkennen der Eigenart – man könnte auch sagen, des Eigen-Sinns – des Kindes, mag an einem so alltäglichen und daher unauffälligen Beispiel wie dem des Schlafs verdeutlicht werden.

Die meisten Eltern glauben heute noch, daß der Schlaf bei Neugeborenen eine Standardgröße mit nur geringen, individuellen Streuungen ist. Weicht ein Kind von dieser Erwartung ab, wird es mit strengen oder sanften Mitteln auf dieses Niveau hinerzogen. Schon bei dieser alltäglichen Erfahrung junger Eltern »verstößt« man bereits – allerdings unbewußt – gegen die Natur des Kindes. Auch die Wissenschaft weiß erst durch die jüngsten Erkenntnisse der Schlafforschung zuverlässig, daß sich die Neugeborenen durch Quantität und Qualität ihres Schlafs stärker voneinander unterscheiden, als man es ursprünglich annahm. Schlafmuster sind so individuell wie Augen- oder Haarfarbe. In einer Untersuchung von Arthur Parmelee schliefen einige Säuglinge nur 10, andere dagegen 23 Stunden. Es gibt gute Gründe zur Annahme, daß bei der Verschiedenheit des Schlafbedürfnisses ein Erbfaktor eine Rolle spielt. Die meisten Mütter sind aber überfordert, wenn sie etwa bei einem 2 Wochen alten Säugling das angeborene Quantum an Schlaf diagnostizieren sollten. Wie soll man entscheiden, ob ein Kind vom Lebensbeginn an nur 15 Stunden Schlaf braucht oder zu diesem Maß nicht durch verschiedene Einflüsse, möglicherweise auch pränataler Art, »hinerzogen« wurde? Im allgemeinen pendeln sich die Bedürfnisse ein. Damit beginnt schon ein Prozeß der Erziehung, der nur in den seltensten Fällen der angeborenen Natur des Kindes gerecht wird.

Für das Problem des Zusammenhanges zwischen angeborenen Eigenschaften, Erziehung und Kreativität ist die Frage nach der Schlafstruktur zwar ein anschauliches Beispiel, inhaltlich aber von untergeordneter Bedeutung. Es tritt weit zurück hinter den modern gewordenen Stichworten, an denen sich die Kontroversen zwischen Verhaltensforschern und Soziologen, Genetikern und Psychologen entzünden: Aggression und Intelligenz. Auch die Kreativitätsforschung hat dem Schlaf wenig Bedeutung beigemessen. Jedenfalls wird in der bisherigen Literatur wenig darüber geschrieben. Man weist zwar hier und dort auf Schlafstörungen einzelner Genies hin, hält sie aber für weniger untersuchenswert als andere Persönlichkeitsmerkmale. Das ist einerseits verständlich. Andererseits gibt es zu denken, daß nach Schätzungen von Ärzten fast jeder zweite Amerikaner über 20 Jahre mehr oder weniger schwere Schlafprobleme kennt. Es ist unwahrscheinlich, daß eine so verbreitete, auch schon in früheren Jahrhunderten bekannte Störung keinen Einfluß auf den Kreationsprozeß haben soll. Wir werden auf seine Bedeutung noch im Kapitel IX näher eingehen.

An dieser Stelle dient das Beispiel des Schlafs lediglich zur Demonstration. Es soll zeigen, daß es schon beim Säugling schwierig ist, die angeborene Schlafstruktur zu erkennen. Um wieviel schwieriger dürfte das Erkennen anderer, nicht ohne Schäden zu verändernder Eigenarten sein, die wesentlich schwerer zu messen sind als die Schlafdauer. Solange aber der angeborenen, wenn auch ungemein aufnahme- und lernbereiten »Natur des Kindes« nicht Rechnung getragen werden kann, beginnt eigentlich schon hier der so häufig beschriebene Prozeß der Entfremdung. Er kann zum Beispiel darin bestehen – um bei dem einfachen Beispiel des Schlafs zu bleiben –, daß Eltern ihr zweijähriges Kind um Stunden zu früh ins Bett schicken, weil sie endlich ihre Ruhe haben möchten. Meistens werden die Eltern ihre Maßnahmen weniger mit dem eigenen Bedürfnis als dem des Kindes begründen. Sie berufen sich dann auf eine ärztliche Autorität, die soundsoviel Stunden Schlaf beim Kind für notwendig erachtet. Sie und ihre Ratgeber berücksichtigen zu wenig, daß ein zwei- bis dreijähriges Kind kein Apparat ist, den man beliebig ausschalten kann. Es nimmt seine persönlichen Probleme und Schwierigkeiten mit ins Bett. Dabei ist es nicht in der Lage, die Fremdartigkeit der Empfindungen beim Einschlafen zu erklären. Um so enttäuschter muß das Kind sein, wenn es sich in Angst oder Ratlosigkeit an die Eltern wendet mit der Bitte, noch bei ihnen bleiben zu können, dann aber wieder, diesmal energischer als beim erstenmal, in die rätselhafte Welt des Schlafs zurückgestoßen wird.

Das ist ein kleines, alltägliches, aber gerade deswegen geeignetes Exempel für das, was Erziehung im praktischen Leben bedeutet: das Angepaßtsein eines Kleinkindes an die Verhältnisse, Bedürfnisse und Ideale eines Elternpaares. Das gilt auch für die beste Erziehung. Sie kann es nicht vermeiden, daß bestimmte Realitäten einfach zu akzeptieren sind. Das Kind bringt hierfür die in der menschlichen Natur liegende Anpassungsfähigkeit mit. So wird es schließlich auch mit einem aufgezwungenen Schlafrhythmus ebenso fertig wie mit allen anderen Folgen einer mangelhaften Erziehung. Die Frage ist nur, um welchen Preis. Manch einen haben die Realitäten und Dressate der Kindheit so geprägt, daß er aus sich nichts Eigenes mehr hervorzubringen vermag. Sein schöpferisches Ich war praktisch schon tot, bevor es eigentlich zu leben begann. Ein solcher Mensch gleicht einem seelenlosen Apparat, der nur das tut, was »man« tut und denkt. Zu diesen Menschen zählen die meisten. Nur weil sie so unschöpferisch sind, fallen die Kreativen überhaupt auf. Sonst würden sie sich nicht von der Masse abheben. Ist es aber berechtigt, die überwiegende Anzahl der Menschen an einem Maßstab zu messen, dem nur eine kleine Elite entspricht?

Man hat schon immer gespürt, wenn auch verschieden reflektiert, daß die Menschen mehr sind als das, was sie verwirklichen. Sie bleiben hinter ihren eigenen Möglichkeiten weit zurück. Für den abendländischen Menschen ist die christliche Lehre von der Erbsünde die traditionelle Interpretation dieses Befundes. Sie redet zwar nicht von Beeinträchtigung der schöpferischen Fähigkeiten des Menschen, meint sie aber, wenn sie von der mangelhaften Verwirklichung seiner Möglichkeiten spricht. Nach dieser Anschauung ist der Mensch nicht in der Lage, seinen eigentlichen Seinszustand zu erfassen und zu verwirklichen. Das ist zwar nicht seine persönliche Schuld, aber wohl doch eine Schuld, die einst durch den ersten Menschen »vererbt« wurde. Nur durch außermenschliche, göttliche Hilfe kann der Mensch in den ursprünglichen Zustand versetzt werden.

Ähnlich grundsätzlich, allerdings mehr philosophisch als religiös, argumentiert Heidegger. Auch für ihn ist der Mensch nicht das, was er sein könnte. Er verliert sich ständig ohne ernsthaften Grund an das Man. Gerede, Neugierde, Zweideutigkeit sind die am meisten geübten und beliebtesten Seinsverfassungen des alltäglichen Menschen. Er existiert zunächst und zumeist in der Uneigentlichkeit des Man. Wer erkennt sich nicht in seiner Alltäglichkeit, wenn Heidegger vom »autoritativen Charakter« des Geredes spricht: »Die Sache ist so, weil man es sagt.« »Das Gerede ist die Möglichkeit, alles zu verstehen, ohne vorgängige Zueignung der Sache.« »Das Gerede behütet schon vor der Gefahr, bei einer solchen Zueignung zu scheitern. Das Gerede, das jeder aufraffen kann, entbindet nicht nur von der Aufgabe echten Verstehens, sondern bildet eine indifferente Verständlichkeit aus, der nichts mehr verschlossen ist.« Aber wo geredet werden muß, ist die Neugier nicht weit: »Das Gerede regiert auch die Wege der Neugier, es sagt, was man gelesen und gesehen haben muß. Das Überall-und-nirgends-Sein der Neugier ist dem Gerede überantwortet.« Und schließlich gehört die Zweideutigkeit dazu. Sie »spielt der Neugier immer das zu, was sie sucht, und gibt dem Gerede den Schein, als würde in ihm alles entschieden«. »Jeder paßt zuerst und zunächst auf den Andern auf, wie er sich verhalten, was er dazu sagen wird.« Durch dieses Verfallensein an das Man wird dem einzelnen das Urteilen und Entscheiden und somit die Verantwortung abgenommen. Das Man entlastet das Sein des einzelnen. Denn um zu sich selbst zu kommen, bedarf es einer Anstrengung des Ich, welche die Verdeckungen und Verdunklungen abräumt, »mit denen sich das Dasein gegen sich selbst abriegelt«. Diese Seinsverschlossenheit hat auch etwas mit Schuld zu tun, einer Schuld, die allen Menschen gemein ist. Im Gegensatz zur christlichen Lehre glaubt Heidegger, daß der einzelne dieser Schuld entrinnen kann, indem er sich durch sein Gewissen in sein ureigenstes Seinkönnen hineinrufen läßt.

Christliche Lehre und die Philosophie Heideggers sind zwei Aspekte einer Interpretation, wonach der Mensch seinem eigentlichen Wesen entfremdet ist. Beide Lehren beschreiben nicht, was das eigentliche Wesen ist. Sie setzen bei ihren Anhängern ein unausgesprochenes Wissen über den »paradiesischen« oder »eigentlichen« Seinszustand im Menschen voraus. Selbst die mystische Sprache der Bibel macht über diesen Zustand nur bildhafte und vage Aussagen.

Anders ist es mit den soziologischen Entfremdungstheorien, die seit der Aufklärung die Paradies-Erbsünde-Lehre des Christentums innerweltlich interpretieren. Sie haben dasselbe Phänomen im Auge wie der religiöse Glaube, nämlich die weitgehende Unfähigkeit, das eigene Leben schöpferisch zu gestalten. Nur führen sie diese Gebrochenheit nicht auf die Schuld des Urvorfahren zurück, der sich bewußt gegen seinen Schöpfer – und somit gegen das Schöpferische – auflehnte. Sie führen die »Schuld« vielmehr auf die Gesellschaft zurück. Diese habe dem guten Urzustand des Menschen mit ihren verschiedenen Herrschafts- und Regulationssystemen ein Ende bereitet. Sie schränkten die Entwicklungsmöglichkeiten des einzelnen ein und brachten ihn so um seine wahre Natur. Für Marx ist die Entfremdung durch die Gesellschaft allerdings kein Wesenselement des Menschen. Sie ist vielmehr das Zeichen für das Walten einer falschen Gesellschaftsordnung. Die Abschaffung des Feudalsystems war genauso notwendig auf dem Weg zur Aufhebung der Entfremdung wie die Abschaffung des Kapitalismus.

Aber kann man die Entfremdung, das unschöpferische Dasein der Vielen nur auf das Versagen der anderen zurückführen? Am ehesten wird man die Frage noch bejahen müssen, wenn man an die Bedeutung der Ursprungsfamilie für das eigene Verhalten erinnert. Die Interaktionsmöglichkeiten zwischen ererbter Anlage und familiären Einflüssen sind so zahlreich, daß bisher kein »Ursprungsmerkmal« für das Schöpferische gefunden werden konnte. Das muß bedacht werden angesichts all jener Theorien, die bestimmte Erziehungspraktiken als gleichsam garantierte Wege zur Kreativität anempfehlen. Kreativität ist als Protest wie als Nachahmung, als Abwehr eigener Triebimpulse wie als Ausdruck konfliktfreier Tätigkeit möglich. Über den Weg entscheidet das Ich. Es kann sowohl am Angebot wie am Mangel wachsen. Das eine muß verinnerlicht, das andere überwunden werden. Das hängt nicht allein von den anderen ab, auch nicht von der Gesellschaftsordnung.

In jeder Gesellschaft gibt es Menschen, die sich verwirklichen, und solche, die sich verfehlen. Sicher decken bei vielen die äußeren Besorgungen die inneren Zweifel über den eigenen Lebensgang zu. Beim anderen kann man daher oft leichter die Entfremdung im individuellpsychologischen Sinn erfassen. Während man sich im Einklang mit seinen Möglichkeiten glaubt, sieht man bei ihm den Riß zwischen seinem »wahren Wesen« und dem, was er ist. Man hat den Eindruck, daß er mehr und Besseres könnte. Das ist nicht nur eine bei Lehrern beliebte Floskel über lernunwillige Kinder. Auch im Kontakt unter

Erwachsenen wird das registriert. Der andere scheint nicht zu wissen, was er will. Er kostet an allen Dingen herum, ohne seinem Leben eine prägende Linie zu geben. Ihn leiten Wünsche und Neigungen, die fremd anmuten. Auch seine Gefühle können merkwürdig leer und routiniert wirken. Wird er mit seiner Gespreiztheit je ans Ziel kommen? Glaubt er wirklich das, was er als seine Überzeugung anpreist? Ist er so wie zu Hause oder wie er sich vor der Öffentlichkeit präsentiert? Warum redet er so wie alle und nicht, wie er selbst denkt?

All das sind Beobachtungen und Erfahrungen, die jeder täglich machen kann. Es wäre verkehrt, diesen Prozeß allein unter dem Aspekt persönlicher Verantwortung zu sehen. Die erwähnten psychologischen Faktoren von Entwicklung und Erziehung spielen eine nicht zu unterschätzende Rolle. Sie lassen sich aber nicht als generelle Faktoren interpretieren. Sie müssen vielmehr als individuelle Konstellationen verstanden werden, von denen wir einige an später zu schildernden Einzelfällen darstellen werden.

Die Betonung des Ich und seiner individuellen Entwicklung als Ursprung des Schöpferischen soll keineswegs die Bedeutung gesellschaftlicher Zustände in Abrede stellen. Im Gegenteil: Auch wenn, wie seit Rousseau in der verschiedensten Weise immer wieder behauptet wird, die Gesellschaft genauso wenig wie eine bestimmte Familie oder ein Erbfaktor allein für schöpferisches Verhalten verantwortlich gemacht werden kann, so gilt es doch, deren Teileinfluß zu berücksichtigen. Jede Gesellschaftsform enthält ihre spezifischen Faktoren, die entweder kreativitätshemmend oder kreativitätsfördernd wirken. Beispielhaft sei hier an den seit Marx immer wieder beschriebenen Verlust der Beziehung zur Arbeitswelt der Industriegesellschaft hingewiesen. Der Handwerker früherer Zeiten konnte sein Werk noch schaffen. Er plante, entwarf, überlegte, korrigierte, war somit Urheber und Vollender. Für alle Arbeitsvorgänge lag die Verantwortung allein bei ihm. Sein Schaffen gab ihm Freude oder stimmte ihn traurig. Sinnlose Arbeit kannte er nicht. Aber wie wenige waren Handwerker? Was empfand der Bauer, der Knecht, der Leibeigene, wie ihn noch Tolstoi kannte und sehr einprägsam schilderte? Erlebten sie ihre Fron als schöpferische Arbeit, als Ausdruck ihres einmaligen Wesens? Wohl kaum. Der Sinn der Arbeit lag im Überleben, wie bescheiden und kümmerlich es auch gewesen sein mag. Sind aber die meisten Mitglieder der heutigen Konsumgesellschaft besser dran? Verwirklichen sie sich selbst, nur weil sie für leichtere Arbeit mehr genießen können als die Damaligen? Entfaltet der Angestellte einer Bank, Behörde oder Versicherung sein Ich, wenn er Kontenauszüge abheftet, Mahnbriefe schreibt oder einem Minister eine Rede aufsetzt? Kann er etwas schaffen, was in irgendeiner Weise neu oder originell ist, was zumindest seinen Stempel trägt?

Viele verneinen das. Sie weisen auf die Notwendigkeit zur Rationalisierung der modernen Bürokratie hin. Das Persönliche muß soweit wie möglich eliminiert werden. Kein Wunder, wenn der so verplante Mensch von Zeit zu Zeit aufmuckt. Sabotageakte der Fließbandarbeiter oder Sturheit der Bürokraten sind die Rache für die Einebnung und Entpersönlichung ihrer Arbeit. Aber die Wut am und gegen den Arbeitsplatz sind nicht die einzigen Äußerungen, die auf eine entfremdete Berufswelt schließen lassen. Der Drang zu einer extravaganten Verpackung und Verkleidung – wie sie in Mode und Werbung laut wird – deutet auch darauf hin, daß zu viele sich in ihren Möglichkeiten übersehen fühlen. Wo das Innerste und Persönliche nicht gefragt ist, muß das Äußere die Aufmerksamkeit auf sich lenken.

Das gilt nicht nur für die Jugend, bei der die Veräußerlichung gleichsam eine natürliche Kompensation des unfertigen Ich ist. Auch in den sogenannten schöpferischen Berufen, wie denen der Kunst und Wissenschaft, nehmen Äußerlichkeiten überhand. Der Gelehrte früherer Zeiten, der in seiner Arbeit den entscheidenden Lohn empfand, ist den Preisempfängern der Gegenwart gewichen. Der innerlich frustrierte Fließbandforscher in einer der zahlreichen Wissenschaftsfabriken muß sich von außen trösten lassen.

Diese und viele andere Aspekte der heutigen Konsumgesellschaft sind weitgehend bekannt. Sie lassen nur wenig Raum für die Entfaltung des eigenen Ich. Damit befindet sich die moderne Gesellschaft in einem schweren Dilemma. Einerseits braucht sie mehr denn je die schöpferische Potenz des einzelnen, andererseits erstickt sie durch ihre Struktur das, was sie braucht. Es ist nicht übertrieben zu behaupten, daß der oft konstatierte Zuwachs an seelischen Störungen auch *diese* Situation unserer Gesellschaft reflektiert. Jeder Mensch sehnt sich nach der Entfaltung seiner eigenen Möglichkeiten, muß aber feststellen, daß gerade das Einmalige nicht verlangt wird. Depressionen, Angst, Spannungen, psycho-somatische Beschwerden lassen sich oft auf das Dilemma eines Menschen zurückführen, der in der Gesellschaft nicht seinen adäquaten Platz findet.

In dieser Situation helfen auch nicht die vielen mechanischen Mittel, die Ärzte und Psychiater schon wegen der großen Anzahl der Ratsuchenden geben müssen. Tabletten entschärfen zwar Angst- und Spannungszustände, wie Verhaltensübungen Schüchterne mutig machen können. Sie verschlimmern aber ungewollt das Grundübel, nämlich die Ohnmacht des Ich. Wer seine Geselligkeit nur dem Alkohol oder einem Entspannungsmittel verdankt, kann sich auf diese Tugend ebensowenig verlassen wie der, welcher seinen Mut einem Dressat entliehen hat. Was nützt die Fähigkeit, fordern zu können, wenn man spürt, daß hinter dieser Forderung nicht das eigene Ich steht? Die im Menschen verborgenen schöpferischen Kräfte können sich auf die Dauer nur dann entfalten, wenn sie aller Verfremdungen und falschen Identifizierungen entkleidet sind.

Der notwendige Abbau von Fremdeinflüssen kann im Leben spontan aufgrund bestimmter Erfahrungen erfolgen. So wird einem etwa klar, daß man den Beruf nur wegen des Vaters, die Frau aber der Mutter zuliebe gewählt hat. Auch Interessen und Geschmacksrichtungen können sich als aufgezwungen entpuppen. Man versteht plötzlich, warum man im Konzert nie so ganz dabei war oder ins Theater nur zu den Premieren ging, weil da auch sonst einiges los war. Selbst die politische Richtung erscheint einem dann nicht mehr als eigene Wahl. Sie ist die des Freundes.

Aber nicht jeder, der sich seiner hemmenden Fremdbestimmungen bewußt wird, kann sich zur ich-haften Ich-Gestaltung durchringen. Es bleibt bei einem Unbehagen und dem Bedauern verpaßter Lebenschancen, einem dumpf nagenden Schuldgefühl. Häufiger allerdings dürften jene Menschen sein, die sich ihrer Außenlenkungen gar nicht bewußt sind. So wie sie Werbesprüche als Wahrheit akzeptieren, haben sie Eltern, Erzieher und Leitbilder in sich aufgenommen und als Teil des eigenen Ich zu erfahren gelernt. Sie merken nicht, daß ihr wahres Ich anders handeln würde als das, welches sie kennen. Solche Schicksale kann man im vollen Ausmaß nur in einer längeren psychotherapeutischen Behandlung überblicken. Der Prozeß der Selbstwerdung und damit die Übernahme des eigenen schöpferischen Grundes geht in langsamen Etappen vor sich. Wir müssen uns an dieser Stelle mit der schematisierten Skizzierung einiger Hauptgesichtspunkte begnügen. Am Fall eines Beamten einer öffentlichen Behörde sei das veranschaulicht.

3. Ein schöpferischer Beamter

Der 43jährige Franz P. kommt wegen chronischer Kopfschmerzen und Erschöpfungszustände in psychotherapeutische Behandlung. Ungefähr ein Jahr nach Therapiebeginn erlebt er – wie er es nennt – seine »Neugeburt« bei folgendem Anlaß: Weil er in diesem Jahr zur gewohnten Ferienzeit keinen Urlaub nehmen kann, schickt er seine Frau mit den 3 Kindern allein in die Ferien. In den ersten Tagen fühlt er sich unbehaglich. Dann aber bekommt er aus einem ihm unerfindlichen Grund Freude am Alleinsein. Er fängt an, die Vierzimmerwohnung nach seinem Geschmack umzugestalten. In erster Linie gehören dazu sein Schreibtisch, der Bücherschrank und die Plattensammlung. Seine Frau hatte Bücher, Akten und Platten beim täglichen Saubermachen oder nach Gebrauch so hingelegt, wie es ihr gerade gefiel. Zu einer besseren Ordnung hatte sie angeblich keine Zeit. So macht sie es auch mit seinen Anzügen. Sie legt sie dahin, wo sie es für richtig hält, und nicht dahin, wo er es wünscht. Gutes Zureden, Zornesausbrüche, inständiges Bitten: Alles hilft nichts. Die Frau gestaltet die Wohnung nach ihrem Geschmack. Den Argumenten des Mannes begegnet sie letztlich mit dem Einwand: »Du hast gut reden in deinem Beamtendasein. Für dich ist die Arbeit erledigt, wenn du nach Hause kommst. Ich habe aber von früh bis spät zu tun.« Sie läßt dabei deutlich erkennen, wie wenig sie sich von ihm in der Hausarbeit und der Erziehung der Kinder, ja überhaupt in ihren Anliegen unterstützt fühlt.

Franz P. resigniert von Jahr zu Jahr mehr. Er findet sich schließlich damit ab, daß die Frau das letzte Wort hat, zumindest was die Belange des Hauses und die Erziehung der Kinder betrifft. Je stärker er das spürt, desto geringer ist seine Lust, irgendeine Initiative im Haus zu ergreifen. Damit liefert er der Frau weitere Munition für ihre Angriffe auf ihn: »Du kümmerst dich um gar nichts. Du setzt dich nur hinter deine Akten und hörst dir Schallplatten an.« Des öfteren tituliert sie ihn auch vor den Kindern als Versager. Das trifft ihn um so mehr, als er spürt, daß seine Kinder im wesentlichen zu der aufopferungswilligen und überarbeiteten Mutter stehen.

Jetzt, während des Urlaubs, den die Familie zum erstenmal getrennt verbringt, kann er Terrain aufholen. Darunter versteht er die Einrichtung der Wohnung nach seinem Geschmack. Das ist aber nur die äußere Seite eines inneren Prozesses, der auf Wiedergewinn seiner verlorenen Selbständigkeit hinausläuft. Ihm wird in der Behandlung und in den stillen Stunden, die er allein in dem neu gestalteten Heim verbringt, allmählich klar, wie er sich von der Frau hat einengen lassen. Dabei stört es ihn noch am wenigsten, daß es in den letzten Jahren immer seltener zu einem ehelichen Intimverkehr gekommen ist. Er hielt sich auswärts »schadlos«. Vielmehr stört ihn die psychische Überfremdung. Er muß in dem Haus so funktionieren, wie seine Frau es bestimmt.

Die Ordnung von Platten und Büchern ist dabei nur ein kleiner Abschnitt. Er zeigt aber deutlich, wie der Beamte im Laufe der Ehejahre seine Eigenständigkeit als Mann und Vater einbüßte. Das nur als Folge des Charakters und Verhaltens der Frau zu sehen, wäre zu einseitig. Man muß vielmehr fragen, wie es zu dieser Situation kam. Franz P. war bei seiner Heirat 27 Jahre alt. In seiner Behörde gehörte er zu den fleißigen, strebsamen Angestellten. Er bildete sich weiter, besuchte regelmäßig Abendkurse, um bald Beamter zu werden und so schnell wie möglich aufzusteigen. Seine um 3 Jahre jüngere Frau lernte er ein Jahr vor der Heirat auf einer Tanzveranstaltung seines Vereins kennen. Er verliebte sich sofort in sie. Das überraschte ihn insofern, als er nach früheren Erfahrungen eine ziemlich lange Anlaufzeit in der Liebe brauchte. Nach seiner damaligen Freundin, seiner jetzigen Frau, wurde er bald ganz »narrisch«, besonders aber nach ihrem ersten Intimerlebnis. Dabei war er so befriedigt wie noch bei keiner früheren Bekanntschaft. Er konnte mit ihr mindestens zweimal hintereinander verkehren, ohne daß es ihn, wie es bei anderen Frauen der Fall war, besonders angestrengt hätte. Er brauchte auch keine ausgefallenen Praktiken anzuwenden. Das war für ihn insofern neu, als er solche bei anderen Frauen mit Vergnügen anwandte.

Rückblickend mußte er feststellen: Diese Frau hat ihn zum »Mann« gemacht. Bei keiner anderen hat er sich so sicher, so bestätigt, so sehr als er selbst gefühlt wie bei ihr. Die anderen Mädchen ließen in ihm stets ein dumpfes Gefühl von Scham, Versagen und Schuld zurück, ohne daß er sagen konnte, woher das kam. Weder empfand er seine Beziehung zum anderen Geschlecht als unmoralisch, noch hatte er sich irgendein Versagen vorzuwerfen. Der Beginn dieser Ehe stand also ganz im Zeichen eines Durchbruchs seiner männlichen Identitätserfahrung. Bei keiner anderen Partnerin hatte er sie vorher gemacht. Dort konnte er sich nie ganz als Mann erleben. Damals merkte er aber nicht, daß die gewonnene Geschlechtsidentität vorwiegend von seiner Frau bestimmt und damit eine Scheinidentität war. Sicher wußte er, daß es bei keiner anderen Frau so schön war wie bei dieser – insofern wußte er um den Fremdanteil seiner Identität –, aber den großen Anteil seiner Außenbestimmung vermochte er nicht einzuschätzen. Überspitzt ausgedrückt: Seine männliche Identität war mehr eine Funktion seiner Partnerin als die seines damaligen Ich. Das mußte er im Verlauf seiner Ehe erleben. Je länger sie dauerte, desto stärker nahm die Frau auch äußerlich das Zepter in die Hand. Das tat sie allerdings nicht, weil sie es bewußt und primär so wollte. Vielmehr wurde sie von ihrem Mann – mehr unbewußt als beabsichtigt – in diese Rolle gedrängt. Er freute sich zwar über die Kinder, gab sich in der Freizeit auch gern mit ihnen ab, sein Herz hing aber letztlich weder an der Frau noch an ihnen. Er lebte in der beruflichen Welt.

Das wirkte insofern unverständlich, als seine Tätigkeit in der Behörde relativ eintönig war. In den ersten Jahren beschäftigte er sich hauptsächlich mit Akten, deren Inhalt in Kontrollen von Rechnungen, Vorschriften und Erlassen bestand. Dabei mußte er diese Unterlagen nicht selten von einem Büro ins andere tragen. Das tat er allerdings recht gern, weil er so viele Mitarbeiter der großen Behörde kennenlernen und sich bei ihnen beliebt machen konnte. Sein bescheidenes und freundliches Wesen kultivierte er eigens für diesen Zweck. Gelegentlich blieb er auch länger im Büro, falls er dadurch die Aufmerksamkeit seiner Vorgesetzten auf sich lenken konnte.

Andernfalls schloß er pünktlich seinen Dienst. Beamter wurde er planmäßig. Danach waren weitere Gehaltssteigerungen nur beim Vorliegen entsprechender Tätigkeitsmerkmale möglich. Er mußte sich »Untergebene« anschaffen, um zumindest ein kleiner Abteilungsleiter zu werden. Das Problem bestand darin, die Arbeit, die er bisher selbst erledigen konnte, auf zwei bis drei Mitarbeiter zu verteilen. Da er lange genug in der Behörde war, wußte er, wie man diese Aufgabe elegant und zur Zufriedenheit aller lösen konnte.

Als diese Frage in der Therapie auftauchte, träumte er in der folgenden Nacht: »Ich sitze auf einem Stuhl in einem kleinen Zimmer, dessen Wände mit lauter Aktenschränken verstellt sind. Plötzlich fängt mein Stuhl an, sich zu bewegen, und ich werde mit ihm von einem Mann hochgehoben. Dann sind es zwei und schließlich vier Männer, die mich im Zimmer herumtragen. Das Zimmer weitet sich dabei. Ich brauche jetzt nur eine Akte anzuschauen, und sie wird mir von einer anderen Hand gereicht.«

Der rote Faden seiner Einfälle bewegt sich im Rahmen des Phänomens, das unter dem Namen »Parkinsonsches Gesetz« bekannt wurde. Franz P. hat das am eigenen Leib erlebt. Während er damals der Ansicht war, er hätte wirklich viel zu tun, wird ihm jetzt in der Behandlung klar, daß es anders war. Überstunden, Besprechungen und Konferenzen dienten letztlich nur dem persönlichen Kontaktbedürfnis und der Verbesserung seines Arbeitsplatzes. Das aber war nur möglich, wenn er mit allen gleich gut stand und dadurch auf die Dauer erreichte, daß andere für ihn schafften. Aus seiner Arbeitsstätte hatte er eine Heimstätte gemacht. Hier richtete sich alles nach seinen Wünschen. Dafür setzte er sich auch für die Mitarbeiter bei seinen Vorgesetzten ein, wenn sie Sondervergünstigungen haben wollten. Um den Abbau des immer größer werdenden Aktenberges kümmerte sich niemand. Das für ihn Erstaunliche war, daß er jetzt viel weniger leistete als früher, wo er noch allein arbeitete. So wie er zu Hause immer liebesunfähiger wurde, wurde er im Büro zunehmend arbeitsunfähiger. Das äußerte sich schließlich im 5. Lebensjahrzehnt in zunehmendem Maße in den oben geschilderten Symptomen.

Von der Vorgeschichte seien für unser Thema der Selbstbestimmung folgende Einzelheiten hervorgehoben: Als jüngerer von 2 Buben war Franz P. der Lieblingssohn der Mutter. Sie verwöhnte ihn, wo sie nur konnte. Der Vater war schwach und hatte wenig zu sagen. Was er aus dem Umgang mit seiner Mutter für sein Leben lernte, läßt sich auf die Formel bringen: »Verlasse dich nie auf dich selbst, sondern stets auf andere. Die können es besser als du.« Die Befolgung dieser Regel zeigt der wiedergegebene Abschnitt von Ehe und Beruf. Sie ließ sich aber auch in anderen Lebensbereichen (Schule, Verein, Freunde) nachweisen. Der Letztbestimmende war immer der andere. Erst seit Beginn der Psychotherapie konnte Franz P. langsam erleben, wie fremdbestimmt er war und wie er nur selten eine Situation aufgrund eigener Sicht, Initiative und Kraft zu gestalten vermochte. Das Umräumen der Wohnung war nur das äußere Zeichen des Durchbruchs einer neuen Identität, die letztlich auf eine schrittweise Befreiung von den mütterlichen Prägungen hinauslief. Die aus dem Urlaub zurückgekehrte Frau war mit dem »neuen« Mann zunächst keineswegs zufrieden. Es kam zu heftigen, wochenlang andauernden Auseinandersetzungen. Erst mit Hilfe einer Familientherapie ließ sich die neue Identität des Mannes so fest in der Ehe verwurzeln, daß auch die Frau an diesem Werk fruchtbar mitarbeiten konnte.

Der Wandel seiner beruflichen Identität war ähnlich schwierig, wenn auch zunächst stiller und unauffälliger. Schriftstücke, die er früher nur überflogen hatte, studierte er aufmerksamer. Er stellte überrascht fest, daß die Konzentration ihm nicht, wie er bisher immer glaubte, Kopfschmerzen bereitete. Im Gegenteil: Je konzentrierter er las, desto eher verschwanden sie. Wichtiger aber noch als diese Erfahrung war sein verändertes Interesse. Vormals ging er oft ins Büro mit dem dunkel gespürten Wunsch nach angenehmer Überraschung, so wie sie seine Mutter ihm einstens immer erneut zu bescheren vermochte. Jetzt fragte er sich, womit er den anderen helfen konnte. Durch diese Interessenverschiebung entdeckte er Dinge, die er vorher nie wahrgenommen hatte, weil sie mit bloßer Routine nicht zu erledigen waren. Gesuche, die er früher unter dem üblichen Hinweis auf Vorschriften und Anordnungen abgelehnt hatte, erweckten nun sein Interesse. Er ging den Sachen nach und auf den Grund.

Er entschuldigte sich nicht mehr im Büro mit seiner Familie und bei seiner Familie mit dem Büro. Auch redete er sich nicht mehr mit Zuständigkeiten und Verantwortlichkeiten anderer für eigene Mängel heraus. Dadurch geriet er bald in Schwierigkeiten mit seinen Untergebenen. Sie warfen ihm Strebsamkeit und unkollegialen Eifer vor. Das gute Arbeitsklima war vorbei, jedenfalls vorerst. Schlimmer noch waren die Auseinandersetzungen mit den Vorgesetzten. Sie fühlten sich durch seine Eingaben, Vorschläge und Initiativen kritisiert, obwohl ihm innerlich nichts ferner lag als Kritik. Wenn der Beamte jetzt resigniert hätte, wäre ihm kein Vorwurf zu machen gewesen. Schließlich wäre er nicht der erste, der in den festgestrickten Maschen einer Behörde hängengeblieben ist. Er konnte die Auseinandersetzungen nur deswegen erfolgreich beenden, weil in ihm eine neue Identität entstanden war. In der Behandlung erlebte er sich als jemanden, den er vorher noch nicht kannte. Das Gefühl von Echtheit und innerer Kraft war ihm neu. Seine frühere Höflichkeit und Korrektheit erlebte er als Maske, seine Freundlichkeit als Berechnung und seine Geselligkeit als abgrundtiefe Faulheit. Erst jetzt glaubte er, der zu sein, der er eigentlich war. Das war für ihn die Voraussetzung einer in seinem Rahmen möglichen schöpferischen Tätigkeit.

Nicht immer spielt sich der Durchbruch der eigenen Substanz so ab wie hier. Oftmals wird der Lebensraum gewechselt. Man schließt eine neue Ehe oder ergreift einen anderen Beruf. Daß der gewandelte Beamte aber in seinem eigenen Beruf den Durchbruch zu seinen schöpferischen Potenzen schaffte, ist deswegen bemerkenswert, weil es sich hier um eine Tätigkeit handelt, die im allgemeinen als nicht kreativ gilt. Auch der Patient selbst war darüber überrascht. Er sagte: »Ich wußte gar nicht, daß man auch in einer Behörde schöpferisch sein kann.«

Das ist der erste Punkt, den unser Beispiel belegen soll: Selbst in Berufen, die weitgehend als unkreativ gelten, kann der einzelne schöpferisch werden. Sicher ist es dort nicht leicht. Die Gegenkräfte sind in jeder Bürokratie stark und zahlreich. Einige von ihnen haben Eberhard Moths und Monika Wulf-Mathies erst jüngst (1973) in einer empirischen Studie über die Wirklichkeit eines Bonner Ministeriums, nämlich dem für Wirtschaft und Finanzen, exemplarisch dargestellt. Sie befragten mehrere hundert Mitglieder der Ministerialbürokratie über Strukturfragen und ihre Denk- und Arbeitsweise. Dabei ergab sich der für unser Thema aufschlußreiche Befund einer enorm weiten Streuung der Verantwortlichkeit für einen bestimmten Vorgang. Der einzelne trägt dadurch ein geringeres Risiko, weil er sich immer auf einen anderen herausreden kann. Diese individuelle Verantwortungsscheu kontrastiert zu der hohen moralischen Einschätzung, welche die Beamten ihrer Tätigkeit geben. Der Widerspruch erklärt sich aus dem abstrakten Inhalt der praktizierten Verantwortung, die von den Autoren als »Verantwortung im Wartestand« bezeichnet wird. Sie zeigt sich im konkreten Alltag nicht. »Sie durch Leistung zu erproben, wird als ungerechtfertigtes Mißtrauen empfunden. Verantwortung, d. h. die Überzeugung, im Bewußtsein der fürsorgenden Rolle des Staats umsichtig und zuverlässig zu handeln, steht somit geradezu im ausschließenden Gegensatz zu der Risikobereitschaft, die notwendig jede Initiative und jedes Inangriffnehmen einer Innovation, ja unter Umständen schon die Steigerung der Effizienz zur Voraussetzung hat.«

Im scheinbaren Gegensatz zum Mangel an individueller Verantwortungsbereitschaft steht die Sucht nach Erweiterung des Verantwortungsbereiches. Im Grunde ergänzen sich beide und hängen innerlich zusammen. Je geringer nämlich die individuelle Verantwortungsfreude, desto größer müssen die Kompetenzen sein, für die man »objektiv« verantwortlich ist. Der Referatsleiter, der verbissen um Zuständigkeiten kämpft, sucht weder mehr Arbeit noch mehr Verantwortung, sondern mehr Macht. Diese allein garantiert ihm die Kaschierung seines unkreativen, risikoscheuen Arbeits- und Denkstils. Da er für diesen letztlich allein die Verantwortung trägt, lehnt er unter Berufung auf Paragraphen, Kompetenzen und andere Außenmächte die Verantwortung ab. Das kann er um so leichter, je mehr »Verantwortung« ihm aufgebürdet wird.

Solche Menschen haben ihre »eigentliche Natur« noch nicht gefunden. Daher brauchen sie äußere Gründe, um sich das Verfehlen ihres eigenen Inneren nicht eingestehen zu müssen. Sie fliehen in die Überfremdung und bleiben so bei infantil geprägten Charaktermerkmalen stehen. Über diese wachsen sie nicht hinaus.

Derartige Fixierungen finden bei Behörden ein besonders günstiges Klima. Bei ihnen werden nämlich nicht selten innere Unselbständigkeit und ein großes Beharrungsvermögen erwartet. Das dürfte auch einer der Gründe sein, warum Bürokraten im allgemeinen unkreativ sind. Sie müssen es jedoch nicht sein. Sie können ebenso schöpferisch werden, falls sie ihre Scheu vor persönlicher Verantwortung im Laufe ihrer Berufslaufbahn ablegen und in der Lage sind, gegen den Strom zu schwimmen. Sie müssen sich in dieser kreativitätslähmenden Atmosphäre eine neue Identität schaffen. Hierin dürfte ein sehr allgemeines, aber wichtiges Merkmal bürokratischer Kreativität liegen. Wenn im Einleitungskapitel die Kreativität bestimmt wurde als das Verknüpfen von vorher unbezogenen Erfahrungen, so ist der Beamte als kreativ zu bezeichnen, der sich seine persönliche Initiative nicht durch die Spielregeln der Bürokratie ersticken läßt.

Das ist der zweite Punkt, den unser Fall verdeutlicht: Je unkreativer die Umgebung ist, desto größerer Anstrengungen bedarf es beim einzelnen, um die eigene schöpferische Gestalt zu finden. Meist gehören dazu längere Vorbereitungen, viele Um- und Irrwege. Um das zu verstehen, muß man folgendes berücksichtigen: Jeder Mensch entwickelt in seinem Leben eine Reihe von Identitäten. Sie hängen vom Lebensalter, von den Entwicklungsstufen und äußeren Einflüssen ab. So hat etwa ein Kind bis zum Schuleintritt eine bestimmte Identität. Diese wird durch Erfahrungen in der Schule ergänzt und umgeformt. Ein Kind kann zu Hause aufsässig und lernunwillig, in der Schule dagegen aufmerksam und aufnahmebereit sein. Daran kann die Identifizierung mit einem Lehrer oder die Reaktion auf die zerstrittene Ehe der Eltern schuld sein.

Die in solchen Fällen oft gestellte Frage lautet: Wie ist das Kind nun wirklich? Wie zu Hause oder wie in der Schule? Die Antwort heißt: Es ist beides, je nach der Situation, in welcher es sich befindet. Nach diesem Schema kann man sich die vielen Identitäten vorstellen, die sich im Lauf eines Lebens entwickeln. Je älter jemand wird, desto mehr Identitäten hat er als Folge verschiedener Identifizierungen mit Personen und Situationen. Nicht nur in der Zeitabfolge, sondern auch in einem Lebensabschnitt sind mehrere Identitäten gleichzeitig möglich. So kann jemand ein braver Schüler, aber ein aufsässiger Sohn, Ehemann, Vater, Beamter und Vereinsmitglied sein. Die Frage ist nur, wie sehr er sich mit den Rollen identifiziert.

Es gibt Menschen, die ihre Pflichten und Aufgaben in Beruf, Familie und Gesellschaft gewissenhaft erfüllen, dabei aber eigenartig farblos und fad wirken. Sie sind Vollstrecker von Regeln und Gewohnheiten, nicht mehr. Andere dagegen gehen ganz in ihrer Rolle auf. Sie sind mit vollem Herzen dabei. Von ihnen meinen die Arbeitskollegen, daß sie nur für ihren Beruf da sind; Ehefrauen und Kinder fühlen sich von ihnen innig geliebt. Während also die einen sich total mit ihrer Rolle identifizieren, halten die anderen immer einen gewissen Abstand zwischen dem, was sie darstellen, und dem, was sie sind. Sie sind die Undurchdringlichen und schwer Faßbaren. Womit hängt die stärkere Identifizierung mit einer Rolle zusammen? Was sind ihre Konsequenzen für die Kreativität? Für die verschiedene Identifikationsstärke gibt es äußere und innere Gründe. Vereinfacht ausgedrückt: Je verlockender eine äußere Situation für jemanden ist, desto eher wird er sich mit ihr identifizieren. Das heißt aber auch immer, einen Teil seines eigenen Ich an die Aufgabe abgeben. Was jedoch für den einen verlockend ist, kann für den anderen abstoßend wirken. Die äußeren Gründe für eine Identifizierung unterscheiden sich deswegen von Mensch zu Mensch und sind auch in den verschiedenen Lebensabschnitten unterschiedlich.

Das läßt sich an unserem Fall vereinfacht skizzieren. So wäre etwa zu fragen, warum der Beamte gerade bei *dieser* Frau, die ihn später doch so enttäuschte, seine Identität als Mann gefunden hat. Bei früheren Intimbekanntschaften fühlte er sich ja ebenfalls angenommen, befriedigt, ja in mancher Hinsicht sogar besser verstanden. Auch aus beruflichen Gründen hätte er diese Mädchen heiraten können, zumal manche »bessere Partie« darunter war. Das einzige, was er in der Behandlung unzweifelhaft mitteilen konnte, war die Tatsache, daß er sich nur bei seiner späteren Frau als Mann erlebte. Das meinte er nicht funktionell. Das Gefühl konnte er im Grunde nicht beschreiben. Es führte aber im Laufe von Wochen dazu, daß er sich mit ihr als kommender Ehefrau identifizieren konnte. Rückwirkend glaubte er, bei ihr Eigenschaften erlebt zu haben, die er in der Kindheit und Jugendzeit als ideale Merkmale einer Ehefrau empfunden hatte. Sie waren nicht mit einigen wenigen Begriffen zu fassen, sondern stellten sich vielmehr als Prozeß heraus, von dem immer nur eine Schicht erkannt werden konnte. Je nach Behandlungsstand wurden sie durch eine genetisch frühere abgelöst. Die letzte war dann die wirksamste, die seine männliche Identität bei der Partnerwahl bestimmte.

Ähnliche Prozesse waren auch bei der beruflichen Identifizierung nachweisbar. In der letzten Volksschulklasse war Franz P. von einem Lehrer auf die verlockenden Chancen eines kaufmännischen Berufs aufmerksam gemacht worden. Am Ende der Ausbildungszeit konnte er sich aber nicht mit dem eingeschlagenen Weg identifizieren. Er erschien ihm zu risikoreich. So bewarb er sich mit Erfolg bei einer öffentlichen Behörde. Ihm gefiel hier sofort das Arbeitsklima. Der Hinweis eines Kollegen, zu großer Eifer sei hier nicht erwünscht, war ausschlaggebend. Das kam seiner Bequemlichkeit, die er seinerzeit in ihrer Bedeutung noch nicht kannte, sehr entgegen. Das aber heißt: Der in der Kindheit antrainierte Bequemlichkeitsanspruch machte sich weder in der Volksschulzeit noch in der kaufmännischen Lehre nach außen hin bemerkbar. Er wurde erst in dem Augenblick motivationsbestimmend, als er sich für einen risikoreichen Beruf entscheiden sollte. Da schreckte er zurück. Er wählte eine Berufslaufbahn, in der er unbewußt seine Bequemlichkeitswünsche ausleben konnte. Um diese Neigungen besser verwirklichen zu können, mußte er sich einen Posten erobern, wo Verantwortungsscheu und Bequemlichkeit noch stärker zu realisieren waren. Das konnte nur in einer etwas gehobenen Position geschehen. Damit war für ihn zugleich eine Steigerung seiner Selbstachtung verbunden. Wenn er auf die Dauer einfacher Beamter geblieben wäre, hätte er sich so erniedrigt gefühlt wie sein Vater. Dieser war Pförtner in einer Fabrik und wurde von der Mutter verachtet, weil er es nicht weitergebracht hatte.

Um auf die Stufe »gehobener Bequemlichkeit« und erweiterten Ansehens zu gelangen, mußte er unauffällig vorgehen. Höflichkeit, Hilfsbereitschaft und Bescheidenheit waren die Tarnung seiner Ambition, die Dienste der anderen in Anspruch zu nehmen. Erst auf dieser Stufe seiner Identitätsfindung glaubte er sich am Ziel. Auf der endlich erreichten Position war Franz P. nur anfangs zufrieden. Da konnte er das Arbeiten der anderen für ihn genießen. Zu Hause wurde er immer unleidlicher. Die Frau bemängelte an ihm tyrannische Züge, die sie an ihm nicht gewohnt war. Er konnte nur befehlen oder untätig sein. So kam es zu der Entfremdung innerhalb seiner Familie, in der er kaum noch etwas zu sagen hatte. In seiner Behörde, in der er nach wie vor geschätzt war, bedauerte man seine häufigen Arbeitsausfälle wegen wiederholter Krankmeldungen.

Franz P. hatten seine Hoffnungen sowohl im Beruf wie in der Familie betrogen. Als er in die Behandlung kam, war er verzweifelt. Er erlebte sich als vollkommenen Versager, obwohl er äußerlich alles erreicht hatte, was er ursprünglich wollte. Dieser Eindruck blieb noch lange in der Psychotherapie bestehen. Erst als er spüren konnte, wie sehr er sich bei seinen bisherigen Identitätsfindungen hatte von außen bestimmen lassen, setzte langsam eine Wandlung ein. Ihm wurde klar, daß er weder beruflich noch familiär aus seiner »eigenen Natur« existierte. Durch den Mangel an wirksamer Eigenbestimmung war er praktisch nur der »Außenvertreter« von Familie und Behörde. Das ist der dritte Punkt, der an diesem Beispiel hervorgehoben werden soll.

Je stärker man sich mit einem Kollektiv identifiziert, desto größer ist die Einbuße an wirklicher Schöpferkraft. So war es bei Franz P. typisch, daß er auf seine Behörde wie auch auf seine Familie gleichermaßen stolz war. Als ihr Mitglied kam er sich als etwas Besonderes vor. Er war gerührt und innerlich ergriffen, wenn bei feierlichen Anlässen die offiziellen Vertreter staatlicher Stellen die Bedeutung dieser Institution hervorhoben. Ähnlich erhebend empfand er das Lob anderer über seine Familie.

In Ehe und Beruf sind narzißtische Identifizierungen nicht selten. Ihre Konsequenzen für die Kreativität wurden bisher zu wenig bedacht. Wer sich nämlich mit den realen oder vermeintlichen Verdiensten eines Kollektivs zu sehr identifiziert, braucht selbst nicht schöpferisch zu sein. Er verhält sich hier wie ein Kind. Auch das leidet wegen der Vergötterung der Eltern nicht unter der eigenen Ohnmacht. Je mehr die Eltern idealisiert werden, desto eher kann es die eigene Schwäche ertragen. Solche Idealisierungsprozesse reichen weit über die Kindheit hinaus. Solange sie anhalten, vermag der einzelne seine kreativen Potenzen gar nicht oder nur unvollkommen zu mobilisieren. Als Beispiel kann hier der Fußballfan dienen. Sein Wohlbefinden hängt von Sieg und Niederlage seines Vereins ab. Er geht Woche für Woche auf den Sportplatz, liest in verschiedenen Zeitungen die Spielberichte, hört und sieht Übertragungen, spricht mit Kollegen im Verein und Büro über seine Mannschaft. Für sich selbst und seine »sportliche« Entwicklung hat er damit wenig getan. Er lebt passiv, in Abhängigkeit von seinem Idol. Dieses ist sein vergrößertes, überhöhtes Ich, welches für die zahlreichen Kränkungen und Enttäuschungen des Alltags entschädigt. Eine solche Einstellung ist auch gegenüber einer Partei, einem Volk, einem Berufsstand oder einer Institution möglich. Das idealisierte Kollektiv übernimmt den Schutz der eigenen Person vor narzißtischen Kränkungen. Je größer, angesehener und machtvoller die Gruppe ist, desto wohler fühlt man sich, und all das ohne allzu große Anstrengung.

Hier nun liegt der entscheidende Faktor für das Thema Kreativität. Der Fall des Beamten Franz P. macht das sichtbar. Vor der Behandlung merkte er nicht, wie groß der »innere Leerlauf« seiner Arbeit war. Er tat zeitlich zwar nicht weniger als die anderen, nahm sich gelegentlich sogar Akten mit nach Hause, war auch für freiwillige Extradienste bei seinen Vorgesetzten bekannt: Aber all das war »Fremdarbeit«. Mit diesem Ausdruck wollte er sagen, daß er nur das tat, was man von ihm erwartete. Eigenes und Selbständiges hatte er während dieser Jahre nicht geleistet. Sicher waren daran auch die »Verhältnisse« schuld, die solche »Sologänge« nicht zuließen, aber doch nur zum Teil. In der Therapie entdeckte er, wie er die Umstände auf der Arbeitsstelle als Entschuldigung benutzte, um sich nicht persönlich engagieren zu müssen. Was er in Wirklichkeit alles hätte tun können, bemerkte er jetzt, wo er die Büroarbeit nicht mehr als »Fremdbestimmung«, sondern als eigene Leistung, eigene Aufgabe erlebte. Nun brauchte er nicht mehr die Identifizierung mit der Behörde. Zur Illustration seiner gewandelten Einstellung zitierte er einen Olympiasieger. Der hatte in seinem Interview erklärt, er kämpfe in erster Linie nicht für sein Land, schon gar nicht für ein System, sondern für sich selbst. Früher hätte er das als Verrat empfunden. Jetzt erschien ihm diese Haltung als die einzig richtige.

Im Rückblick auf diesen Fall soll noch geklärt werden, wie der Wandel bei diesem Beamten zustande kam. Diese Frage liegt um so näher, als solche Umstrukturierungen der Lebenseinstellung nicht die Regel sein dürften. Sie sind schon Ausnahmen, zumal in einem Beruf, der mehr zur Entfremdung als zur Selbstbestimmung der eigenen Arbeit beiträgt. Erschwerend für die Selbstbestimmung kommt das Alter hinzu. Für einen Menschen in den mittleren Lebensjahren sind solche Umwandlungen untypischer als für Jüngere. Man schreckt vor der Änderung lange eingeübter Gewohnheiten zurück. Was zu leisten wäre, scheint unmöglich. Bei unserem Beamten gehörte dazu auch der Verzicht auf eine bürokratische Ausdrucksweise im Verkehr mit branchenfremden Personen. Was er sich über 20 Jahre angewöhnt hatte, glaubte er, nicht mehr abstellen zu können. Außerdem hielt er die Klagen über seine schwer verständlichen Schriftstücke und Ausdrücke für unberechtigt. Schließlich hätte ja jeder Beruf seine eigene Sprache, an die sich die anderen gewöhnen müßten. Im Laufe der Behandlung wurde ihm klar, daß hinter seiner verschrobenen Amtssprache etwas anderes steckte als nur der unvermeidliche Gebrauch eines Fachjargons. Er gebrauchte diesen, um sich aufzuwerten. Im Grunde genommen hielt er nämlich nicht viel von dem, was er tat. Um so mehr fühlte er sich zum demonstrativen Aufbauschen seines Tuns gedrängt. Die anderen sollten ihn nicht verstehen, sondern bewundern. Nachdem ihm das klar geworden war, verstand er nicht nur den Sinn seiner bürokratischen Sprechweise, sondern auch viele seiner sonstigen Kontaktgewohnheiten. Erst jetzt war eine tiefgreifende Veränderung seines Verhaltens möglich.

Damit läßt sich auch sagen: Ein entscheidender Punkt beim Zu-sich-selbst-Kommen und damit zu einer kreativen Berufsgestaltung war bei diesem Beamten die Krankheit. Das braucht nicht immer der Fall zu sein. Hier aber haben die jahrelangen Kopfschmerzen und Erschöpfungszustände dazu geführt, daß dieser Mann etwas tat, was er sonst wohl kaum getan hätte: Er raffte sich zu einer Selbstbesinnung in einer von ihm zunächst abgelehnten Psychotherapie auf. Diese Möglichkeit ergriff er nicht von vornherein, sondern erst, nachdem die medikamentösen Maßnahmen ohne Erfolg blieben. Letztlich waren diese Hilfen alles Fremdeinflüsse, also von ähnlicher Art, wie er sie von seiner Mutter als Kind erwartet und erhalten hatte. Eine Selbstbesinnung auf das eigene Wesen brauchte hier nicht stattzufinden.

Ist aber nicht auch die Psychotherapie eine Hilfe von außen und somit eine Verstärkung der Entfremdung? Hier muß man zwischen den Arten der Psychotherapie unterscheiden. Fremdbestimmend sind im wesentlichen alle verhaltenstherapeutischen Maßnahmen. Sie fragen nicht nach Sinn und Ursprung der Symptome. Es geht nur um deren

Beseitigung mit Hilfe von Zuspruch, Übung, Dressat. In vielen Fällen kann das ausreichen, nur: Zur kreativen Selbstbestimmung führen diese Techniken nicht.

Sicher ist auch die analytische Therapie zunächst eine Hilfe von außen. Ihr Sinn besteht aber darin, die hemmenden Identifikationen aus der Kindheit abzubauen und so den Patienten zu seinem wahren Wesen kommen zu lassen. Der Betroffene selbst muß seine eigene Natur finden und langsam spüren, was in ihm echt und was von außen aufgesetzt ist. Das dauert natürlich seine Zeit. Wollte man es verkürzt darstellen, so ließe sich das an dem geschilderten Fall etwa folgendermaßen zusammenfassen:

Als unser Beamter einige Wochen nach Behandlung zu spüren begann, daß seine körperlichen Beschwerden doch nicht, wie zuvor hartnäckig angenommen, rein organischen Ursprungs waren, fand er die seelischen Ursachen zunächst bei anderen. Im Büro waren es etwa die faulen Mitarbeiter, die anspruchsvollen Bittsteller, zu Hause die überordentliche und herrschsüchtige Frau und die lauten Kinder. Er selbst erlebte sich als Opfer dieser Umstände. Erst nach längerer Zeit war er fähig, sich selbst als den eigentlichen Initiator dieser Verhältnisse zu fühlen: Seine Frau würde nicht so nervös sein, wenn er zärtlicher wäre, seine Kinder nicht so ungehorsam, wenn seine väterliche Autorität echter wäre, und die Bittsteller seien gar nicht so maßlos, wenn er deren Anliegen recht bedenke. Zur Kreativität gehört auch, die Verantwortung des Ich höher einzuschätzen als bisher.

Um aber nach diesen Erkenntnissen zu leben, bedurfte es einer anderen Identität. Die Frage war: Konnte er zärtlich, gemütvoll, innerlich stark, verantwortungsfreudig und initiativereich werden, wo er sich doch gerade in der Therapie als jemanden erlebte, der in der Kindheit durch sein Milieu, insbesondere durch die Erziehungstechnik der Mutter, zum selbstunsicheren, anspruchsvollen, risikoscheuen und bequemen Jungen geprägt wurde? War das nicht seine letzte, entscheidende Identität, die er nicht mehr verändern konnte? Lange Zeit sah es so aus. Es wäre auch nicht verwunderlich gewesen, wenn er auf dieser Stufe seiner Erkenntnis stehengeblieben wäre, zumal schon jetzt die Symptome fast vollständig verschwunden waren. Das ausgesprochene Behandlungsziel war also erreicht. Nur: Mit der Identität, die in vielen Fällen subjektiv ausgereicht hätte, wäre er nicht schöpferischer geworden, als er es vorher war. Erst als er weiter nach innen zu schauen und warten gelernt hatte, ob sein Innerstes noch weitere Veränderungen ermöglichte, konnte er erfahren, daß seine unverrückbaren, seit der Kindheit bekannten Eigenschaften nicht die letzte und eigentliche Identität waren, die in ihm schlummerte. Sie waren nicht das ihm von der Natur mitgegebene, sondern das von den Familienverhältnissen aufgedrückte Bild. Hunderte von Einfällen müßte man hier nennen, um zu schildern, wie er diesen Gestaltungsprozeß seiner Kindheit langsam als Entfremdungsprozeß erlebte. Man hatte ihn geformt, gestaltet, gedreht, geknetet und so zu dem gemacht, was die Eltern wollten, und nicht zu dem, was er selbst war. Dieses Selbst kam erst jetzt hinter den vielen Schichten der Überfremdung langsam zum Vorschein.

Der Prozeß einer Umstrukturierung, sei es mit oder ohne Therapie, der für die mittleren Lebensjahre besonders charakteristisch ist, wird uns noch in den nächsten Kapiteln beschäftigen.

An dieser Stelle sei lediglich darauf verwiesen, daß der oft beschriebene, im ersten Kapitel erwähnte Kreativitätsabfall bei Wissenschaftlern im 5. Lebensjahrzehnt nicht unbedingt auf ein Nachlassen kreativer Eigenschaften zurückzuführen ist. In Einzelfällen läßt er sich auch als Ausdruck einer Identitätskrise verstehen. Das ist insbesondere bei jenen Wissenschaftlern der Fall, die ihre bisherige Arbeit als Fron, als Außenauftrag erlebten und nie so recht zufrieden waren bei dem, was sie taten. Ihr Wechsel zu außerwissenschaftlichen Tätigkeiten – selbst wenn er im Rahmen wissenschaftlicher Institutionen stattfindet – ist als ein Zu-sich-selbst-Kommen, als ein Durchbruch der Kräfte zu interpretieren, die bisher zugunsten der wissenschaftlichen Tätigkeit vernachlässigt wurden.

Der Wechsel der Tätigkeit kann auch Ausdruck einer Flucht vor der Ich-Werdung sein. Man trennt sich nur ungern von den Lösungsmöglichkeiten und Antworten, welche die Allgemeinheit bereithält. Damit aber verfehlt man das Eigene. Man kann die in diesem Kapitel dargestellte Bedeutung des Ich als Ursprung des Schöpferischen auch so charakterisieren, daß man die Distanz der eigenen Lösung von der der anderen zum Maßstab des Schöpferischen macht. Je stärker sich das eigene Produkt vom Werk der anderen – von früher oder jetzt – unterscheidet, desto deutlicher kommt die eigene Schöpferkraft zum

Ausdruck. Und umgekehrt: Je mehr sich ein Werk an das der anderen anlehnt, unter Umständen dieses kopiert, desto unschöpferischer ist das Ich.

Der hier beschriebene Abstand des Werkes ist keine menschliche Distanz, erst recht keine Feindschaft. Im Gegenteil: Wenn alle Menschen ihre Individualität voll verwirklichten, gäbe es keine Rivalität, keine Feindschaft, keinen Haß. Ein jeder fühlte sich geborgen in der Entfaltung seines Wesens und würde staunend das der anderen bewundern. Ihm läge nichts an der tristen Gleichheit, der die Vielen nachlaufen. Aber die Verwirklichung dieser Idee ist eine Utopie. In jedem Menschen wirken nivellierende Kräfte, welche der Entfaltung der Einmaligkeit im Wege stehen. Zu ihnen gehören Sexualität, Aggression und Freude an Macht. Auf diese sei in den nächsten Kapiteln eingegangen.

IV. Sexualität und Kreativität

Seit Freud fanden die Beziehungen zwischen Sexualität und Kreativität zunehmendes Interesse der Wissenschaft. Man glaubte, aus der Kenntnis der Persönlichkeit und ihrer Triebstruktur verläßliche Aussagen zwar nicht über den Grund der »Genialität«, wohl aber über seine Ausgestaltung (Berufswahl, Gegenstand des schöpferischen Aktes, Arbeitsweise u. a.) machen zu können. Sehr deutlich kommt dieser Standpunkt in einer brieflichen Antwort Freuds an Arnold Zweig zum Ausdruck, der um eine Stellungnahme zu einer Nietzsche-Biographie gebeten hatte. Freud antwortete sinngemäß, daß man Menschen nicht durchleuchten könne, wenn ihre Sexualkonstellation unbekannt sei.

Sicher hat die erste Generation der Psychoanalytiker die Bedeutung der Sexualität für die Diagnostik der Persönlichkeit und damit auch für ihre schöpferischen Leistungen überschätzt. Was bloße Vermutung war, wurde als Erkenntnis ausgegeben, wobei das Bizarre der Konstruktion den Anschein der Wissenschaftlichkeit erwecken sollte. Das gilt vor allem von jenen Biographien, für deren analytische Erhellung zu wenig Material vorhanden war. Das störte seinerzeit kaum. Das Bestreben, überall die von Freud gefundenen »Gesetzmäßigkeiten« zu entdecken, war so stark, daß man den Grundsatz des Wartens auf »weiteres Material« völlig außer acht ließ. Es war für die psychoanalytischen Zeitgenossen Freuds nichts Außergewöhnliches, das Verhalten von Menschen zu deuten, die in uns völlig fremden Kulturen vor Jahrhunderten lebten. Man denke etwa an die Studien von Karl Abraham über ›Amenhotep IV‹ oder von Max Eitingon über ›Alexander und Diogenes‹.

Solche der historischen Realität unangemessenen Übertreibungen sind vorwiegend als Überschätzung jeder Neuentdeckung zu werten. Das war in der Psychoanalyse nicht anders als bei der Lerntheorie wie der Ethologie oder anderen Disziplinen. Trotzdem kann der älteren Psychoanalyse nicht der Vorwurf erspart bleiben, ihre Neuentdeckung in ungebührlicher Weise überdehnt zu haben. Zieht man die dadurch bedingten Verzerrungen ab, bleibt als heute noch gültiger Rest die Bedeutung der Sexualität für die Persönlichkeit, insbesondere für deren schöpferische Leistungen. Allerdings lassen sich diese Beziehungen nicht auf eine einfache und generelle Formel bringen.

Um so erstaunlicher ist es, daß die Anzahl der psychoanalytischen Biographien über Wissenschaftler verhältnismäßig gering ist im Vergleich zu solchen über Politiker, Dichter, Schriftsteller oder Maler. Und die wenigen Lebensdeutungen von Wissenschaftlern beziehen sich vorwiegend auf Philosophen wie etwa Comte, Kant, Kierkegaard. Diese Tatsache dürfte wohl in erster Linie damit zusammenhängen, daß Freud selbst das kreative Schaffen zunächst nur dem Künstler vorbehielt. Hier ließen sich auch eher Beziehungen zwischen unbewußten Konstellationen und dem Gegenstand schöpferischer Tätigkeit herstellen als etwa bei Mathematikern oder Chemikern. Ein weiterer Grund scheint der zu sein, daß das Privatleben von Wissenschaftlern sich viel häufiger von ihrem Berufsleben trennen läßt als bei Künstlern. Hier geht beides fließend ineinander über. Das spiegelt sich auch in (Auto-)Biographien wider. Forscher berichten vor allem über ihren beruflichen Werdegang, die damit zusammenhängende Problemgeschichte und eventuelle Begegnungen mit den Großen ihrer Zeit, während das Privatleben, insbesondere das eigene Intimleben kaum Erwähnung findet. Selbst Psychiater wie Oswald Bumke und Ernst Kretschmer, die von ihren Kranken um die Bedeutung der Sexualität wußten, klammerten diesen Bereich aus ihren Biographien vollständig aus.

Im folgenden Kapitel werde ich mich daher auf die Befunde stützen, die ich bei psychoanalytisch behandelten Wissenschaftlern vorfand. An ihnen sollen allerdings solche Fragen der Kreativitätsförderung bzw. -hemmung erörtert werden, die auch für Schöpferkraft außerhalb des Wissenschaftsbereichs Bedeutung haben. Das sind Probleme der Verdrängung, der Intimitätssperre und der Homosexualität.

1. Sublimierung und Verdrängung

Alfred F., ein 44jähriger Physiker, Direktor eines Instituts, litt seit einigen Jahren unter funktionellen Herzbeschwerden. Zu den Symptomen, die ihn veranlaßten, auf Rat seines Internisten einen Psychotherapeuten aufzusuchen, zählten auch Arbeitsschwierigkeiten. Er hatte in letzter Zeit keine Freude an seinen wissenschaftlichen Aufgaben. Ihm fehlte die ihm von früher bekannte Begeisterung, schwierige Probleme aufzugreifen. Als Institutsdirektor hatte er zwar genügend Zeit und Möglichkeiten für schöpferische Arbeit. Er brachte aber einfach nichts mehr zustande. Nur Routinearbeiten konnte er noch erledigen, wie Gespräche mit Mitarbeitern und Studenten, Vorlesungen, Tätigkeiten in Standesorganisationen und Fachgremien. Das alles machte er »mit der linken Hand«, ohne richtige Befriedigung.

In der ersten Sitzung kam er bald auf seine Familie und sein Sexualleben zu sprechen. Er hatte mit 34 Jahren geheiratet und jetzt 3 Kinder. Vor seiner Ehe hatte er nur wenige Erfahrungen mit Frauen. Meistens lernte er die »falschen« kennen, nämlich solche, die bald mit ihm intim werden wollten. Das aber lehnte er ab, zumindest wollte er sich »das« für einen späteren Zeitpunkt, wenn nicht gar für die Ehe aufheben. Nur bei seiner jetzigen Frau konnte er diese Absicht verwirklichen. Mit 30 Jahren traf er sie zum erstenmal auf einem Institutsfest. Es war keine Liebe auf den ersten Blick. Erst allmählich lernten sie sich näher kennen, hauptsächlich über ihre gleichgerichteten Interessen. Zwei Jahre später heirateten sie. Bei ihm spielte mehr die Vernunft als die Liebe eine Rolle. Seine Frau war eine gute, wenn auch nicht perfekte Hausfrau. Sie war nicht schön, aber auch nicht gerade häßlich. Am meisten fühlte er sich zu ihr hingezogen durch ihre Fähigkeit, zuhören zu können. So konnte er oft stundenlang – zum Beispiel am Wochenende – spazierengehen und ihr seine Ideen und Pläne erzählen. Nur im intimen Bereich sprach sie ihn nicht an. Seine ehelichen Pflichten erfüllte er ziemlich routinemäßig. An seinen Kindern, einem Sohn und zwei Mädchen, hatte er große Freude. Er hing sehr an ihnen.

In dieses Leben trat unerwartet eine andere, um 10 Jahre jüngere Frau. Sie war 30, er 40 Jahre alt, als sie sich kennenlernten. Schon beim ersten Treffen spürte Alfred F. irgendeine »dämonische Macht« von ihr ausgehen. Sie empfand es ähnlich. Bald sahen sie sich wieder. Innerhalb kürzester Zeit entstand ein intimes Verhältnis: »Da habe ich erst gemerkt, was Sexualität sein kann. Sie kam aus der Tiefe!« Aus der Routine und Gewohnheit des Ehelebens wurde nun ein »Ereignis«. Er traf sich immer häufiger mit dieser Geliebten, ohne daß seine Frau es merkte. Er hatte ja durch seine beruflichen Tätigkeiten genügend Entschuldigungen zur Hand. Seine Frau schöpfte auch keinen Verdacht, als sich die Anzahl der von ihm besuchten Kongresse, Konferenzen und Besprechungen rapide steigerte. Sie riet ihm allerdings, wenigstens einige Verpflichtungen abzugeben, da er offenbar die aufreibenden Sitzungs- und Vortragstätigkeiten nicht mehr verkraften könne. Nach einem solchen »Kongreß-Wochenende« hatte er auch seinen ersten Herzanfall. Er wollte aber trotz dieses für ihn alarmierenden Zeichens auf seine »Kongreß-Tätigkeit« nicht verzichten. Zu sehr war er der Frau sexuell schon verfallen. Er plante zwar des öfteren, sich von ihr zu trennen, brachte es aber nicht fertig. Sobald sie nur anrief, falls er sich wirklich einmal einige Tage nicht gemeldet hatte, warf er seine Vorsätze über Bord, und der nächste Treffpunkt in irgendeiner Stadt war vereinbart.

Ein wichtiger Grund für die zunehmende Hörigkeit war auch die Tatsache, daß er sich bei dieser Frau voll potent erlebte. Ja, er wurde immer potenter, während er bei seiner eigenen Frau stets den Eindruck hatte, ein sexueller Versager zu sein, obwohl er den Geschlechtsverkehr immer ausführen konnte. Es geschah aber seltener und wurde zunehmend uninteressanter. Die Rolle des voll befriedigten und voll potenten Liebhabers wurde zu einem schwerwiegenden Problem, als die Herzanfälle sich häuften. Sie traten meist nach dem Zusammensein mit der Freundin auf. Er war zwar glücklich, aber körperlich sehr angestrengt. Die seelischen Konflikte waren jedoch entscheidender: Der eine betraf seine Familie, der andere seinen Beruf.

Was seine Ehe anging, so litt Alfred F. noch am wenigsten unter der wachsenden Entfremdung von seiner Frau. Im Gegenteil: Er fühlte sich ihr gegenüber wegen seines Ehebruchs sogar im Recht, und zwar im moralischen Sinne, weil er sich von ihr hinsichtlich der Bestätigung als Mann betrogen fühlte. Erst jetzt spürte er, wie wenig sie ihn innerlich bejahte, obwohl er gern daran zurückdachte, wie stark er sich ihr geistig verbunden fühlte. Als Mann aber zerstörte sie ihn durch ihre Kälte, ihr Desinteresse am Sexuellen, besonders durch das gelegentlich durchschimmernde Gefühl, daß sie diese Intimität für eine überflüssige Schweinerei hielt. Gesagt hat sie das allerdings nie, »dafür ist sie zu pflichtbewußt«.

Was ihn mehr traf, war die Entfremdung von den Kindern. Durch seine häufigen Rendezvous' mit der Freundin und die dadurch bedingte Abwesenheit von zu Hause verlor er mehr und mehr seinen Einfluß auf sie. Er spürte zwar, daß sie ihn noch gern hatten und ihn brauchten, konnte aber diesem Bedürfnis nicht Rechnung tragen, weil er seinerseits die Freundin brauchte. Vielleicht noch stärker litt Alfred F. unter seinem beruflichen Problem. Während er früher von neuen Ideen nur so überschäumte und auch die Kraft hatte, schwierige Fragen bis zur Publikationsreife konzentriert und gut zu lösen, fühlte er diese Fähigkeit zusehends schwinden. Auch wenn er weiterhin im Gespräch mit Kollegen, im Institut, in der Fakultät oder auf Kongressen brillierte, so war es doch, wie er es selbst einmal formulierte, »nicht mehr als Brillantine«. Glänzende Fassade, aber keine Substanz, raffinierte Routine, aber kein Bohren an neuen Problemen. Eine Zeitlang genoß er sogar dieses effektvolle Auftreten und nahm, wo immer sich eine Gelegenheit dazu bot, Einladungen zu Vorträgen an. Das festigte seinen Ruf und war zugleich willkommener Anlaß, seine Potenz auch in der Nacht zu bestätigen.

Allmählich schmeckten ihm diese süßen Früchte jedoch nicht mehr, nicht allein wegen der Herzanfälle und der sich doch bemerkbar machenden Erschöpfung. Sein Konflikt bestand vor allem darin, daß ihm schmerzlich bewußt wurde, wie er sich und die anderen betrog. Alfred F. wußte, daß er eigentlich mehr und Besseres sagen könnte als dieses routinierte Gerede. Aber um das »Bessere« und »Schöpferische« zu verwirklichen, hätte er – so wie früher – sich intensiv und in aller Ruhe in seine Arbeit vertiefen müssen. Das aber konnte er nicht, solange seine Sehnsucht nach der Freundin noch so stark war. Zu viele Energien waren dort gebunden.

Wollte man das an diesem Abschnitt einer Lebensgeschichte veranschaulichte Problem der Kreativität zu umreißen versuchen, so besteht es zunächst nicht darin, daß ein Wissenschaftler in seiner Ehe sexuell unbefriedigt ist und anderswo sein »Glück« findet. Das kommt häufig vor, jedenfalls häufiger, als man es aufgrund der Tabuisierung des Privatlebens von Wissenschaftlern anzunehmen geneigt ist. Außereheliche Liebesaffären brauchen die Schöpferkraft aber nicht zu beeinträchtigen. Sie können sie gelegentlich sogar beflügeln, wie es nicht selten bei jenen Menschen zu beobachten ist, die auch weit jenseits der Lebensmitte kreativ sind, im Gegensatz zu ihren Fachkollegen, deren Kreativitätskurve altersmäßig »normal« verläuft, das heißt: von der Lebensmitte an abnimmt. Wieweit hier die Aktivierung oder Reaktivierung des Sexuallebens mitbeteiligt ist, kann allerdings nur bei genauer Analyse des Einzelfalles beantwortet werden. Man muß hier auch diejenigen berücksichtigen, die sich in mehr oder weniger schnell abwechselnde Abenteuer stürzen, weil ihnen die Wissenschaft keine Freude mehr bereitet oder, wie es solch ein frustrierter Forscher einmal ausdrückte, weil sie sich von der Wissenschaft betrogen fühlten. Es können auch andere Gründe sein, die dazu zwingen, in jedem Einzelfall zu fragen, warum eheliche oder außereheliche Betätigung fördernd oder hemmend auf die Kreativität wirken. Alle pauschalierenden Urteile in der einen oder anderen Richtung führen in die Irre.

Wie vielschichtig das Problem ist, zeigt unser Beispiel. Das Nachlassen der schöpferischen Fähigkeiten ließ sich bei diesem Wissenschaftler ja nicht nur auf die sexuelle Hörigkeit zurückführen. Zahlreiche Konflikte konnten festgestellt werden, von denen wir in unserem Abschnitt nur die Beziehung zu den Kindern als exemplarisch herausstellten. Darüber hinaus kam auch ein ihm zunächst nicht deutlicher moralischer Konflikt zum Vorschein, der aus dem geheimzuhaltenden Doppelleben resultierte.

So sehr auch diese und andere Momente bei Alfred F. eine Rolle spielten – die stenokardischen Beschwerden wiesen darauf hin –, so zeigt der Lebenslauf doch hauptsächlich das Überwältigtsein durch infantile Triebansprüche. Erst dieses machte die früher gezeigte außerordentliche Kreativität unmöglich. Das Problem lautet daher: Was hinderte diesen Physiker daran, die Beziehung zu seiner Freundin so zu gestalten, daß weder das Familienleben noch seine Schöpferkraft darunter litt? Oder anders ausgedrückt: Warum führte in diesem Falle eine als beglückend empfundene außereheliche Beziehung zu einem Erlöschen jener Eigenschaft, die ihn früher in der Wissenschaft ausgezeichnet hatte, nämlich das Ausarbeiten schöpferischer Ideen?

Wir können die Antwort nur in dünnen Strichen geben: Der Patient war der jüngere von zwei Buben. Der Vater, ein äußerst erfolgreicher Kaufmann, hatte große Freude an seinen beiden Kindern. Mit seiner Frau verstand er sich weniger gut, obwohl ihm das nicht viel auszumachen schien. Sie betonte ständig ihre geistige Überlegenheit über den Partner, weil sie vor ihrer Ehe einige Semester Mathematik studiert hatte. Gelegentlich gab sie den Kindern auch zu verstehen, daß sie den Vater wegen seines beruflich notwendigen Geldraffens verachte. Sie genoß zwar die Vorzüge der Wohlhabenheit, den Komfort und die vielen Reisen, hielt das alles aber für selbstverständlich. Um das zu erwerben, bedurfte es ihrer Meinung nach keinerlei geistiger Anstrengung, die allein in ihren Augen zählte. Über das Sexuelle klärte sie ihre Kinder rechtzeitig auf, genauer ausgedrückt: Es war keine Aufklärung, sondern eine schon früh dezidiert ausgesprochene Abwertung alles Geschlechtlichen. Sie warnte ihre Söhne vor Abenteuern, weil diese nur Krankheit, Konflikte und Ärger mit sich brächten. Das auf sich zu nehmen, lohne sich nicht wegen des kurzen Vergnügens, das sie – wie sie durchblicken ließ – selbst auch nie sonderlich geschätzt habe.

Um so intensiver sorgte sie für die geistige Erziehung ihrer Kinder, die sie »abgöttisch« liebte, besonders den jüngeren Sohn, den späteren Physiker. Sie las ihnen in der Kindheit jeden Abend Geschichten vor oder erfand selbst welche. Bald ging sie über zur Darstellung historischer Zusammenhänge, die sie anschaulich zu schildern wußte. Während der Gymnasialzeit diskutierte sie oft mit beiden Söhnen den Stoff der Schule und kontrollierte regelmäßig die Schularbeiten, wobei sie großes pädagogisches Geschick entwickelte. Alfred F. war auf dem Gymnasium der Klassenbeste, mit besonders guten Noten in Mathematik und Physik. Der Vater nahm an diesem Prozeß nur am Rand als freudiger Zuschauer teil. Er durfte die Söhne gelegentlich loben, wobei die Mutter allerdings zu verstehen gab, wer hier eigentlich zu loben wäre. Ohne ihren Einsatz hätte keines der Kinder zum Musterschüler werden können. Dem Vater machte das alles nichts aus. Er war in dieser Hinsicht sogar stolz auf seine Frau, zumal er von ihr die Aufgabe zugewiesen bekam, seine Beziehungen spielen zu lassen. Politiker, Wissenschaftler und Angehörige des Hochadels verkehrten in ihrem Haus, weil die Mutter die Kinder rechtzeitig an ihre zukünftige Berufsatmosphäre gewöhnen wollte. Denn das war der Mutter völlig klar: Ihre Söhne, besonders der jüngere, würden es im späteren Leben einmal sehr weit bringen.

So erhielt unser Patient schon früh eine äußerliche Sicherheit, die ihn von seinen Klassenkameraden unterschied. Vor dem Abitur hatte er keine Angst, litt aber unter inneren Unruhe- und Angstzuständen. Über sie sprach er mit niemandem. Er verstand sie selbst nicht. Rückblickend sah er sie im Zusammenhang mit seinen Erfahrungen in der Tanzstunde. Die anderen hatten viel mehr Kontakt mit Mädchen. Sie tauschten ihre »ersten Erfahrungen« aus. Er wurde von solchen Tuscheleien bewußt ausgeschlossen. Man respektierte ihn wegen seines enormen Fleißes und seiner Intelligenz, heilt ihn aber sonst für einen großen Versager, besonders auch im Sport, wo er nicht einmal einen Klimmzug zustandebrachte. Die Mutter versuchte, dieses Manko durch den standesgemäßen Reitsport auszugleichen. Als er aber von seinem Reitlehrer erfuhr, daß er »wie ein Sack auf dem Pferd« säße, gab er diesen Ersatzsport auf.

Das Ausgeschlossensein überspielte er in der Jugend und später mit seinem Fleiß und einer unverbrauchten Lust am Lernstoff, besonders in der Physik. Er bastelte Radioapparate und Funkgeräte, beschäftigte sich aber noch lieber mit den theoretischen Aspekten dieses Faches. Er griff ständig Fragen auf, die seine Lehrer ausklammerten oder für noch nicht lösbar hielten. Wenn ihm auch selbst die Lösung des Problems nicht gelang, so steigerte sich doch die Freude an Entdeckungen. Daß auf diese Weise seine berufliche Karriere reibungslos, kontinuierlich bis zum Institutsdirektor nach oben ging, braucht nicht im einzelnen beschrieben zu werden.

Begreift man den hier geschilderten Rahmen und bringt ihn in einen Zusammenhang mit der skizzierten Ehe- und Lebenssituation, so dürfte auch dem psychoanalytisch nicht versierten Leser folgende Erklärung einleuchtend sein:

Alfred F. hatte es aufgrund des überstarken Einflusses seiner Mutter und durch das Zurücktreten seines Vaters nicht gelernt, die einzelnen Reifungsschritte der Sexualität so zu vollziehen, daß er sie weder zu verdrängen noch unter deren Abhängigkeit zu geraten brauchte. Die libidinösen Bedürfnisse wurden von der Entwicklung abgeschnitten. Sie entsprachen nicht den Normen der heiß geliebten Mutter. Sie war sein stilles Ideal, dem er durch Lerneifer und geistige Höchstleistungen imponieren wollte. Die dadurch erhoffte Sanktionierung seiner Triebbedürfnisse konnte er aber so nicht erreichen. Er blieb in seinen vorehelichen wie ehelichen Sexualbeziehungen unbefriedigt, bis die Frau kam, die die zurückgestauten, aber nicht sublimierten Triebenergien mobilisierte. Dieser Überflutung war sein Ich jedoch nicht gewachsen. Er war von der seit seiner Kindheit verpönten, abgewerteten Welt so fasziniert, daß er mit ihr nicht fertig werden konnte und ihr immer weiter folgte unter Zurücklassung all dessen, was er bisher geschaffen und erreicht hatte. In etwa ist das eine logische Konsequenz. Denn wenn er – jedenfalls zum großen Teil – für seine schöpferischen Impulse durch die »kastrierende« Mutter motiviert wurde, mußten diese erlöschen, sobald das Motiv wegfiel, er sich also der von der Mutter verurteilten Triebwelt hingab.

Ein solcher Vorgang ist aber nur dann möglich, wenn die Mutter ein Teil der Persönlichkeit geworden ist. Das kam bei diesem Patienten sehr deutlich zum Ausdruck, etwa in folgendem Traum: »Mein Sohn ist etwa 10 Jahre alt. Ich mache mit ihm Schularbeiten. Da fragt er mich: ›Papi, warum siehst du aus wie Omi?‹ Darauf sage ich: ›Ich sehe nicht aus wie die Omi, ich bin die Omi‹.« Ein eindrucksvolles Bild, welches die Verschmelzung der eigenen Identität mit der Mutter veranschaulicht. Dieser Traum kam aber erst $1^{1}/_{2}$ Jahre nach Behandlungsbeginn. Vorher war es ihm nicht möglich, sich mit der Mutter irgendwie zu vergleichen. Es fiel ihm überhaupt relativ wenig über sie ein. Sie war für ihn gut, »und das ist alles«.

Abgesehen von der individuellen Genese der Leistungsmotivation zeigt die biographische Skizze dieses Wissenschaftlers über die Zusammenhänge von Sexualität und Kreativität auch folgendes: Die zur Entfaltung der Kreativität notwendige Motivation und Fähigkeit, das erstrebte Ziel zu erarbeiten, war nur auf Kosten der sexuellen Aktivität möglich, allerdings mit einer ganz bezeichnenden Charakterisierung: Der Verzicht wurde kaum als solcher erlebt. Alfred F.

empfand weder in seiner Jugend noch später irgendeine Freude an sexueller Betätigung, so daß er seine mangelnde Aktivität nicht als besondere sittliche Leistung erlebte oder sich deswegen anstrengen mußte. Dafür brach die Begierde um so stärker aus, als eine andere Frau es fertig brachte, die »schlafenden Tiere«, wie er es nannte, »zu wecken«. Sie übermannten ihn so, daß er, der durch seine Mutter in eine passiv-feminine Haltung gedrängt war, sie nicht bändigen konnte. Eine solche Konstellation, das heißt ein Überwältigtwerden durch bisher schlummernde Triebkräfte bei passiver innerer Haltung, ist oft in solchen Verhältnissen zu beobachten, bei denen man von einer Hörigkeit spricht. Man ist der Person schutzlos ausgeliefert, die den Schlüssel zu dem »Käfig« hat. Man selbst aber ist nicht in der Lage, die Tür zum Käfig zu betätigen bzw. die »Tiere« in ihm nach eigener Vernunft und eigenem Willen zu lenken.

Die oft vertretene, zum Teil auch der Psychoanalyse unterschobene These, sexuelle Abstinenz oder ein ihr möglichst nahe kommendes Verhalten fördere die geistige Tätigkeit und sei eine Voraussetzung für besonders schöpferische Leistungen, stimmt in dieser Form nicht. Zwar zeigt sich in unserem Falle eine deutliche Beziehung zwischen sexuell inaktiver Phase und Kreativität. Es wird an ihm aber auch deutlich, daß diese Inaktivität nur durch eine bestimmte Konstellation erzwungen war, daß hier die Sexualität nicht sublimiert, sondern verdrängt war. Verdrängte Sexualität kann aber jederzeit bei entsprechender Reizkonstellation zum Durchbruch kommen. Bevor wir auf das Problem der Sublimation eingehen, sei auf zwei Punkte aufmerksam gemacht, die unser Beispiel ebenfalls verdeutlicht. Zunächst handelt es sich um eine Ergänzung zu der in Kapitel I erwähnten Beziehung zwischen Lebensalter und Kreativität. Unser Fall zeigt, mit welchen Ereignissen unter Umständen das Nachlassen der Kreativität im mittleren Lebensalter oder sogar früher zusammenhängen kann. Zweifelsohne gilt das nicht für alle Wissenschaftler, nicht einmal für den größten Teil von ihnen. Es zeigt aber doch, wie ganz andere Kräfte, zum Beispiel auch jene, die in diesen Jahren schon abnehmen, ihre Bedeutung für die schöpferische Leistung im Verlauf eines Lebens haben können.

Darüber hinaus wirft dieser Fall auch ein Licht auf das Problem der lebenslänglichen, kontinuierlichen schöpferischen Leistung.

Neuere Arbeiten weisen auf die Erlernbarkeit und Konditionierung von Kreativität hin. Sie implizieren damit meist die Annahme, daß das einmal Gelernte auch ein ganzes Leben lang erhalten bleibt. Sicherlich läßt sich das für viele in der Kindheit erlernte Verhaltensweisen und Eigenschaften nachweisen. Für ein so unklares und kompliziertes Merkmalsbündel wie das der Kreativität ist der Nachweis aber nicht gelungen. Nicht jeder, der in seiner Kindheit für die Betätigung seiner Phantasie, Flexibilität, Findigkeit, Neugier und schließlich seiner Entdeckerfreude entsprechend prämiiert wurde, rettet diese Merkmale in einem solchen Ausmaß in sein Erwachsenenalter hinüber, daß er dadurch schon für einen kreativen Forscher prädestiniert sein müßte. Selbst wenn das der Fall ist, braucht die einmal gelernte und getätigte Kreativität nicht das ganze Leben zu beherrschen. Sie kann sich durch biologische Altersprozesse, aber auch durch innere und äußere Konflikte in der Lebensentwicklung zurückbilden, wie es am Beispiel von Alfred F. deutlich wurde.

Von ihm hatte keiner seiner Kollegen erwartet, daß er seine Freude an schöpferischen Ideen und Arbeiten verlieren könnte. Der Mann, der die Fachwelt immer wieder durch seine Ideenfülle überraschte, für den nur die Arbeit zählte und der auch Frauen kaum beachtete, wurde zu einem gewöhnlichen Wissenschaftsroutinier. Keiner, der ihn kannte, wußte dafür eine zutreffende Erklärung. Denn einen wesentlichen, wenn auch nicht allein entscheidenden Grund für den »Persönlichkeitswandel« aufgrund des Durchbruchs bisher verdrängter Triebe kann der Außenstehende nicht erkennen. Dieser Fall ist allerdings ein extremes Beispiel. Meistens haben sich bis zu diesem Lebensalter die Verdrängungstendenzen so stabilisiert, daß die Triebimpulse besser in Schranken gehalten werden. Ganz vermieden wird aber auch in anderen, ähnlich gelagerten Fällen der neurotische Konflikt nicht, also die Konstellation, die nach Freud eine entscheidende Quelle für schöpferische, besonders künstlerische Betätigung ist. Hier findet man nicht selten bestimmte funktionelle körperliche Beschwerden, für die kein organischer Befund festgestellt werden kann.

Die moderne Kreativitätsforschung stört sich allerdings weniger als die frühere Psychoanalyse an den Verdrängungen der Sexualität und ihrem Ausdruck in schöpferischen Symptomen, sofern ein bestimmter, individuell verschiedener Grad der Verdrängung nicht überschritten wird. Schwere Grade allerdings werden häufiger als Hindernis für Kreativität interpretiert. Sie bewirken hartnäckige Krankheitssymptome. Deren Folgezustände kosten nicht nur Zeit, sondern binden auch Energien, die der Gestaltung schöpferischer Impulse verlorengehen. Die Wirkung von Krankheiten, auch solche psychosomatischer Natur, auf die Kreativität darf man aber nicht nur vom Standpunkt des Kraft- und Zeitverschleißes interpretieren. Sie können ebenso Schutz bedeuten, Schutz etwa vor einem expansiv-geselligen Leben. Sie schaffen damit Freiräume für Ideen und Inkubation. Zum Vergnügen gehört oft mehr Kraft als zur Arbeit, jedenfalls für viele schöpferische Menschen, für die Theodor Fontane als Beispiel gelten darf. Er konnte die von ihm als erste Grundregel empfundene Maxime des Genusses »Nur keine Anstrengung!« nicht beherzigen. Seine nervöse Gereiztheit und leichte Ermüdbarkeit sind zwar keine Krankheiten im engeren Sinne, beeinträchtigten aber sein Schaffen. Sie ließen ihn mißmutig über Amüsement und Vergnügen urteilen. Thomas Mann interpretiert diese Haltung treffend: ». . . es ist die Äußerung einer geistig beladenen, von der Verpflichtung zur Produktion absorbierten Existenz, die sich zum Vergnügen notwendig übellaunig und widerwillig verhält.«

Krankheiten und deren psychische Äquivalente schützen aber nicht nur vor störenden Vergnügungen und gesellschaftlichen Verpflichtungen. Sie können auch Aufforderung zur Nutzung vernachlässigter kreativer Möglichkeiten sein. Fast alle Beispiele dieses Buches verdeutlichen das. Selbst Depressionen können zum Inkubationsgehäuse werden, wie es im Kapitel VIII noch näher beschrieben wird.

Was die an dieser Stelle zu erörternde Verarbeitung der Sexualität betrifft, so ist der Idealfall nach Freud die viel besprochene Sublimation. Das ist die Fähigkeit, im Laufe des Lebens auf die Befriedigung bestimmter Triebe – in unserem Kontext des Sexualtriebs – zu verzichten und die dadurch gewonnenen Energien für »höhere Ziele« zu verwenden. Für Freud war der gesamte Kulturbesitz letztlich die Folge eines sich in der Menschheit vollziehenden Triebverzichts. Er stellte sich allerdings die Frage, ob dieser nicht zu weit gegangen sei. Er habe nicht zur individuell freiwilligen Sublimierung, sondern einer gesellschaftlich erzwungenen Verdrängung geführt. Für Freud war die Moral des 19. Jahrhunderts, die bürgerliche Moral des Viktorianischen Zeitalters, mehr Ausdruck einer mißglückten Verdrängung als einer geglückten Sublimierung. Die aus der Verdrängung entstandenen Symptome konnte er seinerzeit zur Genüge feststellen. So war es gerade das durch seine weite Verbreitung gesellschaftlich akzeptierte Syndrom, nämlich das hysterische, welches ihn zur Entdeckung seiner Methode und Theorie führte. Für den Gegenpol, die Sublimierung, konnte er nur wenige Beispiele anführen. Häufig erwähnte er die mittelalterlichen Zölibatäre. Deren Triebverzicht hielt er für eine wesentliche Grundlage der kulturellen Leistungen der damaligen Mönchsorden. Hinter derartigen Behauptungen steckt aber mehr eine Vermutung als eine tatsächliche Untersuchung des Phänomens. Schließlich war Freud ja auch der Überzeugung, daß die Sublimierungsfähigkeit in ihrem Aufbau eine unbekannte Größe sei. Bei ihr handele es sich wahrscheinlich um eine angeborene, konstitutionelle Variante der menschlichen Persönlichkeit. Der eine habe sie, der andere nicht.

Unabhängig von der Frage, ob die Sublimierungsfähigkeit angeboren ist oder nicht, lassen sich zwei Faktoren sichtbar machen, die wesensmäßig zu ihr gehören und eher von der Entwicklung als von der Vererbung abhängen. Sie sind auch für die Kreativität wichtig. Zunächst bedeutet Sublimation Verzicht auf Triebbefriedigung zugunsten eines Kulturgutes. Damit wollte Freud andeuten, daß Triebverzicht nur dann einen Wert darstelle, wenn er zugunsten von etwas »Höherem« geleistet wird. Wo sexuelle Betätigung aus Gründen der Bequemlichkeit, mangelndem Interesse oder ähnlichen Motiven unterlassen wird, handelt es sich nicht um Sublimierung im psychoanalytischen Sinne.

So beschrieb sich etwa ein 38jähriger Patient nach 6jähriger Ehe als einen Mann, der zwar Spaß am Intimverkehr mit seiner Frau habe, aber auch verzichten könne, besonders dann, wenn diese offenbar nicht wolle. Nach einigen Wochen der Behandlung stellte sich heraus, daß dieses Nicht-Wollen der Frau, so zum Beispiel während der Menstruation, keineswegs immer so eindeutig war, sondern daß er es war, der im allgemeinen nicht wollte. Für seine Ablehnung gab er zunächst »höhere Güter« an, wie etwa die abendliche Arbeit für seine Dienststelle. Erst nach langer Zeit gestand er ein, daß diese außerplanmäßigen Tätigkeiten höchst selten seien. Dafür sitze er regelmäßig vor dem Fernsehschirm, was ihm mehr Befriedigung verschaffe, als mit seiner Frau zu schlafen. Sie sei sowieso nicht mit ihm zufrieden. Meist beklage sie sich, daß er das intime Zusammensein zu schnell und zu routiniert erledige. Um diesem Vorwurf aus dem Weg zu gehen, ziehe er sich lieber zum Fernsehen zurück. Bezeichnend war, daß er zwar ganz gern mit einer anderen, ihm bekannten Frau sexuellen Verkehr aufgenommen hätte. Aber auch hier »verzichtete« er, weil ihm eine solche Beziehung mit zu vielen Unbequemlichkeiten verbunden gewesen wäre: Ausreden seiner Frau gegenüber, Angst vor dem Beobachtetwerden durch Dritte, das ungewohnte Schlafzimmer, ein fremdes Bett usw.

In einem solchen Fall kann man von einem Verzicht auf sexuelle Betätigung zugunsten der Sublimierung nicht sprechen. Das gilt prinzipiell auch bei Wissenschaftlern. Man muß sich immer fragen, ob auf ein wesentliches Moment partnerhafter Liebe verzichtet wird zugunsten eines wirklich höheren Gutes oder nur zur Befriedigung anderer, gleich »niedriger« Motive. Wer etwa aus Eitelkeit, Bequemlichkeit, Angst vor dem Ertapptwerden, Geltungsdrang oder ähnlichen Beweggründen sexuelle Betätigung unterläßt, sublimiert nicht im Sinne der Freudschen These.

Damit ist schon der zweite Punkt angeschnitten, der für die Frage der Sublimierung wichtig ist: Es muß der Verzicht auf die Betätigung des voll entwickelten Sexualtriebes sein. Es würde hier zu weit führen, die psychoanalytische Theorie von der Entwicklung des Sexualtriebes in aller Ausführlichkeit darzustellen. Für unsere Zwecke genügt es zu wissen, daß nach Freud der Sexualtrieb nicht einfach ein Produkt der in der Pubertät einsetzenden Hormonproduktion ist, sondern auch und neben den körperlichen Bedingungen das Ergebnis einer Anzahl von Entwicklungsschritten ist. Sie beginnen schon im Säuglingsalter, also in einer Zeit, in der man von Sexualität im üblichen Sinn nicht sprechen kann. Für die sexuelle Entwicklung ist diese Stufe aber insofern wichtig, als hier eine innere Einstellung erworben wird, die der amerikanische Psychoanalytiker Erik H. Erikson »Urvertrauen« nennt. Verkürzt kann man es als das spontane, ungetrübte Glauben- und Vertrauenkönnen in den anderen und eine sinnerfüllte Welt kennzeichnen. Ist dieses Urvertrauen durch eine bestimmte äußere Konstellation gestört, kann sich ein Urmißtrauen in der Tiefe einer Lebensentwicklung ausbreiten. Diese Menschen werden auch in fortgeschrittenen Jahren nie ganz, nie richtig und nur selten spontan dem anderen und der Welt vertrauen. Sie müssen sich ständig der Zuneigung, Liebe, Anerkennung und Bestätigung durch die anderen vergewissern, weil sie »unkontrolliert« nicht glauben können. Sie brauchen Beweise, wo andere Evidenzerlebnisse haben. Es leuchtet ein, daß so konträre Einstellungen sich auch auf die Entwicklung des Sexualtriebes auswirken. Der eine erlebt spontan, unreflektiert, daß er im Intimverkehr den Partner glücklich machen und selbst glücklich gemacht werden kann, während der andere nicht glaubt, daß er mit seiner Sexualität den Partner befriedigt, trotz größter Anstrengungen und eindeutiger »Rückantworten«.

Jede Entwicklungsphase hat ihre spezifische Bedeutung für die Erarbeitung einer Aufgabe, die man besser oder schlechter erledigen kann, je nach der Bewältigung früherer Entwicklungsschritte und den vielfältigen Einflüssen der Umwelt. Ein gewisser Endpunkt dieses Prozesses ist die Zeit, die von der Psychoanalyse die »genitale Entwicklungsstufe« genannt wird. Sie fällt mit der hormonellen Sexualreife in der Pubertät zusammen. Genital soll ausdrücken, daß die Sexualität sich jetzt in dem Drang nach geschlechtlicher Vereinigung äußert, aber nicht, daß der in dieser Zeit oder später ausgeführte Sexualverkehr schon ein Zeichen der entsprechenden seelischen Reife darstellt. Man kann genital verkehren, ohne seelisch reif zu sein, und man kann seelisch reif sein, ohne genital zu verkehren – beispielsweise aus den oben dargestellten Gründen eines echten Verzichts. Damit ist schon ein Grundsatz psychoanalytischer Entwicklungspsychologie angedeutet: »Idealerweise« entwickeln sich Trieb und Persönlichkeit, Sexualität und Ich korrespondierend. Die Triebreifung sollte mit Reifungsschritten des Ich synchron einhergehen. Nicht selten wird dieser Prozeß durch innere oder äußere Einflüsse gestört.

Für das Thema unseres Kapitels, nämlich die Beziehung zwischen Sexualität und Kreativität, wollen wir einen Abschnitt aus der Spätpubertät herausgreifen. Es handelt sich um den in dieser Zeit fälligen Entwicklungsschritt zur Intimität.

2. Intimitätssperre und Gemeinschaftsunfähigkeit

Unter Intimität ist nicht einfach der Austausch sexueller Aktivitäten gemeint. Solche Praktiken können auch ohne seelische Intimität vollzogen werden. Heutzutage dürften sogar »Intimitäten ohne Intimität« recht häufig sein. Die Darbietungen in Zeitschriften und Filmen haben die sexuelle Beziehung zum anderen Geschlecht so veräußerlicht, daß der Intimverkehr viel früher als einst, aber – und das ist das Entscheidende – ohne die hier verstandene Intimität aufgenommen wird. Er kann leicht und mit vielen Partnern vollzogen werden. Man kennt den anderen anatomisch und funktionell genauso wie ein Mechaniker einen Motor, verfügt aber nicht über die Intimität, die dem sexuellen Geschehen den emotionalen und personbezogenen Akzent gibt.

Erst wenn man den hier skizzierten Sinn von Intimität versteht, wird klar, warum ein Mißglücken dieses Entwicklungsschrittes zur Isolation, zur Unfähigkeit für innere Gemeinschaft führt. Manche Laien nehmen daher an, daß gegengeschlechtliche Vertraulichkeit zur Abkehr von Gemeinschaft führte. Das trifft nur für die promiskuös konsumierende Intimität zu, die mit einer wachsenden Gemeinschaftsfeindlichkeit verbunden ist. Insofern ist es eine nie zum Ziel führende Sisyphosarbeit, wenn man glaubt, die Aufhebung der Intimschranken mache die Menschen gemeinschaftsfähiger und dadurch humaner.

Intimität zwischen Mann und Frau erfordert Vertrauen, Innerlichkeit und das Gefühl der eigenen Identität. Wo das aus hier nicht zu erörternden Gründen nicht gelingt, wird Gemeinschaft abgelehnt. Das braucht von außen nicht sichtbar zu sein, selbst wenn man sich für sie »wie besessen« einzusetzen scheint. Die Auswirkungen einer mißglückten Intimbeziehung auf die Kreativität begegneten mir vorwiegend in folgender Weise.

Zunächst einmal kann die als Folge einer mißglückten Intimitätsaufnahme bedingte Isolation durchaus mit schöpferischer Wissenschaft verbunden sein. In manchen von mir beobachteten Fällen führte gerade die Vermeidung der Intimität und damit des anderen Geschlechts zu einer Absonderung von den anderen. Sie schaffte somit den Boden für ein Merkmal, das in zahlreichen empirischen Kreativitätsuntersuchungen als charakteristisch für schöpferische Menschen herausgestellt wird: den Nonkonformismus, die Distanzierung von bisher üblichen Lösungen. Sicherlich müssen diese Merkmale nicht mit den Konflikten dieser Entwicklungsstufe zusammenhängen. Sie können auch auf andere, früher liegende Reifungsschritte zurückgehen.

Wenn in dieser Phase der Intimität ausgewichen wird, sind vorangegangene Aufgaben der Entwicklung nicht glücklich gelöst worden. Die Scheu vor Intimität mit dem anderen Geschlecht ist dann die erste Auffälligkeit des persönlichen Lebensstils, die bei schöpferischen Menschen durch einen bemerkenswerten Hang zu unkonventionellen Lösungen kompensiert werden kann. Es sind dann jene »Genies«, die nach unauffällig verlaufender, ab und zu durch Trägheit und Bequemlichkeit gekennzeichneter Kindheit und Schulzeit gleichsam von heute auf morgen durch schöpferische Einfälle auf sich aufmerksam machen. Es besteht allerdings die Gefahr, daß früher oder später die Kehrseite dieser Art von Kreativitätsmotivation sichtbar wird. Damit seien nicht nur die häufig zu beobachtenden Phänomene wie Ehelosigkeit oder das wiederholte Scheitern von mehreren Ehen gemeint, auch nicht die in Kollegenkreisen auffallende Tendenz zum Sonderling, sondern primär der mehr oder weniger plötzliche Umschlag der Kreativität in eine Verschrobenheit des Denkens, die jede Kommunikation in der Wissenschaft ausschließt. So ratlos die wissenschaftliche Welt vor diesem Phänomen steht, weil sie nicht begreifen kann, daß ein Schrittmacher für neue Lösungen auf einmal nicht die einfachsten Gesetze des wissenschaftlichen Miteinanders einzuhalten bereit ist, so folgerichtig ist ein solcher Wandel von innen her gesehen. Wo sich nämlich Nonkonformismus auf einem Ausweichen vor Intimität aufbaut, ist nicht der viel zitierte elfenbeinerne Turm, sondern eine Gemeinschaftsfeindlichkeit vorhanden, die trotz gelegentlicher Sonderleistungen auf die Dauer zu einer unfruchtbaren Isolation führt. Das starre Festhalten an falchen Lösungen bei »großen Geistern« ist die bekannteste Seite dieses Phänomens.

Bei einer weiteren Spielart der Intimitätsentwicklung äußert sich die damit verbundene Isolation nicht erst nach einer Phase besonderer Schöpferkraft, sondern geht gleichzeitig mit ihr einher. Man kann sich zum Beispiel so verschroben, unklar und dunkel ausdrücken, daß die vom Unbewußten her gewünschte Distanz zu den anderen gewahrt bleibt. Das ist besonders bei jenen Wissenschaftlern auffällig, die sich mit ihren Erkenntnissen vorwiegend an breite Schichten wenden. Der Bruch zwischen Anspruch und Realität ist allerdings nur für den »Empfänger« deutlich. Der »Absender« merkt meist die Diskrepanz nicht, weil er für die Demonstration seines Produktes den Abstand benötigt.

Solche Phänomene werden bei manchen Studentengruppen fast als Normalerscheinung hingenommen. Sie kommen aber auch bei Arrivierten vor. Nur fallen sie in der Öffentlichkeit weniger auf. Als Beispiel sei ein Physiker erwähnt, der eine wichtige Entdeckung etwas früher als ein amerikanischer Kollege machte. Die Tat war insofern höher zu bewerten, als sie mit einem geringeren Personalaufwand und unter wesentlich ungünstigeren Bedingungen zustandekam. Statt dieses Werk in einer der führenden Fachzeitschriften der Welt auf Englisch zu veröffentlichen, brachte er es in einer wenig gelesenen Landeszeitschrift unter. Die Folge war ein zu spätes Bemerken seiner Entdeckung. Das verbitterte ihn und führte zu einer verstärkten Abkapselung von den anderen, die mit einem Nachlassen seiner Schaffenskraft einherging. Einsam, mit einem zerstrittenen Familienleben belastet, quälte er sich so durch die Jahre.

Die Isolation hat aber nicht nur Konsequenzen für das persönliche Leben. Sie kann auch entscheidend in das Leben der Gesellschaft eingreifen. Heute wird man sich stärker als früher dieser Tatsache bewußt. Man nimmt mehr als vormals an der Kluft zwischen wissenschaftlicher Erkenntnis und dem Zustand der Gesellschaft Anstoß. Für dieses Auseinanderklaffen werden vorwiegend politische und wirtschaftliche Gründe verantwortlich gemacht. So wird etwa behauptet, daß der Kapitalismus an der fatalen Entwicklung der Wissenschaft schuld sei. Er unterstütze vorwiegend Projekte, die seinem Profit nutzten.

Inwieweit solche und ähnliche Vermutungen zutreffen, kann nicht der Psychopathologe allein entscheiden. Von psychologischer Seite aus wird man sich aber fragen, ob nicht die Merkmale, die den kreativen Wissenschaftler auszeichnen, gelegentlich dieselben sind, die ihn gleichgültig gegenüber den Folgen seiner Forschung machen. Die

Karikatur vom vertrottelten Professor, der kein Organ für das Nahe und Nächste hat, deutet in diese Richtung. Auch der weniger weltabgewandte Gelehrte der Nachkriegsjahre wurde von den Jüngeren als »Fachidiot« bezeichnet. Entkleidet man Karikatur und Kritik ihrer ideologischen Polemik, so bleibt für den Psychopathologen die Frage nach dem Kern Wahrheit in ihnen. Besteht er vielleicht darin, daß der schöpferische Wissenschaftler innerlich isoliert ist und deswegen kein Organ für die Konsequenzen seiner Entdeckung hat? In solchen Fällen wäre die interessenfreie Wissenschaft eine unauffällige Art der Rücksichtslosigkeit.

Aber mangelnde Verantwortung für die Gemeinschaft ist kein Privileg von Wissenschaftlern. Sie findet sich in allen Bereichen öffentlichen und privaten Lebens. Auch hier sei auf das Beispiel Hitler verwiesen. Selbst wenn man nicht alle Einzelheiten seiner sexuellen Aktivitäten kennt, so steht doch aufgrund umfangreichen biographischen Materials fest, daß er den Schritt in die Intimität nie ganz vollzogen hat. Das Verhältnis zu seiner Nichte, Geli Raubal, die später Selbstmord beging, kann sexuell noch so aktiv gewesen sein: Es hat Hitler nicht zu der Persönlichkeit gemacht, die sich ihrer geschlechtlichen Identität sicher und damit in der Lage war, mit einem Partner des anderen Geschlechts wirklich intim zu werden. Er blieb immer auf Distanz, hielt sich alle vom Leib, auch wenn er noch soviel und anscheinend Persönlichstes aus seiner Kindheit und Kampfzeit erzählte – oder erlog. Keiner kam ihm wirklich nahe, so wenig wie er anderen nahe kam. Freunde oder Vertraute hatte er nicht, weil er sich selbst nicht traute.

Sicher ist das kein Einzelschicksal. Persönlichkeiten wie Hitler gab und gibt es viele – so viele, wie es verantwortungslose Menschen gibt. Möglicherweise ist die Zahl heute im Steigen begriffen, nicht zuletzt aufgrund der wachsenden Unfähigkeit zur Intimität. Eine mobile und damit bindungslose Gesellschaft, in welcher Orte, Wohnungen, Berufe, Freunde, Ehepartner und Konfessionen gewechselt werden wie schnell verschlissene Wäsche, bietet nicht den Raum, in dem Intimität wachsen und gedeihen kann.

Zu den Gründen, die vor einer gemütsgetragenen Intimität mit dem anderen Geschlecht zurückweichen lassen, gehört auch die mangelnde Sicherheit hinsichtlich der eigenen Geschlechtsrolle. Man weiß nicht, wer man sexuell ist. Worauf deuten die Phantasien hin? Wie stark soll man den Trieben nachgeben? Wie sind die eigenen Aktivitäten im Verhältnis zu den Gleichaltrigen? Muß man alles von den anderen wissen? Sind sie Maßstab für das eigene Verlangen? Zahlreich sind die Fragen, die in diesem Lebensabschnitt von jungen Menschen gelöst werden müssen. Eine der Lösungsmöglichkeiten ist die Homosexualität. Auf eine ihrer Implikationen mit einem oft verkannten Aspekt der Kreativität sei am folgenden Fall hingewiesen.

3. Idealisierung und Homosexualität

Der 42jährige Richter Gernold H. kommt zur Behandlung wegen funktioneller Kopf- und Kreuzschmerzen. Wenn er nicht um seine Arbeitsfähigkeit fürchten müßte, wäre er nie zu einem Psychiater gekommen. Denn geisteskrank sei er nicht, wie er des öfteren betont.

Woher aber die Angst vor einer Psychotherapie? Nur aufgrund des allgemeinen Geredes, das jeden Psychotherapierten zum Geistesgestörten stempelt? Die Antwort auf diese Frage ergab sich nach einigen Sitzungen. Zunächst vorsichtig, dann ziemlich freimütig berichtete Gernold H. über gewisse Beobachtungen im Amt, in dem er tätig war. Er konnte nie nach Dienstschluß allein im Büro bleiben. Wenn er länger bleiben wollte, saß auch immer ein anderer Mitarbeiter in seinem Zimmer. Es kam ihm oft so vor, als wenn der andere ihn beobachte, zumindest etwas von ihm wollte. Gernold H. hielt diesen Eindruck zunächst für unsinnig. Im Lauf der letzten Jahre erhielt er aber so viele Beweise für seine Annahme einer besonderen Beziehung des anderen zu ihm, daß er daran nicht mehr vorbeigehen konnte. Genauer ausgedrückt: *Jetzt* könne er daran vorbeigehen. Es störe ihn nicht mehr, daß es so war. Er brauche sich jedenfalls keine Vorwürfe zu machen. Daher seine Unbekümmertheit.

Im Amt war er als gerechter und genauer Richter bekannt. Deswegen sei er auch nie befördert worden. Die anderen, die viel ungenauer arbeiten, bekamen die großen Posten. Gernold H. konnte sich stundenlang über die laxe Arbeitsmoral in seinem Amt ausbreiten. Als Beispiel erzählte er von einem Wettbewerb unter Kollegen. Dieser bestand darin, daß am Wochenende die Anzahl der geschlossenen Vergleiche mit der Anzahl der gefällten Urteile in Beziehung gesetzt wurde. Gewonnen hatte der mit der höchsten Anzahl von Vergleichen. Bei einem Vergleich braucht der Richter keine Urteilsbegründung zu schreiben. Diese aber nimmt die meiste Zeit in Anspruch und macht das Urteilen so schwer. Er hat bei diesem Wettbewerb nie gewonnen, sondern immer haushoch verloren. Ihm machte das aber nicht viel aus. Er war geradezu stolz auf seine langen und genauen Urteilsbegründungen. Erst im letzten Jahr waren seine Urteile von den Revisionsinstanzen umgestoßen worden. Vorher waren seine Urteile fast immer bestätigt worden. Daß er jetzt nicht mehr so erfolgreich wie früher war, führte er auf eine Intrige im Amt zurück. Man gönne ihm seine hohe Urteilsquote nicht. Außerdem sei man neidisch, daß er als Unverheirateter auch am Wochenende arbeiten könne, während die verheirateten Kollegen sich mit ihren Familien herumschlagen müßten. Sie kämen am Montagmorgen völlig verbittert und abgekämpft zum Dienst. Das sei aber ihre Dummheit, daß sie geheiratet hätten. Vielleicht sei es auch eine Strafe für ihre Überheblichkeit, die sie ihm als dem Ledigen, dem Versager gegenüber gern an den Tag legten.

Dieser Abschnitt der Lebensgeschichte von Gernold H. zeigt folgende für unser Thema wichtige Einzelheiten: Die Arbeitsleistung dieses Richters lag, was ihre Quantität betraf, über dem Durchschnitt. Die Qualität dagegen war durchschnittlich, ja im letzten Jahr sogar darunter. Die hohe Quote revisionsbedürftiger Urteile war dabei nur ein grober Hinweis. Entscheidender waren die Gründe für dieses Phänomen. Sie lagen in der wachsenden Unfähigkeit von Gernold H., das Einmalige des Falles unter das allgemeine Prinzip der Paragraphen zu subsumieren. Er holte bei der Urteilsbegründung immer weiter aus, verzettelte sich in unwichtigen Details und zog nicht ganz korrekte Schlüsse. Sein Arbeitseifer konnte diese Mängel nur schwer kompensieren. Von der Qualität der Arbeit her gesehen war somit seine ausgebliebene Beförderung berechtigt. Wie stand es aber mit seiner schöpferischen Fähigkeit im mitmenschlichen Bereich? Das Beobachtetwerden, besonders durch den einen Mitarbeiter, erwies sich im Lauf der Behandlung als wahnhafte Idee. Aber nicht die Bezeichnung ist das, was uns hier interessiert, sondern Auswirkung und Grund dieser Vorstellung.

Die Auswirkung bestand vorwiegend in seiner wachsenden Isolation. War er schon zu Beginn seiner Amtszeit als »etwas sonderbar« eingestuft worden, wurde er zunehmend zum Sonderling. Gedrechselte Sprache, auffallende Kleidung, Hang zum manierierten Verhalten, unterstrichen die Distanz zu den anderen. Daß er nicht verheiratet war, nahmen diese ihm nicht übel, wie er annahm. Im Gegenteil: Man sagte, wie er später schilderte: »Ein Glück, daß der keine Frau gefunden hat.«

Die anderen wußten allerdings nicht, daß er gar keine Frau gesucht hatte. Er wollte keine, er lehnte sie ab. Dem gleichen Geschlecht gehörten seine Neigungen, denen er allerdings schon seit Jahren, eigentlich schon seit dem Ende seines Studiums, nicht mehr nachgab. Im Grunde genommen hatte er nur eine einzige heftige und tiefgehende Bindung zu einem gleichaltrigen Partner gehabt. Diese ging aber auseinander, weil der Freund nebenher eine Freundin hatte. Gernold H. litt stark unter dieser Untreue. Er konnte das nicht überwinden und schnitt die Beziehung zu dem Freund ganz ab. Nachher hatte er es gelegentlich mit Frauen versucht, aber diese Versuche nach ersten flüchtigen Begegnungen nicht weiter ausgebaut. Frauen erschienen ihm trotz ihrer äußeren Zartheit als roh und ungehobelt. Sie forderten ständig etwas und waren ihm zu launisch. Jedenfalls kannte er keine Untugend, die er nicht in besonderer Weise in Frauen verkörpert fand. Männer hatten ihn dagegen schon immer fasziniert. Sie erschienen ihm zuverlässig, stabil. Seine intime Freundschaft ging er relativ spät ein – mit 22 Jahren. Damals studierte er noch Philosophie und Kunstgeschichte. In dieser Zeit – und das ist der Punkt, auf den hier hingewiesen werden soll – lag die bisher schöpferischste Phase seines Lebens. Sie äußerte sich jedoch nicht im intellektuellen Bereich, nicht in seinem Studium. Sie offenbarte sich vielmehr in einem Engagement, das er während, aber nicht wegen seiner Philosophiestudien eingegangen war.

Er arbeitete damals in einer seinerzeit noch illegalen kommunistischen Studentengruppe. In einer Zeit, in der die meisten Studenten in traditioneller Weise ihren Studien nachgingen, beschäftigte er sich mit Reformplänen für die Gesellschaft. Deren Inhalt ist für unsere Fragestellung nicht besonders relevant. Er unterscheidet sich nicht wesentlich von den zahlreichen Variationen heute bekannter sozialistischer Utopien. Man las und diskutierte, diskutierte und las. Fast jeden Abend war er mit einem der wenigen Mitglieder seiner Organisation zusammen. Nur hier fühlte er sich geborgen. »Wenn die Bude eines Genossen voll von Zigarettenqualm war« – so schildert er rückblickend –, »die Bierflaschen auf dem Tisch standen und wir bis tief in die Nacht hinein diskutierten, dann spürte ich etwas von der Geborgenheit, wie ich sie sonst nirgendwo fand. Hier konnte sich jeder auf den anderen verlassen. Jeder wußte, wie der andere reagierte. Vor allen Dingen waren wir alle ohne Ausnahme von der unerschütterlichen Überzeugung erfüllt, daß wir die Zukunft in Händen hatten. Wir spürten dieselbe Verachtung für die bürgerlichen Spießer, hatten denselben Haß gegen die kapitalistischen Ausbeuter und liebten mit gleicher Stärke die Sowjetunion als ›Paradies der Arbeiterklasse‹. Ich hatte damals eine Kraft in mir, wie ich sie später nie mehr besaß.«

Neben dem intensiv betriebenen Studium bemühte sich Gernold H. um den Kontakt mit Arbeitern. Weil er in den Betrieben nicht ankommen konnte, ging er in die Familien der ihm bekannten Funktionäre. Hier leistete er nicht nur politische Aufklärungsarbeit. Den Kindern half er bei den Schularbeiten, der Mutter in Küche und Haushalt, dem Vater bei handwerklichen Tätigkeiten. Er war bei den Genossen wegen seiner Hilfsbereitschaft und seines ständig freundlichen Wesens fast noch beliebter als wegen seines Einsatzes für ihre Idee.

Für ihn selbst aber war die Idee das Ein und Alles: Entlarvung der Kapitalisten als Ausbeuter und Blutsauger, Demaskierung der Professoren als Handlanger der Industrie – das waren Ziele, für die es sich zu leben lohnte. Er merkte damals noch nicht, was er erst jetzt in der Behandlung allmählich begriff. Der Drang zum Entlarven und Aufdecken kam aus derselben Quelle, die den Verdacht gegenüber seinen Mitarbeitern speiste. Hier witterte er Machenschaften und Manipulation. Jetzt verdarben sie ihm nur seine persönliche Karriere, vormals aber das Glück der Gesellschaft. So sehr er auch diese »Entdeckung« als Fortschritt seiner Selbsterkenntnis wertete, so erschrocken war er doch über den Niveauverlust. Damals ging es um das Ganze, das Wohl der Vielen, heute nur um seine private Karriere. »Schamrot« könnte er werden, wenn er daran dachte, wozu er seinerzeit fähig war und was er heute zustande brächte. Sicher arbeitete er auf dem Gericht mehr als die anderen. Er kannte auch kaum ein freies Wochenende. Was aber war dabei herausgekommen? Bestenfalls der Mut zum Urteil und dessen sorgfältige Begründung. Im Grunde genommen aber war es nicht mehr als juristische Routine.

Diese unerfreuliche Bilanz zog er während der Therapie. Auch sein bisheriges Leben sah er in anderem Licht. Er spürte vor allen Dingen die Verstiegenheit seines früheren Idealismus. Sicher hätte er während seines Philosophiestudiums auch einigen Arbeiterfamilien praktische Hilfe geleistet. Deren Nutzeffekt erschien ihm jedoch relativ bescheiden im Verhältnis zu den hochfliegenden Idealen, von denen er gepackt war. Alles was er damals an Kraft spürte, verpuffte letztlich in einem Gemenge von Lektüre, Diskussionen und Phantasien. Aus dieser irrealen Welt befreite ihn erst seine große Liebe zu einem gleichaltrigen Studenten. Je intimer die Beziehung wurde, desto mehr löste sich sein Idealismus auf. Der andere, der wesentlich nüchterner war und die Liebe zu ihm nicht so ernst nahm, überredete ihn, sein brotloses Philosophiestudium aufzugeben. Auf diesen Anstoß hin begann er mit dem Rechtsstudium. Er tat das, weil er glaubte, ohne diesen Freund nicht mehr leben zu können. Die sachliche Atmosphäre der Juristerei stieß ihn anfangs ab, war jedoch durch die Liebe zu dem Freund gemildert. Um so bitterer war für ihn die Enttäuschung, als er entdeckte, daß sein Freund ihn mit einem Mädchen betrog. Er versuchte zunächst, dieses Verhältnis zu akzeptieren, aber es gelang ihm nicht. So kam es zu dem schon erwähnten Abbruch der Beziehung.

Dieser kurze Ausschnitt aus einer mehrjährigen Therapie soll vor allen Dingen den Zusammenhang zwischen Homosexualität und Idealismus demonstrieren. Der Ausdruck Idealismus trifft eigentlich nicht ganz zu. Genauer müßte es heißen: Tendenz zur Idealisierung. Der »echte Idealismus« widerspricht nicht einer Betrachtung der Dinge, wie sie wirklich sind. Im Gegenteil: Idealist kann man nur bei genauer Kenntnis der Realität sein. Wer weiß, daß die Welt sich nicht in 1 oder 2 Jahren verändern läßt, wer erkennt, daß die Kapitalseigner nicht nur Ausbeuter und die Arbeiter nicht nur Ausgebeutete sind, kann Wirklichkeit verändern. Jedenfalls besser als der, der »idealisiert«, wie etwa Gernold H., der in der Sowjetunion das Paradies der Arbeiterklasse erblickte. Der schielende Blick, der die Konturen der Wirklichkeit im Sinne seiner Wünsche verzerrt, ist keine Hilfe bei der Erprobung des Werkzeugs zur Verbesserung der Welt. Er trifft nicht das richtige Maß.

Auch hier kann Hitler als Beispiel dienen. Seine »Ideale« kannten kein Maß, keine Begrenzung. Wo keine Feinde waren, wurden sie geschaffen. Der idealisierende Mensch braucht Widerstand. Nicht Widerstand, der ihn zum Besseren führt, sondern den, an dem er sich reibt und schließlich zerbricht. Das alles hat schon etwas mit Homosexualität zu tun, jedenfalls der latenten. Weil man unbewußt überwältigt, vergewaltigt werden will, sucht man ständig nach dem Vergewaltiger. Man reizt, ärgert und provoziert die anderen in der ständigen Hoffnung, von ihnen besiegt zu werden. Diese Hoffnung hat sich bei Hitler erst spät erfüllt. Er mußte die anderen mit immer neuen und skrupelloseren Ausfällen provozieren, bis sie endlich nach langer Zeit, allzu langer Zeit zurückschlugen. Nicht eher finden solche Menschen Ruhe. Sie können ihre Siege nicht genießen. Nur die Niederlage, oft eine selbst geschaffene Ausweglosigkeit, die in den Tod treibt, bringt die unbewußt ersehnte Begrenzung. Latente Homosexualität läßt sich aber nur schwer erkennen. Keine Ersatzhandlung, kein Abwehrmechanismus ist so eindeutig, daß man deren Ursprung sicher erfassen könnte. Das um so mehr, als bei keinem Menschen, insbesondere aber dem schöpferischen, Züge latenter Homosexualität verschwinden. Das hängt mit dem Gesetz der sexuellen Entwicklung zusammen. Sie macht normalerweise eine Phase der Anziehung an das gleiche Geschlecht durch. Nur wenn diese zu weit geht und sich auf dem Weg zum anderen Geschlecht nichts rührt, kann gelegentlich die latente Homosexualität gefährlich werden – so etwa wie bei dem »unbelehrbaren« Idealisten Hitler. Er idealisierte seine Rasse, seine Nation, seine Herkunft, ja letztlich sich selbst in einer Weise, die auch für den Gutgläubigen schließlich als pathologisch erkennbar werden mußte. Die Wirklichkeit war ihm gleichgültig. Er schämte sich nicht einmal dieser Realitätsferne. Im Krieg ließ er die Vorhänge vor den Fenstern seines Sonderzugs herunterziehen, um die zerstörten Städte nicht sehen zu müssen. Nicht einmal das konnte er ertragen, um wieviel weniger den Anblick von geopferten Menschenleben. Er durfte sich durch unübersehbare Tatsachen das Bild von der Welt, sein Weltbild nicht zerstören lassen. Auch was er von sich hielt, wurde durch dieselben Kräfte retouchiert. In diesem

Licht waren es nur er und einige ganz wenige, die gut waren. Alle anderen waren schlecht und gemein.

Sicher hängt das alles nicht nur mit Hitlers latenter Homosexualität zusammen. Aber auch sie ist ein Steinchen in dem Mosaik der Struktur des Mannes, dessen Persönlichkeit durch die Forschung der letzten Jahre immer festere Umrisse angenommen hat. Seine ausklingenden Pubertätsjahre waren geprägt durch die Atmosphäre in Männerkreisen. In den späten Wiener Jahren und während des Ersten Weltkriegs lebte Hitler praktisch nur unter »Kameraden«. Während diese ihren kleinen und alltäglichen Sorgen nachhingen und allmählich des Kriegs überdrüssig wurden, saß er brütend neben den anderen und malte sich die »ideale Zukunft« aus. Er war in seinem Kreis von Soldaten niederen Dienstgrades der einzige, der sich mit weltpolitischen Fragen und der Zukunft des Volkes beschäftigte. Hier war er zu Hause. Ideale waren seine Rettung, nämlich die Rettung vor einem zu nahen Kontakt mit den anderen, den Männern. Was sich in einer Männergesellschaft nicht sexuell äußert, nicht äußern kann und darf, formt sich zu einem idealen Bild – im Fall Hitler von sich und dem eigenen Volk.

Das ist auch ein Stück des weit verzweigten, hier im einzelnen nicht voll nachzuzeichnenden Zusammenhanges zwischen Idealisierung und Homosexualität. Das eigene Ich, der eigene Leib ist einem noch immer vertrauter und daher lieber als der Leib des anderen Geschlechts. Dieser ist zu fremd und wird deswegen als feindlich erlebt. Je mehr man die Nähe zum eigenen Geschlecht verdrängen muß, desto mehr muß man alles idealisieren, was mit der eigenen Person zusammenhängt: Aussehen, Herkunft, Rasse, Klasse und Nation.

Die Idealisierung ist aber nicht die einzige Konsequenz einer in der Pubertät stehengebliebenen Sexualentwicklung. Es gibt noch eine ihr nahestehende Abwehr. Das ist die der Ideologie.

V. Kreativität und Ideologie

1. Ideologische Haltung

Der Ausdruck Ideologie wird im allgemeinen zur Kennzeichnung einer spezifischen Ausprägung von sittlichen, religiösen oder politischen Glaubenssystemen benutzt. Man spricht etwa von der Ideologie des Kommunismus, des Liberalismus oder des Christentums. Für diesen hauptsächlich inhaltlich verstandenen Begriff von Ideologie interessiert sich der Psychoanalytiker weniger als für die Haltung, mit der ein bestimmtes Glaubens- oder Moralsystem gelebt wird. Eine dieser möglichen Haltungen wird als ideologische charakterisiert. Sie liegt dann vor, wenn der Inhalt der Ideologie nur ein »Vorwand« ist, um unbewußte, für das Ich unakzeptable Triebregungen vom Bewußtsein fernzuhalten. Dieses »falsche Bewußtsein«, das Auseinanderklaffen zwischen geglaubter und gelebter Überzeugung, ist das Bindeglied zwischen dem soziologischen und psychoanalytischen Ideologiebegriff. So wie es der soziologischen Ideologiekritik um die Aufdeckung der »wahren«, hinter einer Ideologie versteckten Interessen geht, versucht der Psychoanalytiker, die politischen, religiösen, ethischen, aber auch wissenschaftlichen Überzeugungen auf ihre persönliche »Stimmigkeit«, das heißt den Grad ihrer Ideologisierung zu untersuchen.

Als Beispiel sei hier der Vegetarier genannt. Die Ablehnung fleischlicher Ernährung braucht nicht ideologisch begründet zu sein. Jemand kann zum Beispiel Vegetarier sein, weil ihm kein Fleisch schmeckt. Solche »Geschmacksvegetarier« werden aber gelegentlich – zum Beispiel bei offiziellen Essen – gewisse Ausnahmen von ihrer Überzeugung machen. Vor allen Dingen werden sie weder »falsche Argumente« für ihren Vegetarismus anführen noch sich missionarisch für ihn einsetzen. Ein »falsches Argument« wäre beispielsweise die Behauptung, tierisches Eiweiß mache den Menschen aggressiv. Der Ideologe merkt jedoch nichts von der mangelnden Stringenz seiner Argumente. Im Gegenteil: Er hält seine Ansicht für eine wissenschaftlich begründete, für alle gültige Tatsache. Er sammelt »Beweise« und ist um einen möglichst hohen Grad von Rationalität bemüht. Daß er dabei auswählt und alles, was gegen seine Annahme spricht, verzerrt wahrnimmt, zurückweist oder einfach verdrängt, ist ihm nicht bewußt.

Den Realitätsverlust macht der Ideologe gefühlsmäßig wett. Er mobilisiert beträchtliche Emotionen zur Verteidigung seiner Ansichten. Widersprechenden Meinungen gegenüber ist er sehr empfindlich. Er fühlt sich bedroht, sobald sein Standpunkt in Frage gestellt wird. Ohne seine Ideologie stünde er halt- und ziellos in der Welt.

Die ideologische Haltung ist keine seelische Störung. Sie ist auch keine seltene Erscheinung. In der Jugendzeit ist sie sogar »normal« in dem Sinne, wie Erikson es beschrieben hat. Er unterscheidet in der Entwicklung des sittlichen Bewußtseins drei Stufen: In der Kindheit überwiegt die Moral, in der Jugend die Ideologie und im Erwachsenenalter das Ethos. So unsympathisch die Charakterzüge einer ideologischen Haltung dem Außenstehenden oft erscheinen mögen, so sind sie doch eine wesentliche Hilfe für den Jugendlichen. Das Ich ist in dieser Zeit noch nicht so gefestigt, daß es sich ein umfassendes Weltbild leisten kann. Es muß dafür aber den eigenen Standpunkt um so engagierter vertreten. Je größer die innere Unsicherheit, desto stärker die nach außen demonstrierte Haltung der »einzig richtigen Lösung«. »Wenn alle so wären wie ich, wäre die Welt heil und glücklich«, drückte einmal ein jugendlicher Patient dieses Überlegenheitsgefühl aus.

Wir müßten uns beim Thema Kreativität nicht so lange mit der Kennzeichnung der ideologischen Persönlichkeit aufhalten, wenn diese Haltung nur für die Jugend charakteristisch wäre und sich nur auf ethische und religiöse Werte erstreckte. In Wirklichkeit kann diese Einstellung weit über die Entwicklungsjahre hinausgehen und nicht nur weltanschauliche Werte, sondern auch die Einstellung zur Wissenschaft betreffen. Gerade sie eignet sich zur Demonstration einer ideologischen Haltung besonders gut, weil sie lange Zeit und auch heute noch von vielen als ideologiefreier Raum verstanden wird. Aber eben das ist ein Irrtum. Wissenschaften sind für Ideologien viel anfälliger als ethische oder religiöse Systeme, und zwar deswegen, weil »ihr falsches Bewußtsein« schwerer zu entlarven ist als bei Moral und Religion. Daher werden wir zur Veranschaulichung einer ideologischen Einstellung Beispiele aus der Wissenschaft wählen. Keine Religion, kein ethisches System kann unwidersprochen behaupten, ihren Glaubensinhalt hätte die Wissenschaft eindeutig bewiesen, erhärtet oder erforscht. Von einer ideologischen Wissenschaft wird man überall dort zu sprechen haben, wo man an bestimmte Theorien wie an religiöse Wahrheiten glaubt. Man lehnt sich dabei an »unwiderlegbare« Autoritäten an. Hier gilt, was Galilei von den Aristotelikern gesagt hat: »Sie wollen ihre Augen niemals von den Seiten ihrer Bücher heben, als wäre das große Buch des Universums geschrieben worden, um von niemand anderem gelesen zu werden als von den Aristotelikern, und als wären Seine (Aristoteles') Augen dazu bestimmt gewesen, alles für die Nachwelt zu sehen.«

Der Ideologe braucht Autoritäten, um Ordnung in die Zusammenhanglosigkeit seiner Eindrücke und Informationen zu bringen. Aus eigener Kraft kann er es nicht. Mehr oder weniger unbewußt erwartet er, daß man ihm sein Leben und Denken vorschreibt. Gelegentlich lassen sich diese Eigenarten auf einen bestimmten Erziehungsstil in der Kindheit zurückführen. Solche Kinder werden von den Eltern nur insoweit akzeptiert, als sie deren Vorstellungen entsprechen. Je mehr sie davon abweichen, desto weniger werden sie geliebt. Das Einmalige und Individuelle kann sich so nicht entfalten. Stattdessen sind Angst und Spannung ständige Begleiter solcher Entwicklungen. Nur die Erfüllung der elterlichen Erwartung lindert das Leid. Die Übereinstimmung mit Autoritäten wird lebensnotwendig, eigenes Sehen, Nachdenken und Entdecken aber zur Gefahr. Der für die entliehene Ordnung zu zahlende Preis wird im Lauf der Entwicklung höher und höher. Er ist die Hemmung des eigenen Wachstums. Dadurch bleibt man auf Autoritäten angewiesen. Ohne sie wäre die eigene Sicherheit infragegestellt. Die freiwerdende Angst zwingt zu um so stärkerer Anlehnung an sie. Auch kein Protest gegen Autoritäten führt zur Selbstbefreiung, allenfalls zu einem Austausch von Autoritätsinstanzen, zum Beispiel beim Übertritt von einer Religion oder Partei in eine andere. Dem Ideologen kommt es primär nicht auf den Inhalt seiner Überzeugung an. Ihm geht es vielmehr um deren Anerkennung als allgemeingültige Wahrheit. Daher muß er für die Verbreitung seiner Ansicht sorgen. Je mehr Menschen ihr anhängen, desto sicherer und geborgener kann er sich in ihr fühlen. Er muß predigen, missionieren und bekehren. Dabei geht er von der stillschweigenden Annahme aus, daß auch die anderen ihr Weltbild, ihre religiöse und politische Einstellung nicht aufgrund eigener Prüfung und Erfahrung, sondern durch Propaganda und Werbung gewonnen haben. Je mehr man die anderen beredet, desto eher werden sie ihre nicht in der eigenen Person verankerten Ansichten aufgeben und damit die Sicherheit des Lehrers erhärten.

Auch hierfür ist das Beispiel Hitler lehrreich. Partei- und Propagandaredner gab es damals viele, aber wohl keinen, der so hoch ideologisiert war wie er. In seinen Reden wandte er sich gern an die in jedem Menschen vorhandene Neigung zur Ideologisierung. Das Ausmaß seiner ideologischen Haltung läßt sich an dem Grad der Isolierung ablesen, in der er sich seit seiner Pubertät und in den frühen Mannesjahren befand. Er hatte keinen wirklichen Freund, gehörte keiner Gruppe und keinem Verein an. Während viele Sonderlinge in der Kameradschaft der Soldatenzeit den Weg zur Gemeinschaft fanden, zumal in Kriegszeiten, und noch dazu an der Front, blieb Hitler auch hier der Außenseiter, der »Spinner«. Die erste und einzige Brücke, die von seinem Ufer zu den anderen bestand, war sein Rednertalent, dessen er sich auf den ersten Parteiversammlungen in der Nachkriegszeit ziemlich unvermittelt bewußt wurde. Ohne dieses hätte sein vorher vorhandener Drang zum Belehren und Missionieren keine so breite Wirkung gehabt. Nur weil er seine Reden so gestalten konnte, daß sie ankamen, trat der Effekt ein, der die Lawine ins Rollen brachte. Er erfuhr zum erstenmal in seinem Leben, daß die Menschen – aus welchen Gründen auch immer – nicht mehr an ihm vorbeigingen oder sogar einen Bogen um ihn machten. Sie kamen zu ihm, hörten auf ihn und waren fasziniert. In Anlehnung an eine treffende Formulierung des amerikanischen Psychoanalytikers Heinz Kohut (1973), dessen Arbeiten über den Narzißmus richtungsweisend sind, kann man sagen: »Der Glanz in den Augen der anderen« war das Erlebnis, das Hitler bisher vergeblich, aber sehnsüchtig gesucht hatte. Jetzt überkam, überfiel es ihn. Darauf konnte er nicht mehr verzichten. Er suchte dessen Wiederholung und Steigerung wie ein Süchtiger. Das läßt sich an der wachsenden Anzahl seiner Versammlungen und deren Teilnehmermenge ablesen. Nichts und niemand konnte ihn von dieser Droge befreien. Nur diese rauschartige Dualunion zwischen sich und den anderen ermöglichte die Vermittlung seiner Ideen. So dumm, banal und brutal diese auch waren – zur Kompensation des grenzenlosen Schamgefühls über den Verlust von Krieg und Kaiser reichten sie aus, wie auch zur Mobilisierung von Hoffnungen nach der Wirtschaftskrise von 1930.

Das Beispiel zeigt, wie stark die Wirkung einer ideologischen Persönlichkeit sein kann, besonders dann, wenn das für alle Ideologen charakteristische Belehren- und Bekehrenmüssen von einem starken Rednertalent getragen wird. Der Widerhall bei der Menge wirkt als Stimulanz. Der Stimulierte steigert sich in einen immer noch größeren Missionseifer hinein. So gesehen, kann die Besessenheit des Ideologen, zu belehren und zu bekehren, zu großen Erfolgen führen. Diese Erfolge sind letztlich aber als unkreativ zu bewerten. Sie nehmen nämlich keine Rücksicht auf das kreative Potential der anderen. Sie werden vergewaltigt, aber nicht zur Entfaltung gebracht. Somit ist die ideologische Haltung das Gegenteil der sokratischen Methode. Diese will dienen, will Geburtshelfer sein. Das andere Ich soll wachsen können.

Trotzdem kann in der Politik, aber auch in der Wissenschaft eine ideologische Persönlichkeit in bestimmten Grenzen kreativ wirken. Von der Richtigkeit des einmal eingeschlagenen Weges überzeugt, abgeschirmt gegen Zweifeln und Zaudern, blind gegenüber Wirklichkeiten, die seiner Arbeit neue Richtung geben könnten, vermag der Ideologe im Rahmen des Bestehenden sehr viel zu leisten. Er entwickelt Geduld, Fleiß und Ausdauer. Geistige Abenteuer liegen ihm nicht. Seine Grenzen sind daher erreicht, wenn er mit Fakten konfrontiert wird, die sich nicht mit seiner Lehrmeinung vereinbaren lassen. Ohne sich dessen bewußt zu werden, wird er sie verleugnen und sich damit den Weg zu einer Erweiterung seiner Kreativität abschneiden. Unter Umständen wird er seine Zeit von diesem Punkt an darauf verwenden, in der Öffentlichkeit für die Festigung und

Verbreitung seiner Ideologie zu kämpfen, wobei er in Wirklichkeit nur den eigenen inneren Zweifel an ihrer Richtigkeit zu besiegen versucht.

Auf die Dauer kann er deshalb nicht kreativ sein, weil er gerade das Neue, Unbekannte fürchtet. Wo trotz aller Abwehrmaßnahmen beunruhigende Fakten in sein Gesichtsfeld treten, erlebt er massive Gefühle der Bedrohung, die ihn hindern, die neue Wahrnehmung zu integrieren. Seine Rigidität steigert sich und verhindert so gedankliche Kombinationen zwischen neuen Informationen und vorhandenen Kenntnissen. Der Ideologe kann also allenfalls Systeme ausbauen – selten jedoch werden ihm bahnbrechende Entdeckungen gelingen.

Wenn man zur Kennzeichnung des Ideologen statt Fleiß Unersättlichkeit, statt Zielstrebigkeit rücksichtslose Starrheit und statt Unabhängigkeit Realitätsblindheit sagt, spricht man gewisse Aspekte an, die auch dem Nichtanalytiker als Ausdruck unbewußter Triebtätigkeit auffallen. Um das zu verdeutlichen, seien einige Hauptfaktoren beschrieben, die zur Ideologisierung jenseits der Pubertät beitragen. Man kann generell »fachspezifische« und »persönlichkeitsbedingte« Ideologisierungsfaktoren unterscheiden. Beide Formen gehen ineinander über und lassen sich nur in ihren Extremvarianten voneinander trennen.

2. Ideologie als Mode

Von einer fach- bzw. gruppenspezifischen Ideologie läßt sich überall dort sprechen, wo innerhalb einer Gruppe bzw. eines Faches ein Konsensus über bestimmte Wahrheiten besteht, die jedes Gruppenmitglied ohne weitere Prüfung als wissenschaftlich bewiesen akzeptiert.

Solche Ideologien haben Modecharakter. Das mag für den überraschend klingen, der annimmt, Wissenschaft strebe nach möglichst allgemeingültigen, vor allen Dingen gut begründeten Erkenntnissen. Das trifft nur zu, wenn man größere Zeitabschnitte berücksichtigt. Hier gibt es immer wieder das kritische Beleuchten und Überbordwerfen von Vorurteilen und Ideologien. In kleineren Zeiträumen aber entwickeln sich ständig zeitbedingte Modeideologien. So wird etwa im Bereich der Medizin nicht selten gerade das Medikament verschrieben, das neu auf den Markt kommt, etwa bestimmte Vitaminkombinationen, Hormone oder Frischzellen. Während unmittelbar nach Einführung des Präparates von einem 60- bis 70prozentigen Erfolg gesprochen wird, nimmt dieser mit zunehmender Anwendung immer mehr ab. Nur was Mode ist, wirkt.

Hinter solchen ideologischen Haltungen stecken nicht nur materielle Interessen oder eine Rücksicht auf den Patienten, der das Medikament verschrieben haben will, welches »man« heute einnimmt. Wären diese »praktischen Gründe« entscheidend, müßten Fächer der Grundlagenforschung ideologiefrei sein. Das ist nicht der Fall. Physiker, Chemiker oder Biologen kennen zeitbedingte Theorien, die zur Mode und damit zur Ideologie entarten können. Man ist von der Richtigkeit einer bestimmten Grundannahme so überzeugt, daß ein fruchtbarer Zweifel gar nicht erst auftaucht. So etwa war die Physik zu Beginn dieses Jahrhunderts »Mode«. Sie geriet dadurch in Gefahr, unbewiesene, ja unbeweisbare Tatsachen von einem »streng wissenschaftlich-physikalischen Standpunkt« aus zu beleuchten. Selbst wenn der einzelne Physiker ausdrücklich erklärte, er könne mit den Mitteln seines Faches zu diesen Fragen – zum Beispiel der nach der Existenz Gottes oder der Freiheit des Willens – nicht Stellung nehmen, wurde schließlich doch »rein physikalisch« geantwortet. Über diese Probleme gab es in der Physik wie auch in anderen Fächern eine ideologische Übereinstimmung, die uns nur im Rückblick als Mode erscheint. Die Damaligen hielten sie für mehr als das. Das soll nicht heißen, daß solche Modeideologien heute überwunden sind. Sie bestehen nach wie vor, da jede Zeit ihre eigene Mode entwickelt. Als eine Sonderform dieser Modeideologie ist die in totalitären Staaten erzwungene Einigkeit über wissenschaftliche Grundvoraussetzungen anzusehen. Die Partei schreibt vor, welche Autoritäten in welchem Fach zu respektieren seien. Zumindest wacht sie darüber, daß kein Verstoß gegen die offizielle Lehrmeinung vorliegt. In westlichen Demokratien wird diese den Wissenschaften von außen aufgezwungene Ideologie häufig belächelt. Man übersieht dabei, daß man selbst Opfer »kollegialer Ideologien« werden kann.

Am Beispiel der Psychiatrie mag das verdeutlicht werden. Ihr Hauptforschungsgegenstand sind seit eh und je die sogenannten Psychosen. Darunter faßt man zwei »Krankheitsbilder« zusammen. Auf der einen Seite ist es das manisch-depressive Irresein, auf der anderen die Schizophrenie.

Bei dem ersten handelt es sich um keine einheitliche Erscheinung, weder war das Symptombild noch was den Verlauf betrifft. So kann etwa das manisch-depressive Irresein, heute meist auch Zyklothymie genannt, bei manchen Kranken aus depressiven und manischen Phasen, bei anderen nur aus depressiven bestehen. Was diese »unipolaren«, also nur aus dem depressiven Pol bestehenden Verlaufsformen betrifft, so äußern sich Häufigkeit, Schwere und Dauer der einzelnen Verstimmungen bei verschiedenen Menschen recht unterschiedlich. So kann jemand in seinem ganzen Leben nur eine einzige Phase haben – vielleicht mit 44 Jahren vier Monate lang –, während ein anderer zwischen seinem 20. und 65. Lebensjahr etwa 30 Depressionen über sich ergehen lassen muß. Auch das Symptombild hat viele Gesichter.

Noch bunter ist das Bild bei der Schizophrenie. Man spricht daher auch von der Gruppe der Schizophrenien. Auch hier: Auf der einen Seite vielleicht ein Mann von 30 Jahren, der ohne »ersichtlichen Anlaß« Stimmen hört und erklärt, er sei der Friedensrichter der ganzen Welt. Er verläßt seine Wohnung, irrt in der Stadt umher, spricht Passanten an, denen er die Aufgabe seines Friedensamtes erläutert, bis ihn schließlich die Polizei aufgreift und in eine Anstalt bringt. Der dortige halbjährige Aufenthalt kann unter günstigen Umständen (Eltern, Ehesituation, Beruf u. a.) der einzige Kontakt mit einer Klinik während seines ganzen Lebens sein. Auf der anderen Seite etwa ein Jugendlicher, der mit 16 Jahren seinen Eltern dadurch auffällt, daß er morgens nicht aus dem Bett herauskommt, die Schule immer häufiger versäumt, keine Hausaufgaben macht und schließlich jeden weiteren Schulbesuch verweigert. Er lächelt gelegentlich still vor sich hin, antwortet auf Fragen sehr manieriert und verschroben, bis er über weitere Zwischenstationen ein chronischer Fall einer Nervenanstalt wird.

Beide Bilder sind unvollständig skizziert. Sie sollen lediglich die Spannweite markieren, die den Begriffen »endogene Depression« und

»Schizophrenie« anhaftet. Es überrascht auch aus diesem Grunde nicht, daß heutzutage verschiedene Einzeldisziplinen die Erforschung dieser Krankheitsbilder anstreben. Psychopathologie, Verhaltensforschung, Neuropathologie, Neurochemie, Physiologie und Psychoanalyse sind nur die hauptsächlichsten Spezialgebiete, die sich um die Lösung des Problems bemühen. Auf der einen Seite streng naturwissenschaftliche Methoden mit wiederholbaren Experimenten, auf der anderen hermeneutisch-interpretative Verfahren.

Am Ende des letzten Jahrhunderts erschien das Problem alles andere als komplex. Es war zwar ungelöst, aber man glaubte fest an eine Lösung nach dem Modell einer spätsyphilitischen Erkrankung (Paralyse). Schließlich hatte man ja lange Zeit über die Ursachen der paralytischen Symptome spekuliert, bis man sie in einem Verfall bestimmter Gehirnbezirke fand. Danach stand fest: Nur so, nämlich unter Anwendung neuroanatomischer Methoden, ist dem Geheimnis der Geistes- und Gemütskrankheiten auf die Spur zu kommen: Symptombild und Verlauf erschienen bei ihnen gleich. Also fehlte nur noch die gleiche Ursache. Diese hoffte man bald zu entdecken. So jedenfalls klingt es zuversichtlich aus Lehrbüchern, Aufsätzen und Vorträgen der damaligen Zeit. Unzählige Gehirne wurden seziert, immer feinere Methoden der Vergrößerung und Darstellung benutzt, ohne daß sich eine der vielen, als »die Ursache« apostrophierten Entdeckungen bestätigen ließ. Man erweiterte den morphologischen Ansatz um den neurochemischen und neurophysiologischen, aber alles mit dem gleich negativen Ergebnis. Die unendlichen Bemühungen auf der ganzen Welt mit den genannten Methoden und dem genannten Erfolg sind in erster Linie als Ausdruck einer ideologischen Verhärtung zu verstehen. Man glaubte der Autorität Kraepelins und dessen zahlreicher Nachfolger, ohne das ursprünglich von Griesinger im Jahre 1861 formulierte Postulat in Zweifel zu ziehen, wonach Geistes- und Gemütskranke gehirnkrank seien. Dabei hatte die Zwillingsforschung der zwanziger Jahre genügend Anlaß zu einer soliden Skepsis gegenüber der Theorie von der ausschließlich körperbedingten, vererblichen »endogenen« Psychose geben können. Sie zeigte bei vorurteilsfreier Betrachtung, daß Erbdeterminanten bei den Psychosen eine Rolle spielen, aber keineswegs die allein entscheidende. Umwelteinflüsse, vor allen Dingen die subtileren, nicht gleich ins Auge springenden, hätten bei größerer Ideologiefreiheit schon seinerzeit Gegenstand intensivsten Forschens sein müssen. Dazu hätte es aber einer Distanzierung von den Ansichten bedurft, die allein als die »rein wissenschaftlichen« deklariert wurden. In genauer Verkennung der Tatsachen, aber in strikter Anklammerung an die Formel, wonach nur das Wiederholbare, nicht aber das Hermeneutisch-Interpretierbare Wissenschaft sei, blieb man beim anatomischen bzw. physiologischen Ansatz. Nur als Bestandteil der Naturwissenschaft fühlte sich die frühere Psychiatrie ernstgenommen.

Aus der damaligen Situation ist das zu verstehen. Zu lange hatte die Psychiatrie auf ihre Aufnahme unter die medizinischen Fächer warten müssen. Die Medizin stand unter der zukunftsträchtigen Parole: »Die Medizin wird Naturwissenschaft sein, oder sie wird nicht sein.« Mit dem Seelischen konnte sie damals nicht viel anfangen. Sie akzeptierte nur widerwillig – und das nur im Schlepptau der Neurologie – ein Fach, welches noch bis vor kurzem an die Macht des Bösen als Krankheitsursache geglaubt hatte. Wollte die Psychiatrie von Ärzten anerkannt werden, mußte sie sich linientreu verhalten. Unzählige Hirnschnitte, Analysen von Blut, Serum und Urin, Experimente an Tier und Mensch, hatten den Beweis für ideologische Reinheit zu liefern. Das gilt bis in die Gegenwart. Je körperbezogener eine Theorie über die Psychosen formuliert wird, desto größer ist die Bereitschaft, an sie zu glauben und die Untersuchungen solcher Theorien zu fördern. Seit Beginn dieses Jahrhunderts dürften etwa 80 Prozent aller für die psychiatrische Forschung zur Verfügung gestellten Mittel zur Stützung dieser Ideologie verwandt worden sein. Auch heute ist das Verhältnis nur um Nuancen günstiger. Man investiert lieber zehntausend Mark für Experimente an Versuchstieren als tausend Mark für die direkte und möglichst »naturgetreue« Beobachtung eines Menschen.

Diese Tatsache müßte nicht besorgniserregend sein. Es bestünde die Möglichkeit, daß auf dem Gebiet der biologischen Psychiatrie wesentlich mehr kreative Forscher arbeiten als auf dem Sektor der psychodynamischen. Zur kreativen Forschung gehören Irr- und Umwege. Sie sehen nur für den Augenblick aufwendig aus, sind aber auf lange Sicht billig, das heißt kostenadäquat. Auf dem Gebiet der

Psychiatrie wird diese Erfahrung ignoriert. Hier wird der größte Teil der finanziellen Mittel nicht von kreativen Forschern verbraucht, sondern von Ideologen, die sich mit der übernommenen, unzureichend begründeten Annahme von Geisteskrankheiten als rein körperlich bedingten Störungen beschäftigen. Was das im Konkreten bedeutet, hat das Buch des holländischen Psychiaters Jan Foudraine (1971) einem großen Teil der Öffentlichkeit gezeigt. Der Autor beschreibt aufgrund persönlicher Erfahrungen in verschiedenen Kliniken die Begrenztheit, ja Sinnlosigkeit solcher psychiatrischer Maßnahmen, die die endogenen Psychosen wie eine körperliche Erkrankung behandeln. Daß dieser Erfahrungsbericht nicht mehr als ein Aufschrei eines etablierten Psychiaters blieb und kaum eine Resonanz in der Fachwelt fand, hängt indirekt ebenfalls mit dem soeben erwähnten Finanzierungsproblem zusammen. Denn die von Foudraine geforderte psychotherapeutische Behandlung der Schizophrenen würde größeren Anklang in der Fachwelt finden, wenn der Beweis für ihre Überlegenheit an einer größeren Anzahl von Patienten erprobt wäre. Daß das bisher nicht geschah, ist eine Folge der zu geringen Förderung dieser Disziplin. Es gibt nur ganz wenige Statistiken über den Erfolg der Psychotherapie bei Schizophrenen, und von diesen wenigen ist die der Forschungsstelle für Psychopathologie und Psychotherapie in der Max-Planck-Gesellschaft die erste und bislang einzige, die zwei Grundbedingungen einer solchen Statistik erfüllt: 1. Genügend langer Abstand vom Ende der Behandlung (bei unseren Fällen waren es wenigstens 2 Jahre, im Durchschnitt 3 Jahre). 2. Errechnung der Faktoren, die mit den verschiedenen Graden der Wirksamkeit in einem nachweisbaren Zusammenhang stehen.

Daß die Ergebnisse erst jetzt publiziert werden konnten und nicht schon in den fünfziger Jahren, als ich – neben einigen hauptsächlich nichtdeutschen Psychiatern und Psychoanalytikern – eigene Techniken in der Psychotherapie von Psychosen erprobte, lag am Personalmangel.

Dieser war auch daran schuld, daß wir bei der erwähnten Untersuchung zwischen 1965 und 1970 statt 150 oder 200 lediglich 86 Schizophrene psychotherapiert haben. Diese Anzahl dürfte zwar nur von wenigen Instituten erreicht werden, in denen eine systematische und nicht nur punktuelle Psychotherapie betrieben wird, kommt aber noch nicht an das von Patient und Wissenschaft gleichermaßen als notwendig erachtete Ausmaß heran. Das wäre noch größer, wenn wenigstens ein Teil der Nervenärzte, die sich gegen die Psychotherapie von endogenen Psychosen sträuben, ihr Urteil auf eigene Erfahrung stützen könnten. Dem psychotherapeutischen Umgang mit Schizophrenen, der allein ihr Urteil untermauern könnte, gehen sie aber aus dem Weg. Damit ist schon der zweite Grund angedeutet, der die geringe Anzahl von Erfolgsstatistiken erklärt.

Die meisten Nervenärzte begnügen sich bei der Behandlung von endogenen Psychosen mit einer Tablettenmedikation. Das ist die zeitsparendste und einfachste Behandlungsart. In einer Stunde kann der Arzt mehrere Psychosen mit Psychopharmaka versorgen und hoffen, daß irgendeine Kombination die Psychose abklingen läßt. Da aber nicht jeder Nervenarzt über eine tiefenpsychologisch-psychotherapeutische Ausbildung verfügt, unterziehen sich manche von ihnen einer Zusatzausbildung. Diese sind dann aber, wenn sie ihre Facharztausbildung und zusätzliche psychotherapeutische Schulung beendet haben, derart frustriert, daß sie sich der leichteren Arbeit widmen – und die liegt bei den Neurosen. Die Psychotherapie von Neurotikern vollzieht sich grundsätzlich im gleichen Verstehenshorizont von Arzt und Patient. Alles, was der Neurotiker fühlt, denkt, will und ausspricht, trifft auf eine gleichgeartete Resonanz beim Arzt. Anders beim Schizophrenen. Hier kann der Psychotherapeut nicht wissen, warum der Kranke glaubt, er sei der »auferstandene Napoleon« oder die »göttliche Dreieinigkeit«. Er steht wie vor einer Wand, wenn er nach den Gründen für eine solche Annahme fragt. Dabei kann diese Wand im nächsten Augenblick schon zusammenbrechen. Der Kranke bietet ununterbrochen Beweise an, ja gelegentlich sogar kommt eine Bitte um Hilfe von seinen Lippen. Wie aber soll der gewöhnliche Sterbliche dem »großen Napoleon« oder der »göttlichen Dreieinigkeit« helfen?

Die Entschleierung der Verworrenheit kann erlernt werden. Man versteht allmählich die Sprache dieser Ausgesonderten und Isolierten, und je mehr man sie versteht, desto eher ist man in der Lage, mit ihnen gemeinsam zu sprechen und zu arbeiten. Nur hat diese Art von Psychotherapie neben den langsam zu überwindenden Verständigungsschwierigkeiten noch einen anderen Haken. Sie dauert sehr lange, unter Umständen 6 bis 7 Jahre und mehr, je nach Schwere des Falles. Unsere Untersuchungen haben deutlich gezeigt, daß der noch nach Jahren anhaltende Erfolg eindeutig von der Dauer der Behandlung abhängt. Aber wer soll das bezahlen? Seitdem die Krankenkassen das tun, verliert die Antwort einiges von ihrem lähmenden Charakter. Aber selbst, wenn sie das nicht täten, bleibt für die Wissenschaft die Aufgabe, eine Methode unabhängig von ihrem Kostenaufwand zu prüfen und zu verbessern. Sie entspräche damit nur den in der übrigen Medizin angewandten Maximen, wonach zunächst die Wirksamkeit eines Präparates und dann die Kostenfrage untersucht bzw. reguliert wird.

Das Problem der Kosten hat sich also nach jahrelangen Verhandlungen mit den Krankenkassen langsam gelöst. Schwieriger ist das Opfer von seiten des Arztes. Welche Psychiater werden sich einer Tätigkeit widmen, bei der sie über Jahre in einem beinahe täglichen Kontakt und in mühseliger Kleinarbeit die Lernschritte des Patienten aktivieren müssen? Angesichts dieser Situation versteht man das nach wie vor aktuelle Glaubensbekenntnis weiter Psychiaterkreise, wonach die Psychosen körperliche Erkrankungen seien. Denn solange dieses Credo gilt, kann der Psychiater ein Leben lang mit ruhigem Gewissen auf die Entdeckung warten, die nicht von ihm, sondern von den anderen, den Neuropathologen, -chemikern, -physiologen erbracht werden muß. Seine Distanz zum Patienten wird bei dieser Einstellung nicht nur geduldet, sondern als die wissenschaftlich einzig richtige Haltung prämiiert.

Die Anschauung, Psychiatrie müsse Naturwissenschaft sein, hat sich immer stärker auch in der Psychologie und damit auch in der Psychopathologie durchgesetzt. Das jüngste Beispiel hierfür liefert die Verhaltenstherapie. Ihr Anspruch, die einzig legitime Psychotherapie zu sein, wird von zahlreichen Vertretern dieser Richtung nicht mit fundierten Erfolgsstatistiken untermauert, sondern mit der Behauptung, sie sei die erste und einzige wissenschaftlich begründete Psychotherapie. Die ideologisch fundierte Motivation eines derartigen Anspruchs wird deutlich, wenn man sich den empirisch belegbaren Kern der Verhaltenstherapie vor Augen führt. Dieser besteht vor allem in der Annahme, daß jedes Symptom, zum Beispiel Stottern, Angst, Depression oder Sucht, im Laufe der Entwicklung gelernt wird und somit auch verlernbar ist. Der Lernprozeß kann durch entsprechende Lernhilfen beschleunigt werden. Solche sind im Prinzip das, was Eltern und Erzieher schon immer bei Kindern zu tun sich bemühten. Sie belohnen das sozial Erwünschte und bestrafen das Unerwünschte. Nur praktizieren Erzieher das im allgemeinen nicht so systematisch, konsequent und gründlich, wie das in der Verhaltenstherapie gemacht wird.

Wer zum Beispiel das Rauchen aufgeben will, kann sich einen eigenen Weg suchen, wie er am besten von dieser Gewohnheit loskommt und so das Rauchen »verlernt«. Er kann aber auch zu einem Verhaltenstherapeuten gehen und mit ihm allein oder in der Gruppe ein Programm ausarbeiten, das baldigen Erfolg verspricht. In einem solchen Programm heißt es etwa: »Nehmen Sie niemals von einem anderen eine Zigarette an« – »Rauchen Sie nie im Bett« – »Bevor Sie sich eine Zigarette anzünden, warten Sie 3 Minuten« – »Haben Sie nie mehr als eine Packung Zigaretten bei sich« – »Wechseln Sie jeden Tag ihre Zigarettenmarke«. Diese professionellen Lernhilfen lassen sich auch auf andere Störungen ausdehnen, etwa auf die Angst, mit dem Fahrstuhl zu fahren, oder auf den Zwang, sich zwanzigmal am Tag die Hände waschen zu müssen.

Wie bei manchen psychiatrischen Behandlungsmethoden war man von den Anfangserfolgen so beeindruckt, daß man glaubte, vor einer völlig neuen Behandlungsära der Psychiatrie zu stehen. Es war hier ähnlich wie bei der Einführung der Leukotomie, das heißt der Behandlungsmethode, die in der Durchtrennung bestimmter Nervenverbindungen im Gehirn bei chronischen Geisteskranken bestand. Tausende von Schizophrenen wurden so »therapiert«. In die von Unruhe und Grauen erfüllten Säle psychiatrischer Anstalten zog plötzlich eine Ruhe ein, die Ärzte und Pfleger nach Jahrzehnten verzweifelter, aber ergebnisloser Bemühungen um die Ruhigstellung schreiender und agitierender Kranker aufatmen ließ. Man spürte die Dankbarkeit für die »einfach zu handhabende« und beruhigende Wirkung des Eingriffs aus dem Vorschlag vieler Psychiater, dem Entdecker dieser Methode, dem Portugiesen Moniz, den Nobelpreis für Medizin (1949) zu überreichen. Bald aber erkannte man, daß der Preis für den Symptomwandel, nämlich die emotionelle Verkrüpplung des Kranken, zu hoch war. Die anfangs laut gefeierte Methode ist heute fast vollständig verschwunden, und zwar schneller und gründlicher, als man es damals je zu ahnen bereit war.

An diese und ähnliche Erfahrungen, etwa die mit dem Elektroschock, muß man denken, wenn man gegenwärtig die Verhaltenstherapie zu bewerten hat. Sie ist – richtig angewandt – eine wertvolle Bereicherung des therapeutischen Inventars des Psychiaters. Zur Ideologie und damit zur Blockade kreativen Denkens führt sie allerdings überall dort, wo sie zur einzig wissenschaftlich begründeten Behandlungsmethode hochstilisiert wird. Die Vertreter der Verhaltenstherapie, deren Grundlage die Lerntheorie ist, leiten den Anspruch auf eine größere Wissenschaftlichkeit im Vergleich zu anderen Methoden der Psychotherapie davon ab, daß sie sich strenger als diese an einen Kodex naturwissenschaftlicher Erklärungen halten. Die Anerkennung unter »reinen« Wissenschaftlern ist ihnen wichtiger als die Anwendung einer adäquaten Methode. Sie prüfen nämlich nicht, ob ihre Methode dem »Forschungsgegenstand Mensch« angemessen ist. Man übersieht geflissentlich, daß dieser – anders als ein physikalischer Gegenstand – nicht durch äußere Messung allein, sondern auch durch Selbstmitteilung und Gespräch zu erforschen ist. Das wissenschaftliche Selbstverständnis orthodoxer Lerntheoretiker schreibt jedoch vor, nur Sachverhalte ganz bestimmten Typs bei psychologischen Erklärungen zu berücksichtigen. Sie müssen a) beobachtbar sein und b) den zu erklärenden Phänomenen zeitlich vorausgehen. Damit sind Motive und Ziele menschlichen Handelns von der wissenschaftlichen Betrachtung ausgeschlossen. Denn diese sind weder sichtbar, noch lassen sie sich zeitlich fixieren. Sie begleiten und überdauern Handlungen vielfach und zählen doch zu den Ursachen. Klammert man sie aus, ist es nicht mehr als ein automatisches Reagieren auf äußere Vorfälle, bei denen keine gedankliche Vermittlung vor sich geht.

Für eine Therapie, die auf dieser Theorie aufbaut, erübrigt sich die Frage nach dem Sinn von Verhaltensweisen. Der Therapeut braucht sich nicht individuell mit seinen Patienten auseinanderzusetzen. Eine Verständigung über die Bedeutung, die Motive und Intentionen von Handlungen ist nämlich überflüssig, wenn diese nicht als handlungsauslösend und -bestimmend angesehen werden. Deshalb bemüht sich der orthodoxe Verhaltenstherapeut auch nicht, beim einzelnen Patienten zu entschlüsseln, aus welchem Grunde er zu seinem Erleben und Verhalten gekommen ist. Somit versucht er auch nicht, ihm zu größerer Handlungsfreiheit zu verhelfen. Er setzt vielmehr an die Stelle alter, biographisch erklärbarer Verhaltenszwänge mit therapeutischen Mitteln stärkere Zwänge, die zwar verhindern, daß sich bestimmte unerwünschte Verhaltensweisen erneut manifestieren, nicht aber bewirken, daß der Patient in seinen Handlungen autonomer wird. Ihm wird nicht transparent, warum er sich jetzt anders verhält als früher. Sowenig er seine früheren, krankhaften Symptome verstehen konnte, sind ihm die Beweggründe seiner neu erlernten Verhaltensweisen einsichtig. Die zugrundeliegenden Mechanismen sind dieselben geblieben. So sehr der Patient sich äußerlich zu seinem Vorteil gewandelt haben mag – eine im eigentlichen Sinne psychologische Wandlung ist nicht eingetreten.

Und Freud? Die Psychoanalyse? Hatte dieser nicht schon zu Beginn dieses Jahrhunderts die verstehende, einfühlende Methode auf das Wirrwarr des psychotischen Seelenlebens angewandt? Im Fall Schreber hatte Freud selbst die psychologischen Gründe für den Verfolgungswahn dargelegt, und Eugen Bleuler (1856–1939), der große Schweizer Psychiater, hatte bestimmte psychoanalytische Hypothesen in die Psychiatrie übernommen. Wichtiger noch als die Öffnung dieses Fachgebiets für eine psychologische Erforschung der Psychosen war die Betrachtung Freuds, daß die entscheidenden Fundamente für die Entwicklung einer Persönlichkeit in der frühen und frühesten Kindheit gelegt werden. Diese Entdeckungen allein konnten aber nicht an der Grundideologie der Psychiatrie rütteln. Bleuler blieb Ausnahme, wie manch anderer nach ihm. Entscheidend war, daß auch die Psychoanalyse sich zu einer Ideologie verfestigte. Sie begnügte sich mit dem, was Freud und einige Nachfolger gesehen hatten, und hielt deren Hypothesen für wissenschaftlich bewiesene Tatsachen.

Diese autoritätsabhängige Haltung dürfte auch der Grund für die geringe Anzahl von Psychoanalytikern sein, die durch eigene Beobachtungen das psychodynamische Wissen über die Psychosen zu erweitern trachteten. Man glaubte Freud nicht nur seine Ansichten über die Psychodynamismen der Psychosen. Auch seine Behauptung, Geisteskranke ließen sich wegen ihres Narzißmus' und der damit zusammenhängenden Übertragungsunfähigkeit psychoanalytisch nicht behandeln, nahm man lange Zeit als erwiesenes Faktum hin. Selbst wenn dem so wäre, hätte man die psychoanalytische Methode, die nach Freud kein starres Dogma sein sollte, etwas verändern und variieren können, um einen fruchtbaren therapeutischen Kontakt mit Geisteskranken einzuleiten.

Das aber taten nur wenige, und diese wenigen wurden von ihren eigenen Kollegen nicht ganz ernstgenommen. So, wie für den klassischen Psychiater der Grundsatz galt: Geisteskrankheiten sind Gehirnkrankheiten, zumindest aber körperlich bedingte Erkrankungen, so galt für den klassischen Psychoanalytiker lange Zeit der Satz von der Unmöglichkeit psychoanalytischer Behandlung von Psychosekranken. Wo diese Regel durchbrochen wurde, handelte es sich um die Behandlung einiger weniger Einzelfälle, die dann allerdings mit viel publizistischem Aufwand hochgespielt wurden. Beide klassischen Richtungen, sowohl die der Psychiatrie wie die der Psychoanalyse, sind Ideologien, die ihren Grund – und das soll das Beispiel lehren – in der Verzahnung zahlreicher Einflüsse und »Ursachenkomplexe« bei den Psychosen haben. Jede empirisch abgesicherte Verallgemeinerung eines Standpunktes führt hier leichter als in anderen Fächern zur ideologischen Erstarrung. Wo aber die Gefahr der Ideologisierung überwunden ist, entwickelt sich eine differenzierte, ungemein reichhaltige Auffächerung der Ansätze zur Erforschung der Psychosen, wie etwa der Psychodynamik, Psychologie, Genetik, Biochemie, Verhaltensforschung. Daß diese neuen und sich gegenseitig ergänzenden Ansätze der Psychosenforschung nicht überall, oder wenn, nicht überall ganz durchgehalten werden, hängt mit einem zweiten Faktor zusammen, der eine fachabhängige Ideologisierungsgefahr beinhaltet.

Es handelt sich hier um eine natürliche Beharrung, die bei der Erkenntnis bleiben will, welche zur Erklärung vorhandener Probleme auszureichen scheint. Das Bild einer nach immer besseren und genaueren Erkenntnissen rastlos strebenden Wissenschaft trifft wohl für die Wissenschaft als Gesamtheit, nicht aber für den einzelnen Wissenschaftler grundsätzlich zu. Nicht selten ist es die Majorität, die dafür sorgt, daß besonders schwierigen und unangenehmen Problemen des Fachgebietes ausgewichen wird, mag deren Lösung noch so notwendig erscheinen. Diese Einstellung ist insofern verständlich, als der Forscher – wie jeder andere auch – nur ein Leben zu leben hat und daher ungern das Risiko eingeht, ein neues Problem- oder Methodenkapitel zu erschließen, ohne zu wissen, ob die Arbeit zu einem verwertbaren Ergebnis führt.

In einer solchen, von Fach zu Fach verschiedenen Situation hält sich der Wissenschaftler vorwiegend an solche Fragen, die ihn nicht allzu stark von dem allgemeinen Trend in seinem Gebiet trennen. Er braucht die Rückendeckung der anderen. Damit sorgt er bei aller Dynamik seines Faches für eine gewisse Statik und Beharrung. Den »Bremseffekt« muß er aber »wissenschaftlich« begründen, da niemand sich eingestehen kann, nur aus Bequemlichkeit bei alten Ansätzen stehenzubleiben. Man kann hier auch von Trennungsangst sprechen. Man trennt sich von einer allgemein akzeptierten Lösungsmöglichkeit nicht gern. Der Schritt ins Neuland erscheint zu riskant und wird, solange es geht, vermieden.

Die Geschichte hat dafür genügend Beispiele parat. Am eindrucksvollsten ist vielleicht der Fall Galilei; eindrucksvoll deswegen, weil Gelehrte späterer Zeiten in ihm vorwiegend einen Konflikt zwischen Naturwissenschaft und religiösem Glauben sahen. Sie verleugneten die Tatsache, daß Galilei zunächst und viel heftiger von »Wissenschaftlern« angegriffen wurde. Arthur Koestler hat das in seinem Buch ›Die Nachtwandler‹ sehr schön herausgearbeitet und den über den konkreten Fall hinausgehenden, prinzipiellen Bremseffekt des Wissenschaftsbetriebes folgendermaßen beschrieben: »Die Trägheit des menschlichen Geistes und sein Widerstand gegen Neuerungen zeigen sich am deutlichsten nicht, wie zu erwarten wäre, bei der unwissenden Menge – die leicht umzustimmen ist, sobald man sie richtig anpackt, sondern bei den Fachleuten mit ihrem Anspruch, Hüter der Tradition und Alleinbesitzer allen Wissens zu sein. Jede Neuerung bedeutet eine doppelte Bedrohung der akademischen Mittelmäßigkeit. Sie gefährdet ihre orakelgleiche Autorität und weckt noch tiefer eingewurzelte Furcht, ihr ganzer, mühsam errichteter intellektueller Bau könnte zusammenbrechen. Die akademischen Hinterwäldler waren der Fluch des Genies von Aristarchos bis zu Darwin und Freud und bilden durch die Jahrhunderte eine geschlossene, feindselige Phalanx schulmeisterlicher Beschränktheit. Diese Bedrohung – nicht die des Bischofs Dantikus und Papst Pauls III. –

war es, die Kanonikus Koppernigk so einschüchterte, daß er sein Leben lang schwieg. In Galileis Fall gleicht diese Phalanx mehr einer Nachhut, die, allerdings noch fest verschanzt, die akademischen Lehrstühle und Kanzeln der Prediger hielt.«

Auch heute ist das nicht anders. Watson spricht das unverblümt aus. Er schreibt: »Viele von ihnen (den anderen Wissenschaftlern) waren rechthaberische Narren, die mit unfehlbarer Sicherheit stets auf das falsche Pferd setzten. Überhaupt konnte man nicht erfolgreich Wissenschaft treiben, ohne sich darüber im klaren zu sein, daß die Wissenschaftler – im Gegensatz zu der allgemeinen Auffassung, wie sie auch von Zeitungen und von Müttern mancher Forscher verbreitet wird – zu einem beträchtlichen Teil nicht nur engstirnig und langweilig, sondern auch einfach dumm sind.« Aus diesem Grunde ist es auch zu verstehen, wenn man lange Zeit den Fortschritt in der Wissenschaft nur von einigen wenigen garantiert sah. Kretschmer zählt sie in Anlehnung an ein Wort von Schiller zu den »königlichen Baumeistern«, die sich gegen ideologisch verbrämte Trägheit durchzusetzen haben.

3. Persönlichkeitsabhängige Ideologie

Damit berühren wir schon Probleme, die einer individuellen Klärung bedürfen. Gruppenphänomene sind nämlich nicht absolut. Sie lassen genügend Spielraum für individuelle Variationen. Daher wollen wir nun auf die in der Persönlichkeitsentwicklung liegenden Faktoren der Ideologiebildung eingehen. Diese sind letztlich dafür verantwortlich, inwieweit jemand gruppenspezifische Ideologien übernimmt. Je stärker beim einzelnen eine ideologische Haltung ausgeprägt ist, desto eher und leichter wird er auch gruppenspezifische Ideologien übernehmen. Folgender Fall soll einige wesentliche Gesichtspunkte der individuellen Genese einer solchen Persönlichkeit veranschaulichen:

Ein 48jähriger Hochschullehrer, Fritz L., kommt wegen schwerer Depressionen in die Sprechstunde. Er könne nicht mehr weiter, sehe keine Zukunft mehr vor sich, fühle sich als Versager in Beruf und Ehe, also auf der ganzen Linie. Die Depression dauerte in dieser

Stärke erst zwei Monate. Vorher war er lediglich überarbeitet und erschöpft. Das ging über Jahre. Er mußte sich in dieser Zeit am Wochenende häufig ins Bett legen, weil er sich zu schwach für irgendwelche beruflichen oder familiären Aktivitäten fühlte. Nach anfänglichem Sträuben begann er, diese »faulen Wochenenden« zu genießen. Er konnte dann im Bett Bücher lesen, die er vorher wegen ihres »geringen Wertes« gemieden hatte. Besonders Marcel Proust hatte es ihm angetan. Seine Assoziationstechnik half ihm, die Welt der eigenen Kindheit zu erinnern. Es tat ihm wohl, wenn er Straßen, Häuser, Luft und Klang seiner kindlichen Welt an dem inneren Auge vorüberziehen ließ. Nach einer in der Behandlung geäußerten Vermutung wäre es möglicherweise gar nicht zu den schweren Depressionen gekommen, wenn er sich solche »faulen Wochenenden« in diesen Jahren hätte leisten können. Er selbst schämte sich. Die Frau empfand das Faulenzen als persönliche Kränkung. Es kam immer seltener zu den auch früher nicht allzu häufigen ehelichen Intimbeziehungen. Damit hätte er sich noch abgefunden, sie aber nicht. Andererseits brachte sie es nicht fertig, von sich aus den Geschlechtsverkehr einzuleiten und zu gestalten, zumal sie immer weniger Achtung für diesen faulen Mann empfand. Sie klammerte sich an die einzige, damals 12jährige Tochter, machte mit ihr Schulaufgaben, organisierte Treffen mit Gleichaltrigen, besuchte Museen und reiste mit ihr allein in die Ferien.

Faul, wie seine Frau ihn erlebte, war Fritz L. aber nicht, zumindest nicht in seinem Beruf. Er, Direktor eines Instituts für Grundlagenforschung, galt unter Kollegen und Mitarbeitern als ausgesprochen fleißig. Wenn er nicht auf Kongreß- oder Vortragsreisen war, gestaltete sich sein Alltag in den letzten Jahren vor seiner Erkrankung gewöhnlich so: Morgens um 6 Uhr – im Durchschnitt 2 Stunden vor seinen Mitarbeitern – stand er bereits im Labor. Bis 9 Uhr arbeitete er konzentriert an dem Problem, das ihn gerade wissenschaftlich beschäftigte. In dieser Zeit war er für niemanden da. Anschließend hielt er Konferenzen, Vorlesungen und Übungen ab, sprach mit Abteilungsleitern und Doktoranden. Nach einer kurzen Mittagspause erledigte er die umfangreiche Korrespondenz und die Verwaltungsaufgaben. Der späte Nachmittag gehörte der Vorbereitung und Fertigstellung von Publikationen für einen breiten Leser-

und Hörerkreis. Es ergab sich ganz unerwartet und »wie von selbst«, daß er für diese Tätigkeit immer mehr Zeit und Energie aufwandte als für seine wissenschaftliche Arbeit, auf die er allmählich sogar am Morgen verzichten mußte.

Aber nicht dieses Abgleiten in populärwissenschaftliche Aktivitäten war, wie er es in der Behandlung schilderte, das eigentliche Problem. Es bestand vielmehr darin, daß er damals gar nicht merkte, wie er in seinen Vorträgen und Büchern Ansichten als wissenschaftlich erwiesen vortrug, die er jetzt bestenfalls als Hypothesen gelten ließ. Seinerzeit waren diese Anschauungen allerdings modern und viel gefragt. In der Therapie erfaßte er allmählich den Grund für seine ideologische Haltung der letzten Jahre. Er sah ihn in seiner Ehe. Die wachsende Distanzierung von der Frau als Folge einer Kette von Enttäuschungen hätte ihn schon damals schwer depressiv gemacht, wenn er nicht soviel zu tun gehabt hätte. So aber konnte er sich über das Scheitern seiner Ehe durch verstärkten Arbeitseifer hinwegtäuschen. Die Arbeit bekam etwas Suchtartiges. Er bemerkte nicht ihren qualitativen Verfall. Früher bekannt, geehrt, gepriesen als scharfer Denker, phantasievoller Begründer einer Spezialrichtung seines Faches, kritischer, aber in seiner Art durchaus freundlicher Mahner träger Fachkollegen, wurde er selbst allmählich zu dem, was er einst ablehnte, nämlich zum Prediger »privater Wahrheiten in wissenschaftlichem Gewand«. Vielleicht wäre es seiner Ansicht nach anders gekommen, wenn er nicht gerade in diesen Jahren die ständige Resonanz der Öffentlichkeit gebraucht hätte, nachdem er sie zu Hause nicht fand. Er wagte nicht zu sagen »nicht mehr«, weil er rückblickend nicht wußte, ob er sie jemals hatte.

Zum Zeitpunkt der Heirat hatte er seiner Ansicht nach seine Frau geliebt. Heute glaubt er, daß die »Liebe« hauptsächlich die Sehnsucht nach einem Halt- und Ordnungsfaktor war. Mit 35 Jahren hatte er die um 10 Jahre jüngere Frau geheiratet, mehr auf ihr als auf sein Drängen. Zuvor kannten sie sich schon einige Jahre. Andere Frauen, mit denen er intim war, konnten ihm nicht die Ordnung geben, die er brauchte. Im Laufe des Ehelebens wurde aus der fürsorglichen, ordentlichen und liebevollen Frau für ihn eine bevormundende, nörgelnde und wenig anziehende Xanthippe. Die Wut auf dieses »herrschsüchtige Weib« wurde in der Behandlung immer stärker, bis er sich eines Tages anhand eines Traumes auf sein erstes Intimerlebnis besann.

Fritz L. war 22 Jahre alt, stand mitten im Studium. Sie war eine Kommilitonin, der er oft half. Außer ihr kannte er keine Frau näher. Als die Mitstudentin eines Abends wieder einmal bei ihm war, bat sie ihn zu sich nach Hause, damit sie sich für seine Hilfe auch einmal mit einer Flasche Wein bedanken könne. Er folgte der Einladung. Dort kam es zum ersten Intimverkehr seines Lebens. Er war irgendwie stolz auf »seine Leistung«, vor der er sich lange gedrückt hatte. Denn als berauschend oder gar als »Himmel auf Erden«, wie ihm Gleichaltrige vorschwärmten, hatte er sich den Geschlechtsverkehr vorher nicht vorstellen können. Er befürchtete die Blamage vor der Frau. Je älter er wurde, desto mehr verstärkte sich dieses Gefühl. Vielleicht trug das, seiner späteren Ansicht nach, auch dazu bei, daß er außer der einen Studentin keinen richtigen Kontakt mit Mädchen hatte, weder in der Schulzeit noch auf der Universität. Im Gespräch mit Mädchen war er immer gehemmt und verlegen.

Er konnte das allerdings ertragen, weil er durch seine guten Leistungen in der Schule und noch bessere auf der Universität, vor allen Dingen aber durch seine Erlebnisse in einer konfessionellen Jugendgruppe reichlich entschädigt wurde. Während der Schulzeit war er führend tätig, aber noch nicht so aktiv wie während seines Studiums. Hier organisierte er, was immer nur zu organisieren war: Vortragsabende, Gottesdienste, Diskussionsrunden, Besichtigungen, Ausflüge, längere Wanderfahrten und auch Studienreisen. Er wurde bald zum Zentrum dieser studentischen Gemeinschaft. Fühlte er sich in der Schule noch von den Mitschülern ausgeschlossen und nur durch seine Leistungen halbwegs toleriert, wurde er an der Universität voll anerkannt, und zwar von Jahr zu Jahr mehr. Das spornte ihn zu einem immer besseren Dienst an den Mitmenschen an. Darunter verstand er zunächst und zumeist ein »unbedingtes Vorbild sein«. Er mußte engagierter, liebevoller, opferbereiter sein als die anderen. Eine tiefe Befriedigung bedeutete für ihn das tägliche Näherrücken des Zieles. Ohne dieses hätte er wahrscheinlich nicht soviel im Studium geleistet. So aber fühlte er sich fast durchweg glücklich. Er konnte sich auf sein Studium konzentrieren wie kaum ein anderer. Als Beispiel wies er auf seine Vorbereitungszeit für das Vorexamen hin. Über Wochen arbeitete er mehrere Tage hintereinander 14 Stunden mit nur ganz wenigen und kurzen Essenspausen, bei denen er meistens auch noch las. Seine Noten im Vorexamen waren dementsprechend gut. Danach nahm er es etwas leichter, arbeitete aber trotzdem mehr als seine Studienkollegen. Sein Abschlußexamen war glänzend. Seine Dissertation wurde in Fachkreisen bald bekannt, und seine wissenschaftliche Karriere war danach fast eine banale Routine.

Es wäre also alles so gut weitergegangen, wenn nicht das tiefsitzende Minderwertigkeitsgefühl Frauen gegenüber gewesen wäre. Das wurde ihm anhand der geschilderten Szenen in der Behandlung zunehmend klarer. Auch begriff er nun, warum für seine Partnerwahl hauptsächlich ein Ordnungsprinzip ausschlaggebend war. Im Innersten saß nämlich die Furcht, sich an eine Frau verlieren zu können. Damit meinte er: Abhängigkeit von sexueller Lust. Wenn er diese bei einer schönen und attraktiven Frau kennengelernt hätte, wäre es um ihn, seine Arbeit und seine Zukunft geschehen gewesen. So mußte es nach dieser ersten Begegnung bei flüchtigen Abenteuern mit nicht allzu reizvollen, aber leicht zugänglichen Mädchen bleiben.

Diese Wunde konnte er jedoch lange Zeit durch seinen Lerneifer wie auch sein ideologisches Engagement in der Studentengruppe überdecken. Dadurch wurde seine Ohnmacht der Frau gegenüber verdrängt. Wie es dazu kam, das heißt warum die ideologische Neigung in der Pubertät so ausgeprägt war, lag an früheren Einflüssen, insbesondere an seinen komplizierten Beziehungen zu den Eltern. Der Vater hatte sich von einem kleinen Volontär zum Direktor eines Großbetriebs emporgearbeitet. So stolz er auch auf seine Leistung war, genießen konnte er sie nicht. Dafür sorgte seine Frau. Sie sammelte alte Kunstwerke, besuchte viele Konzerte und verachtete ihren Mann wegen seiner »banalen Tätigkeit«. Sie lebte zwar gern bequem und luxuriös – natürlich auf Kosten des Vaters –, verleugnete aber diesen Anspruch. »Wenn es nach mir ginge«, hatte sie den Kindern gegenüber oft erklärt, »würde ich lieber bescheidener, dafür aber in einem künstlerischeren Rahmen leben.« Den Kampf gegen diese Verlogenheit gab der Vater im Lauf der Jahre auf. Er identifizierte sich allmählich sogar mit der Frau in der Verachtung seiner Tätigkeit. Offenbar hatte er ein schlechtes Gewissen wegen seines Berufes. Von seiner Arbeit sprach er zu Hause fast nie.

Für die Niederlage bei der Mutter schien sich der Vater an ihm, dem ältesten Sohn, gerächt zu haben. Denn er verweigerte ihm – obwohl die Zeugnisse gut waren – zunächst den Eintritt in ein Gymnasium. Offensichtlich stand dahinter die Absicht, den Sohn so primitiv zu halten, wie die Mutter es mit ihm getan hatte. Erst als die Lehrer ihn mehrfach darauf hinwiesen, daß der Sohn für eine höhere Schule qualifiziert sei, gab er endlich nach. Die ersten Gymnasialjahre wurden für Fritz L. zu einem besonderen Problem. Er spürte, daß er durch das »Lateinlernen« über den Vater hinauswachsen könnte. Das aber hätte eine Aufhebung der Bindung an ihn bedeuten können. Nach seinen Angaben hätte er sich sogar gefreut, wenn er sitzengeblieben wäre, »denn dadurch hätte ich den Vater wiedergewonnen«. Dieser Konflikt löste sich anscheinend mit 14 oder 15 Jahren. In der Schule konnte er besser lernen als die anderen. Die heftigen Angstanfälle der letzten Jahre verschwanden. Die Noten waren gut. In seiner Studienzeit hoffte er, durch bessere Erfolge den Vater innerlich zu versöhnen. Diese Hoffnung trog insofern, als hinter einem äußeren Verstehen der innere Riß bestehen blieb. Seine enttäuschenden Beziehungen zeigten sich im folgenden Traum in drastischer Verkürzung: »Ich bin in einem dunklen Zimmer, das ich als Kind bewohnte. Mein Vater steht mit zürnender Miene vor mir und hält mir eine Strafrede. Dabei zeigt seine Hand mit dem ausgestreckten Zeigefinger nach unten, um anzudeuten, daß er mich demütigen will. Ich kniee vor ihm und jammere um seine Gnade.«

Die problematische Beziehung zum Vater hatte ihre Konsequenzen. Sie zeigten sich insbesondere darin, daß der Sohn sich nicht richtig zum Mann entwickeln konnte. Er fand in der Pubertät nicht seine Geschlechtsidentität und war somit nicht in der Lage, den Schritt in die Intimität mit dem anderen Geschlecht phasengerecht zu vollziehen. Er ging den Mädchen aus dem Weg. Wo das nicht zu vermeiden war, war er gehemmt und verlegen. Zum ersten Sexualverkehr mußte er in einem relativ fortgeschrittenen Alter von der Partnerin überlistet werden. Das Nicht-Mann-sein-Können reflektiert deutlich die elterliche Beziehung, in der die Mutter die Stärkere war und den Vater zwang, sich ihren Anschauungen anzupassen. Das haben wir an dieser Skizze lediglich auf dem Berufssektor nachgezeichnet. Es war aber auch in anderen Lebensbereichen so, etwa dem des Planens, des Geschmacks, der Beurteilung von Konzert und Theater.

Für die Ausbildung der ideologischen Haltung sind der Konflikt mit den Eltern und seine Folgen von ausschlaggebender Bedeutung. Der Sohn kompensierte seine männliche Schwäche in der Studienzeit mit einer beeindruckenden Ausgestaltung ideologischer Charakterzüge. Er mußte »in jeder Hinsicht Vorbild sein«, was er – subjektiv gesehen – auch erreicht zu haben glaubte. So konnte er sich über die anderen erheben und seine Stärke demonstrieren. Was im Innern immer noch schwach war, wurde durch die genaue Befolgung religiöser Vorschriften, durch Lehren und Bekehrenmüssen, kurz, durch eine ideologische Haltung in Stärke verwandelt. Während der echte Glaube aus einer leisen, unaufdringlichen Innerlichkeit lebt, braucht der Ideologe den äußeren Auftritt, den Machtbeweis, die kämpferische Distanz zum Andersdenkenden*.

------

* Die Unterschiede zwischen gläubiger und ideologischer Haltung habe ich an anderer Stelle durch folgende Merkmalsliste zu demonstrieren versucht (1971):

Ideologie	Glauben
1. Weltanschauung wird missionarisch vertreten – Hang zum Predigen und Belehren.	Weltanschauung wird unaufdringlich gelebt.
2. Intoleranz anderen Weltanschauungen gegenüber.	Toleranz gegenüber anderen Weltanschauungen.
3. Andere Weltanschauungen werden grundsätzlich abgewertet.	Man ist bereit, auch in anderen Weltanschauungen etwas Gutes zu sehen und sogar von ihnen zu lernen.
4. Starres Befolgen äußerer Gesetze und Vorschriften – autoritär bestimmtes Gewissen.	Flexible, von einem verinnerlichten Gewissen getragene Einstellung zu äußeren Geboten.
5. Enge des sittlichen Bewußtseins. Tendenz zum Rigorismus.	Sittliches Bewußtsein ist weiter. Tendenz zur Weitherzigkeit.
6. Überlegenheitsgefühl über andere, besonders über Mitglieder anderer Weltanschauungen.	Gleichheitsgefühl mit anderen, auch solchen anderer Weltanschauungen.
7. Hang zu Besserwisserei und Rechthaberei.	Fähigkeit, auf den anderen zu hören und von ihm zu lernen.
8. Empfindlichkeit gegenüber Kritik an eigener Person.	Bereitschaft zur Einsicht der eigenen Schuld.

Für das innere Gleichgewicht kann eine solche Haltung, wie unser Beispiel lehrt, von größter Bedeutung sein. Sie legte bei unserem Patienten den Grund für einen konsequenten Fleiß im Studium und die Leistungen im späteren Beruf. Dort wurde er wegen seiner Ausdauer, Konzentrationsfähigkeit und Frustrationstoleranz allgemein gelobt. Ihm schien es nichts auszumachen, wenn vier oder fünf zeitraubende Experimente nicht den erwarteten Erfolg brachten. Er probierte, veränderte, stellte um, kombinierte, bis er schließlich die Lösung hatte. Weder die versteckten noch die offenen Feindseligkeiten seiner Kollegen schienen ihn zu berühren. Er glaubte, wie er in der Behandlung beschrieb, mit nachtwandlerischer Sicherheit an seine »Bestimmung«, in seinem Fach etwas Großes zu leisten. Schließlich hat dieser Glaube sich auch bewahrheitet. Er wäre vermutlich weiterhin so schöpferisch gewesen, wenn nicht in dem jahrelangen Nahkontakt der Ehe die alte Wunde wieder aufgebrochen wäre. Hier erlebte er, daß er »eigentlich nichts sei«. Seine wissenschaftlichen Leistungen und sein bis zum Schluß unanfechtbarer Ruf unter Kollegen konnten nicht sein Unvermögen als Mann kompensieren. Er lehnte sich – so wie er es anhand eines Traumes berichtete – »winselnd und jammernd« an die Brust seiner Frau. Sie mußte ihm Kraft und Macht geben.

Diese Konstellation hätte schon früher zu einer Depression oder zu bestimmten körperlichen Symptomen geführt, wenn er nicht noch einmal den Weg versucht hätte, der schon in seiner Jugendzeit aus Not und Bedrängnis herausgeführt hatte, nämlich den der Ideologie. Nur wurde diese nicht mehr in der Religion, von der er sich allmäh-

---

9. Tendenz zu Konflikten mit Vorgesetzten.	Vorgesetzte können trotz Fehler akzeptiert werden.
10. Distanzierte Einstellung zum Mitmenschen. Tendenz zum Sonderling.	Mitfühlende Einstellung zum Mitmenschen. Gute Kontaktfähigkeit.
11. Kontakt wird hauptsächlich über die gemeinsame Weltanschauung hergestellt. Hierdurch kann starker Kontakt erreicht werden.	Kontakt wird vorwiegend über konkrete Situationen hergestellt.
12. Schwierigkeiten im emotionalen Nahkontakt (besonders in der Ehe).	Befriedigende Nahkontakte (besonders in der Ehe).

lich entfernt hatte, sondern in der Wissenschaft betätigt. Dafür muß-te er aus seinem Labor ausziehen, Beweis und Experiment verlassen, um auf dem »Markt« vor zahlreichem Publikum seine »Wahrheiten« zu verkünden. Die Sucht nach lauter und dröhnender Resonanz zwang ihn zu immer gewagteren Schlußfolgerungen, die man längst nicht mehr als Wissenschaft, geschweige als schöpferische Wissen-schaft bezeichnen konnte. Aber in seiner Not, bei seiner Lebensge-schichte konnte er sich keine kreativen Lösungen mehr leisten. Das Risiko, auch in der Wissenschaft trotz seiner Anfangserfolge zu schei-tern, war zu groß. Das Publikum, das er jetzt brauchte, suchte zwar sein wissenschaftliches Image, die Gestalt des großen Forschers, konnte aber mit wissenschaftlicher Genauigkeit und Zurückhaltung nicht viel anfangen. Möglichst eingängige und dramatische Halb-wahrheiten mußten her. Daß ein solcher Ausweg nur vorübergehend helfen konnte, sieht man an dem weiteren Verlauf. Die schwere De-pression – und damit die totale Berufsunfähigkeit – ließ nicht lange auf sich warten. Damit veranschaulicht dieser Fall nicht nur einige wesentliche Entstehungsbedingungen ideologischer Haltung. Er weist auch auf Zusammenhänge zwischen Depression und Ideologie hin. Das trifft nicht nur auf die neurotischen Depressionen unseres Beispiels zu. Es läßt sich auch im Verlauf von zyklothymen Depres-sionen gelegentlich nachweisen wie im folgenden Fall:

Eine 44jährige Frau hatte vor Aufnahme ihrer psychoanalytischen Behandlung mehrere Phasen endogener Depression durchgemacht, dabei zwei schwere Suizidversuche unternommen. Nach einer ersten Phase, im 34. Lebensjahr, lernte die bis dahin betont strenge Prote-stantin eine katholische Freundin kennen. Nach einigen Wochen der Bekanntschaft konvertierte sie. Der Umgebung fiel auf, daß sie viel katholischer war als der Durchschnittskatholik. Sie selbst berich-tete in der Analyse, wie ernst und genau sie die Vorschriften ihrer Kirche genommen habe. Außer den gebotenen habe sie sich noch eine Anzahl zusätzlicher asketischer Übungen auferlegt, um – wie sie betonte – ihren Glauben besser und vollkommener als andere zu le-ben. Sie gab nicht eher Ruhe, bis auch ihr Ehemann und die damals 18- und 22jährigen Kinder konvertierten. Ihren Glauben empfand sie als Schutz gegen weitere Depressionen. Ihre Enttäuschung war groß, als sie mit 42 Jahren für ein halbes Jahr wieder depressiv erkrankte.

Nach der Phase gab sie ihren Katholizismus so schnell auf, wie sie ihn angenommen hatte. Sie schloß sich einer Sekte an, die ein besonders aufgeklärtes Christentum ohne konfessionelle Bindungen vertrat. Sie wurde auch hier wieder ein sehr überzeugungstreues Mitglied dieser Gruppe, bis sie sich kurz vor der Aufnahme der Therapie in einen anderen Mann verliebte. Sie litt sehr unter dem Zwiespalt zwischen Ehemann und Geliebtem. In dieser Unsicherheit kam sie in die Behandlung.

Wie dieses Beispiel lehrt, können im depressionsfreien Intervall bei zyklothymen Kranken ideologische Haltungen beobachtet werden. Der Inhalt einer Ideologie ist – psychodynamisch gesehen – relativ irrelevant. Man kann von einer Lehre zur anderen wechseln, ohne die ideologische Haltung aufgeben zu müssen. Dieser Faktor wird häufig zu wenig berücksichtigt. Der inhumane Kommunist ist ebenso bekannt wie der lieblose Christ. Beiden gleich aber ist die ideologische Haltung.

Ideologische Haltungen bei Erwachsenen können sich aber nicht nur im Umfeld von Depressionen verfestigen bzw. entwickeln. Sie können auch dazu dienen, extreme Belastungen besser zu ertragen, wie ich bei der schon erwähnten Untersuchung an ehemaligen KZ-Häftlingen feststellen konnte. Dabei ergaben sich folgende, für unser Thema wichtige Befunde: 1. Bei Beginn der Verfolgung zeigten die Ideologen ausgesprochenen Mut. Sie wagten mehr als die Nichtideologen und zeigten wenig Angst vor einer eventuellen Inhaftierung. 2. Im Konzentrationslager schlossen sich die Ideologen nur mit Gleichgesinnten zusammen, wenn sie es nicht überhaupt vorzogen – wie zum Beispiel einige stark schizoide Persönlichkeiten –, sich völlig zu isolieren. Sie berichteten alle, daß ihr Glaube bzw. ihre politische Überzeugung ihnen die Kraft zum Überleben gegeben hätte. 3. Nach der Befreiung zeigten die Ideologen keine schweren psychischen Störungen, außer gelegentlichen Erschöpfungszuständen unterschiedlicher Stärke und Dauer. Objektiv waren sie sehr isoliert und mißtrauisch, was sie selbst allerdings nicht als Symptom, sondern als adäquate Reaktion auf die KZ-Zeit erlebten. 4. Ihre Aggressionen richteten sich weniger gegen konkrete Personen als gegen anonyme Machthaber, das System oder die Deutschen. Damit kommt auch im Bereich der Aggressionsäußerung der Hang des Ideologen zur abstrakten, utopischen Wirklichkeit zum Ausdruck unter Vernachlässigung der konkreten, empirisch prüfbaren Realität.

Ein ideologisch gestalteter Glaube kann also zur größeren Tragfähigkeit von Belastungen beitragen, aber nur auf Kosten mitmenschlichen Kontaktes. Hinter dem ethischen Rigorismus und der dogmatischen Intoleranz des Ideologen verbergen sich Aggressionen, die ein Miteinander ausschließlich in der Gruppe von Gleichgesinnten, den »Reinen und Rechtgläubigen« zulassen. Die Andersgesinnten sind Fremde, ja Feinde, gegen die sich die Aggressionen ungehemmt austoben können. Ungehemmt deswegen, weil das Über-Ich die Ablehnung, ja die Verfolgung der »Parteifeinde« gebietet. Aggression als sittliche Pflicht! Isolation als Preis der Ideologie!

Gerade die Isolation würde man aber auf den ersten Blick bei Ideologen nicht vermuten. Denn eines ihrer am lautesten verkündeten Glaubens- und Parteibekenntnisse ist der Einsatz für die anderen, wer immer die anderen auch sein mögen. Ob ideologisierter Kommunist oder Christ, ob Liberaler oder Faschist: Jeder von ihnen hat nur das Wohl der anderen im Munde; von seinem eigenen spricht er nicht. Mit gutem Grund. Denn dieses ist der eigentliche, aber nicht akzeptierte und daher unbewußte Motor der eigenen ideologischen Haltung. Man braucht die Ideologie, um seine Gemeinschaftsunfähigkeit und damit seinen Haß gegen die anderen ungestört ausleben zu können. Dieser Haß ist nicht die Konsequenz der von den Verhaltensforschern betonten Ablehnung alles Fremden. Er ist vielmehr der individuelle Ausdruck einer nicht erreichten Geschlechtsidentität und damit eines Ausweichens vor der Intimität mit dem anderen Geschlecht. Eine solche »Krise« läßt sich beim Tier nicht beobachten. Hier besteht Intimität – wenn es sie überhaupt im analogen Sinne gibt – im sexuellen Kontakt und entsprechenden Bindungsverhalten. Beim Tier läßt sich die Unsicherheit darüber nicht feststellen, ob es mit seinen Phantasien und Idealen von dem »Intimpartner« anerkannt wird. Oder anders ausgedrückt: Menschliche Intimität besagt mehr als sexuelles Verhalten. Dieses kann sogar sehr veröffentlicht ablaufen. Um sich mit einer Person des anderen Geschlechts intim zu vereinigen, muß man sich seiner Intimfähigkeit sicher sein. Wer im Innersten etwa fühlt, er würde lieber mit einer Person des gleichen Geschlechts intim werden, oder wer den Eindruck hat, das körperlichseelische Zusammensein sei nur notwendiges Übel und entspreche nicht seinem Wesen, hat noch nicht seine Geschlechtsidentität voll gefunden. Das ist häufiger der Fall, als man aufgrund des heutigen Verständnisses von Intimität erwarten würde. Denn die exhibitionistischen Sexualbefreier erwecken bei Nichtfachleuten den Eindruck einer besonderen Sicherheit ihres Geschlechtsbewußtseins. Das Gegenteil ist der Fall. Sie wären nicht so veröffentlichungssüchtig, wenn sie sich ihrer Geschlechtsrolle sicher wären. Weil sie im Innersten nicht spüren, ob sie Mann oder Frau sind, verzichten sie weitgehend auf Intimität und verwischen auch nach außen, zum Beispiel durch Gebärden und Mode, ihre Geschlechtsunterschiede.

Die Gefahren dieser Geschlechtsentdifferenzierung liegen da, wo man sie nicht vermutet: in der Unfähigkeit zur Gemeinschaft. Das Gegenteil würde man nämlich annehmen bei einer Jugend, die besonders akzentuiert von Gemeinschaftsaufgaben spricht und alle überkommenen Trennwände abzubauen wünscht. Bekenntnisse zur Gemeinschaft sind aber etwas anderes als Gemeinschaftsfähigkeit im emotionalen Sinne. Die gefühlsmäßige Isolation hat viele Gesichter. Eines davon ist die Ideologie.

Als ein extremes, weithin bekanntes Beispiel kann auch hier Hitler dienen. So unvollständig das Wissen über sein Sexualleben ist, so sicher ist, daß er trotz sexueller Aktivitäten mit dem anderen Geschlecht nie eine volle und befriedigende Geschlechtsidentität gefunden hat. Im Innern war er teilweise Frau, jedenfalls passiv und gefügig. Seine martialischen Gebärden können darüber nicht hinwegtäuschen. Die mangelnde Geschlechtsidentität ist eine der entscheidenden Quellen für sein Sonderlingsdasein. Bevor er der große Führer wurde, der nur mit seinem Volk verheiratet sein konnte, war er der vagabundierende, tagträumende Spinner, unfähig, seine Intimität mit der Intimität einer Partnerin zu verbinden. Damit aber blieb er gemeinschaftsunfähig, ein Abgesonderter, der seine tiefe Enttäuschung über sein Versagen in wütenden Haß gegen die anderen verwandelte. Zunächst konnte er ihn noch ideologisch verbrämen – sein Rassenwahn war die Achse der Ideologie. Als er aber sah, daß nicht die »Herrenrasse« siegte, blieb nur noch der Haß gegen alle, auch gegen seine »Geliebte«, nämlich sein eigenes Volk. »Die sind meiner nicht wert«, so sprach sein Bewußtsein; ein fataler Trost für die tiefersitzende und richtige Formel: »Ich bin ihrer nicht wert.«

Das Beispiel Hitler kann wegen der extraordinären historischen Bedingungen nicht darüber hinwegtäuschen, daß die Beziehungen zwischen Isolation und Aggression gar nicht so selten sind. Sie sind vielmehr alltäglich, wie etwa folgender, sinngemäß wiedergegebener Selbstbericht eines Politikers verrät: »Als führendes Mitglied meiner Partei war ich zu einem Empfang geladen, an dem zahlreiche Prominente aus den verschiedensten Bereichen des öffentlichen Lebens teilnahmen. Nach vielen Reden gab es ein delikates und reichhaltiges Buffet. Ich unterhielt mich mit vielen Parteigenossen, aber auch zahlreichen anderen Bekannten. Im Laufe des Abends stieg trotz meiner äußeren Kontakte ein Isolationsgefühl in mir auf. Ich konnte mich weder an den leckeren Speisen noch der schönen Garderobe der Damen oder irgend etwas anderem freuen. Ich schloß mich innerlich immer mehr ab. Wut stieg in mir hoch. Erst war es nur im Inneren. Dann machte ich auch vor Parteigenossen bestimmte Andeutungen über diese Vergeudung aus Steuergeldern. Hätte man nicht die Mittel für diesen lächerlichen Empfang besser einem Krankenhaus oder Altenheim zuführen sollen? Sie meinem Gesprächspartner aus der eigenen Partei stieß ich auf kein Verständnis. Um wieviel weniger wäre das bei Parteigegnern der Fall gewesen. Diese erschienen mir jetzt als besonders verachtenswerte kapitalistische Bonzen: Es wird Zeit, daß diese Burschen durch den Sozialismus hinweggefegt werden. Am liebsten hätte ich sie im Saal öffentlich angegriffen, wie ich es auf Wahlveranstaltungen oft getan hatte. Schließlich konnte ich es nicht mehr aushalten und landete allein in einer Bar.« Dieser Ausschnitt zeigt in verkürzter Form die Beziehung zwischen Isolation, Aggression und Ideologie.

Das führt zu unserem Generalthema zurück: Wie läßt sich das Verhältnis der Kreativität zur Ideologie bestimmen? Zunächst einmal kann ein Ideologe durchaus auf bestimmten Gebieten und in bestimmten Lebensabschnitten kreativ sein. Die Isolation disponiert ihn insofern dazu, als sie nach allen bisherigen empirischen Untersuchungen eine gewisse Voraussetzung für kreative Leistungen ist. Die großen Genies waren nicht selten von der Gemeinschaft isoliert, ja sie lebten oft in besonderem Gegensatz zu ihr. Nur in der von innen heraus notwendigen Isolation sahen sie in sich Wege zu Lösungen, die die anderen, die Gemeinschaftsfähigen, nicht gefunden hatten. Die Kreativitätshemmung ergibt sich somit meistens nicht am Anfang einer bestimmten Laufbahn, sondern erst später, wenn die mit der Isolation einhergehende mangelnde Aggressionsverarbeitung zu einer immer stärkeren Gemeinschaftsunfähigkeit wird. Wenn der Betreffende dann nicht die Möglichkeit hat, seine Aggressionen »operotrop«, das heißt sozusagen von Amts wegen auszuleben, zum Beispiel als Politiker, der professionell gegen die andere Partei sein muß, wird sich der Drang zur Ideologisierung verstärken. Dadurch werden schöpferisches Tun und Denken immer geringer. Die Suche nach neuen Lösungen wird ersetzt durch sozial akzeptable, dem eigenen Ich verborgene Befriedigungen der eigenen Aggression. Die Wahrheit muß von möglichst vielen Stellen und bei jeder Gelegenheit verkündet werden – das kostet Kraft und Zeit –, man stößt die anderen aber »gebührend« vor den Kopf.

Es ist leicht, solche Verhaltensweisen an anderen festzustellen und zu verurteilen – zum Beispiel beim missionarischen Sektierer an der Straßenecke –, aber schwer, ideologische Tendenzen an der eigenen Person zu konstatieren. Das ist meist erst in der psychoanalytischen Behandlung im vollen Umfang möglich. Dieser charakteristische Zug ist nicht selten das Merkmal, welches man als Therapeut lange Zeit unbesprochen und unbearbeitet stehenläßt. Eine zu frühe Konfrontation würde die Abwehr mobilisieren. Aber selbst bei zeitgerechter Behandlung der ideologischen Haltung kommen die wenigsten Patienten an einer Depression vorbei. So geriet etwa der zuletzt genannte Politiker in eine völlig unerwartete Depression. Er konnte dafür keinen plausiblen Grund nennen. Einige Wochen nach Beginn der mit Appetitlosigkeit, Arbeitsunlust und Schlaflosigkeit einhergehenden Verstimmung berichtete er, daß er schon seit einiger Zeit immer weniger Freude an der Parteiarbeit habe. Er wurde stutzig, als er zum erstenmal bei seiner Tätigkeit den Eindruck hatte: »Das ist doch immer dasselbe, was du hier erzählst.« Ein eigenartiges Ekelgefühl befiel ihn. Er mußte sich einreden, daß seine Arbeit notwendig war. Kein anderer brächte soviel Kraft und Zeit auf wie er. Außerdem könnte er seine Anhänger und Genossen nicht im Stich lassen. Schließlich nahm er sogar an, daß die Zukunft für Deutschland schlecht aussähe, wenn er jetzt feige seinen Posten verließe: »Wenn alle so dächten wie ich, gäbe es überhaupt niemanden, der sich für den anderen einsetzen würde.«

Diese und andere Beschwichtigungen halfen nichts. Er zweifelte an dem, was er bisher geglaubt hatte und für die einzig richtige politische Maxime hielt. Die alten Beweise kamen ihm schal vor, neue aber fand er nicht. Der Grund für die Depression war nicht der Verlust des »Gebäudes seiner Ideen«, sondern – in einer tieferen Schicht – die Unmöglichkeit, andere Menschen anzugreifen. Folgender Traum war hierfür eine Leitidee: »Ich sitze mit meinem Vater in einem großen, mir unbekannten Raum. Anfangs habe ich Angst, daß er mich aus irgendeinem Grunde schlägt. Er tut es aber nicht, sondern ist selbst ganz traurig und fängt plötzlich an zu weinen. Das kam mir komisch vor, weil ich meinen Vater nie habe weinen sehen. In diesem Augenblick spürte ich eine große Nähe zu ihm und vergaß alle seine Grausamkeit.«

Was für unser Problem bedeutungsvoll ist und über das Einmalige dieser Lebensgeschichte hinausweist, ist die Tatsache, daß der Ideologe mit seinem Haß bei einer früheren Beziehungsperson stecken bleibt. In diesem Traum ist es der Vater. Er wird als der Gebrochene und Schwache erlebt – er weint, was er in Wirklichkeit nie tat – und kann daher trotz seiner dem Kind oft zugefügten Grausamkeiten nicht angegriffen werden. Der Haß erstreckt sich bis zur Lösung dieses unbewußten Problems vorwiegend auf Allgemeines und Abstraktes, wie etwa »die Kommunisten« oder »die Amerikaner«, nicht aber auf konkrete Personen. Solange diese Konstellation besteht, bleibt er trotz aller Wut und Aggression gegen irgendein System oder eine Gruppe derjenige, der dem Vater unterlegen ist. So ist es auch nicht verwunderlich, daß wir in der Untersuchung über ehemalige KZ-Häftlinge bei den ideologischen Persönlichkeiten eine problematische Beziehung zum Vater fanden. Dieser wurde häufig als einseitig, eng, verschlossen, streng und autoritär beschrieben.

Für das Thema der Kreativität ist aber noch entscheidender, daß sich diese Abhängigkeit bei allen Ideologen, auch bei den ideologisierten Wissenschaftlern, in einer bestimmten Autoritätsabhängigkeit zeigt. Oft geht diese Abhängigkeit weit über die Vertretung gleicher Maximen hinaus. Sie kann etwa zu einer Nachahmung der Karriere des »Meisters« und dann zu schweren Depressionen führen, wenn die Nachfolge von außen verhindert wird. So mancher, der nicht auf denselben Stuhl zu sitzen kam wie sein Lehrer, hat sein Leben als verpfuscht empfunden.

Rückblickend läßt sich bei unseren Überlegungen über das Verhältnis zwischen Ideologie und Kreativität folgendes resümieren: Wenn auch die ideologische Haltung keineswegs in allen Phasen schöpferische Tätigkeit ausschließt, so blockiert sie doch auf die Dauer das Suchen und Finden neuer Lösungen wegen ihrer Tendenz zur Isolation, Autoritätsabhängigkeit und Aggressionshemmung. Aggression wird bei einer solchen Konstellation nicht in schöpferische Tätigkeiten umgewandelt. Sie bleibt am alten, introjizierten Objekt haften, das sie mit Hilfe einer ideologischen Haltung bekämpft. Von diesen persönlichkeitsbedingten Ideologien sind die Modeideologien nur graduell zu unterscheiden. Ihre Anhänger zeichnen sich durch Bequemlichkeit, Angst und den Willen aus, unter allen Umständen zu den Mächtigen und »Angebern von Tönen« zu gehören. Sie fürchten nichts mehr als die Kritik der meisten und vielen. Innerlich ohnmächtig, streben sie nach Macht, die sie nicht durch ihre schöpferische Leistung, sondern nur durch den Zusammenschluß von Gruppen zu erreichen hoffen.

Macht aber wirkt nicht nur in Form von Modeideologien auf die Kreativität. Sie hat vielerlei und heute noch zu wenig reflektierte Beziehungen zum schöpferischen Leben. Von ihnen seien wenigstens einige im folgenden Kapitel dargestellt.

VI. Macht, Status und Kreativität

1. Gebrauch und Mißbrauch von Macht

Die Beziehung zwischen Macht, Status und Kreativität ist kein neues Problem. Es tauchte schon früher auf, auch wenn man seinerzeit nicht von Kreativität sprach. Die Frage nach dem »richtigen« Gebrauch der Macht war immer akut, besonders dann, wenn Macht und Status disponibel wurden. Zwei historische Beispiele mögen für andere stehen.

Das historisch bekannteste Exempel dürfte ›Il principe‹ von Niccolo Machiavelli sein. Das Buch ist um 1510, also in der Renaissance, einer Zeit des Umbruchs, geschrieben. Der Universalienstreit, der das ganze Mittelalter philosophisch in Atem hielt, endete mit einem Sieg der Nominalisten. Existierte bis dahin der Mensch vorwiegend als Allgemeinwesen, zum Beispiel als Deutscher, Fürst, Bauer oder Bischof, betrat nun das Individuum den Weg in seine Rechte. Es wurde ein langer und mühseliger Weg, nicht zuletzt wegen des immer erneut gestellten Anspruchs auf Macht. Von ihr fiel dem einzelnen damals noch nicht viel zu, es sei denn, er war Fürst. Er konnte Macht gewinnen, erweitern, erhalten, aber auch verlieren. Ihm gibt Machiavelli seine Ratschläge über den wirkungsvollsten Gebrauch von Macht. Er versucht, empirisch vorzugehen. Seine Ansichten begründet er mit Beispielen aus der antiken Geschichte und seiner Gegenwart.

Die zentrale These Machiavellis lautet: Nur der Fürst hat Erfolg, der für das emotionale Spektrum der Untertanen sensibel genug ist, um sein eigenes Verhalten darauf abzustellen. Menschenkenntnis ist die wichtigste Voraussetzung für den »kreativen« Gebrauch der Macht. Wie aber ist der Mensch nach Machiavelli? Im Prinzip schlecht. Er ist »undankbar, wankelmütig und heuchlerisch . . . voll

Angst und Gefahr, voll Gier nach Gewinn«, feige und anfällig für den Schein. Das muß der Fürst erkennen, um so in der Lage zu sein, auch seinerseits moralisch schlecht zu handeln. Kann er es nicht, verliert er seine Macht. Das bedeutet nicht nur seinen Untergang, sondern auch Chaos und Unordnung für das Gemeinwesen. Zu welchem Verhalten rät Machiavelli in konkreten Situationen? Ein Fürst nimmt einen Staat in Besitz. Dabei muß er Gewalttaten begehen. Ist es zweckmäßiger, sie auf einen Schlag auszuführen oder aber über einen längeren Zeitraum zu dosieren? Die Antwort: Kurz und hart zuschlagen. Diese Gewalttaten werden leicht vertragen und schnell vergessen, wenn keine neuen folgen. Aus dem gleichen Grund sind Wohltaten über einen längeren Zeitabschnitt zu verteilen. Soll ferner der Fürst eher nach der Liebe oder Furcht seiner Untertanen trachten? Machiavellis Rat: Furcht sichert die Macht besser als Liebe: »Denn das Band der Liebe ist die Dankbarkeit, und da die Menschen schlecht sind, zerreißen sie es bei jeder Gelegenheit um ihres eigenen Vorteils willen; das Band der Furcht aber ist die Angst vor Strafe, die den Menschen nie verläßt.«

Damit die Autorität des Fürsten in Friedenszeiten nicht abnimmt, soll er »mit List sich Feinde schaffen, damit er durch ihre Überwindung seinen Ruhm vergrößere«. Die Furcht der Untertanen erhält einem Fürsten die Macht, ihr Haß gefährdet sie. Und hassen werden sie ihn, wenn er sich an ihrem Eigentum vergreift: »Denn die Menschen vergessen schneller den Tod ihres Vaters als den Verlust des väterlichen Erbes.« ›Il principe‹ mag vieles enthalten, was letztlich Ausdruck einer tiefsitzenden Angst vor der Schlechtigkeit der Menschen ist. Andererseits bleibt der Ratschlag gültig, daß der Herrschende seine Macht auf die Dauer nur behaupten kann, wenn er die Wirkung seiner Persönlichkeit auf die Menge realistisch beurteilt. Machiavelli folgert hieraus: Die Eigenschaften, die man von ihm erwartet, muß ein Fürst nicht unbedingt besitzen, er muß sie nur vortäuschen können. Der Schein ist wichtiger als die Realität, das Image eines politischen Führers entscheidender als seine tatsächliche Qualität. (Man könnte annehmen, es hätte schon damals Fernsehen, Presse und Werbeberater gegeben.)

Etwa drei Jahrhunderte nach Machiavelli bietet sich ein zweiter Schnitt für unseren historischen Rückblick über das Verhältnis von

Macht und Kreativität an. Die Französische Revolution gab das Signal zum radikalen Umbau der Machtverteilung. Es ging nicht mehr um den Machtgebrauch einiger weniger, sondern um den der vielen. Was würde die Menge, was der einzelne Bürger mit der ihm zugefallenen Macht anfangen? Würden sich die Prinzipien der Gleichheit und Freiheit aller überhaupt miteinander vereinbaren lassen? Exemplarisch sind die Überlegungen von Alexis de Tocqueville in seinem Buch ›Über die Demokratie in Amerika‹. Er studierte während eines Aufenthaltes in der Neuen Welt (1831/32) die Auswirkungen der herrschenden Demokratie auf die Gesellschaft und den einzelnen. Er bejaht die Absicht der Verfassungsväter, die Macht zu teilen und gegenseitig zu kontrollieren. Diesen Grundsatz sieht er jedoch durch die prinzipiell mögliche Wiederwahl des Präsidenten unterhöhlt. Er schreibt: »Ränke und Bestechlichkeit sind natürliche Gebresten wählbarer Regierungen. Ist aber das Staatsoberhaupt wieder wählbar, breiten sich diese Laster unbegrenzt aus und gefährden das Leben des Landes selbst ... Wer den üblichen Gang der Geschäfte in den Vereinigten Staaten verfolgt, muß unweigerlich erkennen, daß der Wunsch, wiedergewählt zu werden, das ganze Denken des Präsidenten beherrscht; daß die ganze Politik seiner Verwaltung diesem Punkt zustrebt; daß sein Tun sich diesem Ziel unterordnet, daß insbesondere mit dem Herannahen des Augenblicks der Krise sein persönliches Interesse das des allgemeinen Wohls verdrängt.«

Stark beeindruckt ist der Franzose von der unter Freiheit und Aussicht auf Gleichheit entfesselten Aktivität der Menschen. In der neuen Staatsform kann sich eine weitaus größere Zahl von Menschen besser entfalten als unter den Bedingungen des europäischen Obrigkeitsstaates. Hier wird der Bürger vom Beamtenapparat »verwaltet« und erhält keine Chance, seine Kräfte unter Beweis zu stellen. Der Amerikaner dagegen – so beobachtet Tocqueville – lernt selbständig denken und handeln. Dank fest verwurzelter Meinungs- und Vereinigungsfreiheit kann er seine Fähigkeiten sinnvoll durch die anderer ergänzen. Da er das Schicksal der Gemeinschaft mitgestalten kann, entwickelt er eine echte Liebe zu seinem Vaterland.

Allerdings hat Amerika weit weniger hervorragende Wissenschaftler und Künstler hervorgebracht als vergleichbare Kulturnationen. Eine der Ursachen sieht Tocqueville in der Tyrannei des Mehrheitsprinzips, das »das Denken mit einem erschreckenden Ring« umspanne und Freiheit im Sinne eines Ausbruchs aus der Mittelmäßigkeit unterdrücke. Große Leistungen sind im Widerstand möglich, aber nicht unter der Diktatur der Vielen – man kann auch sagen: der Mode, wie es im vorhergehenden Kapitel beschrieben wurde. Wörtlich heißt es bei Tocqueville: »Die Inquisition hat nie verhindern können, daß in Spanien religionsfeindliche Bücher in größter Zahl Verbreitung fanden. Die Herrschaft der Mehrheit macht das in den Vereinigten Staaten besser: Sie erstickt sogar den Glauben an die Veröffentlichung.«

Mit Skepsis beobachtet Tocqueville, welche Auswirkung die Fata Morgana der Gleichheit auf den einzelnen hat. Dem Bürger erscheint alles »machbar«, er überschätzt seine Kräfte und verfällt in »einen zugleich lebhaften und schwächlichen Ehrgeiz«, der auf rasche und schnelle Erfolge ohne große Anstrengungen abzielt. Im Literarischen trifft man daher mehr kleine Schriften als große Bücher, mehr »Geistvolles als Gelehrtes«. In der Wissenschaft sucht man nach allgemeinen Begriffen, um sich nicht mit den Einzelfällen befassen zu müssen. In der Bildhauerei errichtet man keine Bronze-, sondern nur noch Gipsstatuen. Tocqueville ist sich darüber im klaren, daß die Demokratie sich überall ausbreiten wird. Er sieht jedoch die Diskrepanz zwischen den hochgespannten Erwartungen und der Realität, wie sie sich um die Mitte des 19. Jahrhunderts ihm darbietet: »Dieselbe Gleichheit, die jedem Bürger weitgespannte Hoffnungen erlaubt, macht sämtliche Bürger als einzelne schwach. Sie schränkt ihre Kräfte von allen Seiten ein, derweil sie gleichzeitig die Erweiterung ihres Begehrens zuläßt.« Mit anderen Worten: Macht für alle macht den einzelnen schwach und hungrig nach mehr Macht.

Seit Tocquevilles Tagen hat sich der Kreis der an der Macht Interessierten vergrößert. Fast täglich werden in den Massenmedien Fragen des Machtgebrauchs in der Politik behandelt. Wer drängt zur Macht? Welche Motive bewegen einen Menschen, Politiker zu werden? Vorwiegend solche der Verlegenheit? Wieviel Macht benötigt ein Minister zur schöpferischen Ausübung seines Amtes? Welcher Politiker kann Macht vertragen, ohne sie zu mißbrauchen? Sind alle Methoden der Machtgewinnung gleich gut hinsichtlich ihres kreativen Effekts? Woran läßt sich ein optimales Verhältnis zwischen realer Macht und Machtfähigkeit feststellen? Schadet es der politischen Kreativität, wenn ein Mächtiger nicht den richtigen Status hat? Sind Ehrungen die wichtigsten Prämien, die ein Politiker erwartet, oder versieht er sein Amt aus Freude an der Sache?

Solche und ähnliche Fragen werden heute offen diskutiert, jedenfalls offener, als es früher üblich war. Noch Napoleon konnte schreiben: »Jeder, der herrscht, befiehlt nicht in seinem eigenen Interesse, sondern im Interesse seiner Untertanen.« Selbst wenn Napoleon daran geglaubt haben sollte: Heute werden solche Sätze nicht unbesehen und grundsätzlich akzeptiert. Man ist eher geneigt, das Gegenteil anzunehmen. Man wäre geradezu überrascht, wenn etwa Nixon oder Breschnew behaupteten, sie herrschten nur wegen der Interessen ihrer Untertanen, nicht aber im eigenen Interesse. Machiavelli und seine Zeit stellten die Macht nicht in Frage. Es ging um die optimale Technik zu deren Erringung und Erweiterung. Auch die Französische Revolution hat die Macht nicht angezweifelt. Man wollte sie nur besser und gerechter verteilen. Heute steht man dem Wert dieses Phänomens zunehmend skeptischer gegenüber. Wer etwas mehr davon hat, als er unbedingt zur Ausübung seines Amts braucht, setzt sich dem Verdacht von Korruption aus. Kunst und Wissenschaft werden weniger eines antikreativen Machtmißbrauchs verdächtigt. Man stellt sie als Welt des Geistes der Welt der Macht gegenüber. Aber ganz ohne Macht, erst recht nicht ohne Status, geht es auch im Leben des Geistes nicht. Ein Sänger freut sich über den Titel »Kammersänger« genauso wie ein Literat, der einen Preis erhält. Schließlich leben Künstler ja für und von ihrem Publikum. Man braucht dieses Angewiesensein auf die anderen daher nicht als so schädlich anzusehen wie Tolstoi, der schreibt: »Unser Schriftstellerberuf ist furchtbar, er verdirbt die Seele. Jeder Schriftsteller umgibt sich mit einer Atmosphäre der Anbetung, die er absichtlich um sich schafft, so daß er sich weder seines Wertes noch des Augenblicks, da er sinkt, bewußt werden kann.«

Macht aber wird selten von Künstlern erstrebt, jedenfalls nicht primär und offensichtlich. Sie gleichen eher dem Wissenschaftler, dem man lange Zeit auch keine besondere Beziehung zur Macht glaubte zuschreiben zu müssen. Nicht zuletzt deswegen war der Professorenstand noch bis vor kurzem höchstgeehrt. Das Erhabensein über Macht und Ruhm gab ihm hohen Kredit. Machtmißbrauch traute man ihm nicht zu, höchstens als vereinzelte Ausnahme. Eher schon schien der Professor mißbraucht – von der Verwaltung, politischen Kräften oder faulen Studenten. So, oder zumindest so ähnlich war das Bild, das sich weite Teile der Bevölkerung von dem Gelehrten und Forscher machten. Seit einigen Jahren ist das anders. Die jahrhundertelang gehütete und geachtete Enklave des reinen Geistes wurde zum Schauplatz handgreiflicher Auseinandersetzungen. Der Streit um die Wahrheit wurde zum Kampf um Majoritäten, zum Kampf um die Macht.

Wie kam es dazu? Das ist in wenigen Sätzen nicht zu beantworten. Zu viele historische Bedingungen sind hier zu beachten. Wollte man aber den sichtbaren Ausgangspunkt für den Kampf um die Macht auf eine Formel bringen, wäre sie am ehesten noch im Begriff der Ordinarienuniversität zu finden. In ihr fühlten sich Studenten und Assistenten von den Professoren, hauptsächlich den sogenannten Ordinarien, unterdrückt, gegängelt und ausgenutzt. Als Studenten konnten sie sich weder gegen die Auswahl des Stoffes noch die Art der Darbietung auflehnen. Sie hatten alles zu schlukken, wen oder was auch immer sie vorgesetzt bekamen. Als Assistenten mußten sie sich zunächst der Ehre würdig erweisen, bei diesem oder jenem Meister eines Faches arbeiten zu dürfen. Bezahlung und Arbeitszeiten fielen entsprechend aus. Die Herrschaft der Ordinarien und Institutsdirektoren erstreckte sich jedoch nicht nur auf die wissenschaftliche Tätigkeit. Sie griff auch ins Private über. Von Sauerbruch wird erzählt, daß kein junger Assistent vor Abschluß seiner Facharztausbildung heiraten durfte. Der angehende Chirurg sollte sich ganz seiner Ausbildung und den Kranken widmen. Da blieb nach Sauerbruch kein Raum für die Ehe. Als er zufällig von der heimlichen Verlobung eines Assistenten erfuhr, fragte er diesen beim Waschen vor einer Operation: »Herr Doktor, ich habe gehört, Sie wollen uns verlassen?« Darauf dieser sehr erstaunt: »Davon weiß ich nichts.« Sauerbruch: »Sie haben sich verlobt. Sie sind auf der Stelle entlassen.«

Ob diese Anekdote im einzelnen stimmt, ist unwichtig. Viele andere gleichen Inhalts sind verbürgt. War das aber nicht nur ein Problem Sauerbruchs, das seines Berufs, seiner Stellung, seines Temperaments, seiner Persönlichkeit oder seines außergewöhnlichen Erfolgs? Wie weit ist er typisch für alle Chefärzte, alle Ordinarien? Das letzte behaupten viele Assistenten und Studenten, und zwar nicht nur von der Ordinarienuniversität der älteren Zeit, sondern auch von der nach dem Krieg. Als Ordinarien sind sie einem System verfallen, welches sie zwingt, Forschung nur in einem ideologisch festgelegten und von den Interessen der Wirtschaft bestimmten Rahmen zu begreifen. Die angeblich freie Lehre und reine Forschung stehen ganz im Dienst privaten Nutzens. Der Machtmißbrauch ist in der Ordinarienuniversität systemimmanent und kein zufälliges Entgleisen einzelner. Oder anders ausgedrückt: Unkontrollierte Macht führt wesensmäßig zum Machtmißbrauch.

Wieso wurde aber die Macht der Ordinarien nicht kontrolliert? Gab es nicht zeitraubende Berufungsverfahren? Lieferten nicht ausführliche Gutachten den Nachweis fachlicher und menschlicher Qualifikation für das Ordinariat? Unter menschlicher Qualifikation verstand man auch die Fähigkeit zum rechten Gebrauch der Macht. Davon konnte aber weder vor noch nach dem Krieg die Rede sein. So wie die Berufung auf einen Lehrstuhl mehr die Frage einer tatsächlichen als einer »rechten« Macht war, blieb es auch die Amtsführung. Alle Kontrolle war nur Schein, stand im Dienst der Verschleierung der eigentlichen Verhältnisse. Diese waren geprägt durch das Streben nach Profit und Ehre, Macht und Status, wobei sich beides ergänzte. Das ist der Vorwurf, der seit Ende der 60er Jahre in allen möglichen Variationen den Professoren gemacht wird. Vorlesungen, Prüfungen, Prüfungsstil, Publikationsanzahl und -inhalt: Alles, aber auch alles wurde durchleuchtet und als zu leicht befunden. Nichts oder nur sehr wenig entsprach dem Ziel, welches die Ordinarien als ihren eigentlichen Berufsauftrag angaben, nämlich Forschung und Lehre. Daher der immer lauter werdende Protest, der selbst das rüdeste Benehmen noch sanktionierte. Man verlangte Mitwirkung in allen Entscheidungsgremien. Studenten und Assistenten wollten nicht nur angehört werden, sondern auch mitbestimmen, wer berufen, was gelehrt, geprüft, vor allen Dingen aber auch, was und wie geforscht wird.

An dieser Stelle sollen nicht die Argumente wiederholt werden, die in den letzten Jahren bei der Diskussion der Universitätsreform immer wieder vorgebracht wurden. Wir möchten uns auf jene Aspekte beschränken, die das Verhältnis von Macht, Status und Kreativität behandeln. Zunächst ist es wichtig, Macht und Status zu unterscheiden. Häufig wird beides verwechselt. Man bedenkt dann nicht, daß einer der Gründe für die Einführung der Demokratie die erstrebte Entflechtung von Rang und Macht war. Der Ranghöchste im Staat sollte nicht – wie im Absolutismus – auch der Mächtigste sein. In allen demokratischen Staaten ist dieses Anliegen längst erfüllt. Das Staatsoberhaupt steht an erster Stelle, ist der Ranghöchste, aber politisch fast ohnmächtig. Die Macht liegt bei den Vielen im Parlament, ja letztlich bei der Masse der Namenlosen ohne Status. Dieses Modell soll nach dem Motto »mehr Demokratie« auch in die Universitäten gebracht werden. Nicht der Ranghöchste, etwa der Rektor oder Institutsleiter, soll die Macht haben, sondern die vielen Studenten, Assistenten, möglicherweise auch die nichtwissenschaftlichen Mitarbeiter.

Diesen Vorstellungen liegt ein relativ fest umrissener Statusbegriff zugrunde. Er umfaßt im Prinzip drei Hauptgruppen, die durch ihre Ziele, Aufgaben, Erfahrung wie auch durch Einkommen und soziales Prestige voneinander zu unterscheiden sind. So fest umrissen die Statusmerkmale nach außen hin auch sind, innerhalb der »Stände« ist der Status keineswegs gleich. An der Spitze der Pyramide zeigt sich das am deutlichsten. Ordentliche und öffentliche Professoren, neuerdings auch Assistenzprofessoren, wissenschaftliche Räte und dergleichen Titel sind Ausdruck des Kampfes um einen besseren Status, der meist auch besser besoldet wird. Das aber ist nur die nenn- und dotierbare, gleichsam die äußere Seite des Problems. Die innere läßt sich durch keine Beamten- und Angestelltenordnung und keine Gehaltsvorschriften reglementieren. Hier geht es um den »wahren« Status im Gegensatz zum offiziellen, so wie man bei einer Währung den offiziellen vom inoffiziellen Kurs unterscheidet. Der inoffizielle Status, der sich nicht in Stellung und Besoldung niederschlägt, ist für den Zusammenhang zwischen Prestige und Kreativität genauso wichtig, vielleicht sogar noch wichtiger als der offizielle. Dieser bestimmt nämlich erst die Anerkennung in Fachkreisen und hebt sich dadurch vom äußeren Status ab, der mehr für die Fachunkundigen da ist. Innerhalb der Expertengruppe kann somit ein Forscher mit niedrigerem offiziellem Status mehr Ansehen genießen als der Ranghöhere, und zwar aufgrund seiner fachlichen Leistungen. Diese führen nämlich nicht automatisch zu höherem Status. Wenn im folgenden vom Status die Rede ist, dann ist immer auch der inoffizielle und damit der eigentliche Kurswert gemeint.

2. Risikoscheu als Kreativitätshemmer

Bei der Frage nach der Beziehung zwischen schöpferischer Leistung und Status handelt es sich hauptsächlich um ein Risikoproblem. Da schöpferische Werke immer ein gewisses Risiko im Vergleich zu schon akzeptierten Methoden und Denkrichtungen einschließen, wird derjenige am ehesten schöpferisch sein, dessen Status ihn vor unangenehmen Konsequenzen schützt. Das ist bei Personen mit niederem und hohem Status der Fall. Der jüngste Assistent, vielleicht sogar ein Student, kann sich Spekulationen und Irrtümer leisten. Von ihm erwartet man noch kein ausgereiftes wissenschaftliches Werk. Wenn er allerdings etwas Beachtenswertes zustandebringt, hat er hinsichtlich seiner Karriere schon sehr viel gewonnen. So kann sich jemand durch eine riskante Doktorarbeit so bekannt machen, daß sein Status innerhalb kürzester Frist wesentlich verbessert wird. In den USA wissen das auch die Studenten. Große Wirtschaftsunternehmen warten mit besten Angeboten auf Leute, die im Studium, besonders aber durch ihren Studienabschluß, ihr Kreativitätspotential unter Beweis gestellt haben. Wenn der große Wurf am Anfang nicht gelingt, ist nicht viel verloren. Der Student übt ja noch. Und was jetzt nicht klappt, kann später noch werden.

Aus genau entgegengesetzten Gründen kann jemand mit sehr hohem Ansehen risikoreiche Probleme in Angriff nehmen. Ihm, der schon viel zustandegebracht hat und deswegen über einen hohen Status verfügt, wird man mißglückte Projekte nicht übelnehmen. Ein »Picasso« oder ein Wissenschaftler mit vergleichbarem Rang kann mehr wagen als ein Durchschnittsmaler, dessen bisherige Produkte nicht allzu viel Schöpferkraft verraten. Die Gruppe mit dem mittleren Status hat – vom Risikoverhalten aus gesehen – die am wenigsten kreativen Köpfe. Wenn die Vertreter dieser Schicht etwas Neues anpacken, riskieren sie aus zwei Gründen sehr viel: Zunächst einmal ziehen sie den Unmut der Majorität auf sich und lösen damit unübersehbare Konsequenzen aus. Diese ist nämlich froh, bei der allgemein üblichen Ansicht bleiben zu können. Nur sie garantiert das innere Gleichgewicht, wofür die Übereinstimmung mit den anderen von entscheidender Bedeutung ist. Wie weitreichend für den einzelnen wie für die Gesellschaft die Bedrohung dieses Gleichgewichts sein kann, lehrt das Beispiel Freud.

Er hatte seinen »mittleren Status«, nämlich seine außerplanmäßige Professur, durch konventionelle, neurologisch orientierte Arbeiten erhalten. Diese taten damals keinem weh und sind heute längst vergessen. Dagegen wurden ihm die Erkenntnisse zum Verhängnis, die das Menschenbild radikal veränderten und die Medizin in einer Weise befruchteten wie nur wenige Entdeckungen nach ihm. Freud wagte nicht nur das Spiel, sondern er hat es auch – in den Augen seiner damaligen Kollegen – verloren. Für ihn war in der Universität kein Platz mehr. Er zählt so zu den zahlreichen Wissenschaftlern, die sich durch ihre Erkenntnisse aus ihrer Institution hinauskatapultierten oder genauer gesagt: aus dem Kreis der Wissenschaftler mit mittlerem inoffiziellem Status. Denn in der Fakultät, welche Freud seinerzeit mit kaum verhohlener Schadenfreude ziehen ließ, gab es niemanden, dessen Name den Freuds überdauert hat. Freud hat unter der Trennung von der alma mater, der nährenden Mutter, nur anfangs gelitten. Dann aber war er froh, frei forschen zu können ohne Rücksicht auf die statusbesessenen Kollegen. Die Zeche hatte ja letztlich nicht er, sondern die Universität, und damit die Gesellschaft zu zahlen. Denn seit dem Auszug Freuds aus der Universität blieb die Psychoanalyse »draußen«. An den Universitäten konnte bis weit in die Zeit nach dem Zweiten Weltkrieg eine »Medizin ohne Seele« gelehrt werden. Kranke mit Asthma, Hochdruck, Magenbeschwerden, psychotischen Verstimmungen oder anderen seelisch bedingten Leiden mußten ihre Störungen unsachgerecht behandelt mit ins Grab nehmen, weil die Lehre von den seelischen Krankheitsursachen überwiegend »extraterritorial« in einem kleinen Hörerkreis, einem zu kleinen Kreis verbreitet wurde.

Aber auch der Psychoanalyse tat die Verbannung nicht gut. Sie nahm im Laufe der Zeit sektenhafte Züge an. Vor allem bestätigte auch sie – trotz durchanalysierter Lehrer – das Gesetz vom mittleren Status. Neu interpretieren, weiterentwickeln, verbessert formulieren und empirisch kontrollieren – das wagten nur ganz wenige: die mit hohem Status oder unbekannte Anfänger. Die anderen blieben Bewahrer der Lehre. Sie frönten weiterhin der Ansicht, daß nur Freud und die wenigen Theoretiker innerhalb der Psychoanalyse in der Seele des Patienten zu lesen verstünden. Sie selbst trauten sich den eigenständigen Blick nicht zu. Dafür erfanden sie Rituale und Regeln, nach denen künftige Seelenärzte auszubilden seien. Das Psychische wurde nicht weiter erforscht, sondern nur noch verwaltet.

Der zweite Grund für die Risikoscheu bei den Wissenschaftlern mit mittlerem Status ist die Angst vor dem eigenen Identitätsverlust als Forscher. Selbst wenn jemand die Ablehnung seiner Kollegen mit allen dazugehörigen Konsequenzen noch in Kauf zu nehmen bereit wäre, so schreckt er doch nicht selten vor der eigenen Infragestellung zurück. Er hat ja schließlich bisher einiges geleistet, mit dem er zufrieden sein kann, sonst wäre er nicht Ordinarius oder Institutsdirektor. Er kann sich somit als qualifizierter Wissenschaftler begreifen. Sollte er diese Sicherheit aufgeben zugunsten einer fragwürdigen und schwierigen Problemstellung, so notwendig auch deren Lösung erscheinen mag? An ihr würde er möglicherweise die Kurzatmigkeit und Nichtigkeit seiner bisherigen Arbeiten erleben. Das aber wäre eine zu große Hypothek für die noch anstehende Zukunft. Eher werden solche Zweifel noch am Ende des Lebens zugelassen, wenn auch in verbrämter Form. Zahlreiche Lebensrückblicke beweisen das. Dann aber kommen derartige Erkenntnisse zu spät. Das ungenutzte kreative Potential wird mit ins Grab genommen.

Wie aber läßt es sich vorher, in der Blütezeit des Lebens fruchtbar machen, bevor man an der Angst vor Identitätskrisen scheitert? Diese Frage läßt sich nicht generell beantworten. Man muß sie von Fall zu Fall zu lösen versuchen. Vielen Wissenschaftlern fällt es schwer, ihre Methode zu finden, um aus dem Stadium des mittleren Ansehens durch schöpferische Leistung herauszutreten. Eine häufig praktizierte Methode ist dabei die Flucht in die Macht. Machtergreifung ist eine nicht seltene Abwehr von Identitätskrisen bei Wissenschaftlern. Mit mehr Macht kann der bisher nicht allzu Kreative unter Umständen schöpferischer werden. Zunächst einmal dadurch, daß ihm jetzt die Finanzierung erfolgversprechender Projekte möglich ist. Gibt es doch heute kaum noch ein Forschungsgebiet, das ohne ausreichende Mittel fruchtbar bearbeitet werden kann. Die Abhängigkeit von der Finanzierung hat sich in den letzten Jahren durch das rasante Tempo der Wissenschaftsentwicklung noch verschärft. Jeder Wissenszweig bringt neue Ableger hervor, die in kurzer Zeit zu Hauptzweigen werden. Wer, außer einigen Spezialisten, hat noch vor ein oder zwei Jahrzehnten solche Disziplinen wie Kybernetik, Friedensforschung, Andrologie, Linguistik, Kinesik, Perinatologie, Chronobiologie, Onkologie, Verkehrswissenschaft, Geriatrie mit Namen gekannt? Alles kann aber nicht finanziert werden, zumal – wie es de Solla Price schon 1963 feststellte – die sogenannten »Big Sciences« den weitaus größten Teil aller Forschungsmittel verschlingen. Die kleinen Fächer leiden unter chronischem Geldmangel. Für den Vertreter eines solchen Faches ist es oft lebensnotwendig, sich mehr Macht und damit Mittel für ein kreatives Projekt zu verschaffen. Mit mehr Macht erwirbt er zugleich eine größere Unabhängigkeit, welche die Risikobereitschaft zu verbessern vermag.

Machtzuwachs kann aber auch dadurch vor einer Identitätskrise schützen, daß man den Mangel an Qualität durch Quantität ersetzt. Die Größe eines Instituts, gemessen an der Anzahl der Mitarbeiter, Publikationen und kostpieligen Instrumente, muß dann die Bedeutung solcher Wissenschaftler hervorheben. Fest- und Gedenkschriften ergänzen diese Taktik. Kaum ein Kontrollgremium ist in der Lage, solche Quantitäten auf ihre Qualität hin zu untersuchen. Es fehlt an Experten, aber noch mehr an Persönlichkeiten, die es mit den durch ihren Produktionsumfang Mächtigen aufnehmen können. Mit diesen will sich keiner »anlegen«, wie es von uns untersuchter Professor ausdrückte; »er würde dann für seine kritische Frage noch bestraft werden«. Während solche Personen immerhin noch in der Forschung bleiben und ihre wissenschaftliche Identität aufrechterhalten können, gibt es eine andere Gruppe von Wissenschaftlern mit mittlerem Status, die die Macht nicht für, sondern nur über die Wissenschaften brauchen.

Der Grund für einen solchen Motivationswechsel liegt oft in der nicht sorgfältig genug geplanten Laufbahn. Forscher dieser Art waren sich bei Abschluß des Studiums über ihre wahren Berufspläne nicht im klaren. Sachfremde Motive, wie etwa eine Ehe oder eine »besondere Beziehung«, können dann die Wahl der Karriere bestimmen. Kommen noch wohlgesonnene Vorgesetzte hinzu, die die ersten Schritte des zukünftigen Forschers mit Beifall begleiten, ist mancher schon habilitiert, bevor er sich über seine eigentlichen Absichten recht klar geworden ist. Daß sie im falschen Boot sitzen, merken sie erst, wenn sie in Amt und Würden sind. Sie erfreuen sich immer weniger an ihrer wissenschaftlichen Tätigkeit. Als Ausgleich drängen sie in Positionen, wo sie organisieren, delegieren, repräsentieren und regieren können. Der Wechsel in die Politik ist nicht selten und eigentlich folgerichtig. Auch hier kann Virchow als Beispiel gelten. Er, der neben seiner wissenschaftlichen Arbeit auch in der Politik tätig war, sagte: ».... daß die stille und oft unbemerkte Arbeit des Gelehrten einen größeren Aufwand an Kraft und Anstrengung erfordert als die ihrer Natur nach geräuschvollere und daher meist dankbarere Tätigkeit des Politikers, welche mir wenigstens häufig wie eine Erholung erschienen ist.« Wo der Übergang in die Politik nicht gelingt, bleibt auch innerhalb der Forschung genügend Spielraum, um den Mangel an wissenschaftlicher Kreativität durch Freude an der Macht zu kompensieren. Solche Wissenschaftler streben nach allen möglichen Ämtern, sitzen in zahlreichen Ausschüssen und Verwaltungsorganen und sind trotz der großen Beanspruchung froh, nicht mehr im Labor oder hinter Büchern sitzen zu müssen.

Der Direktor eines Instituts, an dem über 100 Wissenschaftler tätig waren, schilderte mir seine Situation sehr freimütig: Während er vor seiner Direktoratszeit im Durchschnitt 10 Wochenstunden für wissenschaftliche Lektüre verwandt habe, lese er jetzt praktisch keine Fachliteratur mehr. Dafür wende er nun mehr als das Doppelte an Zeit auf zum Lesen von ministeriellen Erlassen, Rundschreiben, Satzungsordnungen, Gesetzestexten oder Haushaltsplänen. Obwohl er für seine jetzige Tätigkeit beruflich nicht geschult sei, mache sie ihm immerhin noch mehr Spaß als das Lesen eines wissenschaftlichen Artikels. Er empfände das als merkwürdig. Erst allmählich kam er im Gespräch auf die Lösung des Widerspruchs. Die Lektüre von Verwaltungsstücken war zwar langweilig, aber bequem. Bequem deswegen, weil er solche Texte im allgemeinen »ungerührt und unberührt« zur

Kenntnis nehmen konnte. Ob ein Wissenschaftler in Zukunft höher als ein anderer eingestuft werden soll, die Anschaffung eines Entlüfters vom Ministerium nicht genehmigt worden sei oder die Pflichtversicherung aller Betriebsmitglieder über ein neues Konto abzubuchen sei, war zwar administrativ wichtig, sprach ihn aber wenig an. Er fühlte sich im Innersten nicht gefordert, wie das beim Studium der Fachliteratur der Fall war. Hier müßte er ständig denken, vergleichen, erinnern, kombinieren, oft sich auch fragen, warum er selbst nicht auf diesen Gedanken gekommen sei oder wie er dieses oder jenes Projekt verbessern könne. Die in ihm ständig nagende Sorge, etwas Neues schaffen zu müssen, wurde durch die Lektüre aktiviert. So war er in den letzten Jahren beim Lesen von Fachliteratur immer nervöser geworden, während er sich bei den umständlichen Administrationstexten viel geborgener fühlte. Bei deren Lektüre verspürte er etwas von seiner Macht, im Gegensatz zur Beschäftigung mit Fachbüchern, die ihm seine Ohnmacht zeigte. Die Antwort erinnert an eine Bemerkung von Fontane über die Qualen, die ein Schriftsteller täglich zu durchleiden hat. In einem Brief an seine Frau aus dem Jahre 1862 heißt es: »Der innerliche Mensch ist immer in einer Art Aufregung und Aktion, immer in der Angst: ›Wie wird das werden? Welches Buch brauchst du? An wen mußt du noch schreiben? Wer weiß etwas davon? Wie komponierst du dies, wie gruppierst du das usw., usw.‹ Dies ist die Aufregung bei der Arbeit. Aber diese Aufregung ist lange nicht das Schlechteste, das Schlimmste ist die Sorge: ›Wird es auch nicht dummes Zeug sein?‹ Oder das bestimmte Gespür: ›So geht das nicht, das ist albern, das ist verbraucht‹, und infolge davon die Notwendigkeit, oft mit schon angegriffenen Nerven etwas anderes, Neues, an die Stelle des Alten zu setzen.«

Auf die Frage, was er denn jetzt an Macht habe, zählte der erwähnte Direktor seine zahlreichen Funktionen auf. Mit großer Genugtuung stellte er fest, daß kein größeres Projekt in seinem Fach ohne ihn finanziert oder organisiert werden könnte. So war er auch häufig unterwegs. Die Reisen als Delegierter genoß er, auch wenn er sich bei feierlichen Anlässen immer wieder dieselben Begrüßungsreden, Dankesformeln und stereotypen Beteuerungen der guten Zusammenarbeit anhören mußte.

Nicht immer vollzieht sich der Wechsel von der Wissenschaft zur

Macht aufgrund unzureichender Motivation für die Forschung. Ich habe auch Gelehrte untersucht, die ihre Berufsentscheidung selbständig und überlegt getroffen haben. Sie hatten lange Zeit Freude an ihrer Arbeit, waren oft sehr erfolgreich. Allmählich aber entfernten sie sich immer mehr von ihrem ursprünglichen Ziel und – ohne es direkt zu beabsichtigen – wechselten sie in die Verwaltungsarbeit über. Sie taten nicht selten so, als bedauerten sie die Veränderung und als wünschten sie nichts sehnlicher herbei, als wieder die Arbeit im Labor oder in den Archiven. Das ist meistens die leicht durchschaubare Rationalisierung von Schuld- und Schamgefühlen. Man schämt sich seiner Flucht vor der Suche nach Erkenntnis und wagt sich nicht einzugestehen, daß man Macht und Ruhm der Wahrheit vorzieht. Jedenfalls sind nicht alle Wissenschaftler dieser Artung so ehrlich wie Friedrich der Große, der als einzigen Grund für das Ertragen von »abgeschmackter Tätigkeit« die Verheißung des Ruhms nannte*.

So unverblümt dürften wohl nur wenige Wissenschaftler den Grund für das Ertragen von lästiger Routinearbeit bekunden. Das ist insofern merkwürdig, als Ehrgeiz und Kreativität sich nicht unbedingt ausschließen müssen. Es gibt genügend Beispiele für kleinlichen Ehrgeiz und Sucht nach Ruhm als Motor schöpferischer Leistungen. Man muß hier allerdings differenzieren zwischen der Kreativität als Produkt und der als Prozeß. Dem Produkt merkt man seine Herkunft nicht unbedingt an – große Werke werden oft aus Ehrgeiz geschaffen –, dem schöpferischen Prozeß dagegen um so mehr. Fühlt sich jemand primär durch sein Schaffen oder die mit dem Werk verbundenen Nebenerscheinungen (Anerkennung, Besoldung, Macht) belohnt?

---

* In einem Brief Friedrichs des Großen an Voltaire heißt es: »Soll ich Ihnen meinen Tagesablauf schildern? Wir marschieren von 7 Uhr bis 4 Uhr nachmittags, ich speise zu Mittag, anschließend arbeite ich und empfange langweilige Besuche. Darauf folgt allerlei abgeschmackte Tätigkeit, als da ist: schwierige Menschen anzuleiten, Hitzköpfe zu zügeln, Faulpelze anzuspornen, Ungeduldige lenksam zu machen, Raubgierige in die Schranken der Rechtlichkeit zu weisen, Schwätzer anzuhören, Stumme zu unterhalten ... Das sind so meine Beschäftigungen, die ich gern jedem anderen abträte, wenn mir nicht das Phantom Ruhm zu oft erschiene.«

3. Reifer und unreifer Ehrgeiz

Der Genuß an Nebenfrüchten der eigenen Arbeit kann bei schöpferischen Menschen die Freude am Kreieren nur schwer verdrängen. Schöpferische Tätigkeit bleibt Hauptmotivation. Das fanden wir jedenfalls bei den von uns untersuchten Wissenschaftlern, Künstlern und Politikern. Die Schöpferischen unter ihnen waren diejenigen, bei denen der Ehrgeiz nicht in der Form auftrat, die ich in einer früheren Arbeit (1967) als »unreifen Ehrgeiz« bezeichnete. Dieser bezieht sein Glücksempfinden aus dem Beifall, den sein Werk findet, der reife Ehrgeiz dagegen aus der schöpferischen Tat selbst. Mit anderen Worten: Dem reifen Ehrgeiz geht es um die Aktivierung des kreativen Potentials. Wenn das nur durch die Phantasie, berühmt zu werden, erreicht werden kann, dann eben Ruhm, aber nur den, der schöpferisches Tun und nicht das Verkaufsgeschick prämiiert. Ähnliches meint Watson, wenn er schreibt: »Es war bestimmt besser, ich malte mir aus, daß ich berühmt werden würde, als daß ich zu einem in alltäglicher Routine erstickten Akademiker heranreifte, der nie einen eigenen Gedanken riskiert hatte.«

Es leuchtet ein, daß beide Ehrgeizformen unterschiedliche Praktiken mit Kollegen und Gegnern, mit Fremden und Familienangehörigen, aber auch mit dem Arbeitsstoff mit sich bringen. Erst wenn man die innere Biographie eines Menschen kennt, wird man dessen Ehrgeiz verstehen, vor allen Dingen begreifen, daß der in der Kreativitätsforschung übliche Begriff des Ehrgeizes differenzierter als bisher gesehen werden muß. Es hängt davon ab, um welche Ehrgeizform es sich handelt. Dabei darf nicht übersehen werden, daß es zwischen den beiden erwähnten extremen Polen des Ehrgeizes Zwischenstufen und Übergänge gibt, die im Lauf des Lebens durch Erfahrungen verändert werden können. Die Bedeutung dieser Ehrgeizproblematik für die Kreativität liegt nicht allein in den oben dargestellten, mit Status und Macht zusammenhängenden Problemen. Es geht auch um die Frage, inwieweit schöpferisches Tun durch bestimmte Formen des Ehrgeizes gefördert bzw. gehemmt wird. Folgender Fall kann ein Teilproblem dieses Fragenkomplexes verdeutlichen:

Der 69jährige emeritierte Ordinarius Hans S. kam wegen einer schweren Altersdepression zur Beratung. Seit Monaten saß er untätig zu Hause, konnte sich zu nichts entschließen, keine Zeitung, geschweige denn ein Buch lesen. Selbst Kunstbücher, die er früher mit Begeisterung studierte, interessierten ihn nicht mehr. Am liebsten wäre er gestorben. Andererseits wollte er noch seine Lebenserinnerungen veröffentlichen. Dazu hatte er schon sehr viel Material gesammelt. Er glaubte – und das erzählte er mit monotoner Stimme –, der Welt etwas Interessantes, ja sogar Wichtiges über sich und seine Zeit sagen zu können.

Den Anlaß zu seiner Depression sah Hans S. in der vor einem Jahr erfolgten Pensionierung. Eigentlich hatte er sich auf die Zeit nach seiner Emeritierung gefreut, weil er dann endlich die »viele Arbeit« in Angriff nehmen konnte, auf die er sich schon lange vorbereitet hatte. Doch wenige Monate nach Eintritt in den Ruhestand ließ der erste Arbeitsschwung nach. Er geriet langsam in den jetzigen Zustand. Nach einiger Zeit psychotherapeutischer Behandlung klang die Depression ab. In einer Sitzung erzählte er, daß er sich im Grunde gar nicht so sehr auf das Abfassen seiner Lebenserinnerungen gefreut hätte, wie er es eingangs geschildert habe. Er fühlte sich zu diesem Werk verpflichtet. Aber auch das stimmt nicht ganz. Vielmehr trieb es ihn dazu, im Grunde gegen sein Gefühl, das sich nach Ruhe sehnte. Er wollte einmal einen Tag genießen, an dem er sich nicht zu einer besonderen Leistung verpflichtet fühlen mußte. Es dauerte Wochen, bis er anhand von Phantasien und Träumen das Getriebensein besser als bisher verstehen lernte. Eigentlich hatte er an seiner wissenschaftlichen Tätigkeit keine »direkte« Freude gehabt. Diese kam immer erst mit der Resonanz auf die Arbeit. Er wurde so abhängig von ihr, daß er – wie und wo immer er es konnte – die Urteile über sein Werk zu beeinflussen versuchte. Nur aus diesem Grunde übernahm er auch die zeitraubende Mitherausgeberschaft von mehreren Zeitschriften seines Faches. Dadurch erhielt er einen größeren Einfluß auf die Auswahl der Rezensenten seiner Bücher. Für ihn sei das normal, weil das den Gepflogenheiten in der Wissenschaft entspreche. Jeder verkaufe sich so gut, wie es nur gehe. Der Ruf eines Wissenschaftlers war für ihn hauptsächlich die Folge der eigenen »manipulativen Geschicklichkeit«. Diese immer wieder vertretene Ansicht konnte er mit zahlreichen Beispielen belegen.

Alle »Beweise« reichten aber nicht aus, die Manipulation der eigenen Anerkennung als so »normal« hinzustellen, wie Hans S. es tat. Dafür war die ständige Wiederholung »Das ist doch bei allen so« zu auffallend. Außerdem wurde er in der Therapie zunehmend aggressiver. Schließlich kam er mit Hilfe eines Traumes darauf, wieso er immer wieder betonen mußte, daß jeder Wissenschaftler seinen Ruf primär nicht durch seine Leistung, sondern durch geschickte Manipulationen von Kontakten erwerbe. Er brachte jetzt viele diesbezügliche Details der eigenen Karriere und war zum erstenmal in der Lage, die eigenen Rivalitätsgefühle und -praktiken zu beschreiben. Diese hatten größten Einfluß auf seine wissenschaftliche Leistung. Er konnte eigentlich überhaupt nur schöpferisch sein, wenn er sich im Wettkampf mit anderen befand.

Auch diese Erkenntnis wurde nach weiteren Wochen der Behandlung differenzierter. Der Rivalitätskampf war nicht so fair und branchenüblich, wie Hans S. ihn zunächst hingestellt hatte. Er benutzte seine Position und seine Beziehungen, um Arbeiten von Konkurrenten gar nicht oder verspätet zur Publikation zu verhelfen. Er nahm aber auch andere Gelegenheiten wahr, um diese in Fachkreisen herabzusetzen, allerdings in »gebührender Form«. Er hatte überhaupt das Geschick, andere Menschen »unauffällig« schlechtzumachen. Er titulierte sich einmal als den »geborenen Intriganten«. Darüber empfand er keinerlei Scham oder Schuld. Ja, dieses Ausstechen der Konkurrenz machte ihm ausgesprochen Spaß, was ihm eigentlich erst in der Behandlung bewußt wurde. Das mangelnde Schamgefühl über sein unkollegiales, von Neid und Mißgunst getragenes Verhalten stand in einem krassen Gegensatz zu seiner eigenen Empfindlichkeit, die er schon als Kind spürte. Er war schüchtern und ängstlich und schien sich, wie er es jetzt im Alter erlebte, eigentlich immer für etwas zu schämen. Er wußte nur nicht, wofür. Von außen gesehen hatte er dazu keinen Grund. Bei Schülern und Lehrern war er gleich beliebt, was er allerdings immer »erkaufen« mußte: bei den Lehrern durch intensiven Fleiß, bei den Mitschülern dadurch, daß er die einen bei Klassenarbeiten abschreiben ließ, die anderen in sein vornehmes Elternhaus einlud. Er tat mehr für die Schule als seine Altersgenossen. Sein Fleiß ließ jedoch sofort nach, sobald er merkte, daß er bei einem Lehrer nicht richtig ankam. Dann konnte er zu einer guten Leistung nur durch die Rivalität mit einem Klassenbesten angespornt werden. Als er das Abitur nicht als Bester, sondern nur als Zweitbester machte, bekam er seine erste schwere Depression. Seine Eltern verstanden gar nicht, warum er sich so wenig über den in der Tat glänzenden Schulabschluß freute. Er selbst erzählte weder ihnen noch einem anderen den Grund. Der Stachel blieb noch lange bis in seine Studienzeit.

Er spornte Hans S. an, im Studium rechtzeitig auf der Hut zu sein und sich auf das Schlußexamen so lange und so gut vorzubereiten, daß er auf jeden Fall als Bester abschneiden mußte. Das gelang ihm auch. Von dieser Zeit an sorgte er durch seinen Fleiß, seine Intelligenz und rasche Auffassungsgabe dafür, daß er immer an der Spitze stand. Das ging während seiner Assistenten- und Dozentenjahre relativ leicht, zumal er sich solche Institute aussuchte, in denen er über der Konkurrenz brillieren konnte. Seine Arbeiten fanden aber auch außerhalb der Institution eine außergewöhnliche Anerkennung. Er galt in seiner Zeit als das, was man heute kreativ nennt. Schwierig wurde die »Kreativität aus Konkurrenzgründen« erst, als er als Ordinarius keine unmittelbaren Rivalen mehr um sich hatte. Mit zunehmender Zeit ließ die Freude an seiner wissenschaftlichen Arbeit nach. Er konnte sich das nur zögernd eingestehen und brachte es in Zusammenhang mit einer Magenerkrankung. Als diese nach einem halben Jahr abgeklungen war, kehrte der frühere Schaffensdrang wider Erwarten nicht zurück. Er nörgelte an seiner Frau und seinen Kindern herum. Oft mußte er sich fragen, ob die jetzige Ehe, die seine zweite war, wirklich den seinerzeitigen Einsatz einer Scheidung von der ersten Frau gelohnt habe.

Er fühlte dunkel, daß seine zweite Frau auch nicht viel besser war als die erste. Beide wollten nur seinen Ruhm und sein Geld, und im Bett strengten sich beide gleich wenig an, um den Geschlechtsverkehr lustvoll zu gestalten. Nur er mußte immer in jeder Hinsicht potent sein, ohne daß seine Frauen wirklich Notiz von seiner Leistung genommen hätten. Da Hans S. die zum Überspielen seiner Kastrationsängste notwendige Anerkennung nicht zu Hause fand – er spürte auch eine wachsende Anlehnung bzw. Indifferenz durch seine heranreifenden Kinder –, suchte er sie immer stärker im Beruf. Hier aber fehlte ihm der von früher her bekannte innere Schwung, neue Arbeiten in Angriff zu nehmen. Ausreichend Zeit, Geld und Assistenten dafür hatte er oder konnte sie sich leicht beschaffen. Er war in fast allen zuständigen Organisationen direkt oder indirekt vertreten. Was er befürwortete, wurde meistens ohne Widerspruch angenommen. In der Therapie machte er sich selbst über die Tätigkeit solcher Gremien lustig. Die sogenannten Interessenvertreter von Politik, Wirtschaft und Gewerkschaft hätten in diesen Gremien nur Statistenrollen gespielt, wobei ihnen gelegentlich das »Sprechen eigener Texte« zugedacht worden sei. Was er jetzt belächelte (im Grunde genommen voller Verbitterung), hatte er früher äußerst ernstgenommen. Im Laufe der Behandlung wuchsen seine Schamgefühle über seine einstige Rolle. Damals glaubte er, daß er sie gut, das heißt auch im Dienst an der Sache spielte. Jetzt aber merkte er, wie er nur sich spielte.

Daher auch die wachsende Lustlosigkeit an neuen Projekten, wo subjektiv keine unmittelbaren Rivalen vorhanden waren. Hans S. suchte sie sich jetzt in aller Welt. Auf Vorträgen und Kongressen »verkaufte« er – wie er es jetzt nannte – seine Produkte aus früherer Zeit. Anfangs besuchte er solche Veranstaltungen und Länder, wo seine Ergebnisse noch gefragt waren und er als »Bester« reüssieren konnte. Mit fortschreitenden Jahren spürte aber auch er, daß selbst die entlegensten Länder nach neuer Ware verlangten. Diese aber hatte er nicht anzubieten. Sich ganz der Leitung seines Instituts und der Lehre zu widmen, wie es viele seiner Kollegen taten, verbot ihm sein Ehrgeiz. Er wollte als reiner Forscher gelten. Zunehmend wurde er empfindlicher, wenn man seine Arbeiten bei der Darstellung seines Problemgebietes nicht ausreichend zitierte. Wo er konnte, half er nach. Der Erkenntnis aber, von anderen überflügelt zu sein, ließ sich nicht länger ausweichen. Er mußte immer häufiger zu den oben beschriebenen Praktiken greifen. Zum Schluß – kurz vor seiner Emeritierung – war der Patient froh, endlich – wie er es ausdrückte – »aus der Arena genommen« zu werden. Der Kontakt zu den Problemen seines Faches war fast vollständig erloschen. Die Depression nach seiner Pensionierung zeigte ihm, daß die Furcht vor dem Übersehenund Vergessenwerden viel stärker war, als er es sich vorher eingestanden hatte.

Auch ohne nähere Erläuterung der unbewußten Determinanten zeigt dieser Fall, daß unreifer oder – wie der Laie gern sagt – »krankhafter« Ehrgeiz durchaus mit Kreativität verbunden sein kann. In manchen Fällen, wie etwa in dem eben dargestellten, kann er bis zum Alter die treibende Kraft sein, was man dem Werk nicht unbedingt anzusehen braucht, wohl aber dem Leben. Wiederholte Eheschließungen sind nicht selten. Sie besagen als Befund zunächst sehr wenig, werden aber relevanter, wenn etwa die Erwartungen an den Partner analysiert werden. Muß dieser für Stimmung, Ruhe, Abwechslung, ja auch für die Potenz sorgen, oder spürt man in sich die Kraft, Werk und Familie zu integrieren? Dazu kommt das Leben mit der Konkurrenz, wo immer diese sich befindet. Bleiben hier nur, wie in unserem Fall, Täuschung, Manipulation und Intrige als geeignete Mittel, oder kann mit dem anderen auch fair, ehrlich und offen konkurriert und eine Niederlage unumwunden eingestanden werden? Schließlich das persönliche Leben: Kann es sich unter der Fuchtel unreifer Motive so entfalten, daß das eigene Kreativitätspotential voll verwirklicht wird? Auch das muß am vorliegenden Beispiel verneint werden.

Schon die Krankheiten sind hier aufschlußreich. Von ihnen erwähnten wir nur die Magenbeschwerden. In Wirklichkeit waren es viel mehr. Die dadurch notwendigen Arbeitsunterbrechungen waren aber nicht der wichtigste Tribut, der für die zum großen Teil psychosomatisch bedingten Krankheiten zu zahlen war. Entscheidender war die Freudlosigkeit dieses Daseins. Auch sie konnte man dem Patienten nicht von außen ansehen. Er wirkte trotz ausgeprägter Beachtung der Distanz zu den anderen zufrieden, ja glücklich. Ständig konnte er – wie er in der Behandlung erzählte – von seinen Erfolgen berichten und damit sich und den anderen das »Glück« seines Lebens demonstrieren. Aber das war gewollt, durch seine Störung bedingt, die gerade darin bestand, daß er sich an sich, so wie er war, nicht freuen konnte. Hier überwogen Scham und Schuld: Ein dadurch im Innersten freudloses Dasein, welches unbeachtet verblüht, oder, wie unser Beispiel zeigt, mit großem Kraftaufwand ein mächtiges Zeichen zu setzen versucht, an dem die anderen nicht vorübergehen können. So nimmt es nicht wunder, daß die äußeren Erfolge ihm nicht die ersehnte Ruhe schenkten. Diese gewann er erst durch die Behandlung. Hier konnten die Störungsquellen beseitigt werden, die ihre Wurzel in der »inneren« Unzufriedenheit und Freudlosigkeit hatten. Der Patient war nach Abschluß der Therapie nicht nur depressionsfrei.

Er konnte zum erstenmal sein Leben genießen. Die Niederschrift seiner Biographie war weder ein Problem noch ein mühseliger Zwang, sondern eine ihm leicht von der Hand gehende Reflexion der eigenen Vergangenheit. Sie bekam mehr Tiefgang, als er es je erwartet hatte. Ihm flogen jetzt Gedanken zu, die er – wie er mit Nachdruck bemerkte – vorher nie hätte denken können. Vor allen Dingen aber hatte er viel mehr Freude an der Sache. Dazu zählte er nicht nur seine Hobbies, zum Beispiel Kunstgeschichte, sondern ausdrücklich auch die Fachprobleme.

Die am Beispiel von Hans S. demonstrierte Ehrgeizproblematik ist kein Sonderfall, weder früher noch heute. Man kann sich aber fragen, ob solche Erscheinungen nicht auch mit den gesellschaftlichen Systemen zusammenhängen, in denen die Menschen ihre Schöpferkraft zu realisieren haben. Diese Frage wird man verneinen müssen, zumindest hinsichtlich des immer wieder diskutierten Gegensatzes Kapitalismus–Sozialismus. Beide Systeme prämiieren hervorragende Einzelleistungen, auch mit Ehrungen, ob diese nun Heuss- oder Lenin-Orden heißen. Kein System kann Menschen wie Hans S. vor sich und ihrer persönlichen Problematik schützen. Wer geehrt werden will, holt sich die in jeder Gesellschaftsordnung bereitliegenden Preise. Auch für solche Menschen sind sie da. Für Menschen nämlich, die einen Konflikt mit sich herumschleppen, den sie durch Ehrungen zu lindern suchen. Daher auch die Ordenshäufler, die Akkumulatoren von Auszeichnungen und Ehrendoktorwürden. Wer nicht Ehrung auf Ehrung einsammelt, fühlt sich bald entehrt. Dieser Drang zur Ordensmenge beleuchtet schlagartig die traumatische Verstümmelung der eigenen Existenz. Diese stammt aber nicht aus der Gesellschaft, sondern zuerst aus der persönlichen Lebensgeschichte. Es würde zu weit führen, den Konflikt dieses Patienten im einzelnen auf seine Entstehung zu untersuchen. Nur ein Aspekt dieses »Ursachenkomplexes« sei hier angeführt.

Hans S. war das erste von drei Kindern. Er wurde von seinem Vater in den ersten Jahren seines Lebens »abgöttisch« geliebt. Dieser sah in ihm den geeigneten Nachfolger in der Fabrik, die er im Laufe eines arbeitsreichen Lebens aufgebaut hatte. Allmählich mußte der Vater diese Hoffnung begraben. Der Sohn entwickelte sich auf der Schule immer mehr zum Typ des Gelehrten und nicht zu dem des

Kaufmanns. Die väterliche Enttäuschung entlud sich in Abwertung, ja Verachtung des Patienten, des »weltfremden Bücherwurms«. Die Welt bestand für den Vater in der Fabrik. Da mußte er rivalisieren. Er hatte die Konkurrenz zu übertrumpfen und auszuschalten. Dieses Müssen war in erster Linie kein wirtschaftliches Problem – das wurde es erst später –, sondern zunächst ein persönlicher Konflikt. Für ihn war es notwendig, soviel Macht wie möglich zu erreichen. Dieses Müssen drückt den Konflikt aus, welchen der Vater dem Sohn »vererbt« hat. In gewisser Hinsicht hat der Sohn aus diesem Grund sich gescheut, in die beruflichen Fußstapfen des Vaters zu treten. Denn auf diesem Gebiet wäre er immer nur zweiter Sieger geblieben. So suchte er sich »absichtlich« einen Beruf aus, der seiner Ansicht nach dem des Vaters genau entgegengesetzt war, nämlich einen geistigen. Er konnte nicht ahnen, daß er zwar die Arena wechselte, aber nicht die Dynamik und Regeln, die den Kampf bestimmten. So wie der Vater an sich nur glauben konnte, wenn er möglichst viel Macht hatte, so glaubte der »macht-lose« Sohn an sich nur dann, wenn er Ehrungen auf sich häufte. Er liebte die Macht nicht wie der Vater um ihrer selbst willen, sondern allein deswegen, weil sie ihm Ehre einbrachte. Dem Vater die Macht, dem Sohn die Ehre, beiden gemeinsam aber die gleiche Technik: Rivalisieren um jeden Preis, auch den der eigenen Gesundheit und der Freude an der Sache.

Ist dieser Preis zu hoch? Sicher nicht. Wenn man ihn nur am Ergebnis für die anderen mißt, haben Vater und Sohn Beachtliches geleistet, der eine in der Wirtschaft, der andere in der Wissenschaft. Diese Leistungen sind noch bestechender, besonders beim Sohn, wenn man sie an den heutigen Anforderungen der Hochschulen mißt. Damals mußte Hans S. noch »Sonderleistungen« vollbringen, um sich von den anderen so abzuheben, daß er zu den erwünschten Prämien kam. Heute hätten weder seine Dissertation noch eine eventuelle Habilitationsschrift noch seine wissenschaftlichen Arbeiten überdurchschnittlich gut sein müssen, um sich die nötige Unterstützung in den Universitätsgremien für seinen Ehrgeiz zu verschaffen. Ein geschicktes Taktieren mit den Majoritäten hätte genügt, um die Ehre und Ämter zu erhalten, die er für seine Konfliktbewältigung zu benötigen glaubte. Als »Wortführer unterdrückter Abhängiger« wäre ihm der heilsame Beifall sicher gewesen. Er hätte ihn nicht in der

Wissenschaft zu suchen brauchen. Solchen Menschen ist es letztlich gleichgültig, weswegen sie geehrt werden, Hauptsache sie werden geehrt. Daher findet man sie in allen gesellschaftlichen Systemen.

Ähnlich ist es mit der Macht. Wer Macht braucht, erwirbt sie sich. Sicher sind dabei einige Spielregeln zu beachten. Sie haben sich seit Machiavelli nur unwesentlich verändert. Hitler wußte das: »Kurz und hart zuschlagen, die Menschen vergessen das leicht« (Machiavelli). »Grausamkeit imponiert«, so äußerte er sich gegenüber Hermann Rauschning, »die Leute brauchen den heilsamen Schrecken. Sie wollen sich vor etwas fürchten. Sie wollen, daß man ihnen bange macht und daß sie sich jemandem schaudernd unterwerfen. Haben Sie nicht überall die Erfahrung gemacht nach Saalschlachten, daß sich die Verprügelten als erste als neue Mitglieder bei der Partei melden? Was schwatzen Sie da von Grausamkeit und entrüsten sich über Qualen? Die Masse will das. Sie braucht etwas zum Grauen.«

Aber ist Hitler nicht die Ausnahme? Im Gegenteil: Hitler konnte nur Wirklichkeit werden, weil der Alltag von jedermann durchsetzt ist mit frustrierten Machtansprüchen. Für die ersten Parteigenossen war der provozierend auftretende und immer mächtiger werdende Hitler eine Möglichkeit, an der Macht zu partizipieren.

Sind die Gefahren heute geringer, weil in den Betrieben, Fabriken und Universitäten mehr Mitbestimmung herrscht? Kann sich der kleine Mann heute ein Stück Macht auf elegantere Weise holen als durch Identifikation mit einem Diktator? Fühlt er sich mächtiger, weil er seine Politiker wählt? Wird das Machtbedürfnis befriedigt, wenn jeder bei jedem mitreden kann? Diese Fragen lassen sich nicht generell beantworten. Die Antwort hängt aber nicht nur von den Sachzwängen ab. Sie wird stark durch die Struktur der Persönlichkeit bestimmt. Die Reife des Machtstrebens ist ein entscheidender Faktor. Wie wir reifen und unreifen Ehrgeiz unterschieden haben, muß auch das Machtbedürfnis differenziert werden. Unreif ist es, wenn es ausschließlich einen persönlichen Konflikt aus der Kindheit bereinigen soll, reif aber, wenn persönliche Anliegen und sachliche Notwendigkeit im Gleichgewicht sind. Wer ein Orchester dirigieren will, muß sich als Dirigent ausbilden lassen. Seine Qualität wird davon abhängen, wieviel er von der Sache versteht. Der Wunsch, Macht auszuüben, reicht allein nicht aus. Wer in der Fabrik mitbestimmen will, muß sich fragen, was er will: nur persönliche Macht oder auch größere Effizienz des Betriebs? Der Student, der über Lehrpläne abstimmt, muß den Willen nach Reifung zumindest ebenso stark in sich spüren wie den nach persönlicher Machtentfaltung.

Sicher haben Studenten, Arbeiter, Beamte und Handwerker ihre spezifischen Standesprobleme. Man mißversteht aber ihre Nöte, wenn man sie nur als Ausdruck struktureller Mängel des Berufs ansieht. Sie sind oft genauso Nöte einer noch nicht überwundenen Kindheit, also einer Zeit, in der viele den versteckten oder offenen Mißbrauch elterlicher Macht erleben mußten. Sich dafür zu rächen, ist zwar verständlich, löst aber kein Sachproblem, wie Hitlers Beispiel für alle Zeiten eindrucksvoll lehren sollte. Aber Erfahrungen der Geschichte sind keine Erlebnisse des einzelnen. Sie gehen nicht unter die Haut und berühren daher nicht. Nur, was einen persönlich trifft, bestimmt die Richtung der eigenen Zukunft. Vater, Mutter, Geschwister und Erzieher sind einem näher als Hitler oder Stalin. Sie prägen dem einzelnen ein, wie man Macht gebraucht und mißbraucht. Man lernt nicht von den Fernsten, sondern den Nächsten. Das Beispiel der Mutter Cordula B. im folgenden Kapitel wird das verdeutlichen. Das Miteinander der Mitglieder der Ursprungsfamilie entscheidet darüber, ob jemand ein Machtbedürfnis entwickelt, das »gegen alle Vernunft« ist, oder aber seine Schöpferkraft zur Entfaltung bringt. Das Verhältnis von Kreativität, Ehre und Macht wird man daher nur unvollständig verstehen, wenn man nicht die Beziehungen zwischen Gruppe und Kreativität mitberücksichtigt.

VII. Kreativität und Gruppe

1. Das Angewiesensein auf die anderen

Kreativität wird nicht nur durch Einflüsse und Prägungen der persönlichen Lebensgeschichte bestimmt. Ihre Aktivierung hängt auch von den äußeren Umständen ab, unter denen man ein Werk zu vollbringen hat. Ein häufig beschriebenes Beispiel ist die Bedeutung der Atmosphäre am Arbeitsplatz. Dazu gehört zunächst eine Reihe von »Äußerlichkeiten«, die nicht selten übersehen werden. Ob Labor oder Werkstattraum, Sekretariat oder Opernbühne, das Atelier eines Malers oder die Wohnung einer kinderreichen Familie: Überall gibt es optimale und minimale Bedingungen zur Förderung schöpferischer Impulse.

Noch wichtiger aber als die Gestaltung des äußeren Raumes ist die Strukturierung des »Innenraumes«, das heißt der Beziehung zu denen, mit denen man lebt und arbeitet. Nichts entfaltet sich ohne die anderen, seien diese nun wenige oder viele, eine oder verschiedene Personen. Die Gruppe ist das Medium, welches Schöpferisches vermehrt oder hemmt. Das gilt für alle Arten von Kreativität. Der allein forschende Gelehrte vergangener Zeiten ist weitgehend von dem im Team arbeitenden Wissenschaftler abgelöst worden. Der Sport kennt viele mannschaftlich organisierte Formen. Hier kann der einzelne noch so gut sein: Wenn er sich nicht in das Gefüge einer Gruppe einordnet, nützt seine Einzelleistung wenig, ja sie kann sogar schädlich sein, sofern sie zu »Starallüren« führt. In der Politik ist es ähnlich. Große Projekte verlangen Kooperation. Wer etwa Europa bauen will, kann es nicht im Alleingang. Er hat unzählige Konferenzen und Besprechungen mitzugestalten und dafür zu sorgen, daß divergierende Interessen allmählich zur Konvergenz führen. Auch eine Regierung läßt sich als Gruppe betrachten, nicht nur, wenn sie sich im Kabinett versammelt. Die Äußerungen eines Ministers in der Öffentlichkeit werden auch als Ansicht der anderen Regierungsmitglieder verstanden. Er sollte also nur das nach außen vertreten, was Konsensus der Gruppe ist.

Sicher gibt es auch schöpferische Leistungen, bei denen die Gruppe gar keine Rolle spielt, wie etwa bei den Solisten der Kunst oder des Sports. Trotzdem spielt das Zusammenwirken der anderen auch hier mit hinein, selbst wenn es nur über die Familie, in der man lebt, geschieht. Sie ist gleichsam das Urbild jeder Gruppe. Keiner ist wie der andere. Jeder hat seine eigene Individualität, und dennoch muß etwas Gemeinsames vorhanden sein oder gefunden werden. Denn Familie als Gruppe wächst ja nicht nur numerisch, das heißt durch das Hinzukommen von einem, zwei oder mehreren Kindern, sondern durch die Schaffung eines »Familiengeistes«. Dieser muß auf einem langen Weg gesucht und gefunden werden, falls er überhaupt angestrebt wird. Erst die Familiengemeinschaft, in der jeder zu seinem Innersten kommt, hat diesen Geist. Wenn ein Mitglied die anderen ausnutzt, zerstört es eigenes wie fremdes Kreativitätspotential. Es mag oft so aussehen, als ob Großes und Einmaliges nur geschieht, wenn andere sich opfern, auch in der Familie. Nur ausnahmsweise erdrückten Genies nicht ihre Nächsten. In der Regel waren Frauen und Kinder »Wasserträger für den Vater«, der Höchstes nur bei Selbstaufgabe der Seinen erreichen konnte. Das ist unbestritten, gehört als Regel jedoch der Vergangenheit, den Jahrhunderten der Genies an. Die Dienenden konnten ihren Verzicht durch Identifizierung mit den Auserwählten kompensieren. Je niedriger sie selbst waren, desto höher erschienen jene.

Heute ist das anders, auch in der Familie, selbst dort, wo die Familie als Gruppe im traditionellen Sinne funktioniert. Im Grunde kann dieses übernommene Familienschema erst jetzt mit vollem Leben erfüllt werden. Die Funktionsverteilung geschieht nicht mehr auf Kosten der Schwachen und Opferbereiten. Sie realisiert sich in Partnerschaft und damit in prinzipieller Chancengleichheit für Kreativität. Eine Mutter »alten Stils« erfüllte vielleicht den Sinn ihres Daseins durch den Dienst an Mann und Kind. Sie verzichtete auf vieles, hatte aber nicht den Eindruck, ihr Leben zu verfehlen. Im Gegenteil: Sie empfand sich als schöpferisch, ihr Leben als gelungen. Der Mann hatte Haus und Hof erhalten, ja erweitert. Die zahlreichen Kinder standen in ehrenwerten Berufen und waren ihrerseits vorwiegend schöpferisch. Hieran ist nichts verkehrt, nur: Jeder Mensch entnimmt das Ideal seiner Kreativität dem Horizont der Zeit. Heute sind die Kriterien für schöpferische Mutterschaft differenzierter und vielfältiger als vor 50 Jahren. Die kreative Mutter unserer Zeit muß anderes in sich zur Entfaltung bringen als die damalige. Die Opfer, die sie zu bringen hat, sind verschieden, aber nicht geringer. Der Vater kann noch so erfolgreich im Beruf sein: Versagt er als Ehemann, wird er auch kein kreativer Vater sein. Eine Mutter, die die Hilflosigkeit und Anhänglichkeit ihrer Kinder unbewußt ausnützt und lebenslange Vasallen aus ihnen macht, zerbricht ihr eigenes Schöpfertum wie das der Kinder. Angst vor Entfaltung und damit Ablösung treibt sie in die Umklammerung.

Verallgemeinernd läßt sich sagen: Elterliche Kreativität besteht darin, den Kindern die Voraussetzung für ihre Selbstverwirklichung zu schaffen. Dazu müssen deren Bedürfnisse, Begabungen und Interessen entdeckt und nach bestem Können gefördert werden. Eltern meinen oft, für ihre Kinder das Beste zu tun, wenn sie aus ihnen Marionetten ihrer Erwartungen machen. Die dabei auftretenden Konflikte brauchen nicht dramatisch zu sein. Sie können subtil und unauffällig sein wie etwa im folgenden Beispiel:

Ein Schweizer Vater kam in die Beratung, weil sein Sohn zu seinem Kummer so zu werden schien, wie er selbst war: scheu, gehemmt und verschlossen. Das Ideal war aber: frei zu sein wie Wilhelm Tell. Erst nach langen inneren Kämpfen konnte er sich eingestehen, daß er unter Freiheit keineswegs eine völlig ungehinderte Entwicklung des Jungen verstand. Vielmehr sollte das Kind so sein, wie er es wollte: draufgängerisch, verwegen und selbstbewußt. Wie aber sollte der Sohn etwas schaffen, was der Vater selbst nicht erreicht hatte? Er erlebte keinen zupackenden und freien, sondern einen ängstlich-mißtrauischen Vater, der an dem braven Sohn herumnörgelte. Das Kind wurde so ständig unfreier. Der Vater hatte das Gegenteil von dem erreicht, was er wollte.

Wer aber nicht Vater oder Mutter sein will, weil er es nicht kann oder als Hemmnis für sein Leben empfindet, braucht nicht zu heiraten. Er kann allein oder mit einem anderen – auch gleichen Geschlechts – leben. Die Gesellschaft übt weniger Zwänge aus, als oft behauptet wird und als sie es früher tat. Das Angebot, sich die Gruppe auszusuchen oder zu schaffen, in der man sein persönliches Kreativitätspotential am besten fördert, ist heute größer als einst. Der Individualität wird mehr Rechnung getragen als in einer Zeit, in der das Individuelle fast ganz hinter der Rolle zurückzutreten hatte. Die Gesellschaft ist pluralistischer geworden. Die Rollenerwartungen lassen dem einzelnen mehr Spielraum. Generaldirektor, Arbeiter, Handwerker, Kaufmann, Arzt oder Jugendlicher – jeder kann seine Außenseite so gestalten, wie die anderen es tun, oder aber seinem Gesicht eine eigene Note geben. Nicht anders ist es mit dem Innenleben. Auch das kann mit den Vorstellungen und Erwartungen der anderen, aber auch mit eigenen Ideen erfüllt sein. Zwischen diesen Polen hat sich jeder hindurchzufinden. Das Wie des Handelns entscheidet auch über die eigene Kreativität.

Das Ziel wäre, seine Eigenart zu erkennen und sie in eine möglichst fruchtbare Beziehung zur Gruppe zu bringen. Fruchtbar für beide Seiten. Auch für die anderen ist es gut, wenn der einzelne sich entfalten kann. Wird dessen Entwicklung unterbunden, kann es zu Unzufriedenheit, Aggression und damit zur Herabsetzung des Kreativitätspotentials kommen. Das Klima einer Gruppe – sei es in der Familie oder am Arbeitsplatz – kann Ansporn sein, aber auch Hemmung und Lähmung bewirken bei ein- und denselben Talenten und Möglichkeiten. Um Kreativität zu stimulieren, müssen die eigenen mit den Gruppentendenzen harmonisiert werden. Zu diesem Zweck ist es günstig, sich folgende zwei Grundaspekte für eine gedeihliche Gruppenarbeit vor Augen zu führen:

Größe der Gruppe: Sie muß sich – abgesehen von der durch Spielregeln festgelegten Größe – nach der Aufgabe richten. Es gibt für jedes Ziel eine optimale Anzahl von Mitgliedern. Am Beispiel der Gruppentherapie läßt sich das verdeutlichen. Die Größe solcher Behandlungseinheiten schwankt zwischen drei und zwanzig Teilnehmern. Diese Zahlen stellen allerdings Extreme dar, die nur unter Ausnahmebedingungen wirkliche Dauererfolge aufweisen können. Bei drei Personen ist der Austauschprozeß zu intensiv, bei zwanzig aber so verflacht, daß der einzelne sich kaum noch von der Stelle zu rühren braucht. Erst wo die Mitteilung des eigenen Inneren einmündet in ein strukturell verschiedenes, aber motivationsmäßig gleichgestimmtes Kraftfeld, kann Veränderung geschehen. Diese Bedingungen sind am ehesten bei einer Größe von sieben bis neun Personen verwirklicht. Bei mehr Mitgliedern erlahmt leicht die Motivation zur Mitarbeit. Aber gerade sie ist von entscheidender Wichtigkeit. Bei einer Gruppenpsychotherapie besteht sie prinzipiell in der Beseitigung des »Symptoms«. Der eine will von seiner Angst, der andere von seinem Stottern, der Dritte von seiner Depression und der Vierte von seinen chronischen Kopfschmerzen befreit werden. Zunächst sind die Mitglieder überrascht, ja enttäuscht, wenn sie zum erstenmal in einer solchen Gruppe erscheinen. Das Herumgerede und Ausbreiten der Schwierigkeiten scheint den wenigsten als ein aussichtsreicher Weg aus dem eigenen Leid. Nur bei starker Motivation, das Symptom wirklich zu verlieren, wird die Initialenttäuschung überwunden. Wenn sich dann der Eindruck noch immer nicht ändert und man weiterhin das Gefühl hat, hier werde nur geredet, aber nicht gebessert, fällt die Motivation in sich zusammen. Mit der Verweigerung der Mitarbeit wird das Ingangkommen des therapeutischen Prozesses verhindert.

Was an diesem Beispiel der psychotherapeutische Prozeß ist, könnte man in anderen Gruppen als kreativen Vorgang beschreiben. Er wird dann gestört, wenn durch irgendeinen Faktor der Wille zur Kooperation nicht aktiviert wird. Ein solcher Faktor kann auch die Größe der Gruppe sein. Wenn sie zu groß ist, taucht man lieber unter und läßt die anderen alles machen. Man versteckt sich. Aber selbst, wenn man führt, ist das aktive Mitmachen noch keine kreative Gruppenarbeit*.

---

* Führen ist nur dann von Vorteil für die Gruppe, wenn es an ihren Zielen – und damit an den konstruktiven Wünschen ihrer Mitglieder – orientiert ist. Häufig wird jedoch nur aus Eitelkeit und Geltungsbedürfnis eine Führungsrolle ergriffen. Dieser Verdacht liegt immer dann nahe, wenn jemand in einer Versammlung oder Konferenz ständig das Wort an sich reißt und die anderen mit seinen Vorstellungen überschüttet. Er läßt den anderen keine Zeit zum Nachdenken. Solange diese die Situation noch nicht differenziert genug erfaßt haben, können sie den Wert eines Vorschlages nur unzureichend überprüfen. Der voreilige Redner kann deshalb kaum mit beifälliger Kooperation rechnen. Er provoziert Apathie, auch wenn bei der Abstimmung jeder

Strukturelle Zusammensetzung: Hierbei geht es um das richtige Maß zwischen zu verschiedenen und zu gleichgearteten Persönlichkeiten. Sind alle Mitglieder homogen hinsichtlich Alter, Geschlecht, Interessen, Beruf und Erfahrung, kann das den Gruppengeist ebenso hemmen wie zu eckige Differenzen. Heute weiß man, daß selbst bei sehr speziellen Themen die Mitarbeit eines Fachfremden äußerst förderlich sein kann. Er sieht Dinge, die die Spezialisten aufgrund ihres einseitig geschulten Blicks nicht sehen, nicht sehen können. Die Mischung einer Gruppe bezieht sich aber nicht nur auf das Problem der Fachausbildung. Auch die Persönlichkeitsartung ist von Gewicht.

Es gibt beispielsweise keine Familie, in der alle Mitglieder gleich sind. Sie unterscheiden sich nicht nur durch Geschlecht und Alter, sondern auch durch Erscheinung, Anlage, Talent, Interessen – kurz durch ihre Persönlichkeit. Eltern kennen die Verschiedenheiten ihrer Kinder meist sehr genau. Wie kann es aber zu einer fruchtbaren Kooperation bei derartigen Verschiedenheiten kommen? Jedenfalls nicht dadurch, daß jeder seine Eigenarten rücksichtslos gegen die anderen ausspielt. Das kann offen oder versteckt geschehen, durch die Autorität der Eltern oder die Schwächen des Kindes erzwungen werden (»Das arme Kind«). Gegensätze werden als fremd und leicht als feindlich erlebt. Sie müssen ausgemerzt werden zugunsten eines Einheitsideals. Das läßt sich nicht in einigen Wochen erreichen. Jahre sind notwendig, bis die Familie – wenigstens nach außen – uniform ist.

So sicher solche »Erfolge« auch vorkommen, so deutlich sind andererseits deren Konsequenzen: Das kreative Gesamtpotential der Gruppe wie der einzelnen Mitglieder wird herabgesetzt. Der entscheidende Grund liegt in der Zurückdrängung von Aggressionen,

---

mitmacht und »sich entscheidet«. Nur die eigene Einsicht kann zu kreativem Tun motivieren. Falls diese aber fehlt, muß wenigstens der Initiator von seinen Ideen so angetan sein, daß er die anderen gefühlsmäßig mitreißt. Ein halbherziger Vorschlag ist von vornherein unfruchtbar. Dies war der Grund für die Verbitterung einer Frau, die berufsmäßig mit Jugendgruppen zu arbeiten hatte. Sie litt unter deren »Interesselosigkeit« und fragte sich nie, ob sie denn selbst ihre Vorschläge zu gemeinsamen Aktivitäten je wirklich ernst nahm. Sie mußte sich eingestehen, daß sie nicht nur die Bedürfnisse der Jugendlichen vernachlässigt hatte. Sie selbst verspürte keine Lust zu den Unternehmungen, die sie willkürlich und aus reinem Pflichtgefühl vorschlug.

die durch den Zwang zur Entindividualisierung entstehen. Noch so unterschwellige aggressive Stimmungen mindern das Kreativitäts-potential, selbst wenn solche Gruppen nach außen »erfolgreich« sind. Aus der Geschichte kennt man erzwungene Einheiten aus totalitär geführten Gruppen: die Inquisition der Kirche, die Wohlfahrtsaus-schüsse der Französischen Revolution, die faschistischen oder kom-munistischen Parteien. Je einheitlicher und starrer die Gruppenideo-logie, desto höher der Aggressionspegel ihrer Mitglieder. Vernich-tung der äußeren Feinde ist dann der beliebte Blitzableiter für die erzeugten aggressiven Spannungen, die als Folge der Entindividuali-sierung entstehen und sich ihr Ziel suchen. Im Innern der Gruppe sind es kleine und immer kleinere Abweichungen, die mit unerbitt-licher Strenge geahndet werden müssen. Außerhalb der Gruppe sind es die Ungläubigen, Abtrünnigen, Revisionisten oder Klassenfeinde, die mit Mord und Gewalt zu bekämpfen sind.

Aber auch in Gruppen, die unter weniger Zwang stehen, können unterschwellige Affekte das gemeinsame Weiterkommen lähmen. Es muß sich dabei keineswegs ausschließlich um Aggressionen handeln. Jedes Gefühl, das aus einem individuellen Konflikt in die Gruppe hin-eingetragen wird, kann deren Kreativität hemmen. Bekannt ist der Mitarbeiter, der sich wegen privater Sorgen nur unvollkommen und unkonzentriert am Gruppengespräch beteiligt. Er irritiert die anderen durch seine Geistesabwesenheit. Schwieriger ist es jedoch, wenn eine belastende Szene nicht unmittelbar zurückliegt, sondern in der frühen Kindheit zu suchen ist. Die Affekte, die durch sie immer wieder aus-gelöst werden, sind nicht einfühlbar und wirken auf die Gruppe mei-stens destruktiv. So gibt es Menschen, die sich nur schwer in ein Team einfügen und nicht neidlos die Leistung von Kollegen anerkennen können. Hierfür ein Beispiel:

Erich F. war ein ausgezeichneter Geiger, aber alle Versuche, in einem Quartett oder gar in einem Orchester mitzuspielen, scheiterten bald. Seine Begabung war nur als Solist zu erkennen. In einem En-semble unterliefen ihm aus Nervosität die peinlichsten Fehler. Dar-über hinaus gab es häufig Streit über die richtige Interpretation eines Werkes. Eklatant wurde der Konflikt, als Erich F. sich nach einer Bandaufnahme in einem Studio bei den Tontechnikern beschwerte, daß er im Gegensatz zu den anderen Spielern nicht genügend gut herauszuhören sei. Was steckte dahinter? Eine egozentrische Mutter, die sich von ihren Kindern umwerben ließ und Zuneigung nur als Preis für hervorragende Leistungen verteilte. Jede Gruppensituation war für Erich F. eine Wettbewerbssituation. Sie ließ in ihm alte Ängste aufsteigen, an den Rand gedrängt oder gar verstoßen zu werden. Waren mehr als zwei Menschen beisammen, konnte er sich weder entspannen noch schöpferisch sein. Das einzige, was ihm blieb, war, den anderen den Erfolg – wenn auch unbewußt – durch »Verspielen« zu vereiteln.

Angst kann ähnlich wie Aggression die Kreativität lähmen. Dazu braucht die objektive Struktur der Gruppe nicht als beängstigend erlebt zu werden. Die unbewältigten persönlichen Ängste wirken sich ebenso verheerend aus. Ein Schüler, der seinen Lehrer fürchtet, bringt keine eigenständige Leistung hervor – egal, ob dieser Vorgesetzte tatsächlich streng ist oder ob die Erfahrungen mit einem cholerischen Vater ihm jeden Mann zur Schreckensgestalt werden lassen. Seine Phantasien kreisen ständig um die drohenden Gefahren, um irreale Mittel, diese Autorität für sich zu gewinnen, oder auch um phantastische Fluchtwege (Robinsonträume, Fahrten zum Mund u. a.). Erst wenn dieses Problem eine reale Lösung gefunden hat, kann der Schüler die innere Ruhe finden, die zur Konzentration auf die Aufgaben nötig ist. Persönliche Konflikte liegen allerdings meistens zu tief, um durch das Leben korrigiert zu werden. Der einzige Ausweg ist dann die Respektierung der Probleme und der Versuch, einem solchen Menschen den Platz zu geben, an dem er frei von unbewältigten Affekten mit anderen Menschen kooperieren kann.

Die aus derartigen Überlegungen zu ziehenden Konsequenzen liegen klar auf der Hand. Man muß die Eigenart jedes einzelnen anerkennen und für die Kooperation in der Gruppe fruchtbar machen. Wenn jeder auf dem richtigen Platz steht, kann der einzelne wie auch die Gruppe schöpferisch werden.

2. Das Miteinander verschiedener Persönlichkeitsstrukturen

Am Modell von vier verschiedenen Persönlichkeitstypen soll das Zusammenspiel verschiedener Charakterstrukturen verdeutlicht werden. Es sind Idealtypen, das heißt: Sie kommen in reiner Form in der Wirklichkeit nicht vor. Sie sind nur als mehr oder weniger ausgeprägte Annäherungen an den Typus, vorwiegend aber als Kombinationen dieser Arten anzutreffen. Dennoch hat es einen Sinn, sich an solchen Modellen den Blick für bestimmte Persönlichkeitskonstellationen zu schulen. Man ist dadurch eher in der Lage, auch bei einer anderen Kombination das Einmalige und Unveränderliche von dem Modulationsfähigen zu unterscheiden. Nur wo jeder in der Gruppe zu seiner Identität finden und diese leben kann, hat auch die Gemeinschaft die beste Chance zu ihrer Identitätsfindung und damit zur Kreativitätsverbesserung.

Die Bezeichnung der von uns gewählten Typen ist sekundärer Art. Die Begriffe entstammen der psychodynamischen Nomenklatur. Ihre Verwendung ist für den Laien nicht frei von der Gefahr des Mißbrauchs. Um diese zu verringern, ist der Begriff »hysterisch« durch die Bezeichnung »stimmungshaft-expansiv« und »depressiv« durch »angepaßt-zurückhaltend« ersetzt worden. Anders ist es bei den Ausdrücken »zwanghaft« und »schizoid«. Sie werden auch vom Laien immer häufiger verwendet, ohne Krankhaftes zu implizieren. Daher lassen wir sie für unsere Zwecke stehen. Da die Beschreibung von Persönlichkeitsmerkmalen ohne den Bezug zur konkreten Arbeits- und Lebenssituation zu wenig anschaulich ist, halten wir uns an das Beispiel von Wissenschaftlern, wie ich es schon in einer früheren Arbeit zu demonstrieren versuchte (1966).

Der Zwanghafte: Es gibt wohl kaum ein Institut in der Welt, in dem nicht Wissenschaftler dieser Persönlichkeitsprägung anzutreffen sind. Es handelt sich hierbei um Menschen, die im allgemeinen Umgang durch ihre besondere Korrektheit und mangelnde Spontaneität auffallen. Auch ihre wissenschaftliche Karriere ist oft bezeichnend. Sie ist bis ins Detail geplant und vorgedacht. Kurse werden genau nach Vorschrift absolviert. Nicht selten sind die Examensnoten glänzend. Das eigentliche Durchdenken des dargebotenen Stoffes tritt hinter dem pflichtgemäßen Auswendiglernen zurück. Wo Eigenständigkeit sich zeigt, trägt sie Züge des Pedantischen, die zweifelsohne auch zu einem wissenschaftlichen Erfolg führen können.

Meistens sind es extreme Spezialisten, die auf einem engen Teilgebiet Wertvolles leisten. Häufig läuft sich der wissenschaftliche Lebenslauf dieser Menschen aber in der Durchführung zweitrangiger, von anderen konzipierter Arbeiten fest. Aber auch dann können sie unter entsprechender Leitung wirkungsvoll eingesetzt werden. Haben zwanghafte Persönlichkeiten diese Führung nicht oder ist die Problemstellung so, daß der eigenen Initiative wegen der Unplanbarkeit der Sache ein gewisser Spielraum gelassen wird, arbeiten sie schlecht. Sie können unter Umständen ein ganzes Team durch ständige Kritik an dem Ungenügen des Projekts irritieren. Manche Gruppenarbeit scheitert an der Starrheit zwanghafter Persönlichkeiten, zumindest geht wertvolle Zeit in langen Diskussionen verloren. Aus ihrer Persönlichkeitsstruktur heraus vermögen sie nicht zu verstehen, daß manche Problemstellung eine zu detaillierte Vorausplanung nicht verträgt. Es fehlt ihnen – generell gesehen – an hypothesenbildender Phantasie. Dafür imponieren sie oft durch eine erstaunliche Literaturkenntnis. Sie sind somit gleichsam die Registratoren innerhalb einer Gruppe. Störend wirken sie leicht, wenn es nicht um die Vermittlung von schon Bekanntem, sondern um die Diskussion neuer Probleme geht. Hier irritieren sie durch ihre Rigidität. Sie sind nicht oder nur schwer in der Lage, sich auf ein anderes Denkmodell umzustellen.

Arbeitet ein so gearteter Mensch experimentell, so wird er in der Phase des Nichtweiterkommens die Schuld entweder den anderen geben, oder – falls er selbständig arbeitet – die auftretenden Schwierigkeiten durch unnütze Pedanterie zu klären versuchen: Nochmaliges Studium der Protokolle, Wiederholung der Experimente, erneutes Lesen der Literatur. Gelingt auch dieser Entwurf bei wiederholten Anläufen nicht, wird das Problemgebiet gewechselt, häufig mit dem charakteristischen Bemerken: »Hier steckt nicht viel drin« oder »Es ist nicht genügend vorbereitet worden«. Man kann gelegentlich beobachten, wie ein Projekt, das von einem Zwanghaften als erledigt liegengelassen wurde, von einer anders strukturierten Persönlichkeit aufgegriffen und dann äußerst wirkungsvoll zuende geführt werden konnte*.

Die Angst vor ungeplanten, nicht erwarteten Situationen kam sehr drastisch bei einem jungen Hochschullehrer zum Vorschein. Er konnte seine Vorlesung, an der regelmäßig nicht mehr als vier bis fünf Studenten teilnahmen, nur dann abhalten, wenn er sie Wort für Wort ausgearbeitet hatte, um sie dann vom Manuskript ablesen zu können. Die Vorbereitung dafür kostete ihn fast drei Tage pro Woche. Die Vorlesung war dann allerdings auch sehr gelungen.

Im Hochschulbereich sind solche Beispiele selten. Wo sie aber auftreten, fallen sie auch stärker auf. Weniger auffällig, weil häufiger vorhanden, sind derartige Persönlichkeiten im Bankwesen und in der Verwaltung. Ihr Charakter disponiert sie geradezu für Arbeiten mit Zahlen, Kontenauszügen, Erlassen und Verfügungen. Je abstrakter, unpersönlicher und allgemeingültiger die Fakten sind, die sie zu bearbeiten haben, desto wohler fühlen sie sich: »Ich blühe eigentlich erst auf«, sagte ein Patient dieses Typs, »wenn ich an meinem Schreibtisch in der Bank Zahlen addieren kann. So komme ich am besten von dem Durcheinander in der Familie los.« Das Durcheinander in der Familie war aber kein besonderes Chaos, wie man es aufgrund dieser Aussage annehmen könnte. Es war das ganz »normale« Familienleben mit seinen vielfach unberechenbaren Gefühlsäußerungen. Die mangelnde Vorausschaubarkeit irritiert Menschen dieses Schlages. Um so zuverlässiger sind sie bei allen planbaren, prinzipiellen und überschaubaren Fragen. Ihr Einfluß auf die Gruppe hängt ganz davon ab, für welche Aufgaben sie eingesetzt werden. Sie wirken durch ihre Zuverlässigkeit beruhigend, wenn sie etwa als Bibliothekar, Buchhalter oder Verwaltungsleiter tätig sind. Verlangt man aber von ihnen Innovationsarbeit, sind sie leicht überfordert und können dann als Störfaktoren empfunden werden. Das sei

---

* Hier könnte man an folgendes Wort von Nietzsche denken: »In der Wissenschaft kommt es alle Tage und Stunden vor, daß einer unmittelbar vor der Lösung stehenbleibt, überzeugt, jetzt sei sein Bemühen völlig umsonst gewesen – gleich einem, der eine Schleife aufziehend im Augenblicke, wo sie der Lösung am nächsten ist, zögert: Denn da gerade sieht sie einem Knoten am ähnlichsten.«

an der Arbeit des Politikers Otto B. skizziert.

Dieser kam wegen schwerer Magenschmerzen in die Behandlung. Eine kurz vorher durchgeführte Gallenblasenoperation hatte keine andauernde Schmerzfreiheit bewirkt. Ein organischer Befund war nicht mehr festzustellen. Otto B. war seit 15 Jahren für die Partei tätig. Er war allseits geschätzt, wenn auch sein etwas kühles Wesen kaum Herzlichkeit in seiner Nähe aufkommen ließ. Dafür war er fleißig, zuverlässig und verschwiegen. Man konnte ihm die delikatesten Aufgaben anvertrauen. Er hatte nie »aus Versehen« oder »im engen Vertrautenkreis« etwas verlauten lassen, wie das nach seinen Angaben unter Politikern nicht unüblich sei. Sein Stolz war es, daß die führenden Leute seiner Partei sich ganz und in jeder Hinsicht auf ihn verlassen konnten. Nur reichte die ihm von der Parteiführung gezollte Anerkennung nicht aus. Er wollte auch einmal aus den Kulissen der Parteiarbeit heraustreten. Man gab ihm daher ein Mandat in der Kommission, die ein publikumswirksames Projekt zu bearbeiten hatte. Hier waren Mitglieder aller Parteien vertreten. Die Meinungen über dieses Projekt waren sehr kontrovers.

Die ersten Magenbeschwerden traten während der ersten Wochen der Kommissionssitzungen auf. Zunächst hatte er dafür keine Erklärung. Im Laufe der Behandlung aber schilderte er, wie er sich nach anfänglichem Elan in der Kommission immer unwohler gefühlt habe. Das war für ihn um so überraschender, als er sich wirklich auf die Arbeit in diesem Gremium gefreut hatte. Er war auch am Anfang ziemlich sicher, daß er hier genausogut ankäme wie bei seinen Parteigenossen. Schließlich wußte er, was er konnte und was er zu bieten hatte. Außerdem bereitete er sich für jede Sitzung weit besser als die anderen vor. Er brillierte auch in den ersten Wochen mit seinen Kenntnissen und erhielt Zustimmung, gelegentlich sogar Beifall von den Mitgliedern der Gegenpartei. Dann aber wurde es plötzlich anders. Er kam immer weniger zu Wort. Die anderen kümmerten sich kaum noch um das, was er sagte. Der Vorsitzende war ihm gegenüber zurückhaltend bis unfreundlich. Da nahm ihn eines Tages ein Parteifreund zur Seite und redete ihm ins Gewissen. Otto B. fiel aus allen Wolken, als dieser ihm eröffnete, daß die eigenen Parteigenossen seine mangelnde Wendigkeit als störend empfänden. Man hätte schon erwogen, ihn durch einen anderen zu ersetzen. Die Besprechungen wären nämlich in ein Stadium geraten, wo man genau aufpassen müsse, den Zug nicht zu verpassen. Die andere Partei hätte Leute im Rennen, die sich neuen Argumenten gegenüber aufgeschlossener zeigten, während Otto B. immer wieder mit demselben »Zeug« ankäme. Manche hätten schon gesagt, daß es besser sei, wegzuhören, wenn er seine Argumente, unter eins, zwei und drei sorgfältig aufgebaut, vorzutragen beginne. Denn Neues kam dabei nie heraus.

Wie er sich jetzt erinnern konnte, hatte er nach diesem Gespräch zum erstenmal ein dumpfes Gefühl in der Magengegend, so als wenn ihm da jemand hingeboxt hätte. In der Behandlung lernte er allmählich die Ablehnung seiner Vorschläge durch die anderen Mitglieder verstehen. Er spürte aber auch immer genauer, warum er selbst so sein mußte, wie er war. Er konnte sich in einer Sitzung nur wohlfühlen, wenn er sie genauestens vorbereitet hatte. Dann fühlte er sich so wohl und sicher, daß er häufiger, als den anderen lieb war, von seinem Wissen Gebrauch machte. Er glänzte mit Zahlen, Statistiken, Übersichten und Programmen. Keiner kam mit. Er verstand niemals die anderen, die in solchen Gremien saßen und von den »Grundlagen« keine Ahnung hatten. Unter Grundlagen verstand er das angelesene Wissen. Auf die Frage, ob er in solchen Kommissionen auch einmal einen neuen Gedanken beigetragen habe, war er zunächst überrascht, dann gekränkt. Gereizt antwortete er: »Solche Kommissionen sind nicht dazu da, um sich auszuphantasieren, sondern um hartes Wissen zu vermitteln. Das, was noch nicht erprobt ist, kann an den Universitäten untersucht werden. In der Politik hat nur das Erprobte und Solide etwas zu sagen.«

Otto B. war froh, als er wegen seiner Magenbeschwerden die Tätigkeit in der Kommission aufgeben konnte. In der Routinearbeit für die Partei erreichte er dann wieder seine volle Arbeitsfähigkeit.

Der Angepaßt-Zurückhaltende: Wir wählen, wie schon angedeutet, statt des in der Psychodynamik üblichen Ausdrucks »depressive Struktur« lieber das Stichwort der »Angepaßt-Zurückhaltende«. Damit ist zwar nicht alles ausgedrückt, was ein Fachmann unter dem Begriff versteht, aber doch einigen Mißverständnissen vorgebeugt. Solche Menschen fallen nicht durch depressive Verstimmung oder Apathie auf. Eher akzentuieren sie sich schon durch Freundlichkeit und Hilfsbereitschaft. Sie helfen, wo sie können. Dabei machen sie keine Unterschiede, wie sie überhaupt persönliche Stellungnahmen nach Möglichkeit vermeiden. Sie loben und tadeln sparsam, wenn überhaupt. Am liebsten ist es ihnen, wenn sie sich nicht zu äußern brauchen. Sie drücken sich daran vorbei. Sie haben immer Angst, die anderen zu verletzen, aber auch, sie offen und ehrlich anzuerkennen. Dadurch wirken sie in einer Gruppe gelegentlich recht farblos. Im Schöpferischen sind sie nicht innovationsfreudig. Sie schließen sich im allgemeinen den schon vorhandenen Ideen an. Bei deren Ausarbeitung kooperieren sie willig und stetig. Wo aber einem solchen Menschen der Durchbruch zu einer selbständigen Leistung gelingt, wird er leicht aggressiv. Er schirmt sich durch seine Feindseligkeit gleichsam ab. Wenn er sich den Meinungen der anderen öffnete, wie er es gewohnt ist, würde er sich ihren Ideen anpassen und damit an Eigenständigkeit verlieren. Er muß viele Erfahrungen sammeln, bis er das richtige Maß zwischen Angepaßtheit und Eigensinn, Unterwürfigkeit und Trotz gefunden hat.

Prozesse dieser Art sind überall zu beobachten. So mancher Meister oder Arbeitskollege steht vor einem Rätsel, wenn er sieht, wie aus einem freundlichen, hilfsbereiten Mitarbeiter plötzlich ein launischer Nörgler wird. Das gilt auch in der Intimgruppe der Familie. Ein Ehemann kann es nicht begreifen, wenn die Frau nach jahrelanger Ehe Interessen und Ansichten vertritt, die weder der Partner noch die Kinder an ihr kennen. Gönnt man diesen Verselbständigungsschüben nicht den notwendigen Raum, leiden Arbeits- wie Familienklima. Entweder bleibt der Betroffene bei seiner Rolle, die er einst so gut und »freiwillig« spielte, oder man eliminiert ihn aus der Gruppe, sei es durch äußere oder emotionelle Trennung. Sie hilft weder dem einen noch dem anderen. Sie zwingt nämlich entweder zur Unterwürfigkeit und damit zu einem Aufgeben von neuer Identität oder zu einem Außenseitertum, welches auch nur partiell befriedigt. Wo man daher in der Lage ist, solche Entwicklungen zu sehen, sollte man eher mit Ermunterung und Zuspruch als mit Kritik zur Stelle sein. Sind diese opferwilligen und angepaßten Menschen schon von Natur aus empfindlich, sind sie es besonders in den Zeiten, in denen sie ein Stück Eigenständigkeit und damit die Voraussetzung für Kreativität zu schaffen trachten.

Bernhard K., ein Biologe, kam wegen einer Depression in die Behandlung. Seine Experimente waren nach langjähriger Arbeit nicht in die erwartete Richtung gegangen. Davon erwähnte er allerdings zunächst nichts, sondern sprach hauptsächlich über seine Schwierigkeiten in der Ehe. Er fühle keinen richtigen Zugang mehr zu seiner Frau, sehne sich nach anderen Frauen. Er habe aber Angst, diesem Drang nachzugeben. Erst nach einiger Zeit erzählte er von seinen Arbeiten im Labor, bezeichnenderweise mit der charakteristischen Bemerkung: »Was ich jetzt erzähle, hängt nicht mit meiner Depression zusammen. Es ist eigentlich Unsinn, daß ich darüber spreche, da Sie ja kein Biologe sind und mir bei meinen Laboratoriumsschwierigkeiten auch nicht helfen können.«

Bernhard K. hatte sich lange Zeit mit einem bestimmten Experiment beschäftigt. Im letzten Jahr vor Ausbruch der Depression verbohrte er sich mit wachsender Eigenwilligkeit in seine Arbeit. Er wich Gesprächen mit seinen Kollegen aus, weil er glaubte, der Lösung nahe zu sein. Wenn er angesprochen wurde, war er ungewöhnlich aggressiv. Schließlich war er fest davon überzeugt, sich in eine Sackgasse verrannt zu haben. Da begann die Depression. Einige Wochen nach Behandlungsbeginn wurde der Kontakt mit den Kollegen besser. In einem Gespräch erfuhr Bernhard K. von einer Arbeit, die für ihn wichtige Hinweise zur Weiterentwicklung seines Experiments enthielt. Während der Behandlung konnte er auch die Gründe nennen, die ihn veranlaßt hatten, immer weniger mit seinen Kollegen über die Arbeit zu sprechen. Er befürchtete den Einfluß der anderen. Sie hätten ihm eventuell klarmachen können, wie aussichtslos sein Weg zur Problemlösung sei. Vor der Diskussion über Alternativen habe er Angst gehabt. Diese hätten ihn nur verwirrt.

Das Beispiel ist nicht nur charakteristisch für die emotionalen Prozesse, die sich bis zur Lösung eines Problems abspielen können. Wir werden auf sie noch im Kapitel VIII zurückkommen. Der Fall Bernhard K. ist auch lehrreich zur Demonstration der Zusammenhänge zwischen Persönlichkeit und angewandter Strategie der Problemlösung. Bernhard K. hatte sich so weit in seinem Experiment vorgearbeitet, daß er auf Ersatzlösungen glaubte verzichten zu können. Er steuerte stur auf seine, für ihn die einzige Lösung zu. Als diese sich dann als nicht gangbar erwies, mußte er zum Ausgangspunkt zurück. Er schob das ganze Problem zur Seite, weil er selbst keine Lösungsmöglichkeit mehr sah. Hätte er von vornherein Alternativen in seine Strategie eingebaut, wäre ihm jetzt das Problem nicht als aussichtslos erschienen. So mußten ihm die anderen mit neuen Vorschlägen aus der Sackgasse helfen.

Verallgemeinernd kann man sagen: Persönlichkeiten mit depressiver Struktur verrennen sich leicht in eine einzige Lösungsmöglichkeit und sind wenig flexibel bei der Aufstellung von Alternativlösungen. Sie lassen sich leicht entmutigen, wenn der einmal für richtig gehaltene Weg nicht das erhoffte Ergebnis bringt. Ganz allgemein muß man sich bei wissenschaftlichen, aber auch anderen Arbeiten die Entmutigungssituationen genau anschauen. Vor allen Dingen ist zu fragen, ob die Entmutigung allein von der Sache herrührt. Oder kommt sie nicht aus anderen, dem Betreffenden vielleicht unbewußten Quellen, die eine »objektive« Beurteilung der eigenen Arbeit unmöglich machen? Schwierigkeiten in der Ehe oder – bei Unverheirateten – die Suche nach einem geeigneten Partner sind als Gründe nicht selten. Hier können Probleme vorliegen, die der einzelne nicht wahrhaben will und die der Grund dafür sind, warum er sich in seine wissenschaftliche Arbeit flüchtet. Die von der unbewältigten Partnerschaftssituation herrührende Empfindlichkeit überträgt sich auf die wissenschaftliche Arbeit.

Der Stimmungshaft-Expansive: Auf den ersten Blick ist dieser Typ unter Wissenschaftlern relativ selten, vor allem deswegen, weil er nicht die für eine Forschertätigkeit notwendige Ausdauer mitbringt. Das heißt nicht, daß Wissenschaftler unter solchen Persönlichkeiten völlig fehlen. Die mangelnde Durchsetzungsfähigkeit wird ersetzt durch Stimmung und Begeisterung. Dabei unterschätzt der Vertreter dieses Typs die auf ihn zukommenden Schwierigkeiten. Er wird von ihnen überrascht. Wenn er dann seine Begeisterung für das Fach oder Projekt verliert, wechselt er schnell in ein anderes. Der Schmerz der Enttäuschung ist bald verflogen.

In einem Team stellen diese Menschen ein belebendes Element dar. Ihr Drang zur Äußerung läßt Stimmung aufkommen. Ein Sonnentag wird strahlender, ein Regentag aber dunkler durch ihre Gegenwart. Fehler der Kollegen werden schonungslos bloßgestellt, deren Stärken jedoch auch rückhaltlos anerkannt. Ohne drastisches Stellungnehmen kommen sie sich bedeutungslos vor. Das gilt gleichermaßen für Projekte. Hier können sie sich engagieren, wenn auch nicht immer profilieren. Sie reißen aber die anderen mit. Sie springen schnell an und bewegen schnell. Das alles geht nicht selten auf Kosten der Genauigkeit und Zuverlässigkeit. Eigene Fehler werden bagatellisiert, falls sie überhaupt eingestanden werden. Bei Publikationen fällt die Darstellungsbreite, die Überbewertung der eigenen Ergebnisse, vor allem aber die Fülle der Veröffentlichungen auf. Sie steht in einem krassen Mißverhältnis zur angebotenen Sache. Je weniger der Stimmungshaft-Expansive zu sagen hat, desto mehr muß er reden und schreiben.

Aber wie bereits erwähnt: Im Wissenschaftsbereich sind diese Persönlichkeiten nicht sehr häufig. Man begegnet ihnen eher in den Berufen, in denen die Äußerung von persönlichen Emotionen und der Wechsel von Rollen erwünscht ist, wie etwa beim Schauspieler. Da diese nur in Ausnahmefällen als Solisten, meist aber in Gruppen arbeiten, darf der Drang zur Äußerung und Expansion nicht auf Kosten der Harmonie des Ensembles gehen. Das weiß jeder Regisseur. Sich genau an das Rollenvorbild zu halten, nutzt hier wenig. Bevor die Rolle sitzt und aufführbar ist, wird mit der Gruppe geprobt. Jeder muß sich auf den anderen einstellen, will er die Aufführung nicht gefährden.

Das Modell des Schauspielers läßt sich auch auf andere Situationen aus Beruf und Leben übertragen. Wo immer Menschen zusammenarbeiten, wird das Bestreben des einzelnen nicht fehlen, seine Rolle besser zu spielen als der andere. Dieses Rivalitätsbedürfnis kann eine Gruppe anregen und befruchten, falls das gemeinsame Ziel nicht aus den Augen verloren wird. Es kann aber auch lähmen und zerstören. Dem einzelnen ist es dann egal, was aus der Gemeinschaft wird. Die Hauptsache ist, daß *er* ankommt und sich bestätigt fühlt. Lassen sich solche Charaktere in größeren Gruppen noch einigermaßen verkraften, können sie in kleineren Gemeinschaften, am deutlichsten noch in einer Familie, verheerend wirken. Die Geschichte von Cordula B. kann als Beleg dienen.

Sie kam in die Therapie wegen der schizophrenen Erkrankung ihres damals 24jährigen Sohnes. Die Notwendigkeit ihrer Behandlung zugunsten des psychotischen Kindes sah sie zunächst nicht ein, bis ihr klargemacht werden konnte, daß der Erfolg der Psychotherapie bei Schizophrenen ansteigt, wenn wichtige Bezugspersonen ebenfalls behandelt werden. Auch dem Leser wird ein solcher Zusammenhang einleuchten, wenn er sich folgende Abschnitte aus der Lebensgeschichte dieser Mutter vor Augen führt.

Cordula B. war jetzt zum drittenmal verheiratet. Ihre erste Ehe schloß sie knapp 20jährig mit einem 24 Jahre älteren Mann. Die Verbindung blieb kinderlos, weil er kein Kind wollte und auch ihr nicht allzuviel an Kindern lag. Sie ging restlos im Mann auf, der sie sehr verwöhnte. Sie bewunderte ihn, vor allen Dingen wegen seines guten Aussehens und seiner tadellosen Manieren. Um so betroffener war sie, als sie nach dreijähriger Ehe dahinter kam, daß ihr Mann sie bereits seit Ehebeginn laufend mit anderen Frauen betrogen hatte. Das war das Ende. Sie selbst konnte sich aus dem zeitlichen Abstand von über 20 Jahren keine Schuld an dem Auseinanderbrechen der Ehe geben.

Sie nahm ihr unterbrochenes Studium der Philologie wieder auf. Es fiel ihr nicht ganz leicht. Sie hatte immer Angst, schlechter zu sein als die anderen. Besondere Sorge hatte sie vor dem Examen. Bei der Abschlußprüfung fiel sie dann auch durch. Daraufhin verlor sie jedes Interesse am Studium, zumal sie gerade in dieser Zeit wieder einmal bis über beide Ohren verliebt war. Sie heiratete bald. Wie der erste Ehemann war er Kaufmann, allerdings nur 8 Jahre älter als sie. Es kamen bald 2 Kinder, ein Junge, der später psychotisch wurde, und ein Mädchen. An ihnen hing sie abgöttisch. Die Liebe zu ihrem Mann erkaltete bald. Wenn er nach Hause kam, war sie kaum ansprechbar. Sie merkte das aber nicht, weil sie sich immer mit den Kindern oder für die Kinder beschäftigte. Wenn er sie darauf aufmerksam machte, reagierte sie empfindlich. Sie war brüskiert über so wenig Rücksichtnahme auf die Sorgen einer vielbeschäftigten Mutter. In diesem Affekt fühlte sie sich auch berechtigt, den ehelichen Verkehr mehr oder weniger deutlich zu verweigern. Aufmerksamkeiten, die der Mann ihr ständig zuteil werden ließ, nahm sie als etwas Selbstverständliches hin, sofern es nicht körperliche Zärtlichkeiten waren. Diese lehnte sie immer mehr ab: »Als Mutter fühlt man eben anders«, war einer der Gründe, welche sie sich gelegentlich als Rechtfertigung vorsagte. Sonst war sie aber als Ehefrau und Mutter glücklich.

Ihr ganzer Stolz waren die Kinder. Beide waren »viel schöner, braver und anständiger als die Kinder aller Verwandten und Bekannten«. Dieses Glück wurde nur vorübergehend getrübt, als ihr Mann nach 11jähriger Ehe an einem Herzinfarkt starb. Die Kinder waren 10 und 7 Jahre alt. Hauptsächlich der Kinder wegen tat ihr der Tod des Mannes leid. Sie hätten ja nun keinen Vater mehr. Da sie durch ihren Mann finanziell gesichert war, blickte sie zuversichtlich in die Zukunft. Sie würde den Vater schon ersetzen, wie sie den trauernden Kindern versicherte. Das gelang ihr aber nur für einige Zeit. Als die Kinder heranwuchsen und in die Pubertät kamen, wurde sie immer weniger mit ihnen fertig. Sie war bereits völlig verzweifelt, weil die Kinder plötzlich ganz anders als früher waren. Besonders der Sohn war jetzt so rebellisch. Er ließ sich nichts mehr sagen. Er schlief morgens länger, als er sollte, vernachlässigte auch die Schule. Wenn sie ihn zurechtwies, konnte er sehr wütend werden. Einmal hatte er sie sogar »launische Xanthippe« genannt. Das war zuviel für sie.

Sie suchte sich einen Beruf, um diesem ständigen Kampf mit den Kindern zu entgehen, und fand eine Beschäftigung als Empfangsdame in einem Hotel. Ihre Fremdsprachenkenntnisse kamen ihr dabei zugute. Hier gab es aber auch bald Schwierigkeiten. Sie fühlte sich zu wenig vom Personal beachtet. Manchmal glaubte sie sogar, die anderen würden sich heimlich über sie lustig machen. Als sie einmal den Hotelboy zur Rede stellte, warum er am Morgen nicht freundlicher grüßen könne, schaute dieser sie ganz verdutzt an. Schließlich gab sie die Stelle wieder auf, was ihren inzwischen 15 und 18 Jahre alt gewordenen Kindern gar nicht paßte. Sie hatten vor der Herrschsucht ihrer Mutter Angst, die, wie sich bald herausstellte, nur allzu berechtigt war. Alles, was irgendwie zu reglementieren war, wurde mit viel Affekt und Lärm angeordnet und kontrolliert. Eine anheimelnde Stimmung haben die Kinder nie erlebt, wie der Sohn in seiner späteren Behandlung erzählte.

Bevor die Kinder aus dem Haus gingen, lernte Cordula B. ihren dritten Mann kennen. Eines Tages brachte sie ihn unvorbereitet mit nach Hause und stellte ihn den überraschten Kindern vor mit den

Worten: »Ja, das ist euer neuer Vater. Er ist zwar nicht so alt wie euer alter Papi, dafür wird er aber sicherlich länger leben.« Der um 7 Jahre jüngere Mann sah zwar nicht so gut aus, war aber sehr ordentlich und ruhig – ihr manchmal zu ruhig. Er war Buchhalter in einer großen Firma.

Nach 5jähriger Ehe schilderte er bei einer Besprechung mit mir einen Teil seines Ehelebens folgendermaßen: »Ich litt schon immer unter der Nörgelei meiner Frau. Sie hatte an allem und jedem etwas auszusetzen. Wenn ich etwas machte, was ihren Vorstellungen widersprach, z. B. die Krawatte anders band, als sie es wollte, ging es hoch her. Sie versuchte mir klarzumachen, wie unmöglich es sei, daß ich noch so altmodische Knoten trüge. Vom Knoten des Schlipses kam sie dann bald auf meine herabhängenden Schultern zu sprechen, und von da war es nicht mehr weit, bis sie mich ›Waschlappen‹ titulierte. Hochzeit und Hochzeitstermin hatte sie festgesetzt, allerdings mit der Floskel: ›Das ist doch so recht, Liebling?‹ Diese Formel brauchte sie immer dann, wenn sie mich mit einem Entschluß konfrontierte, der unumstößlich war.« So konnte Herr B. nichts gegen die Ehe einwenden. Er mußte zum Standesamt. Einerseits war er froh, mit 46 Jahren noch »unter die Haube zu kommen«, andererseits war ihm doch mulmig zumute, daß es ausgerechnet »diese Haube« sein mußte. Seine Angst trog ihn nicht. Es kam schlimmer als befürchtet. Er durfte in der Wohnung nur auf der Toilette rauchen. Überall sonst war striktes Rauchverbot. Ihn wurmte diese Maßnahme besonders deswegen, weil seine Frau ihn ja als starken Raucher kennengelernt und damals nichts dagegen einzuwenden hatte. Wenn er jetzt schüchtern darauf hinwies, gab sie zur Antwort: »Ich möchte nicht, daß du so früh wie Ruprecht (ihr zweiter Mann) stirbst. Außerdem verpestest du die Luft mit dem Zigarettenqualm.« Weitere Beispiele aus diesem Eheleben erübrigen sich. Sie alle würden nur das unterstreichen, was die bisherige Schilderung bereits verdeutlicht hat: In der Familie von Cordula B. gab es nur eine Person, die immer recht haben, die allein ihre Rolle spielen mußte, und das war sie.

Wie sah es aber Cordula B. selbst? Es ist ja wenig damit getan, daß man sie als typisch hysterisch klassifiziert. Aus welchem Grund müssen diese und ähnlich geartete Menschen – ob Männer oder

Frauen – so dominieren? In dem ersten Jahr der Behandlung war Cordula B. nicht in der Lage, darauf eine Antwort zu geben. Genauer ausgedrückt: Sie sah das Problem nicht. Sie empfand sich auch nicht als dominierend. Vielmehr erlebte sie sich als aufopferungswillige, hilfsbereite, pflichtbewußte und ordentliche Ehefrau und Mutter. Wenn sie nicht – so etwa drückte sie es aus – hinter dem Mann die Kleider wegräumte, den Boden ständig putzte, die Küche sauber hielte, würde die Familie im Dreck verkommen. Früher seien die Kinder mit schmutzigen Schuhen in die Wohnung gekommen. Es hätte jahrelang gedauert, bis sie jetzt endlich die Schuhe vor Betreten der Wohnung säuberten. Sie brachte zahlreiche Beispiele dieser Art, um daran festzustellen, daß man sich nicht einbilden solle, sie hätte das gern getan. Dieses Anordnen und Ordnenmüssen wäre ihr nicht leichtgefallen. Sie hätte viel lieber ein Buch gelesen oder etwas für ihre Bildung getan, als nur Ordnung und Sauberkeit in der Familie herzustellen.

Auffallend war, daß sie im ersten Jahr der Behandlung zwar ihre Position in der Familie rechtfertigte, aber keine Klage über mangelnde Atmosphäre laut werden ließ. Zum Teil war das verständlich. Die akute Sorge wegen ihres kranken Sohnes bedrückte sie in vielen Sitzungen. Andererseits war diese mangelnde Empfindsamkeit für die fehlende Atmosphäre schon sehr auffällig. Denn man könnte ja als Außenstehender annehmen, daß sie in der dritten Ehe allmählich hellhörig geworden sei für ihre penetrante Rechthaberei und den Staub, den sie bei jeder Kleinigkeit aufwirbelte. Davon konnte keine Rede sein. Für sie war die Familie im Gleichgewicht, wenn sie anordnen, kontrollieren, kommandieren und ihren momentanen Stimmungen nachgeben konnte. Die anderen durften keine Stimmungen haben. Wenn die Familie zum Beispiel beim Essen war, konnte es passieren, daß sie ihren von Natur aus ruhigen, durch ihre Gegenwart aber noch ruhigeren Mann plötzlich anfuhr und ihn aufforderte: »Warum sagst du denn nichts? Schließlich bist du doch das Oberhaupt der Familie!« Sofern Herr B., der den Titel Familienoberhaupt nur als Hohn erleben konnte, überhaupt zu einer Reaktion imstande war, kam er nicht weit. Denn was immer er zur Sprache brachte, wurde nach wenigen Sätzen von ihr korrigiert, richtig gestellt, ja nicht selten als dumm und lächerlich abqualifiziert.

Das alles empfand sie aber – soweit sie es überhaupt in die Behandlung brachte – als völlig richtig. Denn, so begründete sie ihren Standpunkt, sie müsse schließlich dafür sorgen, daß ihr Mann nicht Unsinn rede und dadurch auch die Erziehung der Kinder gefährde.

Nach eineinhalb Jahren war es dann soweit, daß sie im Anschluß an einen Traum sinngemäß erzählte: »Ich habe schon als Kind immer solche Angst gehabt. Meine beiden älteren Brüder waren stark und sicher. Sie machten sich oft über mich lustig. So lachten sie zum Beispiel über meine komische Frisur. Sie fanden auch meinen Gang zu watschelig. In der Schule ging es mir nicht anders. Zwar sagten manche Mädchen, daß ich sehr schön aussähe. Ich glaubte es ihnen aber nicht. Außerdem machte ich mir damals aus meinem Aussehen noch nicht so viel wie heute. Ich spielte lieber mit den Buben Fußball. Auf der Oberschule war ich sehr ehrgeizig. Ich wäre gern die Klassenbeste gewesen, schaffte das jedoch nicht. Ich war dafür allerdings auch nicht fleißig genug. Trotzdem war ich ganz gut, hielt mich selbst aber für sehr dumm. Wenn die Eltern mich zu Bekannten mitnahmen, wirkte ich auf die anderen zwar selbstsicher, war innerlich aber voller Angst: ›Wie würden die mich finden? Halten die mich für dumm?‹ Die Anwesenheit anderer Kinder bedrückte mich sofort, wenn ich merkte, daß ein anderer lieber gemocht wurde als ich. Das alles hätte ich vielleicht noch verkraftet, wenn meine Mutter anders gewesen wäre. Immer nörgelte sie an uns Kindern und dem Vater herum. Er konnte ihr nichts recht machen. Mir machte sie sogar schon zum Vorwurf, daß ich ein Mädchen geworden bin. Sie hätte sich nämlich einen dritten Jungen gewünscht. 3 Buben waren ihr Ideal. Mädchen waren in ihren Augen minderwertig.«

Man könnte diese Schilderung noch erweitern, um die Hintergründe für das Verhalten von Cordula B. besser zu verstehen. Daß sie im Nahkontakt mit ihrer Familie herrschen mußte, und zwar unerbittlich und ohne Chance für die anderen, wird auch schon so deutlich. Die Schwierigkeiten mit der ersten Ehe, der Herzinfarkt des zweiten Mannes, die Schizophrenie des Sohnes sind nur einige besonders markante Auswirkungen solcher expansiv-dominierenden Persönlichkeiten auf die Familie. Der angerichtete Schaden wird selten in einen Zusammenhang gebracht mit den zerstörerischen Kräften, die von einem selbst ausgehen. Es wäre aber falsch, diese destruktive Wirkung als einfachen Ausdruck eines bösen Willens zu interpretieren. Es handelt sich hier vielmehr um den Versuch, die eigene Not durch einen forschen Angriff zu kompensieren. Der Despotismus ist die Flucht vor sich selbst. Der Schmerz, den man anderen zufügt, wurde einem früher selbst beigebracht.

Natürlich ist kein Verhalten allein Ausdruck früherer Prägungen. Sonst könnte man im späteren Leben ja nicht lernen, weder aus der eigenen Erfahrung noch aus der Therapie.

Der Schizoide: Hierbei handelt es sich um Menschen, die den anderen immer nur in einer gewissen Distanz ertragen können. Menschliche Nähe bereitet ihnen Qual. Rückt ihnen jemand mit seinen Ansichten oder Gefühlen auf den Leib, ziehen sie sich zurück. Je weniger sie aber mit konkreten Menschen anfangen können, desto eher sind sie »an der Sache« interessiert. Dabei handelt es sich – sofern es die Wissenschaft betrifft – oft um Gebiete hoher Abstraktion, wie etwa Mathematik oder Physik. Sie fühlen sich in dieser Welt geborgener als in der irritierenden Welt menschlicher Gefühle. In früheren Phasen ihres Lebens durch nahe Bezugspersonen enttäuscht, nehmen sie von der Wiederholung gefühlsmäßiger Bindungen Abstand. Deswegen sind die anderen für sie keineswegs gleichgültig. Sie brauchen sie vielmehr in besonderer Weise, nämlich als Masse und aus der Entfernung. »Von vielen angeschaut, ohne aber berührt zu werden«, ist nach den Worten eines so gearteten Menschen ein herrlicher Traum. Dieses Angeschautwerden ist Voraussetzung wie Bestätigung für geglückte Leistung.

In der Berufswelt zeigt sich das in der Auswahl der Tätigkeit. Solche Menschen begnügen sich nicht mit einer Arbeit, die jeder andere auch tun könnte. Sie wollen etwas Besonderes. Nur dadurch können sie die Vielen beeindrucken, aber auch die notwendige Distanz zu ihnen schaffen. Man will Einzigartiges, um sich eine einmalige Stellung in der Welt zu sichern. So sagte ein schizoider Patient über die Wahl seines Doktorthemas: »Ich hätte unmöglich ein bekanntes Thema aufgreifen können. Die Masse derer, die daran arbeiten, hätte mich erdrückt. Das Gefühl, nur einer von Tausenden zu sein, die sich mit dieser Materie beschäftigen, hätte mich von vornherein gelähmt.«

Dieser Drang zum Besonderen läßt manches schöpferische Werk entstehen, kann aber auch das Ziel stärker verfehlen lassen als bei einem, der nur Mittelmäßiges ins Auge faßt, aber Höchstes erreicht. Nicht selten erweist sich bei den Ersteren nur die Verpackung als erlesen und ausgewählt, die Substanz aber als alltäglich und allgemein. »Nichts, aber darüber Glasur« (Gottfried Benn). Am leichtesten läßt sich das bei denen erkennen, die das Nichtssagende, das sie reden, in geschraubte Sätze und Reden einhüllen. Sie selbst können sich dann vormachen, daß sie etwas Kostbares, wenn auch nicht allen Zugängliches anzubieten haben. Alle Formen der Manieriertheit und Verschrobenheit dienen so dem doppelten Zweck: Bannung der anderen durch die Oberfläche bei gleichzeitiger Verdeckung des Banalen. Dahinter steckt oft eine tiefe Angst. Diese wird oft dann leicht übersehen, wenn sich die Verschrobenheit kraftvoll gebärdet. Man denke dabei an jene akademischen Revolutionäre, die im Fachjargon der Masse predigen. Um ihre Zugehörigkeit zur arbeitenden Bevölkerung zu demonstrieren, müssen Kraftausdrücke und entsprechendes Aussehen ausreichen. Der Inhalt aber, der verkündet wird, ist von der Menge nicht zu begreifen. So verschroben ist die Sprache. Die Kluft zu den anderen liegt nicht nur in Klassenunterschieden, auch nicht allein daran, daß die einen eine elaborierte, die anderen eine spontane Sprache sprechen. Man muß als Grund auch an die schizoide Persönlichkeitsstruktur solcher Menschen denken. Nicht die schlechten gesellschaftlichen Verhältnisse sind schuld an ihrem lärmenden und bombastischen Gehabe, sondern die Unfähigkeit, die Verhältnisse im eigenen Innern in den Griff zu bekommen.

Ein 27jähriger, verheirateter Student der Rechtswissenschaft – Helmut R. – kam in therapeutische Behandlung wegen akuter Angstanfälle. Angst kam in vielen Situationen »über ihn«: Wenn er vor Mitstudenten sprechen sollte, wenn er in der überfüllten U-Bahn fuhr, wenn eine Zwischenprüfung bevorstand, wenn er mit seiner Frau allein zu Hause war oder mit ihr in Urlaub fahren sollte. Manchmal bekam er sogar schon Angst, wenn ihn jemand fest anschaute. »Eigentlich«, so drückte er es selbst einmal aus, »bekomme ich immer dann Angst, wenn ich keinen Termin habe, wenn ich mich fallenlassen könnte«. Seinen Zustand kannte niemand. Die Umwelt hatte ein völlig anderes Bild von ihm. Seit zwei Jahren war er als kämpferischer Vorsitzender einer politischen Studentengruppe bekannt. In diesem Amt galt er als besonders aktiv, was ihm durch mehrere Wiederwahlen bestätigt wurde. Sein Terminkalender ähnelte dem eines Industriemanagers. Ihm selbst wurde es immer unheimlicher zumute. Er äußerte den Verdacht, seinerzeit das Amt wahrscheinlich nur übernommen zu haben, um aus seinem Tagesablauf die Freizeit zu eliminieren. Diese war für ihn gleichbedeutend mit Angst. Jetzt merkte er jedoch, daß dieser Weg nicht die ersehnte Ruhe brachte. Er hielt seine Arbeit für unproduktiv, konnte sich auf Versammlungen selbst nicht mehr sprechen hören, kam sich wie eine ausgeleierte Schallplatte vor.

Im Laufe der Behandlung kamen folgende lebensgeschichtliche Daten zutage: Helmut R. war von seiner Mutter »versklavt und ausgeplündert« worden. Er war für sie die Stütze in ihren vielen Krankheiten. Sie verbündete sich mit ihm in den häufigen Auseinandersetzungen mit ihrem Mann. Für den Patienten wurde eine Loslösung aus der Verklammerung mit der Mutter besonders deshalb schwer, weil sie ihn ununterbrochen mit Prämiierungen überhäufte. Der Junge ging ihr immer wieder auf den Leim. Zwei Situationen machen deutlich, wie er sich zunehmend in die Umarmungen der Mutter verstrickte. In den ersten Wochen seiner Schulzeit weinte er häufig. Mehrmals mußte er von seiner Lehrerin deshalb nach Hause geschickt werden. Als Helmut R. mit 14 Jahren mit einer christlichen Jugendgruppe nach Italien fuhr, bekam er derartige Angstanfälle, daß er vorzeitig heimfuhr. Damals hatte er einen deutlichen »Riß« in sich gespürt, damit aber nicht allein fertigwerden können. Alle, die Helmut R. kannten, waren überrascht, als er bereits in den ersten Semestern seines Studiums heiratete. Er selbst sagte dazu: »Ich spürte damals, daß ich von zuhause fort mußte. Allein konnte ich aber nicht sein. Folglich heiratete ich.« Um so erstaunter und entsetzter war er, als sich nach kurzer Zeit die Angst in unverminderter Stärke wieder einstellte und er sich nun in seiner Ehe eingeengt und eingekerkert fühlte wie seinerzeit zu Hause. Durch einen Studienwechsel hoffte er, seinem Leben eine neue, positive Wendung geben zu können. Das bisher von ihm betriebene Studium der Philosophie erschien ihm plötzlich in der Subjektivität der einzelnen philosophischen Aussagen gefährlich. So suchte er sich ein Fach aus, »das nicht an mich heran konnte«. Er fand es in der Rechtswissenschaft.

Blicken wir auf die Ausschnitte dieses Lebenslaufes zurück, so wird deutlich: Die »verschlingende Mutter« hatte den Patienten in die ihn beherrschende abgrundtiefe Angst hineingetrieben. Daß sie die Ursache war, konnte er mit zunehmender Zeit immer weniger erkennen. Er bekam Angst vor fast allem. Die Grundangst bestimmte seine Aktivitäten. Ein auffallend häufiger Wechsel von einem Gebiet in ein anderes war die Folge. Die Angst verhinderte eine ruhige, andauernde Betrachtung eines Problems, sie trieb ihn vielmehr umher. Angst kann also eine sinnvolle, vor allem längerfristige Lebensplanung, die kreativ wäre, verhindern.

Persönlichkeiten dieser Art müssen sich volksnah gebärden, um ihre Entfernung von den anderen zu verdecken. Sie haben es schwer, mit den anderen zu kooperieren. Sie werden leicht zu Außenseitern. Um dem vorzubeugen, kann man ihnen einen besonderen Platz einräumen, an dem sie spezielle Aufgaben zu erfüllen haben. Sie dienen damit der Gruppe wie auch sich selbst. Nicht immer ist das möglich. Manche Arbeit läßt keine Sonderrolle zu. Außerdem sieht sich der Schizoide unter Umständen doch auf andere angewiesen und erwartet Kooperation. Die Spielregeln möchte er allerdings selbst bestimmen. Dazu gehört in erster Linie die Forderung, daß nichts zur Sprache kommt, was Gefühle auslöst und Bewegung in die Gruppe bringt. Der Schizoide schafft somit unbeabsichtigt eine unkreative Atmosphäre. In ihr kann er allein vielleicht brillieren, die anderen aber müssen stehenbleiben. Eine schöpferische Kommunikation ist unterbunden. Nur in den seltensten Fällen erkennt der Schizoide ohne therapeutische Hilfe seine eigene Art: Wenn er die gewohnte, auf ihn eingestellte Umwelt verläßt, kann er mit Erfahrungen konfrontiert werden, die seine Gefühlsabwehr in Frage stellen und sein verschüttetes Bedürfnis nach menschlicher Wärme aufrühren. Von einem Erlebnis dieser Art erzählte der Jurist Rudolf N.

Er hatte in einem Konzern eine glänzende Karriere begonnen, war jedoch von seiner Arbeit nicht so angetan, wie er es erwartet hatte. Die Materie langweilte ihn. Allmählich stand er seinen virtuosen rhetorischen Fähigkeiten, auf deren Vervollkommnung er so lange Wert gelegt hatte, mit wachsender Ironie gegenüber. Je weniger Gewicht er aber seinen beruflichen Erfolgen beimessen konnte, desto stärker dürstete er nach äußerer Anerkennung. Die Komplimente, die er zu hören bekam, schienen ihm zu glatt. Aus dem ihm gezollen Respekt hörte er mehr Feindseligkeit als Sympathie heraus. Seine Arbeit verrichtete er mit wachsendem Mißmut und sinkendem Einsatz. Er glaubte sich dazu berechtigt, weil er sich unterbezahlt fühlte. Im Laufe der Zeit zog er sich, arrogant und überheblich, immer mehr von den Kollegen zurück. Sie spielten für ihn bald nur noch die Rolle eines schweigenden Spaliers.

Rudolf N. wäre nie auf den Gedanken gekommen, in sich selbst die Ursache dieses Entfremdungsprozesses zu suchen, hätte nicht ein unerwarteter Zwischenfall ihn in eine gänzlich ungewohnte Situation gebracht. Ein Bergrutsch versperrte ihm bei einer Autofahrt in einer abgelegenen Gebirgsgegend die Straße. Er mußte in einem Gasthof absteigen. Es gab in diesem Haus etwa 10 Gäste. Sie alle hatten sich wegen des schlechten Wetters auf einen Aufenthalt von 2 bis 3 Tagen einzurichten. Nachdem Rudolf N. die Runde beim Abendessen gemustert hatte, fühlte er sich zur Führungsrolle berufen. Er machte Vorschläge zur angenehmen Überbrückung der Wartezeit. Niemand reagierte. Er sah sich in die Rolle des Außenseiters gedrängt, als die anderen um einen runden Tisch Platz nahmen und ein zwangloses Gespräch begannen, ohne ihn zu beachten. Er fühlte eine seltsame Spannung in sich aufsteigen. Das überraschte ihn, da er sich keinerlei Interesse für diese Leute eingestehen mochte. Er dachte nach, wie er seinen Anspruch verwirklichen könnte. Ihm fiel nichts ein. Schließlich gab er eine Anekdote zum Besten, die eine ähnliche mißliche Lage behandelte wie die gegenwärtige. Eisiges Schweigen war die Antwort. Nach einer Pause setzten die anderen ihr unterbrochenes Gespräch fort. Ärgerlich lief Rudolf N. hinaus. Er wollte sich in sein Zimmer zurückziehen. Auf der Treppe ergriff ihn eine solche Bitterkeit, daß er stehen blieb und weder vor noch zurück konnte. Er hatte das Gefühl, versagt zu haben, wußte aber nicht, wieso. Je länger er dastand, desto stärker zog es ihn zur Gruppe am Kachelofen zurück. Ihn fröstelte bei der Vorstellung, allein in seinem Zimmer sitzen zu müssen, während sich die anderen zusammendrängten und dabei offenkundig wohlfühlten. Rudolf N. ging zögernd zurück.

Er begriff nicht, was ihn an diesen »banalen« Menschen so anzog.

Leise setzte er sich wieder an seinen Platz und hörte dem ruhig dahin-
fließenden Gespräch zu. Es waren alltägliche Sorgen und Freuden, die
da geäußert wurden. Er wunderte sich über das rege Mienenspiel, mit
dem die Beiträge aufgenommen wurden. Für ihn war das nämlich alles andere als eine geistreiche Konversation, wie er sie so liebte. Plötzlich wurde er gefragt, ob er Kinder habe. Er begann hastig mit einer
ausführlichen Schilderung seiner Kinder, in die er mehrmals etwas
Selbstironie einfließen ließ, um nicht als Angeber zu erscheinen. Niemand zeigte sich beeindruckt. Statt dessen wurde er gefragt, ob er
eigentlich von *seinen* eigenen Kindern erzählt habe. Rudolf N. verstand schlagartig, was gemeint war. Er hatte einen wohlpräparierten
Vortrag gehalten, glaubte vielleicht selbst nicht, was er da gesagt hatte. Wie aber sollte er die Kinder konkreter beschreiben? So sehr er
sich auch bemühte, sie vor sich zu sehen, im Moment konnte er sich
nur an einige Fotos erinnern, auf denen sie seltsam gläsern dastan-
den. Er fühlte sich plötzlich den anderen nicht mehr überlegen, sondern ausgeliefert. Man kritisierte ihn auch bald. Die anderen sagten
ihm unverblümt, wie unpersönlich, unangenehm, kalt, unbeteiligt
und maskenhaft er auf sie bis jetzt gewirkt habe. Als das Wort »Maske« fiel, spürte er einen schmerzlichen Riß mitten durch sein Gesicht.
Wie sollte er sich verhalten? Er blickte die anderen an. Zum erstenmal empfand er deren Anteilnahme. Zögernd und ein bißchen brü-
chig begann er, von der Sinnlosigkeit seiner Arbeit zu sprechen.
Träume fielen ihm wieder ein, die er in seiner Jugend gehabt hatte.
Er dachte plötzlich an seine Frau. Hatte er zu ihr je so offen und ver-
trauensvoll gesprochen? Sie hatte sich mit seiner Maske zufrieden-
gegeben, wie es seinerzeit auch seine Eltern getan hatten. Alles Spontane und Persönliche wurde von ihnen mißbilligt. Das Unwetter gab
ihm die Gelegenheit, in Ruhe noch zwei Tage lang über seine Situation nachzudenken und zu sprechen. Ihm wurde klar, wie sehr er
sich gegen alle Welt abgepanzert hatte. Wie konnte er, der nie eine
Regung zeigte, auf Gefühlsäußerungen von anderen hoffen? Er hatte
sich nie die Zeit genommen, andere Menschen auf sich wirken zu
lassen. In seiner Familie war es nicht anders als im Büro. Er mußte
sich fragen, ob er nicht überall genauso als Fremdkörper gewirkt
hatte wie unter den Gästen des Gasthofs. Hatte er nicht häufig erlebt, wie Spiel und Gespräch abbrachen, wenn er nach Hause kam,

am Fenster gesehen, wie unbefangen die Kinder ohne ihn waren und wie gehemmt bei gemeinsamen Unternehmungen? Und waren im Büro die besten Ideen nicht häufig in seiner Abwesenheit gefunden worden? Er hatte dies früher als Ausdruck von Feindseligkeit gewertet. Jetzt erkannte er, daß seine Weigerung, auf andere einzugehen, alle gelähmt hatte.

An diesem Fall wird klar, wie sehr die Sonderrechte, die ein einzelner aufgrund seiner Persönlichkeit beansprucht, der Gruppe schaden können. Alle, bis auf einen, sollten sich mit einer rein rezeptiven Rolle zufriedengeben. Unter diesen Umständen ist jedoch kaum jemand zur Zusammenarbeit motiviert. Es regt sich Widerstand, der schließlich die Gruppenidentität sprengt. Von ihr aber ist die Kreativität einer Gruppe abhängig.

3. Merkmale schöpferischer Gruppen

Hier taucht die Frage auf, wodurch sich eigentlich eine schöpferische Gruppe von einer unschöpferischen unterscheidet. Zwei Kennzeichen scheinen hierfür wesentlich zu sein.

a) Die Mitglieder einer kreativen Gruppe identifizieren sich stärker mit dem Gruppenziel als die einer unkreativen. Das scheint zunächst im Widerspruch zu stehen zu den Befunden, die die Abneigung schöpferischer Menschen gegen Gruppenarbeit betonen. Dieser Widerspruch löst sich auf, wenn man berücksichtigt, daß dort die Abneigung gegen die Gruppenarbeit am stärksten ist, wo der einzelne sich in seinen Fähigkeiten und Eigenarten übersehen fühlt. Er muß so funktionieren, wie die anderen es wollen. Die Unterdrückung der eigenen Individualität schwächt die Identifikationsbereitschaft mit der Gruppe, ja sie züchtet geradezu den Kampf gegen sie. Ferner hängt diese Identifikationsbereitschaft natürlich auch davon ab, wie sehr die Qualität der gesteckten Aufgabe von dem Einsatz aller abhängt. Eine Kommission, die sich zur Beratung und Ausarbeitung eines Gesetzesvorschlages konstituiert, wird kaum alle Mitglieder zur gleich starken Identifikation mit dem Gruppenziel bewegen. Hier ist es ähnlich wie in einem Aufsichtsrat. Es genügt, wenn sich nur einige für die Materie erwärmen. Die anderen betätigen sich vorwiegend bei der Abstimmung. Sie sind an den diskutierten Fragen nur peripher interessiert. Das Innere ist hier nicht gruppenwillig bzw. -fähig. Es handelt sich um eine Scheingemeinschaft.

Anders bei den Teams, bei denen die kreative Leistung vom Einsatz jedes einzelnen abhängt. Eine Hockeymannschaft, deren Wert durch die Leistung der Gemeinschaft bestimmt wird, kann sich nicht nur auf 2 oder 3 Spieler verlassen. Ein jeder muß sein Bestes nicht nur für sich, sondern auch für die anderen geben. Das ist in Gruppen normalerweise nicht die Regel. Jeder gibt gewöhnlich nur für sich das Beste, für die anderen lediglich das Zweit- oder Drittbeste. Das braucht keine bewußte Absicht zu sein. Es kann unbewußt, gleichsam von Natur aus geschehen. Man denke etwa an einen Minister, der die Linie des Kabinetts attackiert. Das kann und soll er auch, sofern das gemeinsame Ziel nicht gefährdet wird. Aber gerade bei Politikern ist das gemeinsame Ziel einer Gruppe immer nur vorübergehend vorhanden, und das allein nach außen. Selbst die besten politischen Ziele, die ja wirklich nur gemeinschaftlich zu lösen sind, dienen oft der Verdeckung persönlicher Absichten. Ein Beispiel sind die sachlich schädlichen und kostspieligen Kämpfe mit Ressorterweiterungen. Die Angst vor Prestigeverlust macht jede haltbare Identifikation mit einem gemeinsamen Ziel unmöglich.

b) Die größere Motivation zur Erreichung des Gruppenziels führt zum verbesserten Lernen. Zum Lernprozeß in der Gruppe gehört zunächst das Vertrautwerden mit den Stärken und Schwächen der anderen. Schon hier besteht ein deutlicher Unterschied zwischen kreativen und nichtkreativen Gruppen. Letztere machen auf der ersten Stufe ihres Erkenntnisprozesses halt. Sie begnügen sich mit Klischees und Vorurteilen, pflegen Animositäten und Rivalitäten. Sie verhindern dadurch Vertrauen und differenziertes Erfassen. Keiner kann dem anderen seine wahre Seite zeigen. Diese ist nicht gefragt. Jeder muß die Rolle spielen, die ihm die anderen zuschieben. Die Lernunfähigkeit solcher Gruppen zeigt sich oft im Sich-Verlassen auf die Leitfigur. Diese wird entweder durch bestimmte Kompetenzregeln (Vorarbeiter, Meister, Spielführer, Direktor, Dirigent) festgesetzt oder ergibt sich spontan aufgrund ihrer Qualität in der Gruppe. Die anderen lernen nur soviel, wie die Anpassung oder der Protest gegen die Leitfigur zuläßt. Der eigene Beitrag für die Gruppe ist dadurch gering im Gegensatz zu einem schöpferischen Team, das über die ersten Kontaktklischees hinauskommt. Zu diesen heute üblichen Kontaktklischees gehört auch das von der Verhaltensforschung übernommene Modell der Rangordnung.

Rangordnungen sind bei Menschen keine biologisch festgelegten Strukturen – die ja auch im Tierreich nicht unabänderlich sind –, sondern Konstellationen, die bei entsprechender Motivation umgelernt werden können. Das ist die nächste Stufe des Gruppenlernens. Aufgrund einer verbesserten Sensibilität für eigene und fremde Fähigkeiten verbessert sich die Stimmigkeit der Gesamtgruppe. Man arbeitet nicht mehr gegen- oder nebeneinander, sondern für- und miteinander. Man ergänzt sich hinsichtlich des gemeinsamen Ziels. Diese Ergänzung kann – je nach Zielsetzung der Gruppe – im Charakter, im Wissen, in der Erfahrung oder in anderen Merkmalen bestehen. Das kreative Team bestärkt nicht die Fehler der Schwachen, sondern führt sie allmählich von ihren Schwächen weg. Dazu ist jedoch eine Klärung der emotionalen Beziehungen zwischen den Gruppenmitgliedern erforderlich. Sensibilität ist notwendig. Sie läßt grundsätzlich zwei Arten von Emotionen unterscheiden: Bei der einen handelt es sich um Affekte, die von außen in die Gruppe hineingetragen werden, bei der anderen um solche Gefühle, die als Reaktion auf Vorkommnisse innerhalb der Gruppe auftreten. Der Vergleich dieser beiden Arten trägt zum Verstehen und zur Korrektur der eigenen Emotionen bei. Affekte sind undifferenziert und grob, »Rückantworten« dagegen konkret und genau. Wenn jemand sagt: »Ich halte das Argument für nicht stichhaltig« oder: »Ich fühle mich von diesem Vorschlag überrumpelt«, so kann man auf diese Hinweise vernünftiger reagieren, als wenn jemand bemerkt: »Der Satz ist blöd.« Hier schaukeln sich Affekte hoch.

In jeder kreativen Gruppe muß es möglich sein, seine Gefühle offen zu äußern. Das hat nichts zu tun mit dem störenden Ausagieren von Konflikten. Im Gegenteil: Die meisten Konflikte in einer Gruppe wären zu vermeiden, wenn man Gefühle äußerte, statt sich von ihnen treiben zu lassen. Es ist besser, darauf zu verweisen, daß man ärgerlich ist, als ärgerlich zu reagieren. Wann immer zwei Mitarbeiter mit hochrotem Kopf aufeinander losgehen, kann es als sicher gelten, daß mit keinem Gruppenproblem, sondern primär einem Stück der eigenen Kindheit abgerechnet wird. Ein solcher Streit blockiert die Gruppenkreativität. Er schafft Konfusion. Niemand begreift, was geschieht – es sei denn, jemand identifiziert sich aufgrund eigener Problematik mit einem der Kontrahenten. Das definierte Ziel der Gruppe gerät darüber in Vergessenheit. Wären sich die Beteiligten ihrer Gefühle bewußt, könnten die meisten Konflikte vermieden oder beigelegt werden. Sehr oft sind kreativitätshemmende Reibereien auf Mißverständnisse zurückzuführen. Unbewußte oder zumindest inadäquate Phantasien, die sich an diesem Irrtum entfalten, können die Situation bis zur Ausweglosigkeit komplizieren. Dazu ein Beispiel:

In einem Betrieb gab es ständig Spannungen zwischen zwei Abteilungsleitern. Darunter litt im Laufe der Zeit auch die Kooperation aller nachgeordneten Angestellten. Aus Loyalität zu ihren Vorgesetzten fühlten sie sich zu einer reservierten Haltung den Mitgliedern der anderen Abteilung gegenüber verpflichtet. Aus der bewußten Distanz wurden persönliche Animositäten. Schließlich arbeiteten beide Abteilungen gegen- statt miteinander. Der Vorstand der Firma dachte bereits an eine Umstrukturierung des Ressorts, als sich die ganze Angelegenheit als die Eskalation eines relativ geringen Mißverständnisses herausstellte. Bei einer Konferenz hatte Arnold S. das Gefühl, den anderen Abteilungsleiter, Dieter P., brüskiert zu haben. Weil er jetzt mit dessen Angriff rechnete, nahm er eine defensive Haltung ein und wich den Blicken des Dieter P. aus. Letzterer hatte die Äußerung jedoch gar nicht als Brüskierung erlebt, weil er seine Aufmerksamkeit in diesem Augenblick einer Kollegin zugewandt hatte. Er fühlte sich jedoch durch die Zurückhaltung verletzt, die Arnold S. gegen ihn plötzlich an den Tag legte. Er wertete diese als eine unverdiente Feindseligkeit, die ihm die Freude an der Zusammenarbeit nahm. Beide zogen sich beleidigt zurück. Sie grübelten darüber nach, was der andere wohl an ihm auszusetzen habe. Unter dem Druck von außen fand endlich eine Aussprache statt. Jeder war überrascht, wie sehr der andere sich bemühte, seine Sympathie auszudrücken. In dieser Atmosphäre war es möglich, der Angelegenheit auf den Grund zu gehen. Es stellte sich heraus, daß sich jeder in seinem Bedürfnis nach Kooperation von dem anderen zurückgewiesen fühlte. Einem hoffnungsvollen Neuanfang der Zusammenarbeit stand nichts mehr im Wege.

Das ist ein kleines, aber alltägliches Beispiel für die verheerenden Folgen, die unausgesprochene Gefühle und Eindrücke auf eine Gruppe haben können. Sie stellen sich besonders dann ein, wenn jemand in der Gruppe soviel Unbehagen empfindet, daß er sie am liebsten verlassen möchte. Leider wird nur in den seltensten Fällen ruhig darüber gesprochen. In der Regel benimmt sich der Unzufriedene zunächst einmal destruktiv. Er ist passiv, bockig, lenkt von den eigentlichen Zielen ab, kritisiert produktive Schritte und beginnt im schlimmsten Fall, die Gruppenmitglieder gegeneinander aufzuhetzen. Keiner will dann mehr tun als der andere. Wer etwas unternimmt, wird verspottet oder gedemütigt. Beifall bekommt nur noch der, welcher die Regressionstendenzen in der Gruppe begünstigt, etwa dadurch, daß er Witze erzählt, klatscht, Kuchen oder Alkohol herbeischafft. Diejenigen, die etwas Produktives tun wollen, fühlen sich verunsichert und gelähmt. Eine Spaltung der Gruppe läßt sich unter diesen Umständen nur dann vermeiden, wenn der Unzufriedene seine Gefühle endlich artikuliert. Das sollte jedoch nicht auf verletzende Weise – etwa in Form von Beschimpfungen und Beleidigungen – geschehen. Damit wäre jeder Ausweg blockiert. Er sollte ganz einfach seinen Zustand möglichst genau beschreiben und detailliert die Ursachen aufzeigen. Je differenzierter eine solche Situation analysiert wird, desto leichter lassen sich Lösungen finden. Die Tatsache, daß ein Mitglied unzufrieden ist oder fortgehen will, ist für eine Gruppe eine geringere Belastung als die Auseinandersetzung mit dessen ständigen Störmanövern. Außerdem ist nach Klärung der Fakten vielleicht auch ein Kompromiß möglich, der alle zufriedenstellt.

Ein weiteres kreativitätshemmendes Phänomen in Gruppen ist mangelnde Eigeninitiative. Jeder wartet auf den Anstoß von außen, meistens den einer Vaterfigur. Geschieht dann für längere Zeit nichts, wächst die Spannung. Überall, wo Menschen sich zu einer gemeinsamen Tätigkeit zusammenschließen, wechseln die Phasen einer reifen, realitätsbezogenen Arbeitshaltung mit regressiven Zuständen ab, in denen persönliche emotionale Bedürfnisse dominieren. Das ist unvermeidlich. Nach neueren Untersuchungen sind daher allein solche Gruppen stabil, in denen beide Prozesse möglich sind. Die Gruppe kann allerdings auf die individuellen Gefühlslagen nur bis zu einem bestimmten Grad eingehen. Sie kann nicht alle infantilen Ansprüche befriedigen. Es kommt darauf an, einen guten Ausgleich zwischen den »irrationalen« Bedürfnissen der einzelnen und den »Sachzwängen« der Aufgabe zu finden. Das ist am besten gewährleistet, wenn sich der Austausch von Gefühlen in der Gruppe auf die Beiträge der einzelnen Mitglieder bezieht. Wer mit seinen Leistungen nie oder nur unvollständig zu Wort kommt, wird unzufrieden. Eine Grundregel ist daher das ruhige und aufmerksame Zuhören auf das, was der andere von seiner Arbeit zu berichten hat. Seine Überlegungen müssen ernsthaft reflektiert und durchdacht werden, bevor man sich selbst zu Wort meldet. Das allein schafft schon für jeden einzelnen ein Gefühl von Geborgenheit und Zugehörigkeit. Aufmerksamkeit und Interesse sind am ehesten bei möglichst konkreter Rede zu erreichen. Wer aus eigenen Erfahrungen und Beobachtungen schöpft, bewirkt Betroffenheit oder Anteilnahme im Gegensatz zu den Rednern, die sich in Abstraktionen flüchten. Wer nur räsoniert, erweckt leicht Ärger. Plastische und anschauliche Schilderungen mobilisieren Aktivität. Je stärker die Gefühlsresonanz, desto mehr wächst das Engagement füreinander und für die Ziele der Gruppe.

Das sind einige Richtlinien für kreatives Arbeiten in einer Gruppe. Danach gehören also nicht komplizierte Techniken und schwer durchschaubare Rituale zum Repertoire einer Gruppe, die Kreatives will. Vielmehr geht es um das Verstehen und Anwenden solcher Maximen, die schon immer Regeln fruchtbarer mitmenschlicher Beziehungen waren. Allerdings werden diese Prinzipien auf die Dauer nur von Menschen angewandt, die an der Verbesserung ihrer eigenen Kreativität und der der Gruppe, in der sie leben, interessiert sind. Eheleute, die sich nicht differenzierter lieben wollen als ihre Eltern, Künstler, die mehr brillieren als inspirieren, Beamte, die nur verwalten und nicht innovieren möchten, und alle die anderen, denen ihre Schöpferkraft gleichgültig ist: Ihnen ist auch mit den besten Regeln nicht zu helfen.

Kreativität innerhalb einer Gruppe kann daher nur funktionieren, wenn der einzelne zu sich und damit zu seinen besseren Möglichkeiten gelangen will. Dazu bedarf es aber des Kontaktes mit einer Schicht in der Persönlichkeit, die in den vorangegangenen Kapiteln noch nicht dargestellt wurde. Sie gilt es, in den letzten beiden Kapiteln zu behandeln.

VIII. Kreativität und Reifung

1. Entfaltungsschritte des schöpferischen Prozesses

Es kann Jahre dauern und viele Umwege erfordern, ehe man zu sich kommt und sein persönliches Maß an Kreativität erreicht. Der Weg dahin braucht nicht deswegen unschöpferisch zu sein, weil es nur der Weg ist. Das Sichbemühen um den richtigen Weg ist selbst ein schöpferischer Akt, unabhängig von dem »objektiven« Wert des Produkts. Allgemeingültige Regeln lassen sich hierüber nicht aufstellen. Jeder hat seinen Weg und sein Ziel, wie sie durch Anlage, Erziehung und Umwelt bestimmt sind, selbst zu finden. Bei diesem Weg kann man zunächst zwei verschiedene Aspekte unterscheiden: auf der einen Seite das Erlebnis des einzelnen Schöpfungsaktes, auf der anderen Seite die äußere Einteilung des kreativen Prozesses.

Was den einzelnen Akt betrifft, so gibt es zahlreiche Untersuchungen über seinen Ablauf. Maslow (1970) beschrieb ausführlich dessen Phänomenologie. Buchenholz und Naumburg schlugen ein 5-Phasen-Modell solcher Erfahrungen vor. Bei den von mir behandelten Schriftstellern und Malern habe ich nicht immer 5, meist aber 3 bestätigt gefunden. In der ersten trifft man auf Angst, Unsicherheit, Zweifel und Niedergeschlagenheit. Der Schriftsteller Xaver B. berichtet: »Wenn ich mich am Morgen an meine Schreibmaschine setze, bin ich voller Angst. Schon beim Erwachen habe ich ein quälendes Gefühl von Unrast und Unlust. Ich frage mich immer wieder: ›Was wirst du in den nächsten Stunden zusammenbringen? Kommt überhaupt etwas zustande? Oder werde ich alles, was ich heute schreibe, morgen oder übermorgen, vielleicht aber auch erst in einem Monat zerreißen?‹«

Die negativen Gefühle der ersten Phase sind es wohl auch, welche die meisten Menschen davon abhalten, in Beruf oder Familie schöpferischer zu werden, als sie es sind. So berichtete ein Jurastudent auf die Frage, warum er nicht mehr und Besseres aus seinem Studium mache: »Ich weiß auch nicht, woran es liegt. Das Lernen macht mir keine Schwierigkeiten. Ich verstehe den Stoff. Mir machen auch logische Operationen Spaß. Wenn ich beim Repetitor bin, kapiere ich alles. Es fällt mir aber sehr schwer, mich mit solcher juristischen Lektüre zu befassen, die ich nicht unbedingt für mein Studium brauche. Ich habe es oft versucht, aber immer ohne Erfolg. Mein Interesse war zu gering.«

Dieser Eindruck könnte typisch sein für einen Studenten, aber nicht für das Ausweichen vor dem ersten Schritt bei einem schöpferischen Akt. Als Ergänzung daher die Bemerkung einer Politikerin: »Ich bin froh, wenn ich mit der Lektüre von Broschüren, Programmen und Akten beschäftigt bin. Das lenkt mich ab. Fundiertes Stellungnehmen ist kaum erforderlich. Ich sage im Ausschuß fast immer das Gleiche wie ein älterer Freund von mir. Auf den Mann kann ich mich verlassen. Gelegentlich habe ich aber schon gedacht, daß ich mir auch einmal meine eigene Meinung bilden sollte. Aber jeder Versuch dazu scheitert. Ich lasse mich gleich wieder von Bekannten beraten. Um ein durchdachtes Urteil abgeben zu können, müßte ich erst nachdenken und dann lesen. Vielleicht könnte ich möglicherweise einmal vor dem Parlament reden. Wenn ich es probiert habe, war mir regelrecht übel.«

Bei dieser Schilderung handelt es sich im Prinzip um dieselbe Gefühlsebene, die bei jedem schöpferischen Akt am Anfang steht. Die Unschöpferischen scheitern an dieser Barriere, die Schöpferischen dagegen können diese Hürde nehmen. Ja, mancher Kreative erlebt diese Hürde sogar als die eigentliche Stärke, selbst wenn er sich vor ihr zunächst ohnmächtig fühlt. So berichtet Robert Pinget, ein Vertreter des Nouveau roman: »Eines ist sicher, zu Beginn weiß ich nie, was ich sagen werde. Ich habe lange geglaubt, es handle sich dabei um eine Schwäche, aber es gibt keine Möglichkeit, sie zu umgehen, da sie meine einzige Stärke ist und mir Kraft gibt, weiterzumachen.«

Im Lauf der zweiten Phase schwinden allmählich diese negativen Emotionen. Die Sicherheit nimmt zu. Das geht mit einer wachsenden Abkapselung von der Umwelt einher. Der erwähnte Schriftsteller Xaver B. schildert das so: »Wenn ich mein Konzept habe und zu schreiben beginne, ziehe ich mich in mich hinein. Ich lausche ganz nach innen. Jede Störung von außen kann mich maßlos irritieren. Meine Frau weiß, daß sie mich jetzt nicht stören darf. Läßt sich eine noch so behutsam vorgetragene Unterbrechung ihrerseits nicht vermeiden, vibriert es in mir. Manchmal könnte ich direkt schreien. So empfindlich bin ich in diesem Moment.«

Kommt eine befriedigende Lösung zustande, fallen plötzlich die Schranken, die man gegen die Umwelt aufgerichtet hat. Man öffnet sich, ja man sucht förmlich die anderen. Ihnen möchte man die Geburt der richtigen Lösung verkünden. Der zitierte Schriftsteller Xaver B. erlebte das so: »Im Laufe des Schreibens kommt ein Punkt, an dem sich meine Abkapselung auflöst, vorwiegend dann, wenn mir das Geschriebene gefällt. In diesen Momenten bin ich meiner so sicher, daß ich alle Abgrenzungen nach außen aufhebe. Ich gehe dann oft zu meiner Frau. Sie muß sich das anhören, was ich vollbracht habe. Ich möchte, daß sie genauso begeistert und hingerissen ist wie ich.«

Diese drei Stufen lassen sich in verschiedenen Variationen als Grunderlebnisse des schöpferischen Aktes feststellen. Die einzelnen Phasen können je nach Problemstellung, Schwierigkeit der Aufgabe und Motivation Minuten bis Stunden dauern. Wichtiger aber noch als die Frage nach den Erlebnissen während des Schaffens ist die nach dessen Bedeutung für die Persönlichkeit. Wem nie etwas Schöpferisches gelingt, bleibt sich letztlich fremd. Er sucht vergebens einen Sinn in seinem Tun, so wichtig dieses für die anderen auch sein mag. Das Glück, welches alle ersehnen, aber nur wenige erfahren, ist letztlich das Glück des Kreativen in seiner Schöpfung, wie gering dies in den Augen der anderen auch erscheinen mag. Diese Grunderfahrung ist ein wesentlicher Bestandteil der sogenannten »peak-experiences« (Maslow 1962), zu denen auch Erlebnisse während des schöpferischen Akts gehören. Vergegenwärtigt man sich einige der von Maslow zuerst beschriebenen Aspekte, versteht man die Bedeutung kreativer Erlebnisse für die Entwicklung der Persönlichkeit. Seine Untersuchungen ergaben: Die im Schöpfungsakt begriffene Person fühlt sich integrierter als im gewöhnlichen Zustand; ist stärker verbunden mit der Welt als üblich; empfindet, daß sie anstrengungslos funktioniert; erlebt sich als aktive Quelle ihres Handelns und Erlebens; fühlt sich frei von Einengungen; ist spontaner und ausdrucksfähiger als sonst; antwortet stärker auf ihr innerstes Selbst als auf äußere Mächte; fühlt sich niederer Triebkräfte entbunden; erlebt sich als Beschenkte.

Ob diese Merkmale zur vollständigen Charakterisierung des schöpferischen Erlebnisses ausreichen, ist weniger wichtig als die Tatsache, daß der Unterschied zwischen Zuständen des status quo oder Niedergangs und denen des Kreativen deutlich gemacht wird. Nur der Mensch, der sich und sein Werk ständig erneuert, neu schafft, erlebt einen Einklang mit seinem Selbst und der Welt. Nichts anderes besagen die eben geschilderten Kategorien. Um sie zu verdeutlichen, seien folgende Schilderungen von Patienten angeführt. Sie sollen veranschaulichen, daß nicht jeder den gleichen Aspekt des kreativen Schaffens spürt und reflektiert. Einmal wird dieses, das andere mal jenes Erlebnis stärker akzentuiert:

»Ich bin nur dann voll da, wenn ich mit meinem dreijährigen Kind spiele. Hierbei kann mich nichts ablenken. Sonst bin ich oft nervös und unkonzentriert« (28jährige Mutter).

»Meine ärztliche Praxis machte mir keine Freude mehr. Sie war reine Routine. Ein Patient nach dem anderen: immer dieselben Griffe, Fragen, Antworten. In meinem Alltag empfand ich oft Widerwillen gegen die Patienten, ja gegen die Welt überhaupt. Nicht selten machte ich mir den Vorwurf, meinen Patienten gegenüber zu gleichgültig zu sein. Seit ich vor einigen Jahren mit dem Malen angefangen habe, ist das anders geworden. Ich stelle mich mehr auf den einzelnen Kranken ein. Ich spüre eine größere Einheit und fühle mich wieder in der Welt« (60jähriger praktischer Arzt).

»Seitdem ich mir angewöhnt habe, die Wünsche der Kunden neu zu erspüren, macht mir nicht nur mein Beruf, sondern das Leben überhaupt wieder Spaß. Ich entdecke jeden Tag einen anderen Menschenschlag. Für mich wird die Welt immer reicher und bunter« (35jährige Verkäuferin in einem Kaufhaus).

»Seit dem Tag, an dem ich regelmäßig 20minütige Meditationen durchführe, geht alles leichter. Die anfängliche Überwindung am Morgen hat sich im Lauf der Zeit in eine große Kraftquelle verwandelt. Seitdem bin ich nie mehr krank. Ich laufe auch nicht mehr so gehemmt herum. Wenn ich mit wichtigen Personen rede, kommen mir Gedanken und Worte leichter. Die Angst vor dem Versprechen ist fast völlig verschwunden« (34jährige Lehrerin).

»Früher war ich nie Herr meiner Entschlüsse. Ich habe immer das getan, was andere wollten und erwarteten. Erst waren es meine Eltern, dann verschiedene Liebespartner. Erst durch die Psychotherapie habe ich den Weg zu mir gefunden. Von Tag zu Tag wächst mein Bewußtsein, daß *ich* mein Leben gestalte. Mit Trotz hat das nichts zu tun. Es ist die Freude an der aktiven Gestaltung des eigenen Lebens« (55jährige Hausfrau).

»Es lag mir früher nie, die Arbeit meiner Mitarbeiter zu beurteilen. Ich wich jeder genauen Stellungnahme aus. Jetzt kann ich urteilen, ohne zu verletzen oder unsachlich zu loben. Mein Urteilen ist differenzierter geworden. Ich führe das darauf zurück, daß ich jeden Tag mehrere Kilometer laufe« (38jähriger Angestellter).

»Es fiel mir schwer, mir das Rauchen abzugewöhnen. Es hat Monate gedauert, bis ich es schaffte. Seitdem fühle ich, daß ich auch sonst nicht mehr so impulsiv reagiere. Bevor ich rede, schalte ich viel stärker kurze Überlegungen ein« (42jähriger Kaufmann).

»Ich konnte vor der Psychotherapie kaum richtig studieren. Ich sehnte mich fast immer nach meiner Freundin. Nur das sexuelle Zusammensein mit ihr brachte Glanz in meinen Alltag. Jetzt kann ich auch Freude an der Arbeit entwickeln. Meine Studienvorbereitungen sind intensiver. Das Leben macht im ganzen mehr Spaß als zu der Zeit, wo ich meine Tage nach meinen sexuellen Erlebnissen einteilte« (28jähriger Student).

»Allmählich merkte ich, wie ich nur aus Wut auf meinen Gegner reagierte. Meine Reden waren schlecht, meine Konzentration miserabel. Je freier ich von meinen Aggressionen wurde, desto besser konnte ich auch für meine Partei arbeiten« (43jähriger Politiker).

»Ich mußte immer Mittelpunkt sein. Alle hatten sich nach mir zu richten. In sehr versteckter Weise herrschte ich über Frau und Kinder. Ich war ein Familientyrann. Die Familie wäre sicher auseinandergefallen, wenn ich nicht durch die Psychotherapie von der mir vorher gar nicht bewußten Herrschsucht befreit worden wäre« (48jähriger Vater).

Man könnte diese Schilderungen beliebig erweitern*. Sie stellen letztlich alle eine Ergänzung zu dem dar, was in den vorangegangenen Kapiteln ausführlich beschrieben wurde: Schöpferisches kann nur zum Durchbruch kommen, wenn man zu sich findet und sich langsam freimacht von äußeren Mächten wie auch den uniformierenden Trieben der Sexualität, Aggression und Machtbesessenheit. Dieser Prozeß läßt sich auch im Erlebnis des kreativen Akts nachweisen. Warum aber trotz dieses »aktiven« Prozesses das Schöpferische zugleich ein Geschenk des Selbst ist, wird uns im letzten Kapitel beschäftigen.

Diese wenigen Andeutungen über die Phänomenologie des schöpferischen Akts müssen in diesem Rahmen genügen. Wir wenden uns dem kreativen Prozeß zu. Hier gibt es eine Reihe von Einteilungen nach mehr äußeren Kriterien. Diese sollen nicht das Erlebnis, sondern die formalen Schritte beschreiben, die bis zur »Geburt« des endgültigen Werks zurückgelegt werden müssen. In den Naturwissenschaften ist es etwa üblich, zwischen Formulierung der Frage, Aufstellung der Hypothesen, empirischer Untersuchung und Publikation zu unterscheiden. Diese Einteilung läßt sich noch weiter differenzieren. Manche unterscheiden folgende Stufen: Problemfindung, Präparation, Frustration, Inkubation, Illumination, Verifikation und Kommunikation. Einige Autoren haben diese Einteilung übernommen, andere reduzieren sie auf fünf, indem sie die Problemfindung und die Präparation als einen Schritt ansehen und die Veröffentlichung des Ergebnisses nicht als gesonderte Stufe der Kreativität verstehen.

Solche und ähnliche Schemata sind nicht wörtlich zu nehmen.

---

* Diese Äußerungen beleuchten auch die verschiedenen Wege zum Schöpferischen. Das Gemeinsame liegt vorwiegend im Erlebnis des schöpferischen Augenblicks, wodurch auch immer dieser hervorgerufen sein mag. »Im kreativen Moment, als Spitzenerlebnis betrachtet, fühlt sich der Mensch stimuliert durch das Gefühl, schöpferisch zu sein, und durch das, was er geschaffen hat. Es tritt am Ende eines langen, anstrengenden Prozesses auf, der von Spannung, Zweifel und anderen unangenehmen Regungen begleitet ist. Diese Empfindungen verschwinden im Augenblick des Schöpfungsakts. Plötzlich strömen Kraft, Stolz und angenehme Sensationen in den ›Schöpfer‹ ein« (Panzarella).

Die einzelnen Phasen sind nicht in jedem Fall und bei jedem Plan streng abzugrenzen. Außerdem vollzieht sich der schöpferische Prozeß nicht immer in dem angegebenen Nacheinander. So gehören Frustration und Inkubation auch in die Phase der Problemfindung und Präparation, wenn auch mit einer unterschiedlichen Akzentuierung. Phaseneinteilungen dieser Art haben ihren Sinn, wenn sie als Hervorhebung einiger Aspekte des Kreationsprozesses verstanden werden. Man kann sie gleichsam als Stichwort benutzen und sich fragen, inwieweit durch bestimmte Persönlichkeitseigenarten gerade diese oder jene Phase des Kreationsprozesses beeinflußt wird. Wie kommt der Betreffende an das Problem? Von allein, oder wird es ihm angetragen? Sind es vorwiegend Gründe der Karriere oder des persönlichen Interesses, welche zur Problemfindung motivieren? Verfügt er über die notwendige Sensibilität und Flexibilität für das Problem? Von welchen äußeren Bedingungen ist die Wahl der Fragestellung abhängig? Wie strukturiert sich das Problem zu Beginn der Arbeit? Wie stellt es sich im Lauf der Inkubation, wie am Abschluß der Arbeit dar? Welche Frustrationen hat jemand auf dem Weg zu überwinden gehabt? Welche Belastung hat er wie gemeistert*?

Die Phaseneinteilung mit den entsprechenden Fragen läßt sich im Prinzip auch auf künstlerisches Schaffen anwenden, etwa bei Komponisten oder Schriftstellern. Nur sind bei ihnen Problemfindung und Problemlösung stärker als in den Wissenschaften mit biographischen Details durchsetzt. Der Forscher strebt nach einer möglichst objektiven, vom persönlichen Leben abstrahierten Lösung. Das Objektive ist hier gleichsam das Kreative, in den Künsten ist es dagegen nicht selten das Subjektive, ganz Persönliche und Individuelle. So ist es bei Schriftstellern nicht ungewöhnlich, wenn sie bestimmte Phasen und Aspekte ihrer Lebensgeschichte literarisch verarbeiten. Die Namen Dostojewski, Gide, Proust, Kafka und aus jüngster Zeit Solschenizyn stehen für andere**.

---

* Wie wichtig solche scheinbaren Äußerlichkeiten sind, sagt Günter Grass, wenn er rückblickend über die Entstehung seiner ›Blechtrommel‹ schreibt: »Doch dazumal war ich schon berühmt und mußte beim Schreiben nicht mehr die Heizung mit Koks füttern. Schreiben fällt schwerer seitdem.«

** Auch bei Komponisten geht manches der persönlichen Lebensgeschich-

In diesem Kapitel wollen wir uns vorwiegend mit der Phase der Inkubation beschäftigen. Es ist der Abschnitt, welcher der Illumination, der Erleuchtung vorausgeht. Diese Schaffensperiode hat schon immer die Aufmerksamkeit derjenigen beschäftigt, die nach dem Wesen des schöpferischen Prozesses fragten. Für viele stand sie geradezu in dessen Zentrum. Ihre Natur ist schwer durchschaubar, weil sie unbewußt abläuft. Es ist die einzige Phase des Kreationsprozesses, die dem bewußten Zugriff weitgehend entzogen ist. Kreative Persönlichkeiten verschiedenster Bereiche berichten übereinstimmend, daß entscheidende Lösungen oft im Schlaf oder Traum gefunden werden.

Das bekannteste Beispiel ist die Entdeckung des Benzolringes im Jahre 1865 durch August Kekulé von Stradonitz. Er träumte von einer sich in den Schwanz beißenden Schlange und kam dadurch auf die ringförmige Strukturformel des Benzols. Eine Anzahl eindrucksvoller Beispiele schildert der amerikanische Physiologe W. B. Cannon (1871–1945) in seinen Erinnerungen: »Von Jugend auf ist mir der unverdiente Beistand durch eine plötzliche, nicht vorher angekündigte Einsicht etwas ganz Geläufiges. Als Schüler auf der Mittelschule plagten mich bisweilen die Algebra-Aufgaben, deren Lösungen mir abends beim Zubettgehen keineswegs klar waren. Wenn ich dann am anderen Morgen erwachte, waren die geeigneten Verfahrensweisen unmittelbar evident und die Auflösungen rasch zu erlangen. Einmal bekam ich ein kompliziertes Spielzeug, das nicht richtig funktionieren wollte. Ich untersuchte den Mechanismus eingehend, sah aber nicht, wie der Fehler behoben werden könnte. So

---

te in das Werk ein, zumindest in den »Ohren« des Schöpfers. In einem Gespräch mit Freud hat Gustav Mahler eine psychologische Erklärung für bestimmte Banalitäten in seiner Musik angeboten. Er erzählte von den häßlichen Szenen zwischen seinem Vater und seiner Mutter. Als er wieder einmal Zeuge einer solchen Auseinandersetzung war, rannte er aus dem Haus. Draußen hörte er einen Werkelmann ganz trivial das Lied »O du lieber Augustin, alles ist hin« herunterleiern. Mahler deutete dieses Zusammentreffen zwischen tragischem Geschehen und Banalität als Ursache für gewisse banale Eigentümlichkeiten seiner Musik. Er glaubte jedenfalls, daß er deswegen als Komponist nicht das erreicht hätte, was ihm als höchster Rang erschienen war (Blaukopf 1969).

beschloß ich am Ende, die Sache erst einmal zu beschlafen. Bei Tagesanbruch erschien mir die notwendige Manipulation ganz selbstverständlich, und prompt setzte ich das Ding in Gang. Ich habe mich auch später stets darauf verlassen, daß unbewußte Vorgänge mir dienlich sein würden, und erlangte darin eine gewisse Routine – so zum Beispiel, wenn ich eine öffentliche Ansprache vorzubereiten hatte. Ich stellte mir dann einzelne Punkte zusammen und schrieb sie in groben Umrissen nieder. In den folgenden Nächten wachte ich hin und wieder auf, und es überfielen mich erläuternde Beispiele, passende Formulierungen, auch neue Ideen, die mit den schon aufgezeichneten in Zusammenhang standen. Papier und Bleistift waren immer zur Hand, so daß diese flutenden Gedanken eingefangen werden konnten, ehe sie in Vergessenheit versanken. Der Vorgang wurde mir so vertraut, erschien mir als etwas so Verläßliches, daß ich annahm, jedermann könne sich seiner bedienen. Offenbar ist das aber nicht der Fall.«

Das hat eine Untersuchung von W. Platt und R. A. Baker ergeben: 232 Chemiker wurden nach etwaigen »Erleuchtungserlebnissen« befragt. 33 Prozent der Forscher berichteten, daß die Lösung eines wichtigen Problems durch eine Illumination oder Offenbarung zustande gekommen sei, 50 Prozent sprachen von gelegentlichen Erleuchtungen, und nur bei 17 Prozent war es nie der Fall.

Schöpferische Lösungen lassen sich vom Bewußtsein nicht erzwingen. Sie brauchen Zeit und Raum zum Ausreifen. Die Inkubation schafft die angemessene Distanz zur richtigen Lösung. Wer zu verbissen an einer Lösungsmöglichkeit hängt, läuft Gefahr, sich von ihr auch dann nicht zu trennen, wenn sie objektiv falsch ist und neue Wege der Problemfindung angegangen werden müßten. Damit ist nicht gesagt, daß eine fruchtbare Inkubation im Widerspruch stünde zu einer intensiven Beschäftigung mit dem Problem. Im Gegenteil: Eine erfolgversprechende Inkubation setzt eine konzentrierte Beschäftigung mit der Fragestellung und deren sorgfältige Präparation voraus. Cannon schreibt dazu: »In typischen Fällen stellt sich die Erleuchtung nach langem Studium ein und springt gleichsam ins Bewußtsein zu einer Zeit, da der Forscher nicht an seinem Problem arbeitet. Sie kommt aus einem umfassenden Tatsachenwissen, ist aber im wesentlichen ein Sprung, den die Vorstellungskraft vollzieht. Sie resultiert aus einem spontanen Vorgang schöpferischen Denkens.«

Darüber hinaus verlangt die Mitarbeit des Unbewußten die richtige innere Einstellung zur Problemlösung. Fehlt diese, kann es zu Störungen der Inkubation und damit zu einer optimalen Ausnutzung des Reifungsprozesses kommen. Auf solche Beeinträchtigungen des Inkubationsprozesses wollen wir im folgenden eingehen. Die einen bewirken eine zu kurze, gleichsam eine »grüne«, die anderen eine überreife Inkubation. Abschließend seien einige Sonderkonstellationen beschrieben, bei denen unbewußte, autoaggressive Kräfte die Inkubationsfähigkeit blockieren.

2. Unausgereifte Früchte

Es gibt viele Gründe für eine zu kurze Inkubationszeit. Einer der häufigsten und allgemeinsten ist die Ungeduld, von der Nietzsche in seinem Buch ›Menschliches, Allzumenschliches‹ spricht: »Es gibt höchst hochbegabte Geister, welche nur deswegen immer unfruchtbar sind, weil sie aus einer Schwäche des Temperaments zu ungeduldig sind, ihre Schwangerschaft abzuwarten.«

Die hier ausgesprochene Wahrheit betrifft nicht nur außerordentliche Talente. Der Alltag erstickt an den Folgen unausgereifter Inkubationen. Wie viele Mütter sind schwanger, bevor sie reif zur Mutterschaft sind! Damit sind nicht die Mütter wider Willen gemeint. Es sind gerade die bewußten Mütter, die ihrem Kind dennoch nicht mehr geben können als das nackte Leben. Auch Ärzte raten gelegentlich Frauen zur Schwangerschaft als Heilmittel gegen bestimmte Beschwerden. Ein Kind als Droge! Oft als Droge für das Gefühl der inneren Leere und Bedeutungslosigkeit. Aber auch ohne ärztlichen Rat greifen viele Frauen zum Kind. Sie brauchen es zur Selbstbestätigung, zum Zeitvertreib, zur Anpassung an die Mode oder zur Befriedigung anderer Bedürfnisse. Besonders drastische Fälle lernt man in der psychotherapeutischen Behandlung kennen. So denke ich etwa an ein 15jähriges Mädchen, das unter allen Umständen ihr Kind behalten wollte. Eltern wie Ärzte rieten zur Abtreibung. Sie aber sträubte sich dagegen mit der Begründung: »Ich will endlich auch mal etwas sein. Ohne ein Kind bin ich nichts.« Das Beispiel der »frühzeitigen

Schwangerschaft« betrifft aber nicht nur unreife Mütter. Es gibt ebenso viele ungeduldige Väter. Sie sind noch nicht reif für ein Kind. Auch zu früh geschlossene Ehen, der falsche Beruf, eine vorschnelle Entscheidung in der Politik: Das alles können alltägliche Beispiele zu kurzer oder ungenügender Inkubation sein.

Auch in der Wissenschaft ist es nicht anders. Sie steht zwar im Ruf von Geduld und ausgereiften Früchten. Die Wirklichkeit ist aber anders, zumal sich das Tempo des Fortschritts so rapide beschleunigt. Der Forscher wird von einer Bewegung mitgerissen, die er allein kaum zu steuern vermag. Die Inkubationszeiten, die zur Verfügung stehen, reichen nicht mehr aus, um reife Früchte gedeihen zu lassen. Halbfertiges, Unausgegorenes muß auf den Markt. Spritzen zum schnelleren Wachstum werden verschrieben. Die abgekürzten »Schwangerschaften« sind für den Leerlauf, für den Verschleiß von Geld, Zeit und Energie, kurz – für die unfruchtbare Wissenschaft mitverantwortlich.

Schauen wir uns die Gründe dafür näher an. Zunächst seien einige äußere Fakten genannt. Dazu gehören bestimmte Karrieregesetze. Sie zwingen zu einer möglichst großen Anzahl von wissenschaftlichen Publikationen. Das geht auf Kosten der Qualität. Diese ist aber nicht immer gefragt, wie folgendes Beispiel illustriert:

Ein 26jähriger Mathematiker wollte sich habilitieren, hatte aber nicht die von der Fakultät vorgeschriebenen 12 Publikationen vorzuweisen. Er hatte nur 5. Dafür war die letzte aber von einer solchen Brisanz, daß er annahm, die noch fehlenden Arbeiten damit ausgleichen zu können. Es handelte sich nämlich um ein von den anderen sorgfältig gemiedenes Thema, weil es ihnen zu schwer war. Der erwähnte Mathematiker liebte es schon früher, sich in komplizierte Probleme festzubeißen, auch in der Schule. Verärgert reagierte er, wenn Eltern und Lehrer ihn dafür lobten: »Ich mache das doch nicht wegen der Eltern und Lehrer. Mir macht das Tüfteln Spaß.« Die Fakultät anerkannte auch die seltene Qualität der Arbeit, blieb aber bei der für alle gültigen Norm von 12 Publikationen. Ihre Begründung: »Wir können wegen eines Sonderfalles keine Ausnahme von der Regel machen, die sich gut bewährt hat.«

Heute hat auch diese Fakultät ihre Richtlinien geändert – schneller, als sie noch damals gedacht hatte. Sie ist aufgegangen in einem großen Fachbereich. Habilitationsschriften sind nicht mehr obligatorisch, zumindest nicht in der früheren Form. Man begnügt sich mit weniger Veröffentlichungen. Ist deswegen die Publikationsflut abgeflaut? Mitnichten. Man schreibt genausoviel wie vorher, ja eigentlich noch mehr, um sich in der anschwellenden Literaturmasse überhaupt noch profilieren zu können. Auch die, die erst unlängst gegen die Tradition anrannten, sehnen sich nach Amt und Würden. Notgedrungen nimmt bei diesem Überangebot an Bewerbern die Qualität der Publikationen ab. Veröffentlichungen sind oft nur das gedankenlose und routinierte Weiterspinnen eines bereits bekannten Fadens, nur in einer anderen Farbe. Anstehende Probleme werden aufgezählt und besprochen. Literatur wird zitiert, andere kritisiert, ohne eine eigene schöpferische Alternative anzubieten. Man beginnt starr und fertig und läßt kein Eigenleben wachsen.

Ich habe die Veröffentlichungen über Schizophrenie in den Jahren zwischen 1950 und 1960 und zwischen 1960 und 1970 in drei der wichtigsten Fachzeitschriften verglichen. Bei grober Schätzung können höchstens 30 Prozent der Arbeiten aus dem zweiten Jahrzehnt als kreative Bereicherung der Schizophrenieforschung verstanden werden. Alles andere ist Wiederholung, Meinungsäußerung, Literaturbesprechung, Polemik und Ideologie. Sicher muß man dabei berücksichtigen, daß die Fortschritte in der Schizophrenieforschung – ähnlich wie in der Krebsforschung – nur im kleinen geschehen, vor allen Dingen auf dem heute so wichtig gewordenen Sektor der Psychopathologie. Hier sind kreative Ideen schwerer zu verwirklichen als etwa in den Naturwissenschaften. Aber auch dort wird die nicht mehr überschaubare Fülle unkreativer Arbeiten beklagt. Sie sind nichts anderes als Datenfriedhöfe ohne jeglichen Impuls für schöpferische Wissenschaft. Sie gleichen den Ansammlungen von nutzlos Geschriebenem, Komponiertem oder Gemaltem. Es gibt immer mehr »künstliche Zwänge« zum Publizieren als Impulse zum schöpferischen Werk. Der Pianist Arthur Rubinstein hebt diesen Punkt in seinen Erinnerungen hervor, wenn er schreibt: »Den echten Schöpferdrang, den Zwang zu produzieren, verspüre ich nicht. Zum Glück begriff ich das schon früh. Ringsumher sah ich Massen überflüssiger Noten, sie füllten die Regale der Musikalienhandlungen und wurden nie gespielt, aus dem einfachen Grund, weil es sich um künstliche

Produkte handelte und nicht um geniale Kunst. Ich bemerkte gelegentlich im Scherz: In einer Hinsicht bin ich meinem berühmten Namensvetter Arthur Rubinstein überlegen: Ich lasse meine Kompositionen nicht drucken.«

Es läßt sich mit Sicherheit sagen: Insistiert man nicht lange genug auf einem »unlösbaren Problem«, besteht keine Chance, über die üblichen Erklärungsgewohnheiten hinwegzukommen. Das Beharren auf der Lösung des »Unlösbaren« wird durch die Publikationszwänge und Kongreßusancen erschwert, worin schon Cannon »einen Tod des Geistesblitzes« sah. Internationale wie nationale Treffen nehmen an Zahl zu. Jeder Erdteil, jedes Land, jedes Institut fühlt sich verpflichtet, auf dem »Wissenschaftsmarkt« vertreten zu sein. Da die Kongresse jedoch nicht auf ausgereifte Ideen warten, sondern in regelmäßigem Turnus stattfinden und hauptsächlich solche Redner anziehen, die aus Karrieregründen dabei sein müssen, bedeuten solche Gewohnheiten eine schwere Gefährdung der Kreativität. Es verwundert daher nicht, wenn ein Mann wie Einstein Kongresse haßte. Er war froh, wenn ihm eine erstklassige Ausrede eingefallen war, die es ihm gestattete, seine Teilnahme an einem Kongreß abzusagen.

Fast alle der von uns interviewten Wissenschaftler brachten zum Ausdruck, daß sie gern einmal ein völlig kongreßfreies Jahr hätten, um in Ruhe arbeiten zu können. Sie glaubten aber, sich den »Luxus der Abwesenheit« nicht leisten zu können. »Die Tatsache«, sagte ein junger Privatdozent, »daß ich im letzten Jahr auf 6 verschiedenen Kongressen ein- und denselben Vortrag zu halten hatte, hat mich im ganzen 8 Wochen Zeit gekostet. Ich glaubte aber, das machen zu müssen, weil ich der Ansicht war, ohne diese zeitaufwendigen Kongreßbesuche nicht auf einen Lehrstuhl zu kommen.« Am deutlichsten ist die Blockade der Inkubation bei jenen Kongreßrednern zu beobachten, die zu jedem Kongreßthema etwas zu sagen haben. Gleichgültig, wozu der Kongreß ruft: Sie fühlen sich immer angesprochen. Arthur Koestler nannte einen satirischen Roman nach ihnen: ›Die Call-Girls‹.

Äußere Karrieregesetze sind jedoch nicht der einzige Grund für den Zwang, unreife Früchte zu publizieren. Man darf den Druck seitens der geldgebenden Institutionen nicht übersehen, seien diese staatlicher oder privater Natur. Aber aufgrund welcher Kriterien sollen diese Institutionen die Förderungswürdigkeit von Forschern und Projekten feststellen? Sehr häufig wird aus den im Kapitel II geschilderten Motiven die Anzahl der Arbeiten zu einem wichtigen Bewertungsmaßstab. Daß dabei unkreative Projekte und Wissenschaftler unterstützt werden, ist kaum zu vermeiden. Da die Spezialisierung der Forschung weiterhin rapide wächst, sind die Entscheidungsgremien der Finanzträger auch bei Einholung zahlreicher Gutachten immer weniger imstande, die Qualität der zu fördernden Forscher zu beurteilen. Über ein kreatives Produkt kann nicht die Stimmenanzahl entscheiden. Die Lobby aber ist auch in den Wissenschaftsorganisationen inzwischen zur eigentlichen Entscheidungsinstanz geworden.

Neben den im System liegenden Gründen gibt es auch solche aus dem privaten Bereich, die eine ausreichende Inkubation verhindern. Sie sind nicht selten im Ehe- und Familienleben zu suchen. Dessen kreativitätsfördernde bzw. -hemmende Funktionen sind zahlreich. Beispielhaft soll das an der Geschichte eines Unternehmers skizziert werden: Der 38jährige Detlef A. gehört zum Topmanagement eines Großunternehmens. Er kam wegen »funktioneller Darmstörungen« (anfallartig auftretende Diarrhoe) zur Beratung. Er sei eigentlich nicht von selbst gekommen, sondern von seinem Chef geschickt worden. In der ersten Stunde betonte er, wie peinlich ihm das Intervenieren seines Vorgesetzten bei mir sei. Er empfände dessen Sorge im Grunde als Anmaßung, und zwar deswegen, weil dieser nicht den geringsten Zweifel an der psychischen Genese seiner Beschwerden gelassen habe. Das müsse er entschieden ablehnen. Er hätte keinerlei Ärger, Schwierigkeiten oder irgendwelche Probleme, die eine psychotherapeutische Behandlung rechtfertigten. Seit vier Jahren sei er glücklich verheiratet mit einer um 6 Jahre jüngeren Frau. Sie hatten keine Kinder. Seine Frau wollte sie nicht. In der dritten Therapiestunde äußerte sich der Patient scharf über seinen Chef. Dieser hätte ihn immer zu einer schnellen Gangart im Betrieb veranlaßt. Das sei seiner Stellung in der Fabrik zwar sehr zugute gekommen, habe ihn aber völlig ausgelaugt.

Es dauerte einige Wochen der Behandlung, bis Detlef A. in der Lage war, den Anteil seiner Frau an seiner Karriere zu schildern. Im Grunde genommen trieb sie ihn zu der übermäßigen Arbeit an. Ohne ihren »Stachel« wäre er nicht schon mit 38 Jahren in der jetzigen leitenden Position. Aber ohne diese Stellung wäre es auch nicht zur Eheschließung mit dieser Frau gekommen. Denn erst nach der »Beförderung« willigte sie in eine Ehe ein. Ihm kam das in gewisser Hinsicht »merkwürdig« vor. Auf der anderen Seite hing er aber sehr an ihr. Sie stellte im intimen Beisammensein keine hohen Ansprüche, legte auf Kinder keinen Wert. Sie ließ ihn auch sonst in Ruhe, sofern er sich beruflich engagierte. Bei dieser Einstellung konnte er es schon verstehen, daß sie bei all dem Verzicht wenigstens einen nach außen vorzeigbaren, erfolgreichen Mann haben wollte. Das, was sie von ihm gleichsam als Gegengabe erwartete, war seine Großzügigkeit in finanziellen Dingen. Dazu gehörten Geld für teure Kleider, luxuriöse Wohnungseinrichtung, vor allen Dingen aber viele Gäste und Besuche von Empfängen. Letztere lagen ihm persönlich nicht so sehr, er hielt sie aber wegen seiner Frau und der Karriere für notwendig. Außerdem: Je intensiver seine gesellschaftlichen Kontakte waren, desto besser für seinen Aufstieg und somit auch für sein Eheglück. So war er bereits fünf Jahre in der Spitzenposition, als die Darmbeschwerden einsetzten. Kein Arzt und kein Mittel halfen. Die Firma machte sich zunehmend Sorgen. Sie konnte auf die außergewöhnlich fleißige und fähige Kraft schwer verzichten. Sanatoriumsaufenthalte verschafften nur vorübergehende Linderung. Detlef A. konnte nicht mehr die Leistungen erbringen, die man von ihm gewohnt war. Als im Lauf der Behandlung die Sprache erneut auf die ersten Anzeichen der Darmstörungen kam, erinnerte er sich plötzlich, daß sie zum erstenmal nach einem Cocktailempfang bei einer bekannten Persönlichkeit auftraten. Er konnte sich noch gut an das Gefühl erinnern, das er damals hatte. Es war ihm zuwider, Woche für Woche irgendeiner Einladung Folge leisten zu müssen, nur weil er in seiner Firma eine einflußreiche Rolle spielte. Jetzt, da er nun einmal auf der Einladungsliste der ganz großen Gesellschaft stand, blieb ihm nichts anderes übrig, als fast alle Einladungen anzunehmen. Seiner Frau machte das großen Spaß. Sie hatte hier ihre Auftritte, wo sie sich schadlos halten konnte für die vielen leeren, eintönigen und einsamen Stunden der Woche. Das erschien ihm als ein gerechter Ausgleich. An diesem Abend kam es aber plötzlich über ihn. Die Sinnlosigkeit und Dummheit dieses ganzen »Theaters« wurde ihm klar. Nichts wirklich Neues wurde gesehen oder besprochen, nur banale Nichtigkeiten wurden weitergegeben. Ihm lag der Klatsch nie. Noch weniger war er daran interessiert, ausschließlich als Vertreter seiner Firma zu fungieren. Denn hätte er nicht seine Position, wäre er für die Einladenden völlig uninteressant gewesen. Bei diesem Gedanken wurde ihm plötzlich übel; er hätte sich am liebsten übergeben. Statt dessen kam es daheim zu heftigen Durchfällen.

Die Darmbeschwerden verschwanden allmählich, je tiefer und fester die Einsicht wurde, daß er seine Tätigkeit hauptsächlich seiner Frau zuliebe ausübte. Er fühlte sich als ihre Marionette. Schließlich kam es zur Scheidung. Er konnte damals auch mit seinen Vorgesetzten sprechen und ihnen klarmachen, daß er nur in Sonderfällen an Einladungen teilnehmen wollte. Die Vorgesetzten waren überrascht zu erfahren, daß ihm die allseits beliebten und begehrten gesellschaftlichen Ereignisse so zuwider waren. Sein Chef konnte ihm glaubhaft versichern, daß die Firma es zwar gern sähe, daß ihre leitenden Herren mit wichtigen Persönlichkeiten aus Wirtschaft und Politik gesellschaftlich verkehrten, »schon wegen der Beziehungen«, aber das sei nicht zwingend. Sein Ideenreichtum und seine Arbeitsfähigkeit bedeuteten in der Firma soviel, daß sie auf seine gesellschaftliche Werbetätigkeit auch verzichten konnte. Nach seiner Scheidung ließen die Darmbeschwerden immer mehr nach. Detlef A. konnte wieder voll arbeiten, ja im Grunde genommen besser als zuvor. Die äußere Trennung von seiner Frau hätte allerdings nichts genutzt. Er mußte auch die innere Trennung von der ehrgeizigen Partnerin, die eine »lebensgeschichtliche Verlängerung seiner Mutter« war, voll und ganz vollzogen haben – die (Aus-)Scheidung als Trennung –, ehe er zu seiner eigenen Kraft- und Arbeitsmotivation kam.

Nicht immer sind die inkubations- und damit kreativitätshemmenden Einflüsse des Ehepartners derart deutlich wie in dem geschilderten Fall. Meistens sind sie indirekt, versteckt, scheinen kaum das Thema der Karriere zu berühren. Gelegentliche Hinweise, daß dieser oder jener schon viel weiter sei, können in liebe- und verständnisvoller Sorge verpackt sein.

Die Inkubationsfähigkeit wird aber nicht nur durch die Karrierewünsche eines bestimmten Frauentyps beeinträchtigt. Häufiger läßt sich eine Blockade der Inkubation durch versteckte Aggressionen seitens der Partnerin beobachten. Ein solches Verhalten wird gelegentlich »Xanthippe-Syndrom« genannt. Frauen dieses Typs kümmern sich wenig um die Aufgaben ihres Mannes. Sie schaffen erst recht keine kreativitätsfördernde Atmosphäre. Ihre unbewußten Aggressionen verbannen jede Gemütlichkeit. Gemeinschaft wird verweigert – am Tag wie auch in der Nacht. Nur tun diese Frauen das nicht offen und direkt, sondern unter Zuhilfenahme »wohl begründeter« Argumente. Sie müßten für die Sauberkeit in der Wohnung sorgen, hätten in der Küche zu tun oder könnten sich dem Mann nicht widmen, weil die Kinder sie zu sehr beanspruchten. Wenn bestimmte Sauberkeitsrituale und Ordnungsprinzipien verletzt werden, geraten sie in Panik. Kommt der Mann abends erschöpft und müde nach Hause, müssen sie bügeln. Will er Musik hören, müssen sie fernsehen. Partner solcher Frauen leiden häufig an Erschöpfungsdepressionen, also an Erscheinungen, welche die Inkubationsfähigkeit schwer beeinträchtigen können. Man darf aber nicht vergessen, daß sie nicht unschuldig an dieser Konstellation sind. Sie haben ja derartige Partnerinnen geheiratet, oft aufgrund bestimmter Persönlichkeitseigenarten. Man muß daher generell sagen, daß auch bei den von außen aufgezwungenen Inkubationsverkürzungen – seien sie privater oder gesellschaftlicher Natur – die eigene Persönlichkeitsstruktur von nicht zu unterschätzender Bedeutung ist.

So berichtete ein Historiker, daß er sein größtes Werk bereits mit 32 Jahren geschrieben habe, also wesentlich früher, als den meisten Historikern ihr großer Wurf gelingt. In späteren Jahren seines Lebens mußte er aber erkennen, daß sein damals als genial bezeichneter Aufbau dem Gegenstand eine Form gegeben hatte, die eine Vergewaltigung des Stoffes darstellte. Die Systematisierung verdeckte den Blick für eine andere Einteilung, die der Sache adäquater gewesen wäre. In seinen jungen Jahren sah er das nicht, weil er, wie er rückblickend feststellte, »nicht warten konnte«. Dieses Nichtwartenkönnen ließ sich bis weit in die Kindheit zurückverfolgen. So lernte er auf inständiges Bitten von seinem älteren Bruder Lesen und Schreiben, bevor er in die Grundschule kam. In den auf jedes Schuljahr folgenden Ferien begann er mit dem Stoff der nächsthöheren Klasse. Diese Übung, die er für sein sehr gutes Abschneiden im Abitur verantwortlich machte, hielt er auch im Studium durch. Er besuchte regelmäßig neben den für seinen Jahrgang obligatorischen Vorlesungen immer auch die der höheren Semester. In der Behandlung stellte sich heraus, daß er in einer ständigen, unbewußten Rivalität mit seinem um drei Jahre älteren Bruder lag, der der Lieblingssohn der Mutter war. Ihn galt es einzuholen. Dieses Einholenmüssen ließ ihn die Inkubationsphasen häufig verkürzen. Er systematisierte, das heißt er urteilte zu früh und unterband damit den kreativen Prozeß, der – wie oben gezeigt – kein vorzeitiges Beurteilen verträgt. Die Folge dieser Einstellung war die oben skizzierte Frühreife hinsichtlich seiner wissenschaftlichen Leistungen in den mittleren Lebensjahren. Seine Interesselosigkeit ging in gelegentliche Depressionen über, die er nur dadurch kaschieren konnte, daß er in einigen Universitäts- und Wissenschaftsgremien sehr aktiv tätig war. Der ständige innere Zwang, den Bruder einholen, ja übertreffen zu müssen, um so die Liebe der Mutter zu erzielen, hätte in eine totale Arbeitsunfähigkeit geführt, wäre er nicht in die Behandlung gekommen. So jedenfalls sah es der Wissenschaftler selbst. Er wurde erst zufrieden, als er wieder kreativ wurde, allerdings in einer wesentlich verbesserten und sachbezogeneren Form als früher. Er schrieb das der durch die Therapie erzielten größeren Gelassenheit zu, die seiner Ansicht nach Voraussetzung für eine differenziertere Betrachtung größerer Zusammenhänge sei. Sein völlig neu geschriebenes Werk wurde zum Standardwerk seines Fachgebietes.

3. Überreife Früchte

Eine Idee kann aber auch zu lange liegengelassen werden. Sie kann dann in den Augen der anderen längst überholt sein. Man hat zu lange gewartet. Ein anderer ist einem zuvorgekommen. Dieses Zuspät-Kommen ist aus Kunst und Wissenschaft bekannt.

Schwerwiegender für den Schöpfer dürfte die Beeinträchtigung der Kreativität selbst sein. Wer seine Ideen nicht rechtzeitig abruft und bearbeitet, läßt sein Organ für schöpferische Werke verkümmern. Die Sensibilität für Spannungsbogen und Rhythmus der Schöpferkraft verflacht. Unschöpferische Menschen entwickeln nicht die Fähigkeit, auf die aus der Inkubation aufsteigenden Probleme zu achten. Sie sind nicht wach. Die Außenwelt erscheint ihnen immer im selben Licht. Nichts Neues begegnet ihnen im Alltag. Auch besondere Ideen empfinden sie bestenfalls als komisch und bizarr, während sie für den Kreativen ein Appell zum Durchbruch sein können. So beschreibt Arnold J. Toynbee genau den Augenblick, wo er den Sprung vom eifrigen, strebsamen Wissenschaftler zum schöpferischen Historiker machte:

»Anstatt sich auf das Lesepensum zu konzentrieren, das ich ihnen zugewiesen hatte, blieben meine Gedanken in diesen Fragen hängen. Ich war der Meinung gewesen, daß ich meine Gedanken schon seit langem soweit diszipliniert hatte, daß sie das taten, was ich wollte, ob die Aufgabe angenehm war oder nicht. Warum rebellierten sie plötzlich? Sie rebellierten, so wurde mir schließlich klar, weil sie sich anschickten, etwas hervorzubringen; und ist der menschliche Geist erst einmal im Schaffensakt begriffen, wird er sich weigern, irgendwen oder -was dazwischentreten zu lassen. Nicht einmal der, dem er gehört, darf ihm dabei in die Quere kommen.«

Das sieht nach »Wehen« aus, Geburtswehen des Geistes. Der »Schwangere« ist selbst davon überrascht, aber er kann nicht anders. Er muß gebären. Dieses Muß zeigt sich bei schöpferischen Menschen oft in der bekannten Rücksichtslosigkeit gegenüber ihrer Umwelt. Folgende Schilderung eines Malers ist charakteristisch:

»Es konnte passieren, daß ich beim Frühstück von einem wichtigen Einfall überrascht war. Ich wurde dann im Gespräch mit meiner Frau einsilbig, konnte mich nicht mehr auf ihre Worte konzentrieren. Dann stieg Unmut in mir auf. Unmut über meine Umgebung, nicht nur über meine Frau. Ich dachte an eventuelle Termine. Dieser Ärger konnte sich zum regelrechten Zorn entwickeln, falls meine Frau immer noch weiterredete, ohne zu merken, daß ich mit meinen Gedanken schon längst woanders war. Ich schrie dann plötzlich meine Frau an und machte ihr große Vorwürfe über ihre Verständnislosigkeit. Wenn sie einlenkte und das Zimmer verließ, fing ich wie im Fieber zu malen an. Wenn die Idee geboren war, schämte ich mich meistens hinterher, daß ich so brutal zu meiner Frau gewesen war.«

Das bezieht sich auf den einzelnen Schöpfungsakt. Hier hat der Schöpferische das Gefühl für den richtigen Zeitpunkt. Er spürt, daß die Idee nicht bis zum nächsten Tag oder zur nächsten Woche liegengelassen werden kann. Für ihre Geburt kommt es auf den rechten Zeitpunkt an. Eine Woche später kann der Gedanke, das Konzept schon völlig verändert sein. Sie erscheinen dann möglicherweise als überholt, als unwichtig. Das Empfinden für den richtigen Augenblick hat der Unschöpferische nicht. Er weiß gar nicht, daß er »trächtig« ist. Er kann sich an keine Begegnung erinnern, die zu einer »Schwangerschaft« hätte führen können.

Die Fähigkeit des Kreativen, die »Geburtswehen« richtig einzuschätzen, besagt noch nicht, daß er sich vorher werkgerecht verhält. Man kann in der Inkubationsphase Dinge tun, die – unwillentlich und unwissentlich – den Geburtstermin verzögern. Michelangelo kann als Beispiel dienen. Er nahm häufig Aufträge an, die er aus Zeitmangel eigentlich nicht hätte annehmen dürfen. Wegen der Rivalität zu anderen, besonders zu Leonardo da Vinci, war er aber gezwungen, alles auszuführen, worum man ihn bat. Die übernommenen Verpflichtungen konnte er nicht immer erfüllen. Es kam zu zeit-, kraft- und geldverschleißenden Prozessen. Noch stärker aber nagten seine Zweifel an ihm. Sie verhinderten oft ein rechtzeitiges Ende der Arbeit. Die berühmten Deckengemälde der Sixtinischen Kapelle mußten auf Druck von Papst Julius II. abgeschlossen werden. Dieser ließ gegen den Protest von Michelangelo die Gerüste entfernen, auf denen der Künstler sein Werk – oft unter größten körperlichen Qualen – geschaffen hatte. Während er sich gegen den Papst nicht durchsetzen konnte und herzeigen mußte, was er noch nicht für vorzeigbar hielt, machte er es mit seinen Skizzen so, wie er es wollte. Er vernichtete sie alle vor seinem Tod, um sicher zu sein, daß seine Werke »nicht anders erschienen als vollendet«.

Parallelen zwischen Künstlern und Wissenschaftlern sind hinsichtlich der Eigenbeurteilung des Werkes nur begrenzt zu ziehen. Der subjektive Maßstab und damit das Gefühl, das Werk entspräche den eigenen Vollkommenheitsvorstellungen, wird bei Wissenschaftlern durch eine Reihe von »objektiven Kriterien« korrigiert. Eine Kontrolle durch normierte Ergebniskriterien ist hier von größerem Gewicht als beim Künstler, obwohl – wie im Kapitel II gezeigt wurde – die subjektive Wertung auch aus dem Wissenschaftsbetrieb nicht auszuschließen ist. Vor allen Dingen aber gibt es das Gefühl der Zufriedenheit bzw. Unzufriedenheit mit dem eigenen Werk. Insofern ist es nicht überraschend, daß auch bei Wissenschaftlern ein ähnliches Phänomen wie bei Michelangelo zu beobachten ist. Solche Menschen können die fruchtbarsten Ideen ausgearbeitet haben und doch an Empfindungen leiden, die eine Publikation nicht erlauben. Sie meinen, noch ein Experiment, ein weiteres Quellenstudium oder auch eine wiederholte Kontrolle der bisherigen Resultate seien notwendig, um die geleistete Arbeit abzuschließen. Je länger sie aber auf das Ende warten, weil sie irgendein Detail oder das Ganze noch mehr ausreifen lassen möchten, desto unfähiger werden sie für die Mitteilung des bisher Erreichten.

Solche Erscheinungen sind bei hoch schöpferischen Menschen wohl typischer als beim Durchschnittswissenschaftler. Denn diesem geht es ja meist nur um Routineprojekte, deren Publikation keine Schwierigkeiten mit sich bringt. Veröffentlichungen als Ausdruck einer verlängerten Inkubation kommen meist bei wirklich neuen, ungewohnten und unerwarteten Problemen vor. Die psychologischen Aspekte, die dabei eine Rolle spielen, mag folgender Fall verdeutlichen:

Es handelt sich um den Naturwissenschaftler Günther H., der mit 31 Jahren eine allgemein anerkannte Entdeckung gemacht hatte. Er wurde entsprechend gefördert, was zu einer Reihe weiterer Arbeiten führte. Vom 40. Lebensjahr an vermochte er aber nichts mehr zu veröffentlichen. Der Leiter des Unternehmens, in dem er tätig war, konnte sich diese Tatsache nicht erklären. Er begnügte sich schließlich mit der Annahme, daß es sich hier um einen bei Naturwissenschaftlern nicht seltenen Leistungsabfall nach dem 35. Lebensjahr handele. Er bekam einen entsprechenden Verwaltungsposten in dem Betrieb. Das half sowohl der Organisation wegen des renommierten Namens des Forschers wie auch dem Wissenschaftler wegen seiner Arbeitsschwierigkeiten, die sich folgendermaßen skizzieren lassen:

Die große Entdeckung im 31. Lebensjahr wurde nur unter dem Druck der Firma veröffentlicht. Diese hatte sich bei einer anderen Firma zur Einhaltung des Termins vertraglich verpflichtet. Wäre das nicht gewesen, hätte Günther H. noch länger an seinem Auftrag gearbeitet. Er war sich nämlich schon damals nicht ganz sicher, ob das Projekt nicht hätte verbessert werden können. Als er mit 40 Jahren den Verwaltungsposten übernahm, spürte er einerseits eine Erleichterung, andererseits empfand er sich als »Flüchtigen«. Er sei vor einer schwierigen Aufgabe geflohen. Überdies neigte er mehr zum Ausbrüten von Ideen und nicht zum Verwalten. Verwalten war für ihn der Inbegriff des Stupiden und Ungelenken. Seine Devise war: »Verordnetes Leben ist tot.« So verwundert es nicht, daß er immer häufiger depressiv wurde. Trotzdem brachte er es nicht fertig, wieder ins Labor zurückzugehen, zumal die Firma mit seiner Tätigkeit äußerst zufrieden war. Wahrscheinlich wäre er auch bei dieser Tätigkeit geblieben, wenn er nicht wegen seiner Depression in die Behandlung gekommen wäre. Diese deckte folgende Ursachen seiner Inkubationsverzögerungen auf:

Schon in der Volksschule hatte Günther H. gelegentlich das Gefühl, nicht so gut und begabt zu sein wie die anderen. Diesen Eindruck konnte er sich insofern nicht erklären, als er zu den Klassenbesten gehörte. Auf dem Gymnasium verstärkte sich die Diskrepanz zwischen anerkannter und erlebter Leistung. Die guten Zeugnisnoten, die er mit relativ wenig Arbeitsaufwand erzielte, konnten die in der Pubertät anwachsenden Gefühle der eigenen Unzulänglichkeit kaum verdrängen. Er war sich manchmal selbst ein Rätsel und saß oft stundenlang vor seinen Büchern. Dann träumte er vor sich hin. Er bildete sich etwa ein, wie er als König eines Riesenreiches eine Menge Sklaven kommandierte, die ihm jeden Wunsch bereitwillig erfüllten. Ein anderer Tagtraum beschäftigte ihn nicht weniger häufig: »Ich gehe in einer kahlen Landschaft und treffe auf ein weiß gekleidetes, unbeschreiblich schönes Mädchen mit langem, blondem Haar. In diesem Augenblick ist die traurige Stimmung verschwunden. Ich bin wie gebannt. Das Mädchen kommt auf mich zu, nimmt mich in die Arme und kost mich. Dabei wiederholt sie immer wieder, wie gut und stark und schön ich sei.«

In der psychoanalytischen Behandlung wurde es ihm klarer als früher, daß diese Tagträume als wichtige Kompensatoren für die mangelnde Beachtung und Zuwendung seitens der Eltern zu sehen waren. Die Mutter war eine im wesentlichen korrekte, aber schwache und gefühlskalte Frau, die ihren um 10 Jahre älteren Mann, einen höheren Beamten, vergötterte. Der Vater war »unnahbar«. Er sprach kaum ein persönliches Wort zu den Kindern (Günther H. war der jüngere von zwei Jungen). Das einzige, worauf es dem Vater ankam, war deren charakterliche Bildung. Er verstand darunter nicht die schulischen Leistungen, sondern saubere Kleidung, Pünktlichkeit, Ordnungsliebe, vor allem aber Ehrlichkeit und Respekt vor der Mutter. Der um 3 Jahre ältere Bruder scheiterte auf dem Gymnasium und ging vorzeitig von der Schule ab, um Kaufmann zu werden.

Günther H. war dafür in der Schule um so erfolgreicher. Der Vater war aber auch mit ihm nicht ganz zufrieden. Fast ständig hatte er etwas an dem Jungen auszusetzen, was diesen jedoch weniger störte als die völlig unpersönliche Art des Vaters. In der Behandlung erlebte der Patient, wie es gerade die Entfernung zum Vater war, die ihn in der Pubertät zu immer größeren Leistungen anspornte. Er wollte doch noch eine persönliche Anerkennung, wenn nicht gar die Bewunderung des Vaters gewinnen. Allmählich machten ihm die schulischen Leistungen auch für sich selbst Spaß, besonders in den naturwissenschaftlichen Fächern, wo er in den höheren Klassen die Mitschüler überragte. Mit Leidenschaft stürzte er sich in sein Studium, das er mit besten Noten abschloß. Er kannte jetzt nicht mehr die Tagträume aus der Pubertät. Vielmehr hatte sich eine Fähigkeit entwickelt, die viel zu seinem Studienerfolg beitrug: die enorme Konzentrationsfähigkeit. Es machte ihm nichts aus, daß er an vorlesungsfreien Tagen – wie etwa am Wochenende – 8 bis 10 Stunden hintereinander arbeitete. Er ermüdete nicht. Er vermißte weder Abwechslung noch Freunde noch verspürte er Hunger. Er befand sich wie in einem Rausch. An solchen Tagen entdeckte er zum erstenmal die Freude am Entwickeln eigener Ideen. Vorher hielt er derartige Ansätze für bloße Spinnerei. Er wagte sich früher auch fachlich nicht zu weit vor, da er nicht wußte, ob er nicht wegen des dafür notwendigen Zeitaufwandes den vorgeschriebenen Studienstoff vernachlässigte. Nach seinem Examen ging er in eine Fabrik für technische Geräte. Hier fiel Günther H. wegen seiner außergewöhnlichen Fähigkeiten bald auf und machte im 31. Lebensjahr die oben erwähnte Entdeckung. Bei seinen Arbeitskollegen war er weniger beliebt. Er war zu scheu, nahm kaum an Gemeinschaftsveranstaltungen teil, empfand sich selbst auch anders als die übrigen. Seine Schüchternheit führte zu einer Reihe enttäuschender Erfahrungen mit Mädchen, die er mit noch mehr Arbeit kompensieren zu können glaubte.

Das ging aber nur für eine gewisse Zeit. Oder genauer ausgedrückt: Er arbeitete zwar so intensiv wie früher, aus den genannten Gründen vielleicht noch intensiver, konnte sein Vorhaben aber immer weniger zum Abschluß bringen. Er fand immer noch etwas an seinen Arbeiten auszusetzen und konnte sie meist nur mit Verzögerung und unter großen Mühen beenden. Mit Kollegen sprach er über seine Abschlußschwierigkeiten allerdings äußerst selten. Die Mitarbeiter und Vorgesetzten wunderten sich allerdings über seinen nachlassenden Elan. Er selbst sah es anders. Er hielt seine ständigen Verzögerungen der Publikation für notwendig. Seine stereotype Antwort auf entsprechende Fragen war: »Es ist noch nicht ausgereift.« Aus dieser Zeit erinnerte er sich auch noch gut an einen Traum, der auch dem Laien manche Hintergründe der Inkubationsverzögerung verdeutlichen kann: »Ich sitze als kleines Kind in einem dunklen Zimmer auf dem Nachttopf und warte, daß etwas kommt. Aber es kommt nichts. Niemand ist da. Ich fühle eine unendliche Einsamkeit. Habe furchtbare Angst, daß es bei mir überhaupt nicht mehr geht und mir niemand zu Hilfe kommt.«

Der rote Faden, der sich in vielen Einzelheiten bis in die Kindheit zurückverfolgen läßt, kann auf folgende einfache Formeln gebracht werden: »Ich bin nichts wert«, »Was gut ist, muß von außen gebracht werden«, »Lernen, Lernen und nochmals Lernen, um die innere Leere und Nichtigkeit auszugleichen«.

Im Fachjargon spricht man hier von einer Störung des Narzißmus, wie es schon im Kapitel II beschrieben wurde. Das narzißtische Selbst wird in den ersten Lebensjahren aufgebaut, und zwar vorwiegend durch die phasenspezifische, die Entwicklungsschritte mit entsprechenden Prämien bejahende Liebeszuwendung der Eltern. Das Kind lernt dadurch, Unlust, Enttäuschungen und Ärger, auch an den Eltern, zu ertragen. Es ist also keineswegs die oft als ideal hingestellte »heile Familie« notwendig, um das Selbstwertgefühl eines Kleinkindes auf die zahlreichen Enttäuschungen des späteren Lebens vorzubereiten. Nur auf etwas kann ein Kleinkind nicht verzichten, was besonders durch die Untersuchungen von René Spitz auch empirisch belegt worden ist: die liebende Zuwendung, die emotionale Bejahung. Wenn diese fehlen, kann ein stabiles Selbst nicht aufgebaut werden. Die Härten, Nöte und Ungerechtigkeiten des späteren Lebens können dann kaum noch geglückt gemeistert werden. Wenn man das berücksichtigt, versteht man auch die Aufzählung einzelner Punkte aus den ersten Lebensjahren des Patienten.

Günther H. war zwar versorgt, aber die Mutter kümmerte sich – soweit sie in ihrer Nervosität dazu überhaupt in der Lage war – weit mehr um den älteren Bruder. In der Behandlung wiederholte der Patient immer wieder die Entschuldigung, daß man von seiner Mutter ja nicht mehr hätte erwarten können, da sie zur Liebe offenbar nicht fähig gewesen sei. Es sei ihr immer am liebsten gewesen, wenn keines der Kinder auffiel. So habe sie ihn auch schon früh abgestillt. Mit 9 Monaten sei er bereits sauber gewesen. Als er älter geworden sei, habe er sich mehr an den Vater gehalten, zumal die Mutter diesen auch bewunderte. Um so mehr habe er unter der unpersönlichen Art seines Vaters gelitten, der auch zu Hause den Ton eines höheren Beamten nicht habe ablegen können.

Auf die Schilderung weiterer Details kann hier verzichtet werden. Es kam nur darauf an, mit wenigen Strichen zu zeigen, wodurch spürbare Inkubationsverzögerungen hervorgerufen werden können. Der Aufbau eines gesunden Selbstwertgefühls, das heißt das Durchlaufen der Stadien eines tragfähigen Narzißmus, wie Heinz Kohut herausgearbeitet hat, ist eine der Voraussetzungen dafür, daß man seinen Ideen vertrauen kann, wenn sie mit entsprechender Vorbereitung, Arbeit und Konzentration einhergehen. Andernfalls kommt es zu Inkubationsverzögerungen aufgrund innerer Zweifel. Man schämt sich seiner Produkte. Man ist nicht sicher, wie die anderen sie aufnehmen. Intensives Arbeiten oder Zuspruch von außen können gelegentlich helfen. Oft genügt auch das nicht. Selbst die Größten sind nie ganz frei von Scham und Zweifel. So versteht man, wenn Tolstoi in einem Brief an Turgenjew mitteilt: »Bitte glauben Sie nicht, ich scherze; lese ich etwas von mir Geschriebenes oder wird es auch nur erwähnt, so stellt sich bei mir ein unangenehmes, kompliziertes Gefühl, vor allem aber Scham und Angst ein, daß man sich über mich lustig mache ...« Das Vorzeigenkönnen ist somit ein wesentlicher Teil des Schöpfungsaktes.

Es gibt aber auch das aggressive Überspielen von Scham und Zweifel. Am deutlichsten kommt das bei Geisteskranken vor, etwa im Größenwahn. Auch unter Nichtpsychotikern ist derartiges anzutreffen. Hitler ist hier ein lehrreiches Beispiel. Als 20jähriger schämte er sich, die von ihm gemalten Postkarten zu verkaufen. Sein Zimmergenosse Hanisch mußte es für ihn tun. Er selbst hielt sich für einen schlechten Verkäufer. Schämte er sich damals zuviel, tat er es später zuwenig. Oder war er als Führer nur deswegen so schamlos, weil er nicht seine eigenen Produkte, sondern die der anderen anbot? Er ist ja nur groß geworden, weil er die Phantasien und Sehnsüchte der Masse artikulierte. Was er von sich und seinen Künsten zu halten hatte, bescheinigte ihm die Schule, vor allem die Wiener Akademie für Schöne Künste: Sie nahm ihn nicht auf. Was aber die Vielen von ihm hielten, bestätigten sie ihm: Sie machten ihn zum Führer.

Eine überreife Inkubation kommt aber nicht nur als Folge bestimmter Persönlichkeitsentwicklungen vor. Sie kann auch durch äußere Umstände veranlaßt sein. Jemand bietet seine Früchte an, sie sind auch reif, aber niemand sieht sie. Achtlos geht man an ihnen vorbei. Am einfachsten sind solche Konstellationen in der Kindheit zu beobachten. Das Kind zeigt ja das Glücken jedes Entwicklungsschrittes deutlich an. Es ist stolz auf sein Gehen, Sprechen, Zeichnen und Rechnen. Auch was es in der Schule erreicht hat, wird mit Siegermiene berichtet. Die meisten Eltern nehmen diese Früchte auch zur Kenntnis, aber vorwiegend nur da, wo sie direkt ins Auge springen, wie etwa beim Sprechen und Gehen. Kompliziertere Wege, etwa die Ansätze zu einem Gedicht oder einer Zeichnung, werden leicht als unsinnige Phantastereien abgetan. Man hat weder Blick noch Zeit, die volle Reife einer unauffälligen Frucht zu sehen. So kommen die meisten Kinder in die Pubertät mit einem »Korb verfaulter Früchte«. Das heißt: Bis zum Zeitpunkt der Geschlechtsreife ist den meisten die Freude an der Gestaltung eigener Werke schon vergangen. Sie haben erfahren müssen, daß vieles, was unter Mühen gereift ist, von den anderen nicht gesehen, geschweige belohnt wird. Solche Erfahrungen können sich im späteren Leben fortsetzen, wie folgender Fall zeigt:

Hermann G., ein 46jähriger Journalist, wird wegen funktioneller Kreislaufbeschwerden zur Psychotherapie überwiesen. Daneben bestehen seit Jahren schwere Potenzstörungen. Er kann weder mit seiner Ehefrau noch mit anderen Frauen sexuell verkehren. Das deprimiert ihn besonders deswegen, weil er noch bis vor wenigen Jahren auf diesem Gebiet sehr aktiv war. Manchmal möchte er sich vor Verzweiflung das Leben nehmen. Sein sexuelles Versagen sei nur durch seine berufliche Überbeanspruchung zu erklären. Obgleich er das wisse, so könne er doch keinen längeren Urlaub nehmen, wozu ihm die Ärzte geraten hätten. Denn er brauche seine Tätigkeit noch nötiger als Ruhe. Sie halte ihn in Trab und bewirke wenigstens am Tage eine gewisse Linderung seiner seelischen Beschwerden. In der Ruhe würde er bestimmt zusammenbrechen. Seine Frau – es ist schon seine dritte – stehe zu ihm. Sie bedränge ihn nicht. Ihretwegen brauchte er sich keine Vorwürfe zu machen. Sie hätte aber einen besseren Mann verdient. Nach einigen Monaten der Behandlung schildert er genauer, was ihn an seinem Beruf so anzieht. Es ist der Reiz des Neuen. Jeden Tag muß er sich etwas einfallen lassen, um aus dem Wust der Informationen das zu gestalten, was dem Leser gefällt. Ihn muß er fesseln und ansprechen. Um das zu erreichen, hat er gelegentlich sogar schon einmal versucht, Informationen zu ver- oder geradezubiegen, »je nachdem, wie man es sieht«. Er freut sich, wenn er im Bekanntenkreis auf diesen oder jenen Artikel angesprochen wird. Die Resonanz kommt aber nicht nur aus der Öffentlichkeit. In der Redaktion selbst findet er genügend Beachtung bei den Kollegen. Ihm macht es nichts aus, wenn der Chefredakteur oder selbst ein Untergebener an seiner Arbeit herumkritisiert. Die Hauptsache für ihn ist, daß der Artikel beachtet und besprochen wird.

Als er das erzählte, kam ihm plötzlich ein Ereignis aus seiner früheren Oberschulzeit in den Sinn: An einem schönen Sonntagnachmittag ging er mit seinen Klassenkameraden ins Schwimmbad. Sie wollten vom Drei-Meter-Brett springen. Die meisten konnten das schon. Nur er hatte es noch nicht gewagt. Diesmal wollte er es aber auf jeden Fall schaffen. Er ging aufs Sprungbrett. Die anderen riefen ihm ermunternde Worte zu. Er wollte springen, zuckte aber im letzten Augenblick zurück. Er ging aber nicht vom Sprungbrett, obwohl schon andere Leute warteten. Er genoß es, wie sich alle um ihn bemühten. Jeder gab ihm Ratschläge. Es störte ihn nicht, daß der eine dies, der andere jenes als beste Methode anpries. Die Hauptsache war, daß sich alle auf ihn konzentrierten. Er versuchte es noch einmal. Auch da schreckte er kurz vor dem Absprung zurück. Inzwischen waren immer mehr Erwachsene dazugekommen. Da war sogar ein richtiger Schwimmlehrer dabei. Dieser zeigte ihm wieder eine andere Methode des Absprungs. So ging es immer weiter. Er gab es schließlich auf. Wenn er auch nicht gesprungen war, so machte es ihn unendlich glücklich, daß sich alle um ihn bemühten, mit immer neuen Tricks aufwarteten und jeder den anderen mit besseren Ratschlägen übertreffen wollte. Oft sprang auch einer ins Wasser, um es ihm genau vorzumachen: »Es war einfach herrlich, so viele Väter und Mütter zu haben.«

So hatte Hermann G. es jedenfalls erlebt. Von hier aus zog er die Parallele zu seiner Berufssituation. In der Zeitung waren auch so viele, die ihm klarmachten, was das Richtige, Beste, Einprägsamste sei. Er schätze es sehr, daß sich jeden Tag so viele um seine Produkte bemühten. Sie würden ihm zeigen wollen, wie es richtig aussehe.

Dieses Gefühl allein würde ihn heute wie damals bewegen, zur Zeitung zu gehen. Aber es gäbe noch ein stärkeres Motiv. Das komme von den Lesern. Er müsse sie zu immer größeren Beifallsstürmen anstacheln. Natürlich erfahre er das nicht von jedem. Aber er merke die Resonanz durch Leserbriefe und Auflagenhöhe. Daß diese Zeitung bei einigen »hochnäsigen Intellektuellen« als Massenblatt verschrien sei, störte ihn wenig. »Je dicker die Schlagzeile, desto größer die Auflage und desto stärker die Lust in mir«, lautete einer seiner Einfälle.

Es dauerte nicht allzu lange, bis er dieses Lob der Menge näher beleuchtete. Die Euphorie, die er in den ersten Behandlungswochen zeigte, wich einer depressiven Gemütslage. Hier kam das Gegenteil von dem heraus, was er bisher über seinen Beruf gesagt hatte. Vor allen Dingen war der Patient tief beschämt über die Hast und Ungeduld, die ihn zu immer Neuem trieb. Bei keiner noch so entscheidenden oder tragischen Sache konnte er sich länger aufhalten. Er war eigentlich immer beim Nächsten und Übernächsten, auf jeden Fall beim Kommenden. Die Gegenwart zog an ihm vorbei. Das war nicht immer so. Die Erfahrung, die für die Frage der überreifen Inkubation Entscheidendes aussagt, machte er am Ende seines Studiums. Er hatte ein gutes Examen abgelegt und arbeitete an seiner Doktorarbeit. Da die Eltern vermögend waren, brauchte er sich nicht zu beeilen. Sie unterstützten ihn. Er arbeitete fleißig und sorgfältig. Schließlich hatte er eine Publikation zustandegebracht, die bei den Mitarbeitern große Bewunderung hervorrief. Nur der Doktorvater war nicht zufrieden. Er kritisierte und mäkelte herum, ohne fundamentale Einwände vorbringen zu können.

Hermann G. mußte immer wieder sachlich unwichtige Korrekturen anbringen. Der Professor war aber auch dann noch nicht zufrieden. Der Patient gab es schließlich auf, an dieser Arbeit noch etwas zu verändern. Durch seinen Freund wurde er auf eine Volontärstelle in einer Zeitung aufmerksam gemacht. Er griff aus Neugierde zu. Hier lernte er Leute kennen, die völlig verschieden waren von denen in seinem Institut: freundlich, nett, immer ansprechbar und entgegenkommend. Sein Institut erschien ihm wie ein Mausoleum, dessen Chef aber wie eine Mumie, die über einer ganzen Apparatur thronte. Schließlich promovierte er doch noch. Sein plötzlich überaus freundlicher Professor machte ihm ein sehr gutes Angebot. Daran war er jetzt nicht mehr interessiert. Er hatte Angst, daß er als Wissenschaftler auch späterhin immer nur warten und warten müßte. Wenn er an die ihm vorgeschlagene wissenschaftliche Laufbahn dachte, hatte er das Bild eines Blumenhändlers vor Augen, der welke und vertrocknete Blumen verkaufen sollte. Das jagte ihm einen derartigen Schrecken ein, daß er sich entschloß, zur Zeitung zu gehen, um da Früchte zu verkaufen, wenn sie noch frisch und appetitlich sind.

4. Erloschene Fruchtbarkeit

Störungen der Inkubation lassen sich aber nicht nur nach der Zeitdauer des Ausreifens einteilen. Ich habe auch Patienten beobachtet, bei denen die Störungen der Inkubation nicht mit deren Dauer zusammenhingen. Hier schien die Fähigkeit zum Ausreifen schöpferischer Ideen überhaupt erloschen zu sein. So etwas kommt häufig dann vor, wenn man sich innerlich nicht auf die Lösung einstellt. Man denke dabei an jene Wissenschaftler, die dieselben Befunde wie die anderen sehen, ohne sie deuten zu können. Sie wissen nicht, was sie in Händen haben. Sergejew wies darauf hin, daß fast 40 Jahre vor Henri Becquerel ein französischer Fotograf die Radioaktivität, und ein französischer Bakteriologe fast gleichzeitig wie Alexander Fleming die antibiotische Wirkung der Schimmelpilze sah. Keiner von beiden zog aber die Schlußfolgerung daraus wie die genannten Forscher. Sie waren innerlich nicht darauf vorbereitet. Zu dieser inneren Vorbereitung gehört die bewußte wie die unbewußte Beschäftigung mit dem Problem. Nur wer sucht, der findet. Cannon zählt daher mit Recht zu den günstigen Bedingungen der Erleuchtung folgende Faktoren auf: »Ein starkes Interesse an dem zu lösenden Problem, eine klare Definition dieses Problems und das eifrige Verlangen nach seiner Lösung. Ein großer Vorrat schon erworbener einschlägiger Kenntnisse ist eine weitere Voraussetzung. Je mehr Tatsachen man weiß, die für das eigentliche Problem von Belang sind und auf neue Weise kombiniert werden können, um es zu erklären, desto wahrscheinlicher ist es, daß das Rätsel eine Lösung erfährt. Die zugehörigen Sachverhalte sollten in eine systematische Ordnung gebracht werden; eine kleine Zahl wohlkoordinierter Tatsachen ist besser als eine große Menge ungereimter Daten. Wohlbefinden und das Gefühl der Freiheit sind weitere vorteilhafte Begleitumstände.« R. S. Woodworth weist ergänzend auch auf die Bereitschaft hin, sich von jeglicher Routinearbeit loszumachen, da diese auf die Dauer die Inkubation und demzufolge auch die Illumination verhindere.

Auch von anderen Autoren wird auf die Routine als Kreativitätshemmer hingewiesen. Dabei muß man allerdings berücksichtigen, daß aus keinem Alltag eines schöpferischen Menschen Routine ganz verbannt werden kann. Es kommt eher auf den Grad der inneren Beteiligung und das Ausmaß an. Man muß daher fragen: Welche Routine, und inwieweit zerstört sie Schöpferkraft? Folgender Fall kann hier eine Teilantwort geben:

Karl H. ist Politiker mittleren Ranges. In seinem 48. Lebensjahr wird er wegen starker Erschöpfungszustände und periodisch auftretender Kopfschmerzen von seinem Hausarzt zur Behandlung überwiesen. Der Patient selbst hielt diese Überweisung für »kurios«. Er kenne ja den Grund für seine »Symptome«: Überarbeitung. Er könne sich nicht vorstellen, daß die Arbeitslast bzw. deren Folgen durch eine psychotherapeutische Behandlung beseitigt werden könnten. In den ersten Stunden bezeichnete er sich als Organisationsgenie, rühmte »in aller Bescheidenheit« seine Aktivität, die er durch überzeugende Beispiele zu belegen wußte. Er wüßte nicht, wo und wie er in seinem beruflichen Lebens etwas ändern könne, es sei denn, er verzichtete ganz auf die politische Karriere. Etwa ein Jahr nach Behandlungsbeginn – und das ist das Problem, auf das es hier ankommt – bringt er in die Sitzung folgenden schriftlichen Selbstbericht mit:

»Ich kann mich nicht ruhig an den Schreibtisch setzen, sondern fahre lieber mit dem Auto von Termin zu Termin, weil ich Angst habe, am Schreibtisch zu erleben, daß ich nicht mehr denken kann. Ich liebe Termine, Besprechungen, Konferenzen, Versammlungen, Ausschußsitzungen. Sie bringen Glanz in den Alltag. Konkret bringen sie jedoch eigentlich nichts. Weil ich im Grunde genommen keinen Sinn in meiner Tätigkeit sehe, biete ich mich den verschiedensten Vereinen und Organisationen zur Ausplünderung an. Dort bin ich ein geschätztes und begehrtes Aushängeschild. Eigentlich merke ich nur im Gespräch mit anderen, daß ich noch denken kann, zumeist im Nachdenken dessen, was andere sagen. Sitze ich allein, komme ich mit systematischem Nachdenken nicht durch. Wichtig sind für mich äußere Dinge. Ich habe durch organisatorisches Geschick drei Büros in verschiedenen Gebäuden errichtet. In keinem halte ich es lange aus: In einem ist es zu trocken, im anderen zu eng, im dritten zu laut. Zu Hause, wo ich auch arbeiten könnte, stören mich die drei Kinder. – Entscheidend ist für mich, daß in den Büros Ordnung herrscht. Erst dann kann ich mich überhaupt hineinsetzen. Leitzordner, wie überhaupt formelle Ordnung, sind für mich am wichtigsten. Ebenso genaue Arbeitspläne: Heute wird das gemacht, genau eingeteilt nach Stunden und Büroräumen, Autofahrten, Telefonaten, Parteiversammlungen usw., und morgen das. Bei meiner Tätigkeit verzettle ich mich absichtlich. Die Vielzahl meiner Verpflichtungen berauscht mich. Wenn ich eine Gesetzesvorlage oder einen Antrag zu bearbeiten habe, sammle ich wie besessen Material, genau ausgedrückt: Ich lese nicht in erster Linie Literatur, sondern mache mehrere hundert Fotokopien und hefte sie in pedantischer Ordnung ab. Oft schaue ich sie gar nicht mehr an. In Ruhe und mit Genuß lese ich kaum ein Buch. Ich lese nur dann, wenn ich das Gelesene zugleich wieder politisch verwerten kann. Reden, die ich halte, sind meist ohne eigene Ideen. Sie sind geschickte Zusammenstellungen von Schlagworten anderer. Auffallend ist, daß ich in der Partei hohes Ansehen als Fachmann genieße. Im Grunde ist mein Wissen aber oberflächlich. Nichts ist ausgereift. Eigentlich könnte ich über alles reden.«

So wie dieser Politiker sich während der psychoanalytischen Behandlung schildert, fehlt hier jede Möglichkeit zur fruchtbaren Inkubation. Dem Nachdenken und Verarbeiten bleiben weder Raum noch Zeit. Das wäre in anderen Berufen nicht so absonderlich, etwa in dem eines Journalisten. In dessen Leben würden die beschriebenen Eigenschaften kaum als Mängel erlebt. Eher sind sie schon Vorzüge: Organisationslust, viele Kontakte, mehrere Büros, volle Karteien, übersichtliche Ordnung, vor allen Dingen aber die Fähigkeit, sich schnell auf eine gegebene Situation einzustellen und diese journalistisch zu verarbeiten. Der genannte Patient war aber Politiker, von dem man erwartet, daß er sein Metier besser beherrscht als die ihn beurteilenden Journalisten. Daß das nicht der Fall war, mag noch verständlich sein. Schwerer wog die Tatsache, daß dieser Politiker bei der Bevölkerung besser ankam als mancher seiner profunderen Parteigenossen. Das lag zum großen Teil an seiner Kontaktfähigkeit. Daß hinter dieser sich ständig anpassenden Freundlichkeit eine enorme Angst vor selbständiger Leistung und Meinung stand, merkten nur wenige. Den meisten fällt die Beziehungslosigkeit eines Kontaktes nicht auf, wenn er freundlich getönt ist. Auch dieser Politiker konnte an der Sache vorbeireden, brauchte von ihr nichts zu verstehen, wenn er nur – wie schon Machiavelli wußte – der Mentalität seiner Wähler (Untertanen) richtig zu schmeicheln verstand. Es sind nicht wenige, die sich um Positionen in den verschiedensten Gremien bemühen und froh sind, wenn sie von Termin zu Termin eilen können und eigentlich nie ganz bei der Sache zu sein brauchen.

Diese Eigenarten muß man berücksichtigen, um die Klagen mancher Spitzenkräfte – und nicht nur die von Politikern – über ihren Kraftverschleiß zu verstehen. Viele von ihnen wollen es nicht anders. Sie brauchen ihre »Überarbeitung« als Entschuldigung für ihr kreatives Versagen oder ihr unausgefülltes Leben. Nicht jeder Gelehrte oder Politiker, der auf ein reiches Leben zurückblickt, verfügt über soviel Selbsterkenntnis wie Toynbee, der am Ende feststellte, daß er vorwiegend nur geschrieben habe, um einer seit der Jugend in ihm lauernden Angst zu entfliehen. Der Zwang zum ständigen Schreiben sei ihm lieber gewesen als die Wochen und Monate, in denen er nicht mehr schreiben konnte. Er sagt: »Kein Pensum zu haben, erweist sich nun als viel bedrückender für mich, als es das unvollendete je war . . . Da mir das leere Blatt mehr zu schaffen macht als das volle, sieht es so aus, als sei das Halbjahrhundertpensum unter anderem ein Opiat gewesen . . . Das Mißbehagen, das ich nun, da mein Halbjahrhundertpensum erfüllt ist, empfinde, legt den Schluß nahe, daß mein Arbeitsdrang dem gleichen perversen Zweck diente, für den beim infantilen Spießer Radio- und Fernsehapparat herhalten müssen. Er bot einen Vorwand, meine Gedanken von anderen Aufgaben abzuhalten.«

Sicher braucht eine von Angst getriebene Produktivität nicht nur deswegen unfruchtbar zu sein, weil sie aus dieser Quelle kommt. In diesem Buch sind genügend Fälle dargestellt, deren kreative Leistungen auf neurotischem Boden wuchsen. Hier geht es vielmehr um die Frage des Erlöschens der Reifungsfähigkeit und damit der Kreativität. Und dieser Tatbestand ist häufiger, als man es aufgrund der Annahme vermuten würde, wonach alles Schöpferische nur auf »krummen Wegen« gedeihe. Es kann hier wachsen, wie es andererseits dort verkümmern kann.

Daß die letzte Möglichkeit bei allen Spitzenkräften, aus welcher Branche auch immer, in Betracht gezogen werden muß, geht generell aus einer Erhebung von P. Kevenhörster und W. Schönbohm (1973) hervor. Sie stellten aufgrund einer Befragungsaktion bei Wirtschaftsmanagern, Professoren und Bundestagsabgeordneten fest, daß die Mitglieder aller drei Berufssparten die Zeiteinteilung ihres Tagesablaufs für unbefriedigend halten. So verschieden die Ziele der einzelnen Berufsgruppen sind, die Klage ihrer jeweiligen Mitglieder ist einheitlich: Alle hätten gern mehr Zeit für das Studium von Fachliteratur, für Forschung, für Vertiefung ihres Wissens sowie für die bessere Vorbereitung politischer Entscheidungen. Mit anderen Worten: Das, wofür Professoren, Politiker und Manager eigentlich da sind, kommt zu kurz zugunsten solcher Tätigkeiten, die von ihnen allen als überflüssig, störend oder lästig empfunden werden: Reisen, Teilnahme an Empfängen, umständliche Verwaltungsarbeit u. a. Die befragten Personen machten auch Reformvorschläge. Nur werden diese in Zukunft wahrscheinlich genausowenig durchgeführt werden wie in der Vergangenheit, wo man unter denselben Mängeln litt und sie beklagte. Zweifelsohne ließe sich in Wirtschaft, Politik und Wissenschaft manches besser organisieren, als es zur Zeit praktiziert wird. Man darf dabei aber nicht vergessen, daß der Mensch, mag er in noch so verantwortungsvoller Position stehen, manches nur aus »Zeitvertreib« tut. Er vertreibt sich die Zeit mit Dingen, die ihn ablenken, ablenken von dem, was er eigentlich tun sollte, aus persönlichen Gründen jedoch unterläßt. Dadurch kann für das, wofür er da ist, die Fruchtbarkeit und somit die Kreativität erlöschen.

Diesen Ablenkungswert haben viele der als lästig empfundenen Aktivitäten hoher Funktionäre. Niemand braucht sich dessen zu schämen. Sie alle genießen ja den Ruf von international anerkannten Experten, erfolgreichen Politikern oder tüchtigen Managern. Wenn sich der erwähnte Patient, der uns als Beispiel für die Problematik der erloschenen Fruchtbarkeit dient, trotzdem seiner Oberflächlichkeit schämt, so ist diese Erkenntnis auch eine Folge der psychoanalytischen Behandlung. Die uns aufgrund dieses kurzen Ausschnitts interessierende Frage lautet: Wie kam nun Karl H. zu der völlig anderen Arbeitsweise, die auch eine andere Art der Inkubation beinhaltet? Diese Frage erhält ihr ganzes Gewicht in Anbetracht der Tatsache, daß viele schöpferische Menschen der Ansicht sind, sie hätten ihr ganzes Leben ein- und dieselbe Einstellung zur Arbeit, zumindest den gleichen Arbeitsstil beibehalten. Bei manchen läßt sich das deutlich nachweisen. So hat zum Beispiel Toynbee – wie er in seinem Lebensrückblick feststellt – einen entscheidenden Grundsatz seiner kreativen Tätigkeit von seinem 17. Lebensjahr an bis ins hohe Alter ohne Abstriche und Veränderungen durchgehalten. Es war das regelmäßige, Tag für Tag erfolgte Schreiben ohne Rücksicht auf irgendwelche Stimmungsschwankungen. Toynbee hätte, wie er schreibt, eine Änderung seines Arbeitsstils für eine Katastrophe gehalten. Solche »Katastrophen« treten aber bei mehr Wissenschaftlern, Managern oder Politikern ein, als allgemein angenommen wird. Erfolg, Lebensalter, Gewohnheit, aber auch – wie im geschilderten Fall – die mit einer neuen Position erfolgten Veränderungen des Arbeitsrhythmus können dazu beitragen. Karl H. gab für seine hektische Arbeitsweise, die für die Inkubation wenig Platz ließ, folgenden Grund an:

»Wenn ich zu Hause oder im Büro vor meinem Schreibtisch sitze und über etwas nachdenken will, schweifen meine Gedanken nach kurzen Zeit ab. Bisher konnte ich die Gedanken bald zurückholen und sammeln. Jetzt geht es nicht mehr. Ich habe Angst, nicht mehr denken und vernünftig reden zu können. Die Angst ist geringer, wenn mir ausgesprochen unangenehme Dinge einfallen, Sachen, über die ich mich ärgere. Der Grund des Ärgers ist gleichgültig. Es können Parteifreunde, die Kinder, die Frau sein, aber auch Dinge, die mich nicht persönlich betreffen, zum Beispiel der Ausgang eines sportlichen Ereignisses. Allmählich steigt in mir der Ärger hoch, daß ich mich auf meine Arbeit, z. B. die Lektüre einer Akte, nicht mehr konzentrieren kann. Am ehesten geht es noch, wenn ich eine Antwort auf einen Angriff gegen die andere Partei schreibe.« Dieser Verlust an Konzentrationsfähigkeit wird von außen nicht festgestellt: »Meine Frau führt die gelegentliche Unansprechbarkeit auf meine Überarbeitung zurück und rät mir ständig zum Ausspannen, ohne zu merken, daß ich das überhaupt nicht kann. Am Wochenende beschäftige ich mich am liebsten mit der Lektüre von Zeitungen oder nichtssagenden Büchern, wenn ich nicht auf Versammlungen, Empfängen oder Kongressen bin. Das ist meistens der Fall. Ich suche förmlich das, was andere langweilig finden. Stundenlang debattiere ich über irgendwelche Nebensächlichkeiten. Dabei brauche ich nicht viel zu denken und habe trotzdem den Eindruck, daß etwas geschieht. Ich beiße mich dann gern in den Argumenten eines Gegners fest und komme nicht von ihm los, worüber meine Freunde oft unwillig werden.«

Diese Schilderungen müssen genügen, um zu zeigen, daß Karl H. sich ärgern mußte. Nicht weil seine Hindernisse und äußeren Schwierigkeiten wesentlich größer gewesen waren als die der anderen. Vielmehr sog es ihn von innen in diesen Ärger hinein. Ein Traumbild mag auch für den mit den Gesetzen des Traumes nicht Vertrauten kennzeichnend sein: »Ich chauffiere mein Auto und fahre plötzlich in eine Schlucht voll Kot und Unrat. Nur dadurch, daß mein Chassis sehr stark gepanzert ist, kommt der Dreck von außen nicht in das Auto.«

An diesem Bild wird klar: Er wird in den Schmutz, das heißt in ein Sich-ständiges-Ärgern an der Welt hinein- oder genauer: heruntergezogen. Nur ein besonders gepanzertes Auto kann ein Ersticken im Dreck verhindern. Psychodynamisch sind die Panzerplatten in seinem bisherigen Leben das, was man eine zwanghafte Abwehr nennt. Ein Beispiel gab der Politiker selbst in seinem Eigenbericht. Er spricht dort von seiner pedantischen Ordnung, genauer von der Priorität der

Ordnung vor der Sache. Daß dieses Ordnen- und Katalogisierenmüssen nicht einem Sachzwang, sondern einem bewußten Bedürfnis entsprang, geht daraus hervor, daß er ihm früher wichtig erschienene Zettel wegwarf.

Dieser Sog zum Unrat erschwert jede Inkubation. Auch wenn der Inkubationsprozeß per definitionem im Unbewußten abläuft, so ist es doch nicht ganz gleichgültig, was sich dort abspielt. Wer nach kurzer Zeit des Nachdenkens von Schmutz überflutet wird, hat nicht den für fruchtbare Gedanken notwendigen Raum zur Inkubation. An unserem Beispiel ist erkennbar, warum der mit Dreck gefüllte Binnenraum ungeeignet zur Inkubation ist. Der geschilderte Patient, dessen Kreativität in den mittleren Lebensjahren nachließ, hatte als junges Parteimitglied seine produktivsten Jahre. In dieser Zeit kapselte er sich von seinen Mitmenschen ab. Dann erlag er allmählich der »Verführung«, wie er es nannte. Unter Verführung verstand Karl H. die Überhäufung mit Aufgaben, Positionen und Ehrungen verschiedenster Art. Er konnte nicht mehr die für sein Schaffen notwendige Distanz zu den anderen aufbringen*. Zwar wurde er durch seine vielen Ehrungen weit über die anderen hinausgehoben, mit denen er – nach seinen Worten – wenig Gemeinsames hatte. Gerade diese Prämiierungen aber waren das Gift, das sein Inneres langsam vernichtete. Je mehr er die Süße der Verehrungen und Ehrungen genoß, desto stärker sehnte er sich nach weiteren Auszeichnungen.

Unserem Politiker ging die Fähigkeit zur inneren Distanz immer mehr verloren. Dadurch drang »der früher beiseite geschobene Dreck« mit aller Gewalt in ihn ein. Nur die Gegenwart von anderen, die notfalls auch die Gestalt einer Zeitung annehmen konnte, vermochte ihn vor seinen selbstzerstörerischen Impulsen vorübergehend zu schützen. So kam er nie zur Ruhe. Was wie lästige, aber unver-

---

* Ihm fehlt die Gabe, sich auch, wenn nötig, abrupt zu distanzieren, wie dies etwa für Auguste Rodin typisch gewesen ist. Rainer Maria Rilke, ein Leidtragender dieser unliebenswürdigen Tugend, verstand diese Einstellung. Er schrieb an ihn: »Ich bin ... aufs tiefste verletzt. Aber ich verstehe Sie. Ich verstehe, daß der weise Organismus Ihres Lebens sofort ausscheiden muß, was ihm schädlich erscheint, um seine Funktionen unversehrt zu erhalten: so wie das Auge das Objekt ausscheidet, das seine Sicht behindert.«

meidbare Routine, wie »Sachzwang« aussah, war im Grunde eine innere Notwendigkeit. Im Laufe der Zeit wurde er immer gespannter, getriebener und hektischer. Damit erreichte er einen inneren Zustand, der nach den faktorenanalytischen Untersuchungen von Cattell bei unkreativen Menschen häufig anzutreffen ist. Sie sind verkrampft und unruhig.

Der Fall Karl H. läßt folgende Zusammenfassung der Inkubationsproblematik zu: Weder eine äußere Notsituation noch die damit zusammenhängende Betroffenheit machen eine fruchtbare Inkubation unmöglich. Das beweisen all jene schöpferischen Menschen, die trotz größter Nöte und Sorgen Einmaliges geleistet haben. Man denke nur an Michelangelo, Marx, Dostojewski oder Fontane. Zwar war deren Kummer verschiedener Natur, aber zeitweise doch beträchtlich groß, ohne daß es zu einem Erlahmen der Inkubation und damit der schöpferischen Tätigkeit gekommen wäre. Erschwert bzw. unmöglich wird die Inkubation erst dann, wenn äußere oder innere Lebensumstände eine Schwächung der Abwehrkraft bewirken und so eine Verdrängung persönlichkeitsspezifischer, selbstzerstörerischer Komponenten unmöglich machen.

An unserem Fall sind zwei Arten der Abwehr gegen diese autoaggressiven Kräfte sichtbar: die Distanzierung von den Mitmenschen und eine pedantische Ordnungsliebe. Während letztere für den Kreationsprozeß relativ gleichgültig war – Karl H. hatte sie während und nach seiner schöpferischen Phase –, war der Zusammenbruch der ersten schon bedeutungsvoller für den schöpferischen Prozeß. Von dem Augenblick an, wo sich der Patient von seinen Mitmenschen aufgrund seiner narzißtischen Passivität zu einer ihm nicht zuträglichen Nähe verführen ließ, drangen diese mit ihren Schmeicheleien, Ansprüchen und Sorgen so tief in ihn ein, daß er sich vor dem »Unrat der Welt« nicht mehr schützen konnte. Die Inkubationsfähigkeit ging damit verloren. In einem solchen Binnenraum kann keine kreative Frucht gedeihen.

Unangenehme Ereignisse, die zu jedem Leben gehören, brauchen keineswegs so wie in dem dargestellten Fall verarbeitet zu werden, obwohl solche Inkubationsdefekte häufiger sind, als man allgemein annimmt. Bei einer geglückten, die Inkubation nicht störenden Entwicklung fehlt das, was im geschilderten Traum als Abgrund erscheint: In diesen stürzt man hinab. Die reife Auseinandersetzung mit den Widerwärtigkeiten des Lebens würde sich im Symbol der Ebene und nicht dem des Abgrunds darstellen. Schmutz, Dreck, Widrigkeiten auf ebener Fläche können adäquat angegangen und überwunden werden.

Selbstzerstörerische Tendenzen spielen aber auch in weniger kreativen Berufen als dem des Wissenschaftlers eine Rolle. Schließlich kann jeder Beruf schöpferisch oder unschöpferisch ausgeübt werden. Dem einen fällt etwa ein, was in seinem Beruf neu, richtungweisend, beispielhaft, anfeuernd, einmalig ist, der andere übt seine Tätigkeit aus, wie alle es tun. Daß die Letzteren auch in den sogenannten schöpferischen Berufen anzutreffen sind, ist an vielen Beispielen dieses Buches gezeigt worden. Jetzt soll an einem alltäglichen »unschöpferischen« Routineberuf die Möglichkeit zur Entfaltung kreativer Impulse dargestellt werden. Das Hauptaugenmerk liegt dabei auf der Skizzierung der Kräfte, die die Fruchtbarkeit zerstörten.

Frau Anna K. kam in ihrem 42. Lebensjahr wegen jahrelangen Alkoholmißbrauchs zur Behandlung. Durch ihr Trinken ruinierte sie sich und ihre Familie. Sie war Besitzerin einer Tankstelle in einer Kleinstadt. Ihr verstorbener Vater, ein Bauer aus dieser Gegend, hatte sie ihr vor seinem Tod gekauft. Es war die einzige Tankstelle am Ort. Anna K. betrieb sie vor ihrer Ehe mit einem Mechaniker. Im Ort war sie beliebt und geschätzt. Ihr gewinnendes Wesen, ihr Arbeitseifer und nicht zuletzt ihre frappierende Aufmerksamkeit für die Bedürfnisse der Kunden trugen dazu bei. Jeder tankte bei ihr gern. Sogar aus Nachbarorten kam Kundschaft zu ihr, so vorbildlich war ihr Service. Scheibenputzen, Kontrollieren von Öl, Wasser und Luft sind heutzutage Selbstverständlichkeiten. Dessen war sie sich bewußt. Sie wollte daher mehr tun, als in dieser Branche üblich war. Was sie mehr tat, wußte sie in der Behandlung zunächst nicht zu nennen. Bei dem einen war es vielleicht das Abstauben des Sitzes, bei dem anderen säuberte sie den Aschenbecher, bei dem Dritten putzte sie die Chromteile. Aber das Tun allein war es nicht. *Wie* sie es tat, war nicht minder wichtig. Niemand fühlte sich von ihr erpreßt oder umworben, sondern jeder fühlte sich persönlich angesprochen. Sie wußte, welcher Kunde eine Unterhaltung wünschte und welcher nicht. Das Tanken bei ihr war für die meisten mehr als eine lästige Notwendigkeit, so wie für sie die Arbeit mehr als nur Routine und Gelderwerb war. Ihr machte ihre Tätigkeit ausgesprochen Spaß. Im stillen mußte sie oft an ihren Vater denken. Sie bewunderte ihn, weil er als Bauer so schwer hatte arbeiten müssen, und war ihm unendlich dankbar, daß er ihr diese Arbeitsmöglichkeit geschaffen hatte. Manchmal ging sie am Tage spontan in die nahe gelegene Kirche, um für den Vater zu beten und ihm zu danken.

Durch die gut geführte Tankstelle war es ihr auch nicht so eilig mit der Ehe. Sie war versorgt und hatte Zeit, sich unter den zahlreichen Bewerbern den auszusuchen, den sie für den Besten hielt. Es war ein Bauernsohn aus einem Nachbarort: zuverlässig, arbeitsam, hilfsbereit und – was nicht das unwichtigste für sie war – ganz tief in sie verliebt. Sie heirateten und hatten nach einigen Jahren zwei Kinder. Alles war harmonisch. Er liebte sie auch nach Jahren noch so wie am ersten Tag ihrer Bekanntschaft. Den Mann störte es nicht, daß der Frau die Tankstelle gehörte. Er fühlte sich »geehrt«, daß er gemeinsam mit ihr den Betrieb erweitern konnte. Sie stellten einen zweiten Gehilfen ein und bauten das Reparaturgeschäft aus. Anna K. war nach wie vor gleich geschätzt und verehrt. Mit ihrer Tankstelle ließ sich weit und breit keine andere vergleichen.

Eines Tages kam in diese Kleinstadt Konkurrenz. Eine große Benzinfirma hatte bei einer Marktanalyse festgestellt, daß dieser Ort gut zwei Tankstellen benötige. Sie hatte insofern nicht unrecht, als Anna K. tatsächlich den Bedarf der Kunden nur durch ständige Mehrarbeit zufriedenstellen konnte. Sie und ihr Mann waren im Durchschnitt 12 Stunden tätig und hatten kaum ein freies Wochenende. Da beide aber freudig bei ihrer Arbeit waren, störte sie das nicht. Auf Hinweise von Verwandten, daß sie sich eines Tages noch zu Tode arbeiten würden, reagierte Anna K. gelassen mit dem Hinweis: »Mein Vater hat noch viel mehr geschafft und war doch immer heiter.«

So verwundert es nicht, daß die Etablierung der zweiten Tankstelle in ihrer Nähe doch einen beträchtlichen Schock für Anna K. darstellte. Durch einen großen Werbeeinsatz konnte die neue Tankstelle ihr einen Teil der »Laufkundschaft« abnehmen. Das hätte sie nicht zu stören brauchen, da sie zwar weniger, aber noch immer ausreichende Einnahmen zur Ernährung der Familie erzielte. Für diese hatte sie nun auch mehr Zeit als vorher.

In dieser Zeit begannen aber – wie sie rückwirkend feststellte – die ersten Einbrüche in ihr sonst so stabiles Stimmungsgefüge. Sie wurde gelegentlich still, bei der Bedienung der Kunden unterliefen ihr Unaufmerksamkeiten. Der Service war nicht mehr so optimal wie früher. Für viele Dauerkunden war das eine Enttäuschung. Die Folge war, daß einige ihrer Stammkunden gelegentlich schon bei der Konkurrenz tankten. Als sie davon erfuhr, war sie betroffen. Sie begann zu grübeln. Sie fragte sich, was sie falsch gemacht hätte, warum dieser oder jener Kunde ihre Tankstelle jetzt mied. Und je mehr sie nachdachte, desto unaufmerksamer wurde sie im Geschäft. So geschah es manchmal, daß ihr Mann, der im allgemeinen ruhig und verständnisvoll war, sie scharf ansprach, um sie aus ihren Träumereien zu reißen. Das verstimmte sie nur noch mehr. Sie reagierte verärgert. Gelegentlich ging sie sogar aus Protest gegen die sachlich berechtigten Einwände ihres Mannes von ihrem Arbeitsplatz fort. Sie spielte mit den Kindern, war dabei aber auch nicht ganz bei der Sache. Vor allem konnte sie nicht einsehen, daß ihr früher so ausgeglichenes und stabiles Wesen immer die beste Werbung für ihre Tankstelle gewesen war und sie jetzt durch ihre gereizte Art manchen Kunden verschreckte. Auch wenn sie sich bemühte, so wie früher zu sein, war es doch Krampf. Gelassenheit und Heiterkeit fehlten und damit die Einstellung, die ihre Augen für die Bedürfnisse und Wünsche der Kunden schärften. Sie wurde langsam eingeschlossen in einen Ring von Selbstvorwürfen, Grübeleien und Ärger. Ihr Blick für die Anliegen der anderen ging verloren. Als sie eines Abends in einer solchen Stimmung einen Schluck Cognac trank – sie hatte vorher nie Alkohol zu sich genommen –, verspürte sie plötzlich eine wohltuende Entspannung im ganzen Körper. Ihr wurde fast ein wenig schwindelig. Aber das war ihr noch lieber als das ständige Zweifeln, Sorgen und Sinnieren. Leider war – wie oft in solchen Fällen – das erste Glücksgefühl über die entspannende Wirkung des Alkohols so umwerfend schön, daß sie immer häufiger zu diesem Trostmittel griff. Je mehr sie sich so »therapierte«, desto aggressiver wurde sie, wenn sie nüchtern war. Sie fing jetzt an, bei jeder Kleinigkeit über ihren Mann und die Angestellten zu nörgeln, und behandelte auch ihre Kinder mißgelaunt und schlecht.

Diese Abschnitte der Lebensgeschichte von Anna K. müssen ausreichen, um die Antwort auf folgende Frage zu demonstrieren: Wie kam es, daß aus einer so hilfsbereiten und rücksichtsvollen Frau ein nörgelnder Familientyrann wurde? Vorher ist aber erneut – wie schon am Beispiel des schöpferischen Beamten (Kap. III) – darauf hinzuweisen, daß auch in einfachen Berufen kreative Leistungen möglich sind. Worin besteht nun das Schöpferische eines Tankstellenwarts? Sicher nicht in einem uniformen Merkmal. Das anzunehmen wäre genauso verkehrt, als wenn man erwartete, daß alle kreativen Wissenschaftler gleich wären. Daß diese Annahme nicht stimmt, wurde im ersten Kapitel erörtert. Das gilt auch für einfachere und weniger komplizierte Berufe. Das Einmalige, Neue und damit das Kreative der Anna K. lag darin, *wie* sie ihren Beruf ausübte. Das tat sie besser und anders als die meisten. Jeder merkte das. Die Fähigkeit, sich persönlich angesprochen und bedient zu fühlen, ist in einem Routineberuf wie dem des Tankstellenwärters bereits eine schöpferische Leistung. Man kann sogar formulieren: Je mehr die Struktur des Berufs zu Routine und Eintönigkeit zwingt, desto höher sind die Leistungen zu bewerten, die solche Dressate durchbrechen. Der Protest der Fließbandarbeiter, die ihr Arbeitsgerät zerstören, ist auch eine Auflehnung gegen die Routine, aber eine höchst unkreative. Würden die Arbeiter, die solches getan haben und tun, ihre aggressiven Kräfte ähnlich transformieren wie Anna K., wäre es sicher nicht erst so spät zu den verschiedensten, vor allen Dingen in Skandinavien praktizierten Verbesserungen und Veränderungen der Fließbandarbeit gekommen. Sicher ist das, was Anna K. geleistet hat, keine Schöpfertat im Sinne der oben näher beschriebenen Kreativität mit hoher Breitenwirkung. Die anderen Tankstellenbesitzer verhielten sich in ihrem Berufsalltag so, wie es üblich ist. Die Wirkung ihrer Leistung erstreckte sich allein auf den Kundenkreis. Wenn aber auch die Folgen einer Tat nur von wenigen wahrgenommen werden, ändert das nichts an deren schöpferischem Ursprung. Eine Blume ist auch dann schön, wenn sie an einem nicht zu erreichenden Berghang blüht.

Wie erklärt sich aber – und das ist die entscheidende Frage bei diesem Fall – der Umschlag im Charakter dieser Frau? Der Wechsel, der uns auch an anderen Fällen dieses Buches begegnet, ist hier besonders frappierend. Er ist vor allem durch keinen nennenswerten Anlaß bedingt. Denn das Auftreten der Konkurrenz kann kaum als solcher bewertet werden. Sicher war es der äußere Anstoß, aber dieser konnte überhaupt nur zur Belastung oder – wie man heute etwas zu leicht sagt – zum Streß werden, weil eine innere Konstellation dem entgegenkam. Die innere Ursache ist im allgemeinen weder dem Betroffenen selbst noch der Umgebung bekannt. Sie ist in der Persönlichkeitsstruktur unbewußt verankert und läßt sich u. a. darin erkennen, daß man auf ein äußeres Ereignis zu heftig, überschießend, inadäquat reagiert. Das war bei Anna K. der Fall. Ihre Betroffenheit über die Konkurrenz mit deren Folgen läßt sich nur aus einer bestimmten Vorgeformtheit verstehen. Vereinfacht kann man sagen: Anna K. konnte keine Konkurrenz vertragen. Wo Rivalen auftraten, versagte sie.

Die Entstehung dieser Konstellation im einzelnen zu beschreiben, ist in diesem Rahmen nicht möglich. Es sind vielfältige, ererbte und erworbene, unbekannte und bekannte Faktoren im Spiel. Ein Moment aber, auf das wir im Zusammenhang »erloschene Kreativität« aufmerksam machen wollen, ist folgender Einfluß aus der Lebensgeschichte: Anna K. hatte zwei Brüder. Der eine war drei Jahre älter, der andere zwei Jahre jünger als sie. Sie war somit in der Mitte. Von den Brüdern wurde sie nicht – wie es gelegentlich vorkommt – als die liebe Schwester oder das hilfsbedürftige Mädchen behandelt. Sie war vielmehr »die andere«, die anders Gebaute. Deswegen wurde sie von ihnen tyrannisiert. Beide behandelten sie despotisch. Sie mußte ihnen die Schuhe putzen, für sie Gänge erledigen und viele willkürlich angeordnete Arbeiten verrichten. Die Brüder akzeptierten sie lediglich dann, wenn sie sich als Bub verhielt. Sie mußte mit ihnen auf der Dorfwiese Fußball spielen und wurde dabei als Mädchen in keiner Weise geschont. Wie aber die äußere Konstellation innerlich verarbeitet wurde, zeigte sich drastisch in bestimmten Masturbationsphantasien während der Pubertät. Wenn sie von Männern verprügelt und geschlagen wurde, hauptsächlich aufs Gesäß, verspürte sie die größte Lust bei der Onanie. Ohne diese Phantasie war die Selbstbefriedigung weniger lustvoll. Sie selbst schämte sich ihrer Masturbation, aber noch mehr ihrer Phantasien. Sie wußte nicht, woher »solcher Unsinn« kam. Auch konnte sie sich keinem anvertrauen. Mit wem hätte sie auch darüber sprechen sollen? Mit den Eltern, die Bauern waren? Mit dem Pfarrer, dem Lehrer, einer Freundin? Jeder von ihnen wäre auf die Frage nach der Quelle dieser eigenartigen Lust überfordert gewesen.

Sicher war die brüderliche Tyrannei nicht der einzige Grund für die masochistische Einstellung von Anna K. Sie ist aber ein wesentlicher Teilfaktor. In der Analyse wurde ihr klar, wie sie »im Grunde« das Beherrschtwerden durch die brüderlichen Rivalen genoß. Es war aber nicht nur deren Herrschaft, die sie Lust empfinden ließ. Gerade ihre Grausamkeit machte ihr »versteckten« Spaß. So schickte ein Bruder sie oft in der Dunkelheit in den nahegelegenen Wald, weil er wußte, daß sie dabei furchtbare Angst auszustehen hatte. Der andere quälte sie, wenn er sich mit ihr raufte. Er kratzte und kniff, um ihr Schmerzen zuzufügen. Die Eltern sahen das gelegentlich, hielten es jedoch mehr für einen Scherz oder für den Ausdruck kindlichen Übermuts.

Als Anna K. 25 Jahre alt war und die Tankstelle übernahm, verschwanden allmählich ihre masochistischen Phantasien. Es wäre verkehrt zu sagen, ihr Masochismus sei die Quelle ihrer besonderen Dienstfähigkeit gewesen. Das wäre zu einfach. Ihre sexuelle Entwicklung und die damaligen Erfahrungen müßten dabei mitberücksichtigt werden. Sicher aber ist, daß ihre Einmaligkeit in ihrem Beruf in dem Augenblick erlosch, als ein »äußerer Anlaß« – die Eröffnung der Konkurrenz – die Rivalitäts- und Unterlegenheitsproblematik ihrer Entwicklungsjahre aktivierte. Jetzt konnte sie nicht mehr ihr Leben froh und in ständiger Selbstbejahung entfalten, sondern schlüpfte allmählich wieder in die Rolle der Frau, die ihre Lust im Gequält- und Gepeinigtwerden findet. Was nach außen und auch im Bewußtsein als Leid erschien – ihre Sorge wegen der Konkurrenz und der Verwahrlosung durch den Alkohol –, war eine innere und tiefe Befriedigung. Sich quälen zu lassen wurde zu einem nicht enden wollenden Bedürfnis. Damit aber erlosch jede fruchtbare Inkubation. Wo das Gequältwerden um des Gequältwerdens, das Leid um des Leidens willen gesucht wird, verschwindet die Fähigkeit für eine Aufgabe, für ein Ziel, für einen anderen Menschen zu leiden. Der Alltag wird immer stärker durchsetzt mit der Sucht nach Pein und Qual, so daß das Leid nicht mehr Durchgangs-, sondern Endstation ist.

Darin ist eine gewisse Parallele zu depressiven Zuständen gegeben. Auch bei ihnen spielt die selbstzerstörerische Komponente, die Wendung der Aggression gegen das eigene Ich, eine wichtige Rolle. Aber im Gegensatz zu den masochistischen Perversionen sind die auto-aggressiven Kräfte bei der Depression nur vorübergehend, in bestimmten Phasen oder bei bestimmten Anlässen dynamisch wirksam; sie haben nicht deren suchtartigen Charakter. Ein Teil des Ich wehrt sich immer noch gegen die Selbstzerstörung, wie sie sich z. B. im Alkoholismus von Anna K. vollzog. Der bei Depressionen sichtbare Kampf gegen die Selbstzerstörung kann sich auch als ein Motiv äußern, welches sogar die Kreativität des einzelnen zu mobilisieren vermag. Zahlreiche Beispiele von Künstlern und Schriftstellern belegen das: Man braucht den depressiven Stachel für eine bestimmte Inspiration. Dabei braucht der Betroffene sich über den Zusammenhang zwischen Depression und schöpferischer Tätigkeit gar nicht oder erst relativ spät klar zu werden. Die stimulierende Wirkung der Depression ist zu unterscheiden von der Depression als »Inkubationsgehäuse«. Im ersten Fall bewirkt die Verstimmung eine Veränderung der Weltsicht, die zur Aktivierung schöpferischer Impulse notwendig sein kann, im zweiten dagegen ist sie mit Schlafzuständen zu vergleichen, in denen eine Idee »ausgebrütet« wird. Während der Schlaf unbewußt ist, verläuft die Depression bewußt, allerdings mit dem bezeichnenden Gefühl, zu keiner Leistung, geschweige denn zu einer schöpferischen fähig zu sein. Man kann sich überhaupt nicht mehr als einen in Zukunft noch aktiven Menschen vorstellen: »Wenn man noch nicht einmal Zeitung lesen kann, wie soll man dann wieder große Werke verstehen, geschweige sie schreiben?« sagte einmal ein schriftstellerisch tätiger Patient. Auch bei Wissenschaftlern sind Illuminationen in solchen Zuständen selten, wenn nicht unmöglich. Nach Abklingen der Depression können aber äußerst fruchtbare Einfälle kommen. Das zeigt sich bei den Personen, die nach einer mehr oder weniger langen Verstimmung besonders schöpferisch sind. Folgendes Beispiel soll dieses Argument veranschaulichen.

Wolfgang A., ein 29jähriger Germanist, konnte seit eineinhalb Jahren nicht mehr produktiv arbeiten. Er kam mit seiner Habilitationsschrift nicht voran. Nur unter großem Kraftaufwand ging er täglich in sein Institut und erledigte dort die notwendigste Routinearbeit. Zu mehr fühlte er sich nicht in der Lage. Auch mit seiner Frau und dem zweijährigen Buben konnte er nicht viel anfangen, so sehr diese ihm auch sonst ans Herz gewachsen waren. Am schlimmsten war es immer am Morgen. Da dauerte es oft eine Stunde, bis er sich überhaupt zum Aufstehen überwinden konnte. Aus seiner Behandlungsgeschichte seien nur die Punkte erwähnt, die für das Verständnis der Depression als »Inkubationsgehäuse« von Bedeutung sind:

Als Assistent hatte Wolfgang A. vor seiner Depression vier wissenschaftliche Arbeiten veröffentlicht, die in Fachkreisen eine gute Resonanz fanden. Er selbst war damit aber nicht zufrieden. Er wollte mehr. Das Habilitationsangebot seines Institutsdirektors schien ihm die Möglichkeit zu bieten. Er ging mit Schwung und voller Konzentration an seine Aufgabe heran. Nach einigen Monaten intensiver Arbeit blieben plötzlich die Ideen weg. Die Arbeit stockte. Sein ursprünglicher Entwurf, der ihm und allen, mit denen er darüber sprach, gefallen hatte, sagte ihm nun immer weniger zu. Gutes Zureden von seiten seiner Frau, des Direktors oder der Kollegen half wenig. Allmählich geriet er in den oben geschilderten Zustand, der ein Weiterarbeiten an der Habilitationsschrift unmöglich machte.

In der psychotherapeutischen Behandlung kehrte seine Initiative langsam zurück. Dabei erkannte er die Unzulänglichkeit seines ersten Entwurfs, von dem er anfangs so begeistert war. Diese Begeisterung erschien ihm immer deutlicher als Überkompensation einer tiefsitzenden Angst bei einem Unternehmen, das er eigentlich nicht verantworten konnte. Um die Tür zu der lang ersehnten Professorenlaufbahn aufzustoßen, steigerte er sich in eine sachlich unangemessene Begeisterung hinein. Innerlich aber sträubte er sich gegen den Zwang, nur wegen eines Titels etwas zu publizieren, was er nicht für ausgereift hielt. Je mehr er das erkannte und mit früheren Erfahrungen seiner Lebensgeschichte in Verbindung brachte, desto stärker kehrte sein Interesse für die Habilitationsschrift wieder, allerdings mit einer entscheidenden Veränderung: Er formte sie völlig um. Seine Kollegen, besonders sein Chef, waren von diesem Produkt so überrascht, daß sie – wie der Patient berichtete – von einem »Wunder« sprachen.

Der Fall zeigt in überstarker Verkürzung, wie eine Depression im Dienst einer fruchtbaren Inkubation stehen kann. Sie bewirkte bei Wolfgang A. eine allmähliche, aber unbewußte Umstrukturierung des Stoffes. Erst danach war er zufrieden, und das Werk erschien ihm und den anderen ausgereifter als das vor der Erkrankung. Voraussetzung für die Fruchtbarmachung dieser Verstimmung war allerdings eine veränderte Einstellung zu seiner Innerlichkeit, nämlich zu dem, was sich ohne sein bewußtes Zutun von allein zu entwickeln hatte. Früher lebte Wolfgang A. in einer ständigen Angst, das nicht bewußt Festgehaltene für immer zu verlieren. Um eventuelle Ideen vor dem Einschlafen oder beim nächtlichen Erwachen sofort festhalten zu können, hatte er immer einen Schreibblock auf dem Nachttisch. Kein Einfall sollte ihm entgehen. Das schaffte er auch, und deswegen hielt er seinen Arbeitsstil auch für fruchtbar. Erst durch die Depression und deren Behandlung wuchs sein Vertrauen zu seinem Unbewußten, das eine wesentlich schöpferischere Arbeit erst möglich machte.

Vielen fehlt diese Möglichkeit. Sie fühlen sich in ihrer pedantischen Genauigkeit wohl und merken nicht, daß sie ängstlich einer Depression ausweichen. Solche Wissenschaftler fallen häufig durch ihren besonderen Fleiß auf. Sie arbeiten mehr als die anderen, kennen oft kein Wochenende, weil sie glauben, sie müßten sich immer mit ihrem Problem beschäftigen. Aus diesem Grund vermeiden sie nach Möglichkeit alles, was sie ablenken könnte, wobei es so ziemlich alles ist, was sie ablenkt: Kollegen, Familie, Politik, Zeitungen, kurz alles, was nicht bewußt die Beschäftigung mit dem Problem ist. So war es für einen Chemiker, der gerade seine Doktorarbeit schrieb, am Anfang der Behandlung nicht bemerkenswert, daß er jeden Freitagabend wesentlich länger arbeitete als an den anderen Abenden der Woche. Er konnte das zunächst mit bestimmten Dienstvorschriften begründen. Nach einiger Zeit der Therapie sah er diese und ähnliche Gewohnheiten anders. Jedesmal, wenn eine längere Trennung vom Arbeitsplatz aus äußeren Gründen notwendig war – er durfte nur in Sonderfällen an Wochenenden im Labor arbeiten –, blieb er dafür am Tag um so länger. Er glaubte, die Trennung von seinem Laborplatz ohne Schaden für seine Einfälle nicht überstehen zu können. Bevor er aber die Trennungsangst erlebte bzw. zur »Durcharbeitung« freigab, sprach er immer nur von seiner besonderen Arbeitslust, die ja schließlich ein »Zeichen des guten Wissenschaftlers« sei.

Der zwanghafte Fleiß, das verbissene Arbeiten um des Arbeitens willen, das Festhalten »von jedem Dreck«, das Brillieren mit zahlreichen Details ist oft eine Beschwichtigung des Über-Ichs. Ein Patient sagte dazu einmal als Begründung: »Wenn mir schon nichts einfällt und ich mich durch meine Arbeit den Menschen verschließe, darf ich auch nichts genießen, was mich ablenkt.« Auch wenn dieser Ausspruch vorwiegend für depressive Persönlichkeiten mit einem infantilen Über-Ich gilt, so erhält er doch allgemeine Bedeutung, sofern er eine auch sonst verbreitete Neigung dokumentiert. Sie besteht darin, das Schöpferische ausschließlich, zumindest überwiegend als Ergebnis unermüdlichen Fleißes und höchster Disziplin aufzufassen.

Das bekannte Wort »Genie ist Fleiß«* spiegelt diese Ansicht wider. Unbestritten ist die Bedeutung von Arbeit, Training, Ausdauer, auf welchem Gebiet auch immer. Mit einigen Jahren Klavierspielen ist man andererseits noch kein schöpferischer Pianist, durch Phantasieren allein kein kreativer Maler. Die Personen, die diese Gesetzmäßigkeiten am stärksten leugnen, sind Geisteskranke, also jene Gruppe von Menschen, die man seit alters her in einer besonderen Nähe zum Schöpfertum glaubte. An dieser jahrhundertealten Ansicht läßt sich nur die Tatsache als richtig bestätigen, daß der Schizophrene über viel ungebändigte Phantasie verfügt. Er kombiniert, hat Einfälle sieht Zusammenhänge, wo niemand sonst sie sieht. Solche Eigenschaften schreibt man auch schöpferischen Menschen zu. Geisteskranke sind ferner von ihrer einmaligen Größe überzeugt. Sie allein können die Welt retten oder wissen das Geheimnis der Goldvermehrung, und das alles ohne Anstrengung. Ihre Eingebungen behalten sie nicht für sich. Sie verbreiten sie in Wort und Schrift, sind sie doch davon überzeugt, daß sie das Angekündigte verwirklichen.

Solche Menschen demonstrieren den Riß zwischen Phantasie und kreativer Wirklichkeit. Was ihnen fehlt, ist gerade das, was schöpferische Menschen als unerläßliche Bedingung mitbringen müssen: Technik, Handwerk, Anstrengung, Realitätskontrolle, vor allen Dingen Lernen und immer wieder Lernen. Diese Fähigkeit fehlt allerdings nicht nur bei manifesten Psychosen. Auch unter den unpsycho-

---

* Treffend formuliert das Theodor Fontane in einem Distichon an Adolf Menzel: »Gaben, wer hätte sie nicht, – Talente, Spielzeug für Kinder! Nur der Ernst macht den Mann, nur der Fleiß das Genie.«

tischen »Normalen« gibt es Menschen, denen eine sorgfältige Vorbereitung zu lästig ist. Sie wollen sich gleich an die großen Ideen machen. Manchen gelingt das auch, doch nur für kurze Zeit, wie etwa das Beispiel von Gottfried L. zeigt:

Er ist 34 Jahre alt, unverheiratet und als Physiker in der Forschungsabteilung einer Industriefirma tätig. Bei seinen Mitarbeitern ist er wegen seiner Eigenbrötlerei und Arroganz wenig beliebt. Sie bemängeln an ihm seine Indifferenz gegenüber banalem Alltagskram. Den müßten andere für ihn machen. Keine seiner Ideen wäre in der Fabrik verwirklicht worden, wenn nicht andere ihm die Kleinarbeit abgenommen hätten. Solche Vorwürfe gipfelten in der Feststellung eines Kollegen, Gottfried L. spiele sich als Genie auf.

Das war jedenfalls der Bericht, den der Patient abgab. Das grundsätzliche Problem lag im folgenden: Er konnte die Kritik seiner Mitarbeiter nicht akzeptieren, da er aufgrund seiner Stellung als Abteilungsleiter nicht nur das Recht, sondern auch die Pflicht zur Delegierung von Aufgaben hatte. Er empfand deshalb die Einwände seiner Kollegen als böswillig und nahm eine gegen ihn angezettelte Kampagne an. So isolierte er sich immer mehr und verkehrte nur noch mit dem Vorgesetzten in gutem Einvernehmen. Aber das wurde im Laufe der Zeit immer schwieriger. Schließlich konnte er nicht mehr arbeiten. Er wurde krankgeschrieben und kam mit der Diagnose »Neurose mit paranoiden Zügen« in die Behandlung. Es brauchte einige Monate Therapie, bis sich Gottfried L. von seinen paranoiden Ideen soweit befreit hatte, daß er über das Problem auf seinem Arbeitsplatz genauer berichten konnte. Es bestand in der Schwierigkeit der richtigen Vorbereitung auf die Problemlösung. Er wollte immer gleich eine auffällige, alle anderen übertreffende Idee. Damit hatte er in seinem Studium wiederholt Erfolg gehabt. Er pickte sich zahlreiche Schwierigkeiten heraus und bot Lösungen an, die allgemeine Bewunderung hervorriefen. Kein Wunder, daß er diesen Arbeitsstil auch im Betrieb fortsetzen wollte. Aus den verschiedensten Gründen ging das nicht mehr. Das hing nicht nur mit dem vorgegebenen Problem zusammen. Auch war es nicht nur das Ausbleiben einer vom Studium her gewöhnten Prämiierung.

Entscheidend war die wachsende Unsicherheit hinsichtlich seiner Rolle als Mann. Trotz seiner 34 Jahre hatte Gottfried L. nur gelegentliche, flüchtige Affären gehabt, wobei das Deprimierende für ihn war, von allen Mädchen ohne Angabe plausibler Gründe verlassen worden zu sein. Diese Niederlage konnte er nur dadurch wieder gutmachen, daß er im beruflichen Sektor noch bessere Leistungen zustande brachte. Diese bestanden seiner Ansicht nach aber allein in solchen Entdeckungen, an denen keiner vorbeigehen konnte. Es mußte etwas sein, was ausschließlich ihm vorbehalten war, was nur er allein meistern konnte. Voraussetzung dafür war, daß er die anderen überflügelte, die über ein gewisses Maß an Fleiß und Energie nicht hinauskamen. Wenn er aber dann, wie er glaubte, die große Entdeckung gemacht hätte, würde er auch die Frau finden, die an ihm nicht vorübergehen und ihn nicht mehr verlassen würde. Hinter einer unnahbaren, arroganten und unliebenswürdigen Fassade steckte eine tiefe Wunde, die ihre Mitursache in einer mangelnden Identität als Mann hatte. Je länger seine inneren Probleme ungelöst blieben, desto unleidlicher wurde er für seine Kollegen, aber auch desto ungeduldiger, unkorrekter und ungenauer gegenüber seiner wissenschaftlichen Aufgabe.

Hier wird klar, warum dieser Physiker seine Hauptschwierigkeiten in der Zeit der Vorbereitung fand. Vorbereitung war für ihn etwas Störendes, Lästiges, Hemmendes, das ihn von seinem eigentlichen Ziel – die große Leistung und dadurch die Eroberung einer Frau – abbrachte. Dieses Beispiel lehrt, daß ohne ein bestimmtes Maß an Kleinarbeit und Anpassung kein schöpferisches Werk entstehen kann. So sehr diese und andere Eigenschaften, die im Kapitel I beschrieben wurden, auch Voraussetzung für Schöpfertum sind: Sie allein bewirken es noch nicht.

IX. Das Schöpferische als Geschenk des Selbst

Sowenig, wie ein hoher Intelligenzquotient kreatives Denken verbürgt, sowenig bewirkt unermüdlicher Fleiß schöpferische Tat. Jeder Künstler oder Forscher, der über das Entstehen seiner Werke reflektiert, hat deutlich gemacht, daß zur eigenen Aktivität noch etwas hinzukommen müsse, was nur schwer beschreibbar ist. Man bezeichnet es als Eingebung, Erleuchtung, Offenbarung, Geistesblitz oder, wie bei Goethe, »Gefäß zur Aufnahme eines göttlichen Einflusses«, »Werkzeug einer höheren Weltregierung«.

Alle diese Formulierungen meinen zwei Eigentümlichkeiten: a) Das Schöpferische ist etwas, das man empfängt, erhält, geschenkt bekommt; b) man erhält es von einem Etwas, das nicht identisch ist mit dem bewußten Ich. Was läßt sich daraus ersehen? Man versteht zunächst die im vorangegangenen Kapitel geschilderten Erfahrungen, nach denen im Schlaf wichtige Lösungen angebahnt werden. Ob sie sich, wie bei Kekulé, hinter einem Traumsymbol verbergen, oder, wie es Cannon schildert, als direkte Geistesblitze nach dem Erwachen aufdrängen, erscheint sekundär. Entscheidend ist die im bewußtseinslosen Zustand erreichte Lösung. Weil es aber im Schlaf wirkt, weiß man weder, was es ist, noch wie es arbeitet. Das Problem dadurch lösen zu wollen, daß man einfach vom Unbewußten redet, geht auch nicht. Denn die Instanzen, die im Schlaf schöpferisch wirken, wirken nicht nur im Unbewußten, nicht nur im Schlaf. Man kann sich ihnen auch bei Bewußtsein nähern, etwa durch verschiedene, populär gewordene Techniken der Meditation. Sie genauer zu beschreiben fehlt mir die Kompetenz. Ein Grundprinzip enthalten sie alle: Es ist die Befreiung, die Distanzierung von Empfindungen, Gefühlen und Gedanken, die einen sonst bewegen. In der Meditation will man sich von ihnen lösen. Weder Vorstellungen noch Phantasien, weder Absichten noch Wünsche sollen im Bewußtsein sein. Hier herrscht »Leere«. Manche Meditationstechniken lassen als Übergangsstufe die Konzentration auf das Atmen zu. Sie meinen, daß durch das Sich-eins-Fühlen mit dem rhythmischen Ein- und Ausströmen der Luft am ehesten der Zustand erreicht wird, in dem man hellwach, bei seinem Selbst ist.

Damit ist schon das Wort gefallen, das am häufigsten zur Kennzeichnung der vom bewußten Ich unterschiedenen schöpferischen Instanz gebraucht wird, nämlich: Selbst. Zwar hat der Begriff »Selbst« in der psychologischen wie in der philosophischen Tradition verschiedene Bedeutungen. Allen gemeinsam aber ist die Annahme, daß das Selbst sich vom Ich abhebt. Das Selbst ist das »Reservoir des Ich«, der »Ur-Grund der Persönlichkeit«, die »Mitte der eigenen Existenz«, die »innerste Spitze der Seele«. All diese Umschreibungen deuten auf Unterscheidung vom Ich hin.

Kann man das Selbst aber nicht erfahren und damit beschreiben? Da das Selbst im bewußtlosen Zustand des Schlafes nicht erfahren werden kann, bleibt nur die »Erfahrung« der Meditation, sei sie östlicher oder westlicher Prägung. Diese aber läßt sich nach Expertenmeinung nicht beschreiben. Jedenfalls nicht so, daß andere sie einfach kopieren könnten. Dazu müßte die Erfahrung gegenständlich sein. Das aber ist sie nicht. Um zum eigenen Selbst zu gelangen, muß man sich vom Ich entfernen. Das ist ein langer und schwieriger Prozeß. Schon das Ausschalten von Wahrnehmen und Denken bringt fast unüberwindliche Hindernisse mit sich, wie sie eine indische Fabel symbolisiert: Ein Affe wird von einem Skorpion gestochen. Er springt wutschnaubend herum. Da tritt er auf eine Schlange, die ihn beißt. Skorpion und Schlange versetzen den Affen in heftige Abwehrbewegungen. Je mehr er schlägt, desto häufiger wird er gebissen.

Das Ich verhält sich wie der Affe. Es sucht ständig nach Reizen. Die Isolationsexperimente der letzten Jahrzehnte zeigen das in aller Deutlichkeit. Versuchspersonen, die in einem Labor von allen optischen, akustischen, taktilen Reizen abgeschlossen sind, erleben nach einer gewissen Zeit äußerst unangenehme Zustände. Der Mangel an äußeren Reizen wird durch Überflutung von inneren Reizen kompensiert. Am wenigsten leiden die Menschen darunter, die auch außerhalb des Labors der Außenwelt wenig zugewandt sind: die Schizophrenen. Ihnen ist ein Übergewicht an »innerem Futter« vertraut. Der Durchschnittsmensch braucht dagegen äußere Reize, unabhängig von ihrem Inhalt, ihrer Qualität. Die bekannteste Version dieses Phänomens ist die Abhängigkeit von Fernsehen, Illustrierten und Presse. Für die wenigsten Konsumenten sind die Massenmedien wegen ihrer Information, geschweige ihres Bildungsgehaltes da. Sie sind in erster Linie Reize, die vom eigenen Innern ablenken sollen.

Oskar B., ein Bauingenieur, verurteilte sich in der Therapie selbst wegen seiner fast regelmäßigen Lektüre von billigsten Boulevardzeitungen. Wenn er sich am Kiosk diese Blätter kaufte, schaute er sich um. Er wollte von keinem Bekannten gesehen werden. Dieser hätte denken müssen: »Was für ein primitiver Mensch doch der Oskar ist, daß er diesen Unsinn und Klatsch liest.« Oskar B. hielt diese vermeintlichen Vorwürfe für berechtigt. Er wußte ja, daß nicht alles den Tatsachen entsprach, was da zu lesen war. Er kannte auch die Pflicht der Journalisten, eine normale Nachricht reißerisch zu gestalten. Auch war ihm der Spruch vertraut: »Nur eine schlechte Nachricht ist eine gute Nachricht.« Trotzdem konnte er nichts gegen seinen »Lesezwang« machen. Hilflos fühlte er sich auch dem Fernsehen ausgeliefert. Die nichtssagendsten Sendungen schaute er sich an und war oft wütend auf sich, so wie ein Alkoholiker oder Morphiumsüchtiger sich verurteilt, wenn er getrunken oder sich gespritzt hat. Kaum ist er wieder nüchtern, erscheinen Alkohol und Spritze als Notwendigkeit, so wie für Oskar B. das Fernsehen. Der Ausdruck »Notwendigkeit« ist in diesem Fall mehr als ein abgegriffenes Wort. Es deutet an, daß in solchen Zuständen eine Not gespürt wird, die nur durch die Einnahme des Suchtmittels abgewendet werden kann. Die Not, die hier erlebt wird, ist die Unfähigkeit, mit sich selbst etwas anzufangen, oder genauer: sich vom Ich zu lösen, um zu sich selbst zu kommen. Die genannten Beispiele deuten auf die enormen Schwierigkeiten hin, die der Loslösung vom Ich durch Meditation im Wege stehen. Man braucht die »Ich-Reize«, um sich wohlzufühlen. Nur sie scheinen einen zu tragen.

Warum kann man aber so schwer von ich-fütternden Reizen Abstand nehmen, nicht einmal dann, wenn man es sich ausdrücklich vorgenommen hat, nämlich in den Ferien? Hier möchte man endlich das tun und lassen, was man will: schlafen, faulenzen, sich-gehen-lassen, dösen – aber es geht nicht. Schon ist man wieder bei dem, was andere für einen geplant und beschlossen haben. Man muß besichtigen, Trimm-dich-Übungen machen oder abends »dabei sein«. Man läßt sich herumreichen und bewundern. Wird man übersehen, fällt man in einen Abgrund. Das könnte sogar fruchtbar sein, wenn man im Abgrund das Fühlen des Selbst gelernt hätte. So aber ist der Abgrund bodenlos. Man versucht so schnell wie möglich, wieder Boden unter die Füße zu bekommen.

Warum aber kann man das Selbst nicht in sich fühlen? Das hängt mit der zweiten Eigenschaft zusammen, die allen Illuminationserlebnissen gemeinsam ist. Es ist das Gefühl des Beschenktwerdens. Das Selbst manifestiert sich nur, wenn man es als Gabe empfindet. Manche Künstler, wie etwa Goethe, empfanden das in großen Dimensionen – sie erlebten sich dabei als »Gefäß einer göttlichen Kraft« –, andere dagegen sahen darin nur Geistesblitze oder Eingebungen. Dafür einige Beispiele:

»An dem Bild habe ich lange gemalt. Ich war nicht ganz zufrieden. Plötzlich überkam mich auf einem Spaziergang, als ich an ganz andere Sachen dachte, eine Idee. Sie erschien mir wie ein Geschenk des Himmels. Ich wußte erst jetzt, wie ich die Gesamtkomposition des Bildes zu vollenden hatte« (Malerin).

»Ich habe mich wochenlang bemüht, einen bestimmten Fehler im Betrieb abstellen zu können. Alles schien sich gegen mich verschworen zu haben. Da kam mir am Sonntag beim Teetrinken mit meiner Familie eine Erleuchtung. Ich kann nicht angeben, wie ich auf diese Idee kam. Sie drängte sich mir auf. Ohne sie wäre es mir im Betrieb bald schlecht ergangen« (Prokurist eines Industrieunternehmens).

»Jedesmal, wenn ich in der Parteizentrale bin, fällt mir nichts ein. Ich diskutiere zwar eifrig mit, aber rede nur das Übliche, was alle reden können. Jetzt habe ich mir angewöhnt, nicht mehr soviel zu reden. Ich kann warten. Dabei habe ich meine besten Einfälle. Ich darf nur nicht ungeduldig sein. Dann kommen sie von selbst, ohne daß ich mich um sie bemüht hätte« (Politiker).

Allen diesen Schilderungen ist das Erlebnis des Empfangens gemeinsam. Man ist bereit, auf die aus dem Innern kommende Erleuchtung zu reagieren. Das setzt eine bestimmte Fähigkeit des Ich voraus. Sie kann in der Meditation »trainiert« werden. Die meisten schöpferischen Menschen haben sie sich ohne besonderen Vorsatz »angewöhnt«. Sie haben von sich aus gelernt, den Anregungen aus dem Inneren aufgeschlossen gegenüberzustehen. Sie stehen damit im Gegensatz zu den Wissenschaftlern und Künstlern, die von sich behaupten, keine Inspiration zu kennen. Diese machen allerdings in der oben zitierten Untersuchung von Platt und Baker nur einen geringen Bruchteil aus. Sie empfinden ihr Werk von Anfang bis zum Ende als ausschließliches Ergebnis eines systematischen Wollens. Weder von außen noch von innen ist etwas auf sie zugekommen. Sie haben alles hervorgeholt. So jedenfalls erleben sie ihre Leistung. Sie kennen weder Zufall noch Glück, höchstens das, worauf der Tüchtige Anspruch hat. Ihre Werke tragen den Stempel ihrer Herkunft auf der Stirn: imponierend durch Umfang, Fleiß und Mut, doch wenig durchtränkt mit Innovationskraft. Selbst ihr Fleiß unterscheidet sich von dem des Kreativen: Es ist der des nach einem unveränderten Schema rastlos Tätigen, des unentwegt Produzierenden, des Fließbandautors. Schon Fontane machte auf die Differenz aufmerksam, wenn er schreibt: »Zum künstlerischen Fleiß aber gehört etwas anderes als Massenproduktion. Storm, der zu einem lyrischen Gedicht mehr Zeit brauchte als Brachvogel zu einem dreibändigen Roman, ist zwar mehr spazierengegangen als der Letztere, hat aber als Künstler doch einen hundertfach überlegenen Fleiß gezeigt. Der gewöhnliche Mensch schreibt massenhaft hin, was ihm gerade in den Sinn kommt. Der Künstler, der echte Dichter, sucht oft vierzehn Tage lang nach einem Wort.«

In der Wissenschaft dürfte Virchow für diesen unermüdlichen Fleiß ein Beispiel sein. Er war nicht nur – wie oben dargestellt – ein guter »Verkäufer«. Er war ein ebenso emsiger Arbeiter. Was er anpackte, machte er ganz und in großem Rahmen, manchmal in zu großem Rahmen. Das gilt für seine Untersuchungen auf pathologisch-anatomischem Gebiet wie auch für seine archäologischen Arbeiten in seiner Pommerschen Heimat und für seine rastlose Tätigkeit in der Politik. Nur: Das Schöpferische liegt hier mehr im Umfang* als

---

* Eine Bibliographie, die noch nicht einmal seine politischen Werke enthält, zeugt von mehr als 2000 Titeln.

in der richtungweisenden Qualität.

Neueren Untersuchungen zufolge scheint es nicht zufällig zu sein, daß Virchow zu den Menschen mit einem geringen Schlafbedürfnis gehörte. Zeitweilig brauchte er nur 4 Stunden Schlaf. Hierin glich er Napoleon. Kann man auch dessen Werk zu der unterdurchschnittlichen Schlafmenge in Beziehung setzen? Hat er nicht viel durch seine Machtgier und seine Ungeduld verdorben – viel von dem, was sich in der Revolution an Neuem schon angebahnt hatte? So jedenfalls sah es Talleyrand, sein ursprünglicher Bewunderer.

Unabhängig von der Bewertung dieses geschichtlichen Phänomens läßt sich sagen: Menschen mit wenig Schlafbedürfnis scheinen nicht zu denen zu gehören, die der Menschheit die ausgereiftesten Impulse gaben. Wer gut und ausreichend schläft, ist wahrscheinlich wacher für Impulse der Außenwelt. Solche Menschen sind beweglicher und empfangsbereiter. Sie empfinden mehr und vielerlei. Sie lassen sich immer überraschen von dem ganz anderen, von dem, was der gestrigen Vorstellung widerspricht.

Damit stehen sie im Gegensatz zu jenen Menschen, die weder aus dem Innern noch aus der Außenwelt Neues empfangen. Sie sind eingestellt auf Wille, Fleiß und Kampf. Müdigkeit wird überspielt. Was heute anders als gestern erscheint, ist nur ein Zeichen der falschen Optik. Die Welt bleibt für sie immer so, wie sie war, das heißt, wie der Betreffende sie zu sehen sich angelernt, »angekrampft« hat. Auch hier sei noch einmal Hitler als Beispiel erwähnt. In seinen Wiener Jahren verfestigte sich die Vorstellung vom Juden als dem Bösen schlechthin. Wohin er nur schaute, erblickte er den Beweis für seine Idee. In ›Mein Kampf‹ heißt es: »Seit ich mich mit dieser Frage zu beschäftigen begonnen hatte, auf den Juden erst einmal aufmerksam wurde, erschien mir Wien in einem anderen Licht als vorher. Wo ich immer ging, sah ich nur Juden, und je mehr ich sah, um so schärfer sonderten sie sich für das Auge von den anderen Menschen ab.« Bezeichnend ist, daß Hitler seine Beobachtung als Ergebnis seiner besonderen Aufmerksamkeit hinstellte. Im Grunde genommen müßte es heißen: seiner einseitigen, voreingenommenen Aufmerksamkeit.

Einseitig ist diese Aufmerksamkeit deswegen, weil sie sich eigentlich nur auf das schon Gewußte konzentriert. Sie läßt die andere Komponente vermissen: die Aufnahmebereitschaft für das Unbekannte. Ist diese nicht ausreichend entwickelt oder ist sie verkümmert – beim Kind ist sie ja noch voll da –, fehlt dem Werk das wirklich Neue. Oder anders ausgedrückt: Um wirklich kreativ zu sein, genügt nicht die Aktivität des Ich. Sie muß ergänzt werden durch eine passive Einstellung des Ich. Diese ist das Ergebnis langwieriger Lernprozesse, zahlreicher Um- und Irrwege. Wer sie hat, gilt oft auch – wie es etwa Balzac beschrieb – als faul. Was wie Faulheit aussieht, ist im Grunde ein Wartenkönnen. Man kann geduldig Lösung um Lösung an sich vorüberziehen lassen, bis diejenige kommt, die allein die richtige ist. Das weiß man unmittelbar. Schöpferisches Selbst und kreatives Ich stehen in einem Austauschprozeß. Denn ohne das Verstehen wäre die Eingebung wertlos, was sich besonders in den Fällen zeigt, wo eine Lösung »verschlüsselt« auftaucht. Man denke nur an die schon erwähnte Schlange von Kekulé. Man hält es im allgemeinen für natürlich, daß der Autor in der sich in den Schwanz beißenden Schlange die richtige Strukturformel des Benzolringes erkannte. Man übersieht dabei aber, daß die von ihm schließlich aufgestellte Formel nur dadurch möglich war, daß sein wahrnehmendes Ich das Symbol (Schlange) richtig zu deuten vermochte.

Der schöpferische Blick ist somit auch immer der nach innen gerichtete. Der Wachheit nach außen entspricht der Kontakt mit dem Innern. Nur dadurch kann man auch die äußeren Gegebenheiten in ihrer schöpferischen Relevanz erfassen. Ob Herkunft, Ausbildung, Erziehung, Geburtsort, Krieg oder der Tod von Angehörigen schöpferisch verarbeitet werden, hängt nicht zuletzt davon ab, wie sich der Wille diese Gegebenheiten zu eigen macht. Ob Kind eines Arbeiters oder Unternehmers, ob ledige oder verheiratete Mutter, ob Bub oder Mädchen, ob Deutscher oder Amerikaner: Immer ist es jeder selbst, der über die Wirkung und Ausgestaltung seines Schicksals bestimmt. Insofern überraschen die Befunde der Kreativitätsforschung nicht. Sie besagen, daß es keine äußeren Einflüsse gibt, die zwingend und durchgehend Kreativität bestimmen. Man kommt bei allen empirischen Untersuchungen immer nur zu Faktoren, die mit einer mehr oder weniger großen Wahrscheinlichkeit Schöpfertum hemmen oder aktivieren, aber nicht auslöschen oder erzwingen.

Carl Friedrich von Weizsäcker trifft diesen Tatbestand, wenn er in bezug auf wissenschaftliche Entdeckungen sagt: »In der wissenschaftlichen Entdeckung tritt etwas als Leistung auf, was ich als Nicht-Ich und doch Ich-Selbst anerkennen muß. Aber das Selbst bleibt dabei meinem Bewußtsein verhüllt und bekundet sich nur durch das Geschenk, das es mir macht durch seine Leistung.«

Damit ist schließlich ein Letztes angedeutet: Nur wo die Aktivitäten des Ich ergänzt und vollendet werden durch das Empfangenkönnen des schöpferischen Selbst, wird Kreativität über das ganze Leben gewährleistet. Es signalisiert, was in den einzelnen Lebensabschnitten zum Durchbruch kommen will: Beruf, Familie, Kinder, Freunde oder irgend etwas anderes. Vor allen Dingen aber garantiert nur dieses Selbst die wirklich individuelle Entfaltung des eigenen Daseins. Das, worin der einzelne durch keinen anderen ersetzt werden kann, ist dieses Selbst. Ob der einzelne es als Geschenk oder als Fluch erlebt, entscheidet über Aufbau oder Zerstörung. Die Bewertung des eigenen Lebens, des eigenen Werks ist nicht allein davon abhängig, ob und wie die anderen das Produkt sehen, beurteilen und brauchen. Es ist dadurch als kreativ gekennzeichnet, daß es dieses unverwechselbare und einmalige Selbst im Leben Gestalt werden läßt. Auch hier gibt es Stufen der Kreativität. Der eine lebt so, daß von seiner Unverwechselbarkeit nichts zu merken ist. Er lebt wie jeder andere auch. Bei dem anderen spürt man, daß hier Unaustauschbares am Werke ist. Aber meistens kann das von außen nicht bewertet werden. Wen man bei einer Grabrede für unersetzlich hält, ist oft schon nach wenigen Wochen vergessen und durch einen anderen, vielleicht sogar Besseren ersetzt.

Das Ich aber kann spüren, ob es sich diesem unverwechselbaren Kern der Seele öffnet und sich von ihm beschenken läßt. Der Blick nach innen heißt nicht Vernachlässigung äußerer Bedingungen. Wer Maler werden will, darf nicht nur in sich hineinschauen und seinen Phantasien folgen. Er muß auch nach außen sehen lernen und erfahren, wie das eigene Innere am echtesten und eindrücklichsten für den Blick der anderen gestaltet werden kann. Denn für diese malt er ja, falls sein Werk schöpferisch sein soll. Wenn die Technik aber gelernt und der Geist der Kommenden verstanden wird, muß der Künstler sich befragen, ob es das Letzte ist, dessen er fähig ist. Michelangelo schaute sein Leben lang nach innen, um immer Besseres aus sich hervorzubringen, oder kurz: sein Selbst noch vollkommener sprechen zu lassen. Am Ende war er davon überzeugt, daß er erst einen Bruchteil von dem gestaltet hatte, was sein innerstes Selbst war. Er hätte jetzt, wie er kurz vor seinem Tod sagte, eigentlich erst anfangen können. Michelangelos Werke sind aber Beispiele außergewöhnlicher Kreativität. Das an ihm demonstrierte Prinzip gilt auch für das gewöhnliche Schaffen. Im ersten Kapitel erwähnten wir zur Illustration des Kreativitätsbegriffs die Mutter, die ein Kind in die Welt setzt und schon dadurch schöpferisch ist. In einem höheren Sinne wurde sie als kreativ bezeichnet, wenn sie ihrem Kind mehr als die übliche Pflege angedeihen ließ. Aber schöpferisch im engeren Sinne wird sie erst dann, wenn sie in sich all ihre Fähigkeiten zur Entfaltung bringt, die für das kreative Gedeihen des Kindes unerläßliche Voraussetzung sind. Sie ist – so gesehen – für jeden Menschen die erste und entscheidende Quelle seines Schöpfungspotentials. Sie stellt die Weichen für eine Schöpferkraft, die das Schwere leicht und das Undurchsichtige durchschaubar macht. Eine Mutter, die solches übersieht und das Kind vorwiegend zur Befriedigung unerfüllt gebliebener Wünsche benutzt, erschwert kreatives Wachsen von Anfang an. Um das zu vermeiden, darf sie nicht nur nach außen schauen und das kopieren, was andere Mütter tun. Sie muß auch auf ihr Innerstes hören, um Hinweise für größere Fruchtbarkeit zu empfangen. Sie kann bei irgendeinem Schwierigkeitsgrad der Verinnerlichung aufhören und sich mit dem begnügen, was sie bisher für ihr Kind geleistet hat. Sie kann aber auch ihren Schlaf, ihre Spannungen, ihre Ängste und Sorgen dahingehend befragen, ob sie sich sträubt gegen eine verbesserte Kreativität ihrer Existenz. Selbst wenn sie ohne Spannung ist und dadurch glaubt, ihr Wesen voll zur Entfaltung gebracht zu haben, wird sie bald eines anderen, eines Besseren belehrt.

Denn nicht nur große Geister sind außerstande, ihr schöpferisches Potential in ihrem Leben voll auszuschöpfen. Das kreative Selbst ist immer größer als das vom Ich in Anspruch Genommene und Verwirklichte. Das gilt für jedermann. Er könnte mehr bekommen, wenn er schöpferischer sein wollte. Um das aber zu wollen, muß er, wie die Beispiele der einzelnen Kapitel gezeigt haben, sich erneuern. Man kann Neues jedoch erst schaffen, wenn man ein Neuer wird, oder, um den Grundgedanken des Buches verkürzt zusammenzufassen: Man muß erst sein Selbst finden, um dieses für sich und die anderen schöpferisch sprechen zu lassen.

Literaturverzeichnis

ABRAHAM, K.: Amenhotep IV (Echnaton). Psychoanalytische Beiträge zum Verständnis seiner Persönlichkeit und des monotheistischen Aton-Kultes. Imago 1 (1912) 334

ACKERKNECHT, E. H.: Rudolf Virchow. Stuttgart 1957

ANDREAS-SALOMÉ, L.: In der Schule bei Freud. München 1965

BATTEUX, CH.: Les beaux arts réduits á un même principe. 1746. Zitiert nach LANGE-EICHBAUM, W., und KURTH, W.: Genie, Irrsinn und Ruhm. München/Basel, 6. völlig umgearbeitete Aufl. 1967

BAUMGARTEN, A. G.: Aestetica. 1750. Zitiert nach LANGE-EICHBAUM, W., und KURTH, W.: Genie, Irrsinn und Ruhm. München/Basel, 6. völlig umgearbeitete Aufl., 1967

BIEBERBACH, L.: Carl Friedrich Gauß. Berlin 1938

BLAUKOPF, K.: Gustav Mahler oder der Zeitgenosse der Zukunft. Wien/München/Zürich 1969

BOEHM, F.: Bemerkungen zu Balzacs Liebesleben. Psa. Almanach (1928) 154

BUCHENHOLZ, B., und NAUMBURG, G. W.: The pleasure process. Journal of nervous and mental disease 125 (1957) 396

BULLOCK, A.: Hitler. Düsseldorf 1967

CANNON, W. B.: Der Weg eines Forschers. Erlebnisse und Erfahrungen eines Mediziners. München 1945

CARDANO, G.: Lebensbeschreibung. München 1969

CATTELL, R. B., und DREVDAHL, J. E.: A comparison of the personality profile (16 P. F.) of eminent researchers with that of eminent teachers and administrators, and of the general population. British Journal of Psychology 46 (1955) 248

CATTELL, R. B.: The personality and motivation of the researcher from measurements of contemporaries and from biography. In: TAYLOR, C. W., and BARRON, F. (Hg.), Scientific creativity: It's recognition and development. New York/London/Sydney, 3. Aufl., 1966

COUGHLAN, R.: Michelangelo und seine Zeit. New York 1971

DUNCKER, K.: Zur Psychologie des produktiven Denkens. Berlin/Göttingen/Heidelberg 1935

EITINGON, M.: Alexander und Diogenes. Zeitschrift für Psychoanalyse und

Psychotherapie 2 (1911) 415

ERIKSON, E. H.: Kindheit und Gesellschaft. Stuttgart, 2. überarbeitete und erweiterte Aufl., 1965

FEST, J. C.: Hitler. Frankfurt/M. 1973

FOUDRAINE, J.: Wer ist aus Holz? München 1973

FRIEDRICH DER GROSSE: Denkwürdigkeiten zur Geschichte des Hauses Brandenburg. Briefe an Voltaire. Die Schule der Welt. Hrsg. von FÖRSTER, K. München 1963

GALTON, F.: Hereditary genius. London 1869

GAMBLE, A. O.: Suggestions for future research. In: TAYLOR, C. W. (Hg.): The third (1959) University of Utah research conference on the identification of creative scientific talent. Salt Lake City (1959) 292

GOLOVIN, N. E.: The creative person in science. In: TAYLOR, C. W., and BARRON, F. (Hg.): Scientific creativity: It's recognition and development. New York/London/Sydney, 3. Aufl., 1966

GRASS, G.: Rückblick auf die Blechtrommel oder: Der Autor als fragwürdiger Zeuge. Süddeutsche Zeitung, Nr. 10, 12./13. 1. 1974

GUILFORD, J. P.: Basic problems in teaching for creativity. In: TAYLOR, C. W., and WILLIAMS, F. E. (Hg.): Instructional media and creativity. New York/London/Sydney 1966

–: Intelligence: 1965 model. American Psychologist 21 (1966) 20

–: Intellectual factors in productive thinking. In: MOONEY, R. L., and RAZIK, T. L. (Hg.) 1967

GUTMAN, H.: The biological roots of creativity. In: MOONEY, R. L., and RAZIK, T. L. (Hg.) 1967

HEIDEGGER, M.: Sein und Zeit. Halle 1941

JENSEN, A. R.: How much can we boost IQ and scholastic achievement? Harvard Educational Review 39 (1969) 2

JONES, E.: Das Leben und Werk von Sigmund Freud. Bern/Stuttgart 1962

KEVENHÖRSTER, P., und SCHÖNBOHM, W.: Zeitökonomie im Management. Besprechung in: Mitteilungen des Hochschulverbandes 21 (1973) 1

KOESTLER, A.: Die Nachtwandler. Bern/Stuttgart/Wien 1959

–: Der göttliche Funke. Bern/München/Wien 1966

–: The Call-Girls. London 1972

KOHUT, H.: Eine Theorie der psychoanalytischen Behandlung narzißtischer Persönlichkeitsstörungen. Frankfurt/M. 1973

KRETSCHMER, E.: Geniale Menschen. Berlin, 2. Aufl., 1931

LANDAU, E.: Psychologie der Kreativität. München/Basel, 2. verbesserte Aufl., 1971

LANGE-EICHBAUM, W., und KURTH, W.: Genie, Irrsinn und Ruhm. München/Basel, 6. völlig umgearbeitete Aufl., 1967

LEHMAN, H. C.: Age and achievement. Princeton 1953

LICHTENBERG, G. C.: Gedankenbücher. Hrsg. von MAUTNER, F. H. Frankfurt/M./Hamburg 1963

LOMBROSO, C.: Genio e follia. Pavia 1864. Zitiert nach LANGE-EICHBAUM, W.,

und KURTH, W.: Genie, Irrsinn und Ruhm. München/Basel, 6. völlig umgearbeitete Aufl., 1967

–: Entartung und Genie. Leipzig 1864. Zitiert nach LANGE-EICHBAUM, W.,
und KURTH, W.: Genie, Irrsinn und Ruhm. München/Basel, 6. völlig umgearbeitete Aufl., 1967

MACHIAVELLI, N.: Der Fürst. Einführung von Hans Freyer. Stuttgart 1962

MANN, G.: Deutsche Geschichte des 19. und 20. Jahrhunderts. Frankfurt/M.
1958

MANN, TH.: Sieben Aufsätze. Berlin 1929

–: Leiden und Größe Richard Wagners. In: Ders.: Leiden und Größe der
Meister. Neue Aufsätze. Berlin 1935

MASER, W.: Adolf Hitler. München/Esslingen, 4. Aufl., 1972

MASLOW, A. H.: Towards a psychology of being. Princeton/New Jersey 1962

–: Motivation and personality. New York, 2nd edition, 1970

MATUSSEK, P.: Zwang und Sucht. Nervenarzt 29 (1958) 452

–: Faktor Persönlichkeit in der Wissenschaftsplanung. In: KRAUCH, H., KUNZ,
W., und RITTEL, H. (Hg.): Forschungsplanung. Ziele und Strukturen amerikanischer Forschungsinstitute. München/Wien 1966

–: Psychodynamische Aspekte der Kreativitätsforschung. Nervenarzt 38
(1967) 143

– et al.: Die Konzentrationslagerhaft und ihre Folgen. Berlin/Heidelberg/
New York 1971

– und TRIEBEL, A.: Die Wirksamkeit der Psychotherapie bei 44 Schizophrenen. Nervenarzt 45 (1974) im Druck

McPHERSON, J. H.: A proposal for establishing ultimate criteria for mea-
suring creative output. In: TAYLER, C. W., und BARRON, F. (Hg.): Scientific
creativity: It's recognition and development. New York/London/Sydney,
3. Aufl., 1966

MEAD, M.: Geschlecht und Temperament in primitiven Gesellschaften. Ham-
burg 1959

MEER, B., und STEIN, M. L.: Measures of intelligence and creativity. Journal
of Psychology 39 (1955) 117

MOTHS, E., und WULF-MATHIES, M.: Des Bürgers teure Diener. Karlsruhe
1973

NIETZSCHE, F.: Die fröhliche Wissenschaft. München o. J.

–: Menschliches, Allzumenschliches. Ein Buch für freie Geister. Zweiter Band.
München o. J.

PARMELEE, A. In: LUCE, G., und SEGAL, J.: Schlaf dich gesund. München o. J.

PIA, P.: Charles Baudelaire in Selbstzeugnissen und Bilddokumenten. Ham-
burg, 4. Aufl., 1970

PINGET, R.: Auf der Suche nach dem Ton. In: Luchterhand Information 12
(1969)

PLANCK, M.: Wissenschaftliche Selbstbiographie. Leipzig 1955

PLATT, W., und BAKER, R. A.: In: CANNON, W. B.: Der Weg eines Forschers.
Erlebnisse und Erfahrungen eines Mediziners. München 1945

Panzarella, R.: The Phenomenology of Peak Experiences in Music and Visual Art and Some Personality Correlates. Unpublished dissertation, City University of New York, Graduate Center, 1974

Rilke, R. M.: Rodin. Ein Vortrag. Die Briefe an Rodin. Frankfurt/M./Hamburg 1955

Rittel, H.: Hierarchie oder Team? In: Krauch, H., Kunz, W., und Rittel, H. (Hg.): Forschungsplanung. Ziele und Strukturen amerikanischer Forschungsinstitute. München/Wien 1966

Rubinstein, A.: Erinnerungen. Frankfurt/M. 1973

Sergejew, J.: Psychologische Hintergründe großer Entdeckungen. Bild der Wissenschaft 7 (1970) 546

Shaftesbury, A.: Characteristics of men, manners, opinions und times. 1711. Zitiert nach Lange-Eichbaum, W., und Kurth, W.: Genie, Irrsinn und Ruhm. München/Basel, 6. völlig umgearbeitete Aufl., 1967

Shirer, W. L.: Aufstieg und Verfall des Dritten Reiches. Köln/Berlin 1965

Solla Price, D. J. de: Little Science, Big Science. New York/London 1963

Speer, A.: Erinnerungen. Berlin 1969

Spitz, R. A.: Die Entstehung der ersten Objektbeziehungen. Stuttgart 1957

Strindberg, A.: Kloster/Einsam. Zwei autobiographische Romane. München 1969

Taylor, C. W., and Barron, F. (Hg.): Scientific creativity: It's recognition and development. New York/London/Sydney, 3. Aufl., 1966

Taylor, D., Berry, P. C., and Block, C. H.: Does group participation when using brainstorming facilitate or inhibit creative thinking. Referiert nach Parnes, S., and Harding, H. F. (Hg.): A source book for creative thinking. New York 1962

Taylor, I. A.: The nature of the creative process. In: Smith, P.: Creativity: an examination of the creative process. New York (1959) 51

Tocqueville, A. de: Die Demokratie in Amerika. Werke und Briefe, Bd. I und II. Aufgrund der französischen historisch-kritischen Ausgabe hrsg. von Mayer, J. P., Eschenburg, Th., und Zbinden, H. Stuttgart 1959

Torrance, E. P.: Nature of creative talents. In: Mooney, R. L., und Razik, T. L. (Hg.): Explorations in creativity. New York 1967

Toynbee, A. J.: Erlebnisse und Erfahrungen. München 1970

Troyat, H.: Tolstoi oder: Die Flucht in die Wahrheit. Wien/Düsseldorf 1966

Ulmann, G.: Kreativität. Weinheim/Berlin/Basel 1968

Watson, J. D.: Die Doppel-Helix. Reinbek 1971

Weizsäcker, C. F. v., und Krhishna, G.: Biologische Basis der Glaubenserfahrung. Weilheim 1971

Wertheimer, M.: Productive thinking. New York 1945

Woodsworth, R. S.: In: Cannon, W. B.: Der Weg eines Forschers. Erlebnisse und Erfahrungen eines Mediziners. München 1945

Namenregister

Abraham, K. 111
Ackerknecht, E. H. 50
Adler, A. 37
Allport, G. W. 29
Andreas-Salomé, L. 83
Aristarchos 154
Aristoteles 139

Baker, R. A. 239, 285
Balzac, H. de 80, 287
Batteux, Ch. 16
Baudelaire, Ch. 66
Baumgarten, A. G. 16
Beard, G. M. 34
Becquerel, H. 259
Benn, G. 220
Berry, F. C. 29
Bieberbach, L. 44
Blaukopf, K. 238
Bleuler, E. 152
Block, C. H. 29
Brachvogel, A. E. 285
Breschnew, L. 175
Breuer, J. 19
Briand, A. 38
Buchenholz, B. 231
Bullock, A. 53
Bumke, O. 112

Cannon, W. B. 238 f., 243, 260, 281
Cardano, G. 42
Cattell, R. B. 30 f., 42, 81, 267
Clay, C. 43
Comte, A. 112

Dantikus, Bischof 154
Darwin, Ch. 154
Dostojewski, F. M. 237, 267
Drevdahl, J. E. 30 f., 81
Duncker, K. 18

Eck, J. 43
Einstein, A. 26, 29, 38, 47, 52 ff.,
    243
Eitingon, M. 111
Erikson, E. H. 70, 81, 124, 138

Federico della Rovere, Prinz von
    Urbino 15
Fest, J. C. 24, 53
Fisher, B. 43
Fleming, A. 259
Fontane, Th. 30, 82, 122, 184, 267,
    277, 285
Foudraine, J. 147
Freud, S. 18 f., 37, 42, 46 ff., 50 f.,
    54, 111 f., 122 ff., 153 f., 180 f.,
    238
Friedrich II., d. Gr. 185

Galilei, G. 31, 42, 139, 154 f.
Galton, F. 12
Gamble, A. O. 46
Gauß, C. F. 43 f.
Gide, A. 237
Goethe, J. W. 281, 284
Golovin, N. E. 13
Göring, H. 53
Grass, G. 237

Konrad Lorenz

Die Rückseite des Spiegels

Versuch einer Naturgeschichte menschlichen Erkennens.
3. Aufl., 100. Tsd. 353 Seiten. Leinen

»Dieses Buch von Konrad Lorenz ist ein großer Schritt nach
vorn. Lorenz versucht eine Erkenntnistheorie auf naturwissenschaftlicher
Grundlage zu geben. Dieses Buch geht noch weiter: es geht über
den einzelnen erkennenden Menschen hinaus, es versucht Erkenntnis
als kollektiven gesellschaftlich-kulturellen Begriff zu begreifen.«

Süddeutscher Rundfunk

Die acht Todsünden der zivilisierten Menschheit

8. Aufl., 310. Tsd. SP 50. 112 Seiten

». . . wer noch irgend aufmerksam ist für Bücher, die in der Zeit
wichtig sind, wird an dieser Schrift nicht vorüber gehen. Ein populäres,
aber keineswegs einfaches Buch . . .«   Der Tagesspiegel

Über tierisches und menschliches Verhalten

Aus dem Werdegang der Verhaltenslehre. Gesammelte Abhandlungen.
piper paperback. Band I: 16. Aufl., 135. Tsd. 412 Seiten mit 5 Abb.
Band II: 10. Aufl., 96. Tsd. 398 Seiten mit 63 Abb.

»Das Buch geht jeden von uns an, der über das Wesen von Mensch
und Tier, Körper und Seele nachdenken will: Empfohlen sei es all
denen, die bereit sind, einige Arbeit zur tieferen Erkenntnis psychischer
Zusammenhänge aufzuwenden.«   Die Zeit

Alexander Mitscherlich

Auf dem Weg zur vaterlosen Gesellschaft

Ideen zur Sozialpsychologie. 10. Aufl., 88. Tsd. 407 Seiten. Leinen

»Die Ausführungen sind in gleicher Weise für den Laien wie für den Forscher aufschlußreich. Zentrales Thema ist die Autorität, deren Formen und Ursachen Mitscherlich in Familie, Schule, Staat, Organisationen aller Art nachgeht. Dabei bleibt er nicht bei der Analyse stecken, sondern läßt seine Auffassung von der Weise, wie die ›vaterlose Gesellschaft‹ beantwortet werden sollte, deutlich erkennen.«　Westdeutsche Allgemeine

Alexander und Margarete Mitscherlich

Die Unfähigkeit zu trauern

Grundlagen kollektiven Verhaltens. 9. Aufl., 97. Tsd. 371 Seiten. Leinen

»Es ist zu wünschen, daß möglichst viele Leser sich die Gedanken dieses Aufklärers zu eigen machen, der in seltenem Maße die Eigenschaft besitzt, die ihm zufolge in Deutschland am wenigsten gefragt ist, Zivilcourage.«　Zürcher Woche

Margarete Mitscherlich

Müssen wir hassen?

Über den Konflikt zwischen innerer und äußerer Realität.
2. Aufl., 30. Tsd. 296 Seiten. Linson

»Unter den zahlreichen Publikationen . . . scheint mir dieses Buch mit Abstand am sympathischsten und gelungensten zu sein: Die Autorin bietet eine anschauliche, klar geschriebene und dabei keineswegs popularisierende Einführung in die Psychoanalyse – genauer in deren heutige Praxis . . . Sie ist mit überzeugendem didaktischem Geschick zu Werke gegangen . . .«　Ivo Frenzel / Süddeutsche Zeitung

Jan Foudraine

Wer ist aus Holz?

Neue Wege der Psychiatrie. 2. Aufl. 20. Tsd.
383 Seiten. Leinen

»... Erfahrungsbericht über die Lehr- und Wanderjahre eines
kritischen jungen Psychiaters – das ganze ist ein Lernprozeß,
nachvollziehbar gemacht für den Leser, der außer den sehr
lebendig geschilderten Erfahrungen Foudraines auch in
subjektiver, aber recht umfassender Auswahl die Literatur zu
den Reformproblemen der Psychiatrie kennenlernt. Foudraines
Buch ist ein Dokument heilsamer Unruhe, und es trägt diese
Unruhe dorthin, wo sie hingehört.«   Die Zeit

»Die friedvoll selbstgefälligen Tage der Psychiatrie sind gezählt,
Unruhe und Bestürzung breiten sich aus, angesichts der
Tatsache, daß die babylonische Sprachverwirrung der psychiatrischen Nomenklatur den Blick für das leidende Individuum
zu verstellen droht. Jan Foudraine, ein holländischer Psychiater,
reflektiert seine Erfahrungen mit einer Psychiatrie, in die er
jedes Vertrauen verloren hat. Sein ebenso sensationeller
wie provozierender Bericht ist Autobiographie und wissenschaftliche Analyse zugleich und liest sich spannend wie ein
Abenteuerroman.«   Welt am Sonntag

»Das Buch ist eine scharfe Anklage gegen die Verständnislosigkeit und die ungewollte Grausamkeit der Gesellschaft wie
der psychiatrischen Wissenschaft.«   Prof. Dr. Carp, Leiden

Friedrich Beese
Der Neurotiker und die Gesellschaft

270 Seiten. Leinen

Die Anzahl behandlungsbedürftiger Neurotiker in der BRD
wurde 1971 mit 7 Millionen angegeben. Dem gegenüber stehen
folgende Tatsachen: Bei weitem der größte Teil der heute
tätigen Ärzte hat unzureichende Kenntnisse auf dem Gebiet der
Neurosen. Unser heutiges Wissen über die Ursachen
und Heilungsbedingungen wurde bis 1972 angehenden Ärzten
nicht vermittelt, und auch heute noch müssen sich Ärzte und
Psychologen die notwendigen Kenntnisse neben ihrer beruflichen
Tätigkeit aneignen. Für die Ausbildung und Forschung werden
im Vergleich zu anderen Bereichen weit geringere Mittel
zur Verfügung gestellt.
Den möglichen Ursachen dieser schwer verständlichen
»Unterentwicklung« nachzugehen und damit einen Beitrag zur
Verringerung des Notstandes auf diesem Gebiet zu leisten,
ist ein Anliegen dieses Buches. Noch wichtiger ist für Beese die
kritische Auseinandersetzung mit den irrationalen Vorurteilen
unserer Gesellschaft gegenüber dem Neurotiker. Er weist
nach, daß trotz des andauernden Prozesses der Versachlichung
und Verwissenschaftlichung psychischer Krankheit auch heute
noch das alte Vorurteil überwiegt, daß psychisch Kranke
eine andere Kategorie menschlicher Wesen seien. Er diskutiert
die Frage, ob sich eine Gesellschaft ihre psychisch Kranken
selbst schafft, und stellt dabei fest, daß die psychisch Kranken
eine ähnliche Rolle in der jeweiligen Gesellschaft spielen
wie etwa der Sündenbock in der Kleingruppe. Beese will mit
seinem Buch dieser Tendenz entgegenwirken und zu
einem besseren Verständnis im öffentlichen Bewußtsein beitragen.

»Keine Seite, die überflüssig, keine Seite, auf der nicht
Wichtiges zu finden wäre. Die Lektüre dieses Buches ist ein
erster Schritt dazu, uns selbst ›auf den Zahn zu fühlen‹. Man wagt
die Prophezeiung, daß Beese mit diesem Buch vielen Kranken
helfen wird.«   Süddeutscher Rundfunk

Karl Menninger

Unter Mitarbeit von Martin Maymann und Karl Pruyser

Das Leben als Balance

Seelische Gesundheit und Krankheit im Lebensprozeß.
Mit einem Vorwort von Alexander Mitscherlich.
Aus dem Amerikanischen übertragen und stellenweise gekürzt
von Harald Landry. 1968. 528 Seiten. Leinen

»Dieser Band, in Zusammenarbeit mit zwei Kollegen
geschrieben, ist das Ergebnis erfolgreichen Bemühens um eine
neue Ordnung der verwickelten diagnostischen Kategorien
der Psychiatrie. Er befürwortet eine einheitliche Theorie
der Geisteskrankheiten und bringt Ärzten und Patienten neue
Hoffnung. Des weiteren gibt er auf dem Gebiet der Psychiatrie
einen Überblick auf das vergangene halbe Jahrhundert.
Insgesamt ist das Werk jedoch mehr als eine bloße Zusammen-
schau, es ist K. Menningers Glaubensbekenntnis zu Wert
und Wirksamkeit seines Fachgebiets. Man muß nicht mit allem
einverstanden sein, was er sagt, um zu begreifen, daß dies
ein außerordentliches und grundlegendes, gut dokumentiertes
und fesselnd geschriebenes Werk ist. Der Anhang, der alle
psychiatrischen Nosologien (Klassifikationen von Krankheiten)
der Vergangenheit enthält, ist für sich selbst ein wichtiges
Dokument. Es ist richtig, daß einige wenige Behauptungen aufgestellt werden, die einige seiner Leser vielleicht nicht
akzeptieren werden, aber jede Übertreibung beruht letztlich
auf Begeisterung, einer Eigenschaft, die man gerade in der
psychiatrischen Praxis oft vermißt.«

The New York Times Book Review

Bernhard Hassenstein
Verhaltensbiologie des Kindes

---

459 Seiten mit 29 Abbildungen. Leinen

Das erste verhaltensbiologische Handbuch für alle, die mit
Kindern zu tun haben,

- will lehren, die naturgegebenen Bedürfnisse und Fähigkeiten
  des Kindes besser zu sehen; denn ohne sie erfassen wir am
  Kind nur einen Teil seiner Existenz

- ist allgemein verständlich

- stellt den heutigen Kenntnisstand der Verhaltensforschung
  an Tieren dar und beschreibt dabei die Dynamik instinktiven,
  erlernten, spielerischen und einsichtigen Verhaltens

- vermeidet jedoch das bloße Gleichsetzen von Tier- und
  Menschenverhalten

- sucht mit Hilfe verhaltensbiologischer Gesetzmäßigkeiten die
  Entstehung von milieubedingten Verhaltensstörungen im
  Kindesalter besser zu verstehen.

- zieht aus dem Verständnis der Entstehung die notwendigen
  Schlüsse für die Vorbeugung gegen Verhaltensschäden: von
  der inneren Reform der Säuglingsheime bis zur Ausbildung
  der Medizinstudenten, von der Forderung nach betrieblichen
  Kindertagesstätten bis zur Reform des Kindschaftsrechts,
  vom Schulunterricht in Säuglings- und Kleinkindbetreuung
  (gesellschaftspolitisch weit wichtiger als Sexualkunde!) bis zur
  Behandlung jugendlicher Rechtsbrecher

- versucht die theoretischen Widersprüche zwischen der Tiefenpsychologie, der amerikanischen Lerntheorie (Behaviorismus)
  nebst Verhaltenstherapie und Instinktlehre (Ethologie) zu
  überwinden

- schärft durch die bessere Einsicht in die biologische Bedingt-
  heit vieler Bedürfnisse und Fähigkeiten der Säuglinge, Klein-
  kinder und Kinder den Blick für die Entfaltung des eigentlich
  Menschlichen in ihrer Entwicklung